마음이론으로
해석하는 인간의 마음

마음의 신호

마음의 신호
마음이론으로 해석하는 인간의 마음

초판 1쇄 발행 2023년 11월 1일

지은이 김범영, 박비현
펴낸이 장길수
펴낸곳 지식과감성#
출판등록 제2012-000081호

교정 이주연
디자인 이현
편집 김초롱
검수 정은솔, 이현
마케팅 김윤길, 정은혜

주소 서울시 금천구 벚꽃로298 대륭포스트타워6차 1212호
전화 070-4651-3730~4
팩스 070-4325-7006
이메일 ksbookup@naver.com
홈페이지 www.knsbookup.com

ISBN 979-11-392-1443-7(03180)
값 20,000원

- 이 책의 판권은 지은이에게 있습니다.
- 이 책 내용의 전부 또는 일부를 재사용하려면 반드시 지은이의 서면 동의를 받아야 합니다.
- 잘못된 책은 구입하신 곳에서 바꾸어 드립니다.

지식과감성#
홈페이지 바로가기

마음이론으로
해석하는 인간의 마음

마음의 신호

共著 김범영 · 박비현

대화가 안 통한다는 것은 상대가 자신의 일방적 기준에 맞춰주지
않기 때문이다. 말하자면 주기는 싫고 받고만 싶다는
욕망이 앞서기 때문에 대화가 어긋나는 것이다.

지식감정#

서문

요즘 뉴스를 보기가 두려울 정도로 비인간적인 사건이 연달아 일어나고 있다. 백화점에서 쇼핑을 하다가, 공원을 산책하다가, 엘리베이터를 기다리다가 일면식도 없는 사람에게 납치를 당하거나 무차별 폭행을 당해서 의식불명에 빠지거나 목숨을 잃기도 한다. 범인들 대부분이 인간관계가 없는 반사회적 인격장애자들이었다. 그들의 마음속에는 자신이 가지지 못한 것에 대한 분노가 펄펄 끓고 있었다.

예전에는 묻지 마 폭행과 납치가 거의 없었다. 설령 있었다고 해도 주로 한밤중이나 새벽녘에 인적이 드문 곳에서 일어났다. 그러나 지금은 훤한 대낮에 공공장소에서 버젓이 일어나고 있다는 사실에 사람들은 경악했다.

지상에 발 딛고 살면서 이제는 그 어디에도 나를 안전하게 보호할 수 있는 공간이 없다는 사실에 참담함을 느끼지 않을 수 없다.

살아가는 것이 내 뜻대로 되지 않으면 대부분의 사람들은 자신을 성찰하기보다는 세상을 탓한다. 그러나 이런 생각 자체가 지독한 현실부정이다.

현실을 부정하는 사람들은 미래에 대한 희망이 없는 사람들이다. 멀리 내다보지 못하고 지금 처한 현실에만 집착하기 때문에 열등감, 자괴감, 무력감에 심리가 불안정해지는 것이다.

인간에게는 누구나 행복할 권리가 있다. 살아가는 것이 내 뜻대로 되지 않으면 노력해서 내 뜻대로 되게 만들면 된다.

내가 원하는 삶을 살고 싶다면 나 자신부터 성찰할 줄 알아야 한다. '나 자신'을 알지 못하면 나에게 무엇이 부족한지, 무엇이 잘못되었는지를 알 수가 없다. 내 마음을 알고 이해하면 타인의 마음도 자연히 이해하게 된다. 상대를 이해하면 저절로 배려하게 된다. 이것이 공감이다. 그러나 자기 자신도 알지 못한 채 무조건 자기 뜻대로만 하려고 하면 인간관계가 단절될 수밖에 없다. 인간관계가 단절되면 인간 세상에서 자신만 혼자 섬이 된다.

인생을 살아가다 보면 수많은 선택을 하게 된다. 그러나 대부분의 선택은 양자택일이기 때문에 힘들다.

'노력을 할 것인가, 포기를 할 것인가, 이혼을 할 것인가, 참고 살 것인가, 휴가를 갈 것인가, 말 것인가?'

이처럼 우리의 인생은 끊임없는 선택의 기로에 서게 된다. 그러나 문제는 이쪽을 선택하는 것이 더 나을지, 저쪽을 선택하는 것이 더 나을지 불확실한 상황에 놓이는 경우도 많다. 이럴 경우 무조건 이분법으로 재단하기보다는 양쪽의 장점만 골라내서 스스로 현명한 답을 찾는 것이 좋을 것 같다.

무엇이든 단점이 부각되면 장점은 잘 드러나지 않는 법이다. 그렇기 때문에 '좋다, 나쁘다'의 이분법보다 균형 잡힌 관점이 필요하지 않을까 생각한다.

아무리 판단력이 뛰어난 사람도 인간관계에 문제가 생기면 똑같은 것을 보고도 전혀 다르게 느끼게 된다. 그래서 오해와 갈등으로 자신을 괴롭혀서 스스로 고립을 자초하기도 한다.

반사회적인격장애자들도 한때 손꼽아 기다리던 내일이 있었을 것이다. 그러나 세상이 자신의 뜻대로 돌아가지 않을 때 자신의 꿈을 쉽게 어둠 속에 던져놓고 이해되지 않는 상황만 계속해서 반추했을 것이다.

세상이, 인생이 내 뜻대로 돌아가지 않을 때 탓과 원망을 하기보다는 '나 자신'부터 성찰하는 습관을 만들어놓아야 같은 실수를 반복하지 않게 된다.

행복은 바깥에 있는 것이 아니라 내 마음 안에 있다. 이것만 알아도 인간관계에서 발생하는 스트레스와 상처에 명분 없이 흔들리지 않는다.

2023년 한국심리교육원 교육원장 **박비현**

목차

서문   4

제1장 **마음의 적신호**

1. 공황장애   12
2. 불안장애와 강박장애   46
3. 번아웃증후군   77
4. 스톡홀름신드롬   104
5. 화병(홧병)   123
6. 리플리증후군   151

제2장 **마음의 경계**

1. 결정장애   186
2. 과잉근심   208
3. 허영과 허세   223
4. 공감능력   246

제3장 마음의 외침

1. 은퇴의 심리　　　　　　　　268
2. 졸혼의 심리　　　　　　　　300
3. 황혼이혼　　　　　　　　　319
4. 저출산　　　　　　　　　　344

제4장 마음의 모든 것

1. 관심법　　　　　　　　　　364
2. 대화의 비밀　　　　　　　　423
3. 상대의 마음을 사로잡는 법　　450
4. 진상고객 대응법　　　　　　476
5. 성공하는 사람들의 습관　　　492

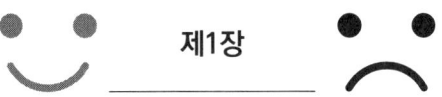

마음의 적신호

1.
공황장애

평상시와 다르게 어떤 특정한 대상이나 상황으로 인해서 급격한 불안과 공포를 느낀다면 공황장애를 의심해 봐야 한다. 만약 나에게 공황장애가 발생했다면 모든 것을 멈추고 자신부터 돌아봐야 한다. 자신을 돌아보면 그동안 자신의 마음상태가 어떠했는지를 알 수가 있다. 문제의 원인을 알았다면 문제해결을 위해서 노력하면 된다.

아무 생각 없이 앞만 보고 잘 걸어가다가 갑자기 호흡이 빨라지거나 숨 쉬기가 힘들다면 공황장애일 확률이 높다.

우연히 누군가와 마주쳤는데 갑자기 온몸이 얼어붙거나, 머릿속이 하얗게 변해도 공황장애일 확률이 높다. 이런 증상은 인식장애로 인한 노이로제이다.

공황장애는 정신과적으로 볼 때 인식장애, 기억장애, 표현장애 3개가 다 섞인 증상으로 본다. 공황장애가 왔을 때 심장이 멈출 것만 같은 공황발작이 일어나는 것은 인식장애나 기억장애 외에도 표현장애를 동반하기 때문이다.

우울증이 있는 상태에서 어떤 특정한 것을 인식했을 때 조증과 울증을 넘나든다면 조울증이다. 조울증을 정신과에서 공황장애로 판정하는 경우도 있다. 공황장애를 심리적 관점에서 보면 인식장애로 인해 나타나는 증상이다.

몸과 마음이 작용할 때 의식에서 인식하고, 인식한 것을 기억했다가 무의식에서 표현을 한다. 인식, 기억, 표현 이 세 가지가 심리이다. 심리는 몸과 마음을 연결시켜 주는 역할을 한다.

심리가 작용하면 몸과 마음이 연동된다. 그래서 몸이 아프면 마음도 따라서 아프고, 마음이 아프면 자연히 신체화증상이 나타난다.

정상적인 남자라면 스트레스가 들어오면 무의식이 스트레스를 제거하려고 말과 행동과 표정으로 표현을 하게 된다. 이때의 표현방법은 사람마다 다르다. 화를 내거나, 소리를 지르거나, 폭력을 행사하는 사람도 있고 침묵하거나 무조건 도망가는 사람도 있다. 스트레스를 제거하는 방법이 사람마다 다른 것은 무의식의 습관이 다르게 형성되었기 때문이다.

반면 표현에 장애가 발생한 사람들은 스트레스가 발생할 때마다 재미있고 즐거운 것만 찾는다. 그 이유는 생각이 왜곡되기 때문이다. 생각이 왜곡되면 나쁜 것을 좋게 표현하고, 좋은 것을 나쁘게 표현한다. 이처럼 표현장애가 발생하면 생각이 비정상적이기 때문에 인간관계에 문제가 생기게 된다.

가정을 가진 남자가 상간녀와 관계중독에 빠지면 주변사람들이 충고를 하거나 조언을 하게 된다. 그러나 남자는 오히려 그들을 딱하게 여긴다.

"와이프랑 허구한 날 지지고 볶으면서 살지 말고 너도 나처럼 한번 살아봐. 세상이 얼마나 살맛이 나는지 알게 될 거야!"

이처럼 정상적인 삶을 파기하고 재미와 즐거움을 쫓는 사람들은 이미 중독증에 들어갔다고 봐야 한다. 중독증에 들어간 사람들 대부분은 표현장애를 갖고 있다.

표현장애가 있으면 나쁜 행동을 올바른 행동으로 착각하기 때문에 이런 사람들 옆에는 정상적인 사람이 하나도 없다. 정상적인 사람들과는 생각하는 것이 다르기 때문에 만나면 스트레스와 상처만 발생한다. 그래서 자신처럼 표현장애가 있는 사람들하고만 어울리려고 한다.

표현장애인 중독증에 걸린 사람들끼리는 생각하는 것이 같기 때문에 만나면 말이 잘 통해서 재미있고 즐겁다. 그러나 재미와 즐거움만 찾는 인생은 파멸로 가는 지름길이다.

인식장애도 마찬가지이다. 좋은 것을 나쁜 것으로 인식하고, 나쁜 것을 좋은 것으로 인식한다. 정상적인 인식을 비정상적으로 받아들이는 현상이 바로 인식장애이다.

사람이 인식을 하는 궁극적인 이유는 존재하기 위해서이다. 인식한 것을 기억해서 표현하는 것은 인간의 자아실현인 의미와 가치를 추구하기 위해서이다.

인식은 내가 원하든, 원치 않든 그냥 들어온다. 길을 걷다가 차에 깔려 죽은 고양이를 보게 되면 대부분의 사람들은 못 볼 것을 봤다는 듯 얼른 눈을 감고 고개를 돌린다. 그러나 이미 인식된 것은 나의 의사와는 상관없이 기억하게 된다.

마음이 5개 감각기관을 통해서 인식이 되게 하는 이유는 생존본능 때문이다. 좋은 것이든 나쁜 것이든 모두 인식을 해야 상황에 적절히 대처할 수가 있다.

남자는 나쁜 것이 들어왔을 때 의식으로 받아들이지 못하게 무의식이 무조건 스트레스를 제거한다. 반면 여자는 나쁜 것이 들어왔을 때 무의식이 무조건 수용을 해서 처리한다.

이런 심리가 작용하는 것은 인식, 기억, 표현의 심리가 균형을 잡기 위해서이다. 심리가 균형을 잡으면 마음이 편안해진다. 그러나 심리가 한쪽으로 편중되어 불안정해지면 마음이 힘들고 답답해서 마음에 문제가 생긴다.

심리는 환경이나 상황에 따라 수시로 변하지만 마음은 태어나서 죽을 때까지 변하지 않는다. 대신 남자의 마음, 여자의 마음은 다르다.

인간관계에서 서로의 생각이 다르면 스트레스와 상처가 발생해서 마음이 힘들고 답답해진다. 그러나 마음이 작용하는 원리만 알아도 심리에 문제가 생기지 않는다.

정상적인 것을 비정상으로 인식하는 것이 공황장애의 핵심이다.

공황장애는 흔히 노이로제라고 표현하는데 공황장애는 워낙 범위가 넓어서 심리 쪽에서 다룰 때는 인식장애 중의 하나로 본다.

공황장애가 발생하면 반드시 공황발작이 뒤따라온다. 공황발작은 공황장애로 인해서 표현이 신체로 나타나는 현상을 말한다.

공황장애가 발생하면 평소에 하던 말과 행동과 표정이 전혀 다르게 나타난다. 예전에 좋게 인식되던 것이 안 좋게 인식되면서 불안과 공포를 유발한다.

공황장애가 불안장애하고 거의 비슷한 이유는 둘 다 인식장애이기 때문이다. 불안장애는 공황장애가 발생하기 전에 발생한다. 불안장애가 지속되면 강박장애로 바뀌다가 자신도 모르게 공황장애로 진행된다.

불안장애, 강박장애는 심리적으로 어려움만 느낄 뿐 신체에 크게 영향을 주지 않는다. 그러나 불안장애나 강박장애를 오래 겪다 보면 특정한 인식이 들어올 때마다 마치 죽을 것만 같은 불안감에 휩싸인다. 이런 상태가 지속되면 정신적으로, 신체적으로 피폐해져서 어느 순간 무너져 버린다. 이것이 바로 공황장애다.

사람은 불안감을 느끼면 자신도 모르게 현재의 상황에서 빨리 벗어나려고 하는 강박감에 사로잡힌다. 불안감이 사라지지 않고 지속되면 자신도 모르게 강박장애로 넘어간다. 그래서 강박장애에는 반드시 불안장애를 동반한다. 이런 상태가 악화되면 공황장애로 발전하게 된다. 이처럼 공황장애는 불안장애와 강박장애가 동시에 작용한다고 보면 된다.

불안장애와 강박장애가 지속되면 순간적으로 의식과 무의식이 제대로 작용을 하지 못한다. 이런 현상이 공황장애다.

불안장애와 강박장애까지는 의식과 무의식이 제대로 작용하지만 공황장애가 발생하면 무의식이 제대로 작용하지 못해서 인식에 장애를 겪게 된다. 이때 갑자기 숨이 막히거나, 정신이 혼미해지거나, 심장이 멈출 것 같은 공황발작이 일어난다. 이때 위험하다고 판단되면 빨리 응급조치를 해야 불상사가 일어나지 않는다. 공황발작은 언제, 어떻게 나타날지 모르기 때문에 본인 스스로 위험에 대비해야 한다.

공황장애로 인해 신체가 갑자기 다운되면 저절로 들어오던 인식이 자동으로 차단된다. 이때 자신도 모르게 생명에 위협을 받는다고 생각해서 신체화증상이 나타나는 것이다.

인식은 존재하기 위해서 있기 때문에 인식을 못하는 순간 존재에 위협을 느끼게 된다. 그래서 공황장애의 공황발작은 인식에 문제가 있을 때 발생된다.

공황장애는 인식이 들어왔을 때 기억장애와 표현장애가 동시에 발생한다. 이때 무의식이 들어온 인식을 기억으로 처리할지, 표현으로 처리할지를 몰라서 아예 무의식의 작용을 다운시켜 버리는 것이다. 무의식의 작용이 다운되면 인식 자체가 원천 차단된다.

인식은 생존모드이다. 그래서 나쁜 인식이든, 좋은 인식이든 다 받아들이게 되어있다. 들어온 것이 나쁘게 인식되면 최소한 기본적으로 자신을 방어하게 된다. 그러나 인식이 차단되면 존재 자체를 부정하게 만드는 것이다.

공황발작은 어느 순간 의식과 무의식이 제대로 작동을 못해서 이상 현상이 일어나는 것이다.

평소처럼 길을 걷다가 갑자기 하늘이 노랗게 보이면서 픽하고 쓰러지는 경우가 있다. 이런 현상은 몸의 에너지가 한순간에 방전되었다고 봐야 한다. 그러나 기절을 했지만 심장은 여전히 작동하고 있기 때문에 심장마비와는 다르다.

심장마비는 심장이 멈추어서 위험하지만 공황발작은 심장박동이 다운된 것뿐이다. 일정 시간이 지나면 다시 제자리로 돌아온다.

공황장애는 불안감과 강박감이 동시에 만들어질 때 생기기 때문에 공황장애를 치료하려면 불안감의 원인부터 찾아야 한다. 원인을 알면 문제 해결을 쉽게 할 수가 있다.

예전에는 공황장애에 대해서 아는 사람들이 거의 없었다. 그러나 요즘 들어 공황장애를 겪었다는 연예인들이 많이 생기면서 공황장애가 대중적인 심리장애로 부상했다. 공황장애는 일종의 불안장애로 증상이 워낙 광범위해서 누구나 한번쯤은 겪게 된다.

공황장애는 불안감에서부터 시작된다. 남편이 연락도 없이 새벽이 될 때까지 집에 들어오지 않으면 아내는 긴 시간을 불안과 초조함 속에서 보내게 된다. 밤늦은 시간에 골목길을 지나갈 때 뒤따라오는 사람도 없는데 연신 뒤를 돌아보는 것도 불안감 때문이다.

아무 생각 없이 혼자 공원을 산책하는데 아는 사람이 반갑다고 뒤에서 어깨를 툭 쳐도 놀라서 그 자리에 주저앉는 여자들도 있다. 옛날 어른들은 이런 여자를 보고 "간이 그렇게 작아서 험한 세상을 어떻게 살려고!" 하며 핀잔을 주곤 했다.

아무것도 아닌 일에도 자주 놀라는 사람들은 평소 불안감을 많이 안고 산다고 봐야 한다. 불안감이 사라지지 않고 지속되면 불안장애, 강박장애를 겪게 된다. 이런 상태가 계속 이어지면 갈수록 심리가 악화되어서 자신도 모르게 공황장애가 온다.

인식장애 중에서 제일 낮은 수위가 불안장애다. 그다음이 강박장애, 그다음이 공황장애이다.

강박장애나 불안장애는 신체적으로 나타나는 현상은 거의 없지만 정신적으로 힘들고, 고통스러워서 삶의 질이 많이 떨어진다. 그러나 공황장애는 불안과 강박이 동시에 일어나기 때문에 죽고 사는 문제로 들어가게 된다.

외부에서 사실정보가 인식되어 들어올 때 어떤 특정한 부분에 스트레스를 느낀다면 처음 스트레스가 발생했을 때 제때에 스트레스를 처리하지 못하고 지금까지 끌어안고 왔다고 봐야 한다.

사람들마다 늘 일상적으로 하는 일들이 있다. 요리사는 하루의 대부분을 요리만 하고, 강사는 하루의 대부분을 강의만 한다.

예를 들어 내가 강사라면 내 강의를 듣는 청중들이 있을 것이다. 처음에는 강의를 하는 것이 가치를 추구하는 일이어서 즐겁고 보람이 있었다. 그러나 강의를 하면 할수록 늘 새로운 것을 찾아내야 하기 때문에 어느 순간부터 강의준비를 하는 것 자체가 스트레스로 인식되기 시작했다. 이때 스트레스를 힐링하지 못하면 마음이 무겁고 힘들어져서 심리에 문제가 생긴다.

스트레스와 상처를 제때에 잘 힐링할 줄 알면 열정과 사랑의 감정을 만들어낸다. 그러나 제때에 힐링하지 못하면 스트레스와 상처가 누적되어서 자신도 모르게 노이로제와 우울증이 발생한다. 그렇기 때문에 심리에 문제가 생겼을 때는 모든 것을 멈추고 문제해결을 위해서 노력해야 몸과 마음, 인간관계, 가치추구에 문제가 생기지 않는다.

인식인 외부사실정보가 들어오면 무의식이 기억과 비교해서 좋은 기분인지, 나쁜 기분인지를 판단해 의식으로 넘긴다. 인식된 것이 나쁜 기분인 스트레스라면 무의식이 무조건 제거를 하게 되어있다. 그러나 무의식이 스트레스를 제때에 제거하지 못하면 갈수록 부정기분이 쌓여서 인식의 습관에 문제가 생긴다.

인식의 습관에 문제가 생기면 무의식이 인식된 사실을 기억과 비교하기도 전에 자동으로 스트레스로 인식하게 된다. 이런 남자의 인식의 습관에는 기억과 경험이 필요 없다.

남자는 자신의 가치를 추구하기 위해 학생들 앞에서 강의하는 것이 즐겁고 행복했다. 그러나 어느 순간부터 강의에 필요한 자료와 최신 논문들을 일일이 찾아서 읽고, 비교분석까지 해야 되는 부담감에 강의준비가 스트레스로 인식되기 시작했다.

자신이 하는 일이 스트레스로 인식되면 마음이 힘들고 답답해진다. 이런 심리상태가 지속되면 인식의 습관에 문제가 생길 수밖에 없다.

강의에 대한 인식습관에 문제가 있는 남자가 미팅에 나가서 마음에 드는 여자를 만났다. 자신과 취향도 비슷한 데다가 재치도 있어서 함께 있는 시간이 즐겁고 재미가 있었다. 여자에게 깊은 호감을 느낀 남자가 여자에게 무슨 일을 하고 있는지 물어본다. "학원에서 아이들에게 영어를 가르치고 있어요."라고 말하는 순간 남자의 표정이 일그러진다. 남자는 가타부타 아무 말도 하지 않고 그 자리를 떠나버린다. 남자의 이런 돌발적인 행동은 자신의 스트레스를 제거하기 위한 무의식의 습관이다.

집에 돌아온 남자는 편안한 기분으로 느긋하게 TV로 영화를 본다. 영화가 생각보다 재미가 있어서 기분이 좋다. 그러다가 영화가 상영되는 중간에 어학원 광고가 나오는 바람에 남자는 강력한 스트레스를 받는다. 그래서 TV를 끄고 잠을 청했지만 막연한 불안감이 남자를 고통스럽게 만들었다. 이처럼 특정한 인식으로 인한 스트레스의 습관이 평온한 일상을 무참히 무너뜨리는 게 바로 인식장애이다.

남자는 강의라는 특정한 인식의 습관으로 인해 스트레스가 작용해서 강의와 관련된 것만 보고 들어도 힘들고 고통스럽다. 이런 인식의 습관은 오랜 시간에 걸쳐서 형성되는 사람도 있고, 짧은 시간에 형성되는 사람도 있다. 이런 상태가 지속되면 어느 순간 불안과 강박이 동시에 발생해서 공황장애증상이 나타난다.

특정한 사실 하나에 대해서 스트레스를 해소하지 못하게 되면 인식의 습관과 스트레스의 습관이 만들어진다.

무의식이 기억과 비교하기도 전에 즉시 스트레스를 인식하니깐 무의식이 작용하지 못한다. 무의식이 들어온 인식을 습관적으로 의식에 계속 넘겨주기 때문에 기억과 표현을 가동시킬 생각을 못 한다. 인식의 습관이 기억과의 비교를 거치지 않고 곧바로 스트레스로 자각되기 때문에 사는 것 자체가 고통이다. 이런 증상이 바로 인식장애이다.

인식의 습관이 만들어지기 전에는 스트레스가 들어오면 무의식이 스트레스를 처리하려고 기억을 끌고 나온다. 이때 불안감이 만들어져서 답답하고 힘들다. 그래서 불안감을 없애기 위해 얼굴의 근육을 있는 대로 풀어 보기도 하고, 제자리 달리기도 해보고, 허공을 향해 소리를 지르면서 스스로 스트레스를 힐링한다. 그러나 이런 행동으로도 불안감이 사라지지 않으면 강박감에 사로잡히게 된다. 불안감을 없애려고 자신도 모르게 강박적인 행동하다 보니 공황장애가 나타나게 된다.

현관문을 잠갔는데도 안 잠근 것 같아서 수시로 현관문을 확인하는 사람이 있다. 현관문을 확인하고 나서도 혹시나 누군가가 집 안에 숨어있을까 봐 방문과 옷장 문을 수시로 열고 닫는다면 불안장애와 강박장애가 있다고 봐야 한다. 이런 행동이 지속되면 어느 순간 의식과 무의식이 차단되어서 공황발작이 일어난다. 공황발작이 일어난다는 것은 인식의 습관이 완전히 만들어졌다는 것이다.

보통 사람들은 인식된 것을 기억과 비교해서 좋은 것인지, 나쁜 것인지를 구별한다. 그러나 인식의 습관이 만들어진 사람들은 5개의 감각기관으로 들어오는 모든 것이 스트레스로 인식되기 때문에 사는 것이 지옥이라고 생각한다.

인식의 습관에 문제가 있는 사람들은 아무리 좋은 풍경도, 아무리 좋은 음악도 모두 스트레스로 작용할 뿐이다.

친구가 "저 배롱나무 좀 봐. 꽃이 너무 아름답지?" 하면 "저딴 거 꼴도 보기 싫어!" 하면서 성질부터 낸다.

인식장애가 발생하면 인식되는 모든 것이 다 스트레스여서 더 이상 살고 싶은 생각이 없다. 그래서 노이로제에 걸린 남자들이 자신이 존재하는 이유를 알지 못해서 극단적인 선택을 많이 한다.

 인식하는 모든 것이 스트레스로 작용하면 무의식이 기억, 표현을 제대로 처리 못 하게 된다. 인식의 습관에 장애가 생겼다면 빨리 치료를 해서 원래의 심리상태로 회복시켜 놓아야 소중한 사람들과 함께 행복한 삶을 살아갈 수가 있다.
 인간은 좋든, 싫든 죽을 때까지 인식하면서 살아야 한다. 좋은 것이 들어오면 기분이 좋고, 나쁜 것이 들어오면 기분이 나쁜 것이 정상적인 심리이다. 그러나 인식습관에 문제가 생기면 5개 감각기관을 통해 들어오는 모든 것이 스트레스로 작용하기 때문에 노이로제에 걸린다.
 인식습관에 문제가 생기면 표현하는 심리습관에도 문제가 생길 수밖에 없다. 무의식은 무조건 스트레스를 제거하게 되어있는데 표현의 습관에 문제가 생기면 무의식이 제대로 작용을 하지 못한다. 그래서 인식장애가 발생하면 기억의 습관도, 표현의 습관도 없어진다.
 불안장애나 강박장애는 인식에 문제가 있기 때문에 기억과 표현을 조정해 주면 금방 벗어날 수 있다. 그러나 공황장애면 치료가 잘 안 된다. 그 이유는 오로지 인식되어 들어오는 것에만 집중하기 때문에 무의식이 작용하지 않아서다.
 심리는 인식된 것만큼 표현을 해줘야 심리가 균형이 잡혀서 안정이 된다. 인식되어 들어오는 것은 많은데 표현을 하지 못하면 계속 누적되는 스트레스를 감당하지 못해 공황발작이 일어난다.
 공황장애는 스트레스와 관련되어 있기 때문에 주로 남자에게 발생한다. 불안장애는 인식에 들어오는 스트레스가 들락날락거리면서 만들어진다. 강박장애는 지속되는 불안에서 벗어나려고 발버둥 칠 때 만들어진다.

여자는 스트레스가 들어오면 무조건 수용해서 상처로 쌓아두기 때문에 스트레스로 인한 공황장애는 잘 나타나지 않는다. 대신 스트레스로 인한 상처가 많이 쌓이면 우울증이 온다.

우울증은 기억장애로 인해 기억된 사실은 생각하지 못하지만 사실에 붙어있는 감정은 기억한다. 그래서 자신이 무엇 때문에 힘들고 우울한지를 모른 채 무기력하게 살아간다.

항상 침울하고 우울한 감정에서 벗어나고 싶은 여자들은 상처치료를 받는다. 그러나 생각과 달리 치료가 잘되지 않으면 평생 힘들고 우울하게 살아야 한다는 생각에서 불안해지기 시작한다. 이때 불안장애와 강박장애가 발생하는 것은 인식과 기억이 서로 연동되기 때문이다.

불안장애와 강박장애는 남자, 여자 모두에게 발생되지만, 여자는 스트레스를 수용하기 때문에 공황장애까지는 잘 넘어가지 않는다. 그래서 공황장애는 거의 남자에게만 발생한다고 보면 된다.

여자에게 인식장애가 잘 발생하지 않는 이유는 여자는 스트레스가 들어오면 무조건 수용해서 상처로 쌓아두기 때문이다. 대신 상처가 작용할 때마다 무의식이 상처를 치료해 준다. 그러나 남자가 스트레스를 제때 제거하지 못해서 누적이 되면 노이로제가 오듯 여자도 상처가 너무 많이 쌓이면 무의식이 제때 치료를 하지 못해서 우울증이 온다.

인간의 심리가 안정되고 건강하려면 스트레스와 상처를 잘 관리해야 한다. 스트레스와 상처는 만병의 근원이기 때문에 자신만의 힐링법을 만들어놓지 않으면 자신도 모르게 심리장애에 들어가서 고통을 받게 된다.

　인식장애는 주로 남자에게 오기 때문에 노이로제의 하나인 공황장애가 흔히 발생한다. 대신 상처를 방어할 능력이 없어서 무조건 스트레스를 제거하는 남자에게는 우울증이 안 생긴다. 남자가 우울함을 느낀다면 지속되는 스트레스로 인한 노이로제성 우울증이다.

　남자가 노이로제에 걸리면 가치를 추구하기보다는 '왜 살아야 되지?' 하고 의미를 찾게 된다. 이런 현상은 인식되어 들어오는 모든 것이 다 스트레스니깐, 존재의 의미부터 생각하게 된다. 그러나 존재의 의미를 찾지 못하면 더 이상 살아야 될 이유가 없기 때문에 극단적인 선택을 하는 것이다.

　남자가 심하게 우울감에 빠져있어도 그때마다 기분전환을 하면 큰 문제가 없다. 그러나 이런 우울감이 몇 개월 이상 지속이 되면 노이로제성 우울증으로 들어간다. 통상 남자의 우울증을 공황장애라고 보면 된다. 공황장애가 신체로 나타나는 경우도 많다.

　남자는 운동광이다. 조기축구는 물론이고 테니스, 농구, 야구할 것 없이 시간만 나면 운동에 매달린다. 그러던 남자가 어느 날부터 시간이 나도 운동할 생각도 않고 무력감에 빠져있다면 인식장애로 인한 공황장애로 봐야 한다. 남자는 지금 특정한 뭔가에 지속적으로 스트레스를 받고 있는 것이다.

　여자의 공황장애는 감정장애로 인해 나타나는데, 아직 우울증에 들어간 상태는 아니다.

　여자는 우울증에 들어가기 전에 경계성 우울증이 나타난다. 겉으로 보기엔 아무렇지 않지만 자신도 모르게 가슴이 답답하고, 숨이 멎을 것 같은 신체화 현상이 나타난다. 이때 병원에 가면 공황장애라는 판정을 받는 경우가 많다. 그러나 인식장애가 없는 여자에게는 공황장애가 거의 나타나지 않는다. 상처가 많이 쌓인 상태에서 상처가 작용하면 가슴통증, 불면증, 섭식장애, 무기력증과 같은 신체화증상이 나타난다. 이런 증상이 바로 우울증으로 들어가기 전 단계이다.

공황발작을 겪어본 남자들의 공통점은 아무것도 생각이 안 나고 자신이 죽어가는 공포만 느낀다고 한다. 그렇기 때문에 공황장애가 있는 사람에게 특정한 상황이 만들어지면 자신도 모르게 발작증세가 나타나기 때문에 빨리 치료를 해야 한다.

해외출장을 자주 다니던 사람이 여느 날처럼 비행기에 탑승했는데 꽉 들어찬 승객을 보는 순간 갑자기 숨이 막히면서 발작증세가 나타났다. 그 이후로 비행기만 탔다 하면 발작증세가 습관처럼 일어난다면 공황장애로 인한 공황발작이다.

비행기에 관한 인식의 습관이 한 번 만들어지면 비행기의 엔진 소리에도, 승무원의 눈빛에도, 승객들의 떠드는 소리에도 스트레스가 발생해서 견딜 수가 없다.

공황장애가 위험한 이유는 특정한 상황이 되면 같은 경험이 반복되기 때문이다. 처음에는 공황발작이 약하게 나타나지만 발작이 반복될 때마다 신체가 악화되기 때문에 점점 위험수위가 높아진다. 그래서 어떤 사람들은 공황발작이 일어났을 때, 곧바로 응급조치에 들어가야 목숨을 건질 수가 있다.

공황발작은 언제, 어떻게 나타날지 모르기 때문에 매우 위험하다. 공황발작이 한 번이라도 나타났다면 이유 여하를 막론하고 빨리 병원으로 가서 약을 처방받아야 한다. 신체에 관련된 부분은 약물로 조정을 해야 그나마 스트레스가 들어왔을 때 급격한 신체화 현상을 다운시킬 수가 있다.

　인식장애인 공황장애는 심리인 인식의 습관을 바꿔야 하기 때문에 정신과에서 완전하게 치료하지 못한다. 대신 불안이나 강박증세는 약물로 다운시킬 수는 있다.
　공황장애를 치료하기 위해서는 인식의 습관을 예전의 표현습관과 기억습관으로 바꿔줘야 치료가 된다.
　인식의 습관에 문제가 있는 사람들은 A라는 인식이 들어오면 이것이 나쁜 것인지, 좋은 것인지 무의식이 기억과 비교도 하지 않고 무조건 스트레스라고 단정한다. 인식되는 모든 것이 스트레스로 작용하면 삶 자체가 지옥이다. 그래서 더 이상 살아야 될 이유가 없어서 극단적인 선택을 하게 된다.
　인식의 습관을 바꾸기 위해서는 A라는 인식을 무조건 스트레스로 단정하기 전에 A가 좋은 것이라는 인식을 반복해서 심어줘야 한다. A가 좋은 것이라고 반복해서 세뇌시키다 보면 스트레스라고 생각했던 A라는 인식의 습관이 서서히 바뀌기 시작한다. 인식의 습관이 바뀌면 더 이상 스트레스를 받지 않는다.
　누구나 할 것 없이 처음 경험하는 일은 낯설기 때문에 불안하고 긴장이 된다. 특히 많은 사람들 앞에서 처음 과제를 발표하는 사람은 평소 잘 쉬던 숨이 제대로 쉬어지지 않고, 튼튼하던 다리도 사시나무 떨리듯 떨린다. 청중만 바라보면 눈앞이 캄캄해져서 아무것도 보이지 않고, 과제를 발표하는 자신의 목소리조차도 들리지 않는다. 모든 것이 마치 꿈을 꾸는 듯 비현실적이고 모호하다. 이런 상태가 계속되다가 사람들의 박수소리가 들려왔을 때 비로소 제정신으로 돌아온다.

사람은 누구나 할 것 없이 처음 접하는 환경이나 상황이 되면 불안감과 긴장감에 스트레스를 받기 마련이다. 그러나 불안하고 긴장의 연속이던 과제발표도 여러 번 반복해서 하다 보면 익숙해져서 편안함을 느낀다.

사람은 자신의 일에 익숙해질수록 마음이 안정된다. 마음이 안정되면 여유로움을 느끼기 때문에 사람들과 눈도 맞추고, 농담까지 건네게 된다. 그래서 처음 시도하는 일이 불안하고 두렵다고 해서 포기할 것이 아니라 꾸준히 반복하는 노력이 필요하다.

공황장애 치료를 하려면 꾸준한 노력으로 인식의 습관을 바꿔야 한다. 프레젠테이션 업무를 담당하는 사람에게 공황장애가 왔다면 프레젠테이션을 아주 단순하고 짧은 것부터 먼저 시작을 해야 부담감이 없다. 짧고 단순한 것을 실행하면서 표현하는 연습, 기억하는 연습을 계속 반복하다 보면 지금까지 스트레스로 여겼던 모든 인식의 습관이 자연스럽게 전환이 된다. 이때 무의식이 스트레스를 처리할 수 있는 자신만의 습관을 만들어주면 더 이상 인식으로 인한 스트레스를 받지 않는다.

스트레스를 처리할 수 있는 습관을 만드는 것은 사람에 따라 다르다. 스트레스가 들어왔을 때 무조건 달리기를 한다든지, 누군가와 수다를 떤다든지, 현재 자신의 감정을 글로 써 내려가면 자연히 자신만의 힐링 습관이 만들어진다. 이렇게 만든 습관이 무의식에 자리를 잡으면 인식의 습관을 자연스럽게 표현해 낼 수가 있다. 즉, 인식과 기억과 표현을 균형 있게 맞출 수가 있다. 이렇게 되면 심리가 안정되어서 부정적인 것도 긍정적으로 받아들이게 된다.

공황장애를 치료하는 데 주의할 점은 대부분 인식의 습관은 자신이 하는 일과 연결되어 있다. 예를 들어 매일 PT를 하던 사람에게 공황발작이 일어났다면, 일단은 PT하는 것을 멈춰야 한다. 습관이 된 것을 멈춘다고 해서 인식이 안 들어오는 것이 아니다. 그러나 특정한 인식의 습관을 멈추면 다른 인식은 크게 지장을 받지 않는다.

다른 인식으로 인해 불안감이 생길지는 몰라도 현재 느끼는 인식의 습관만큼 강력하지가 않다. 공황장애가 왔는데도 특정한 인식의 습관을 멈추지 않으면 어느 순간 죽을 것만 같은 불안감에 휩싸여서 공황발작이 일어난다. 이럴 경우 치료가 될 때까지 특정한 인식의 습관을 무조건 멈추어야 한다.

직장에 다니고 있는데 공황장애가 왔다면 곧바로 휴직서를 내야 한다. 회사에서 휴직서를 받아주지 않으면 사직서를 내야 한다. 지금의 상황에서 자신의 자아실현보다 존재하는 것이 더 중요하기 때문이다. 자신에게 공황장애가 왔다면 무조건 자신이 하던 일을 멈추는 것이 우선이다.

심리장애는 혼자 있을 때 절대 만들어지지 않는다. 마음을 주고받는 인간관계에서만 만들어진다. 인간관계가 없으면 마음을 나눌 사람이 없기 때문에 심리에 문제가 생길 일도 없다.

공황장애를 치료할 수 있는 최선의 방법은 인간관계를 단절하고 혼자 산에 들어가 사는 것이다. 그러나 최선의 방법을 알았다고 해도 이런 행동은 현실적으로 불가능하다. 나를 중심으로 한 수많은 인간관계를 두부 자르듯이 단칼에 자를 수가 없기 때문이다.

심리장애인 인식장애, 감정기억장애, 표현장애는 다 인간관계에서 만들어진다. 그래서 심리습관에 문제가 생겼을 때 제일 우선은 하던 일을 멈추라고 하는 것이다. 하던 일을 멈추고 자신을 성찰해 보면 자신에게 어떤 문제가 있는지를 정확하게 바라볼 수가 있다. 문제의 원인을 알았다면 회복을 위해서 노력하면 된다.

들어오는 인식이 스트레스라고 해서 무조건 피하기만 하면 문제의 본질을 정확히 알 수가 없다. 본질을 모르면 이치를 해석할 수 없기 때문에 문제해결이 불가능해진다.

인식되어 들어오는 것이 고통스럽고 힘들어도 외면하지 말고 정확히 바라봐야 한다. 인식도 하기 전에 외부정보를 무조건 스트레스로 받아들이면 그것이 좋은 것인지, 나쁜 것인지를 기억과 비교할 수가 없다.

우리 속담에 '자라 보고 놀란 가슴 솥뚜껑 보고 놀란다.'라는 말이 있다. 자라에게 물린 기억이 있는 사람은 자라의 등딱지와 비슷한 솥뚜껑만 봐도 놀란다는 말이다.

공황장애는 특정한 인식을 스트레스라고 무조건 단정하지 말고 정확히 바라보아서 생각의 오류를 제대로 잡아줘야 한다. 그래서 인식을 제대로 할 수 있을 때 표현하는 것과 기억하는 것을 만들어주면 된다. 심리는 인식, 기억, 표현이 균형을 잡을 때 비로소 안정이 되는 것이다.

인식한 것이 좋은 것이면 무의식이 기억에 집어넣고, 스트레스라면 무의식이 무조건 제거를 한다. 이때 나름대로의 스트레스힐링법을 가지고 있으면 스트레스의 부정기분을 긍정기분으로 바꿀 수가 있다.

스트레스와 상처의 힐링법으로 가장 좋은 것은 기존에 없던 것을 새롭게 만드는 것이다.

예를 들어 남자의 직업이 회계사라면 주말마다 바닷가로 캠핑을 가거나 주말농장에서 작물을 키우면 그동안 쌓인 스트레스가 말끔히 사라진다.

반대로 남자가 운동선수라면 쉬는 날에 인문학 서적을 읽거나, 명상을 하면 그동안 쌓인 스트레스가 힐링이 된다.

스트레스와 상처가 발생했을 때 나름대로의 힐링법을 만들었다면 그 다음은 인식의 습관 중에서 나에게 스트레스를 유발시켰던 원인이 무엇인지를 찾아내는 것이다.

강의준비로 인해 스트레스가 지속되어서 인식장애가 생겼다면 초심으로 돌아가서 다시 시작하는 것이다. 강의를 하는 발성법부터 태도, 시선처리 등 하나하나 동작을 늘려 나가면서 새로운 습관을 만드는 것이다. 새로운 습관이 만들어지면 인식에 대한 스트레스의 습관이 사라지기 때문에 공황장애도 쉽게 치료할 수 있다.

오랜 기간 동안 스트레스에 계속 노출된 채로 살아가다가 어느 특정한 것이 인식이 되면 갑자기 공황장애가 발생된다.

공황장애는 직접 겪어보지 않는 이상 얼마나 두렵고 무서운지 가늠할 수가 없다. 공황장애가 있는 사람들은 특정한 인식이 들어왔을 때 금방이라도 죽을 것만 같은 극심한 공포로 인해서 온몸이 얼어붙고, 숨을 제대로 쉴 수가 없다.

공황장애가 발생할 때까지 3년 정도 걸렸다고 하면, 치료하는 데는 6개월도 안 걸린다. 공황장애를 치료하는 도중에 공황발작 증세가 나타나면 정신과에서 약물을 처방받아서 복용해야 한다. 신체증상은 약물로 다스려야 도움이 된다.

공황장애는 노이로제로 인해 마음이 무너져 있는 상태이기 때문에 신체 역시도 다운됐다고 봐야 한다. 몸과 마음은 서로 연동되기 때문에 치료로 인해 마음이 회복되면 신체도 저절로 회복이 된다. 이때 신체상태를 봐 가면서 약물을 줄이거나 중단을 하면 된다. 그러나 치료하는 과정이라 하더라도 공황발작은 언제 증상이 나타날지 모르기 때문에 공황장애가 완치될 때까지 반드시 약을 복용해야 된다.

인식장애를 치료할 때는 인식치료법이라 하고, 표현장애를 치료할 때는 행동치료법이라고 한다. 그러나 우울증인 기억장애는 치료법이 없다. 그 사람만의 고유한 기억을 바꿀 수 있는 방법이 없기 때문이다. 대신 기억된 사실에 붙어있는 감정기억은 심리치료를 통해서 회복될 수가 있다. 그렇기 때문에 우울증은 심리치료 외엔 방법이 없다.
인식을 일단 멈추는 것이 인지치료법이다. 사람에 대한 인식장애를 치료하려면 인간관계에서 벗어나서 사람으로 돌아가야 한다. 그다음에 행동치료법으로 표현을 해야 한다.
표현이 원활해지면 그때 특정한 사람이나 특정한 대상에 대한 인식의 내용이 들어가야 한다. 이것이 인지법이다.
공황장애를 치료할 때 인지치료법을 먼저 쓰면 수백 번을 치료해도 치료가 되지 않는다. 그 이유는 표현에 관련된 습관이 안 만들어져 있는 상태에서 인식을 차단하면 오히려 역효과가 나타나기 때문이다.
여자에게 공황장애가 왔다면 그 원인은 외상후스트레스밖에 없다. 이때 기억을 차단하려고 해도 차단이 되지 않는다. 이렇게 되면 여자는 현재의 상황이 너무나 힘들고 고통스러워서 죽고 사는 문제로 들어가게 된다.
여자에게 외상후스트레스가 오면 모든 것이 무너졌다고 생각하기 때문에 불안장애, 강박장애, 공황장애 3개가 한꺼번에 발생한다. 여자의 외상후스트레스는 어떻게 보면 공황장애에 가깝다.

여자의 불안과 강박은 인식의 장애 때문에 만들어지는 것이 아니라 기억의 장애로 인해 만들어지는 것이다. 그러나 여자의 외상후스트레스는 마치 인식의 장애 때문인 것처럼 보여서 공황장애라고 단정 짓는 경우가 많다. 하지만 여자의 공황장애는 엄밀히 따지면 기억장애이다.

공황장애는 스트레스로 인한 인식장애로 남자들에게 흔하게 발생한다. 여자들 중에서 공황발작이나 공황장애를 겪는다면, 볼 것도 없이 외상후스트레스로 인한 기억장애로 봐야 한다.

요즘 공황장애 치료법을 보면 약물치료법도 있고, 인지행동치료법도 있다. 인지행동치료법이란 인식과 표현을 동시에 하는 치료법이다. 가장 좋은 것은 약물치료와 인지행동치료가 병행되면 아주 좋다. 대신 인지행동치료에 반드시 기억을 넣어야 한다. 그렇지 않으면 치료가 되지 않는다.

예를 들면 마음의 원리를 공부하는 마음교육이 있다. 마음교육은 바로 기억에 들어간다. 이때 남자의 마음과 여자의 마음이 다르다는 것을 알아야 한다.

여자는 마음교육을 생각 없이 그냥 들어야 한다. 왜냐하면 여자들의 기억감정은 무의식이 만들어내기 때문이다. 그래서 마음교육을 시작할 때 "그냥 생각 없이 들으세요."라고 강조한다. 생각 없이 듣다 보면 무의식에 저절로 습관이 만들어진다. 의식적으로 들으면 무의식에 절대로 습관이 만들어지지 않는다.

반면 남자의 마음교육은 열심히 공부를 해서 기억 속에 집어넣어야 한다. 남자는 기억을 잘 못하기 때문에 꾸준히 반복해서 공부를 해야만 기억 속에 자리를 잡는다. 그래서 아무 생각 없이 그냥 마음공부를 하는 여자보다 열심히 공부하는 남자의 습관이 제일 늦게 만들어진다.

남자는 기분에 죽고 살기 때문에 마음공부를 열심히 하다가도 수틀리면 그만둔다. 그러다가 자신의 필요에 의해서 다시 공부를 하고, 힘들면 다시 그만둔다. 이런 식으로 마음공부를 하게 되면 무의식에 습관이 안 만들어진다. 그렇기 때문에 남자는 의지를 가지고 꾸준히 공부를 해야 무의식의 습관이 만들어진다.

공황장애 치료에 행동치료법, 인지치료법, 인지행동치료법을 아무리 집어넣어도 기억이 들어가지 않으면 답이 안 나온다. 공황장애치료를 아무리 열심히 해도 완치가 되지 않는 것은 무의식에 기억이 만들어지지 않아서이다.

심리상담소나 정신의학에서 하는 공황장애치료가 잘못된 것은 아니다. 다만 공황장애 치료법에 기억이 들어가지 않아서 완치가 안 되는 것이다. 인식, 기억, 표현의 심리는 어느 한 곳에 편중되지 않고 서로 균형을 이룰 때 안정이 된다.

남자의 중독증은 불안장애에 있다가 넘어가는 경우도 많고, 강박장애에 있다가 넘어가는 경우도 많다. 그러나 공황장애에 있다가 중독증으로 넘어갈 확률은 거의 없다. 공황장애는 이미 인식의 습관이 고착화되었기 때문이다.

불안장애는 오로지 불안한 상황에만 몰입하기 때문에 강박이 동반된다. 그러다가 강박을 해소하면 십 년 묵은 체증이 내려가듯 살맛을 느낀다. 이것이 바로 중독증이다. 그러나 중독증은 대부분 재미와 즐거움을 쫓기 때문에 습관성중독이라고 한다.

중독마다 차이가 있는데, 어떤 경우에는 습관성으로, 어떤 경우에는 급성으로 나타나는 경우가 있다. 불안장애나 강박장애에서 중독으로 넘어가는 경우에 대부분 급성으로 나타난다.

의욕이 없어서 늘 무기력하던 사람이 어느 날 갑자기 뭔가에 몰입되어 열정에너지가 넘친다면 노이로제에서 중독증으로 넘어갔다고 보면 된다.

일정기간 재미와 즐거움에 빠져 살다가 다시 불안장애가 오면 갑자기 공황장애로 빠져들어 간다. 남자는 기분이기 때문에 중독증과 인식장애인 노이로제를 넘나들기가 쉽다.

인식장애에는 여러 가지가 있다. 불안장애가 지나치면 공포장애가 되기도 하고, 강박장애가 지나치면 사소한 스트레스에도 충동조절장애가 나타난다. 이럴 경우 본인 스스로 자신의 감정을 통제하지 못하기 때문에 매우 위험해진다.

공황장애가 있는 사람에게서 폭력이 나타나면 충동조절장애가 아닌, 강박장애에서 나타나는 공황발작 증상이라고 보면 된다. 충동조절장애는 불안장애에서도 나타나고, 강박장애에서도 나타나고, 공황장애에서도 나타난다.

지하철에서 팔짱을 낀 채 가만히 앉아 있던 사람이 뜬금없이 앞에 서있는 사람을 갑자기 이유도 없이 폭행을 한다. 지하철 순찰대가 와서 왜 그런 행동을 했냐고 물으면 서있는 사람이 자신을 째려봐서 화가 났다고 했다. 이런 행동은 충동조절장애가 아니다. 자신도 모르는 사이에 저절로 신체가 움직인 것뿐이다. 이런 증상은 불안장애인지, 공포장애인지, 공황장애인지 증명이 안 된다.

예전에는 충동조절장애의 원인이 강박에 있다고 했다. 충동을 조절할 수 없는 것은 강박장애가 동반된 것이 사실이다. 이런 경우 심리장애의 원인이 어디서, 무엇 때문에 시작했는지 그 근원을 찾아봐야 한다.

심리장애가 발생했다면 무엇보다도 마음의 작용과 심리의 작용을 정확히 알고 이해하면 치료하기가 쉬워진다.

사람들은 충동조절장애를 당사자의 표현만 보고 진단한다. 중독증이나 우울증은 표면에 드러나기 때문에 진단이 수월하다. 그러나 무의식에 인식의 습관이 작용되면 특정한 한 곳에 몰입하기 때문에 표현이 제대로 안 나온다. 그래서 공황장애는 진단 자체가 굉장히 어렵다.

공황장애는 사전에 예방을 할 수가 없다. 그 이유는 본인 스스로 자신의 증상을 알지 못하기 때문이다. 대신 자신의 증상을 조금이라도 눈치챌 수 있는 것은 불안감과 강박감이 평소보다 심해질 때이다. 불안감과 강박감이 사라지지 않고 계속 지속된다면 스스로 인식의 습관을 바꾸어야 한다. 그렇지 않으면 심리가 악화되어서 자신도 모르게 공황장애로 진행된다.

불안장애를 방치하면 강박장애로 넘어가거나, 중독으로 가게 된다. 자신에게 규격을 맞추는 강박장애가 있다면 의자나 테이블이 조금이라도 비뚤게 놓이면 그냥 넘어가지 못한다. 옷장에 옷을 걸어도 한 방향으로 걸어야 하고, 액자가 조금만 비뚤어져도 밥 먹다 말고 일어나서 바로 해놓아야 안심이 된다.

강박장애를 갖고 있는 사람들은 가만히 있지를 못한다. 그래서 본인보다 옆에 있는 사람들이 더 피곤하고 힘들 때가 많다.

강박장애라고 해서 생활에 불편함을 느끼는 것은 아니다. 그러나 어던가 하나에 몰입된 채로 일정기간 살다 보면 공황장애로 들어갈 확률이 굉장히 높다.

불안장애가 지속되면 강박장애가 되었다가 중독으로 들어가거나 공황장애로 들어갈 수 있다. 그러나 공황장애에서 중독으로 들어갔다가 다시 공황장애로 들어가면 조증과 울증이 동시에 나타나는 조울증에 걸린다. 조울증은 정신병증이기 때문에 반드시 입원치료를 해야 한다. 그러나 불안장애와 강박장애에서는 감정이 다운되지 않는다. 대신 강박은 중독을 동반하기 때문에 중독증으로 빠지기 쉽다.

불안감은 스트레스가 원인이다. 그래서 불안과 강박은 바늘과 실의 관계처럼 분리해서 생각할 수가 없다.

불안장애에서 강박장애로 넘어갔는데 중독증에 들어가지 않으면 공황장애로 넘어갈 확률이 굉장히 높다. 공황장애의 사전예방은 불안과 강박을 없애는 것이다.

불안의 근원은 스트레스이다. 불안장애, 강박장애, 공황장애에 걸리지 않으려면 스트레스가 들어왔을 때 스스로 힐링할 수 있는 무의식의 습관을 만들어놓아야 한다. 스트레스를 제때에 처리할 수 있는 자신만의 힐링습관이 만들어지면 그 어떤 스트레스가 들어와도 극복할 수 있다.

스트레스를 극복하면 남자에게는 열정에너지가 생긴다. 그렇기 때문에 인간관계에서 자아실현을 하기 위해서는 나만의 스트레스힐링법이 무엇보다 중요하다.

인식장애는 불안장애, 강박장애, 공황장애로 크게 나눌 수 있는데, 그중에 가장 위험한 것이 공황장애이다.

공황장애가 와서 공황발작이 일어났다면 병원에 가서 약물처방을 받아 신체부터 보호해야 한다. 그런 다음 특정한 인식의 습관을 중단해야 한다. 대신 다른 인식이 들어오면 말과 행동, 표정으로 표현을 하고, 기억을 해서 하나하나 인식의 습관을 바꿔 나가야 한다. 그런 다음 인지법으로 치료를 하면 공황장애가 발생하기 전의 심리상태로 회복할 수가 있다. 이때 스트레스를 스스로 힐링할 수 있는 능력까지 만들어놓으면 아무리 강력한 스트레스가 들어와도 무의식이 알아서 처리를 해준다. 이렇게 되면 부정기분이 긍정기분으로 저절로 전환되기 때문에 마음이 편안해진다.

심리장애는 반드시 예방법을 가지고 있는 상태에서 치료를 해야 한다. 치료를 하고 나서 예방법을 가진다는 건 불가능하다. 그러기 때문에 치료를 하기 전 단계에서 예방법을 만들어놓고 치료에 들어가야 한다. 그래서 심리치료법은 예방과 치료를 동시에 해야 완치가 된다.

공황장애는 인식의 습관을 바꾸고 스트레스의 표현법만 바꾸면 치료가 된다.

노이로제로 인한 불안장애, 강박장애, 공황장애는 스트레스에서부터 비롯된 것이다. 그렇기 때문에 스트레스를 힐링할 수 있는 나만의 힐링 체계를 만들어 놓으면 아무리 강력한 스트레스가 들어와도 심리장애에 빠지지 않는다.

〈질문과 답변〉

〈질문〉 어느 날, 회사에서 일을 하다가 갑자기 가슴이 답답해지면서 숨을 쉴 수가 없었다. 금방이라도 죽을 것 같아서 바깥으로 뛰쳐나왔더니 비로소 숨이 쉬어 졌다. 공황장애인가, 공황발작인가?

〈답변〉 일을 하다가 갑자기 공황장애가 왔다는 것은 자신도 모르게 상처가 작용되어서 신체증상으로 나타났다고 보면 된다. 바깥으로 나왔을 때 숨이 쉬어졌다는 것은 무의식의 작용이 멈추었다는 것이다.
 공황장애를 치료하지 않으면 공황발작으로 간다. 공황발작은 언제 어디서 어떻게 나타날지 모르기 때문에 매우 위험하다.
 여자의 공황장애는 외상후스트레스 때문에 오는 경우가 대부분이기 때문에 상처치료부터 하고 나서 공황장애를 치료해야 완치가 된다.

〈질문〉 공황장애는 치료법이 없다고 들었다. 대신 의지를 가지고 인식습관의 문제를 새로운 인식습관으로 바꾸어야 예전의 심리상태로 회복된다고 했다. 그러나 이미 만들어진 심리습관을 바꾸는 것이 말처럼 쉽지가 않을 것 같다.

〈답변〉 사람들은 몸과 마음이 건강하지 못하면 모든 것에 취약하다. 그렇기 때문에 평소 자신의 몸과 마음을 잘 돌봐야 심리가 안정되면서 몸과 마음이 편안해진다.

인간관계에서 발생하는 스트레스와 상처를 제때에 처리하지 못하면 몸과 마음이 힘들어지고 답답해진다. 이런 상태가 오랫동안 지속되면 인식에 장애가 생겨서 모든 것이 스트레스와 상처로 작용한다. 이렇게 되면 사는 것이 힘들고 고통스러워서 생과 사를 넘나들게 된다.

공황장애에 치료법이 없다는 것은 자신의 심리습관의 문제를 타인이 만들어줄 수 없기 때문이다. 그렇기 때문에 공황장애는 스스로 노력해서 새로운 인식의 습관을 만들어놓아야 스트레스의 부정감정이 긍정감정으로 전환된다. 이처럼 공황장애는 자신의 심리습관을 새로운 심리습관으로 바꾸어놓아야 하기 때문에 자가치료법 이외에는 치료법이 없다.

〈질문〉 평상시에는 아무렇지 않는데 비행기만 타면 공황장애가 온다. 그래서 비행기를 탈 때마다 병원에서 처방한 약을 먹고 무조건 잠을 잔다. 그러나 장거리 출장인 경우 잠에서 깨는 순간 무섭고 두려워서 공황발작이 일어난다. 이럴 경우 어떻게 해야 하나?

〈답변〉 노이로제는 인식습관의 문제로 인해 치료가 잘되지 않는다. 인식습관의 문제는 심리문제가 아닌 마음의 문제이기 때문에 마음이 작용하는 원리를 모르면 치료가 불가능하다. 특히 노이로제의 하나인 공황장애는 마음의 작용을 알아야 특정한 인간관계, 특정한 상황에서 심리가 급변하는 이유를 알 수가 있다.

장거리 여행 중에 공황장애 환자들이 가장 많이 하는 행동이 술에 취해서 그냥 뻗어버리는 것이다. 술에서 깰 때쯤 비행기는 목적지에 착륙 중이어서 공황발작이 일어나지 않는다. 요즘 이런 사람들이 생각보다 많다.

공황장애는 인식의 습관을 바꾸어야만 치료가 되기 때문에 특정한 인식을 정확히 아는 것이 무엇보다 중요하다. 자라 보고 놀란 사람이 솥뚜껑 보고 놀랄 일이 없도록 하기 위해서는 자라와 솥뚜껑의 구분을 분명히 해둬야 스트레스의 습관이 사라진다. 이것이 바로 공황장애의 치료법이다.

〈질문〉 얼마 전 밤길에 남자가 뒤쫓아 와서 도망을 친 일이 있었다. 그 이후부터 아이가 현관문만 열고 들어와도 깜짝 놀라서 심장이 뛰고 호흡이 가빠진다. 이런 상태를 방치하면 공황장애로 넘어가나?

〈답변〉 이것은 외상후스트레스로 인한 불안장애이다. 외상후스트레스는 특정한 상황이 되면 공황발작을 동반하기도 한다. 그러나 공황발작을 동반한다고 해서 공황장애는 아니다. 여자의 외상후스트레스장애는 바로 감정기억의 문제 때문에 나타나는 것이다.

혼자 있을 때 가족들이 현관문을 여는 순간, 밤길의 남자가 쫓아오는 기억으로 인해 감정기억 전체가 다 부정화가 되어버린 것이다. 그래서 누군가가 문만 열고 들어와도 스트레스가 발생해서 저절로 감정기억이 따라 들어오는 것이다.

불안감이 지속되면 강박이 된다. 불안장애와 강박장애가 동시에 발생하면 곧 죽을 것만 같은 신체화 현상이 나타난다. 이것이 바로 공황발작 증세이다. 이럴 때는 병원에 가서 약부터 처방받아 먹는 것이 좋다.

공황발작이 무서운 것은 언제 이런 증상이 나타날지 모르기 때문이다. 이런 경우 약을 먹으면서 심리치료를 하면 마음이 안정된다.

〈질문〉 여자들은 공황장애가 잘 발생하지 않는다고 했다. 여자의 외상후스트레스로 인한 불안장애나 강박장애는 남자들처럼 공황장애로 넘어가지 않는다면 중독증이나 우울증으로 들어가나?

〈답변〉 여자는 외상후스트레스에서 공황발작이 일어난다. 안 좋은 기억이 강하게 각인되어 비슷한 상황이나 환경에 처하면 무조건 부정감정이 올라온다. 이때 불안에 대한 강박이 심하게 일어나면 금방이라도 죽을 것처럼 심장이 뛰고, 호흡이 가빠진다. 이것이 여자의 공황발작이다. 그러나 많은 사람들은 이런 증상을 공황장애로 인한 공황발작으로 착각한다.

여자의 공황발작은 외상후스트레스가 발생했을 때가 아니면 중독증에 들어갔을 때 나타난다. 중독증에 들어간 여자들은 사소한 스트레스에도 모든 상처가 한꺼번에 작용하기 때문에 히스테리증상이 나타난다. 이때 자신의 감정을 제대로 표현하지 못하면 제 성질에 못 이겨 발작을 일으킨다. 공황발작은 심리장애가 극단으로 치달았을 때 일어나는 현상이다.

남자의 외상후스트레스장애는 인식에 의한 공황장애라고 보면 되고, 여자에게 외상후스트레스장애는 감정기억에 의한 히스테리라고 보면 된다.

〈질문〉 뭔가를 보고 놀라서 기절할 때 순간적으로 하늘이 노래지며 '내가 죽는구나.'라는 생각을 하면서 쓰러진다. 기절과 공황장애로 인한 발작과는 어떤 차이가 있나?

〈답변〉 기절을 할 때 신체적인 상황에서 기절을 했느냐, 스트레스가 작용을 해서 기절을 했느냐에 따라 다르다. 예를 들어 선생님이 학생들을 벌주기 위해서 운동장을 열 바퀴 뛰게 했더니 기절을 하는 아이가 있었다면 이것은 신체적인 문제이지 정신적인 문제는 아니다. 그러나 아이러니하게도 뙤약볕 밑에서 기합을 받다가 졸도한 경험이 있는 사람은 뙤약볕 밑에만 들어가면 기절을 하는 경우가 있다. 이런 증상은 공황장애가 아니다. 신체가 환경을 이미 기억하고 있기 때문에 뙤약볕에만 들어가면 적응을 못할 뿐이다.

특정한 사건이나 특정한 환경에만 들어가면 자신도 모르게 졸도하는 사람들이 있다. 이런 사람들 대부분이 불안장애나 강박장애로 인해 공황장애를 겪고 있다고 생각하는데 아니다.

과거에 뙤약볕이 100의 상태에서 기절을 했다면, 다음에는 30만 들어와도 불안해서 기절한다. 이런 현상은 신체가 적응을 하지 못해서 생기는 문제지, 정신적인 스트레스의 문제는 아니다.

기절은 신체적 문제이고, 공황장애로 인한 발작은 정신적인 스트레스의 문제라고 보면 된다.

〈질문〉 중학생 아들이 모든 일이 제 뜻대로 되지 않으면 숨이 꼴깍 넘어가거나 얼굴이 새파랗게 변할 때가 있다. 놀라서 쳐다보면 이내 정상으로 돌아온다. 이런 경우도 공황발작이라고 할 수 있나?

〈답변〉 예를 들어 아이가 친구와 싸워서 기분이 안 좋은 상태인데 집에 들어가자마자 엄마가 식초를 사오라고 심부름을 시킨다. 아이는 집에 동생도 있고, 누나도 있는데 자신에게만 심부름을 시키는 엄마가 야속하게 느껴진다. 그래서 아이는 마트로 달려갈수록 억울하고 약이 올라서 눈물이 난다. 감정이 북받친 아이는 갑자기 호흡이 가빠지면서 숨이 턱턱 막히더니 자신도 모르게 그냥 쓰러진다. 이런 현상은 공황발작이 아니라 일시적인 신체화 현상이다. 그러나 이런 일이 반복되면 자신도 모르게 심리습관에 문제가 생긴다.

아들이 뭔가를 하고 싶은데 누군가가 간섭을 하거나 제지를 하면 스트레스를 참지 못해서 숨이 넘어간다. 성인이면 자신의 성질대로 스트레스를 제거하지만 아이이기 때문에 억압하는 경우가 많다. 이때 자신의 감정을 표현하지 못해서 얼굴색이 변하거나 숨이 넘어간다. 이럴 경우 아이가 자신의 스트레스를 처리할 수 있도록 부모가 도와줘야 한다.

스트레스를 제때에 처리하지 못하면 심리에 문제가 생긴다. 이때 아이가 심리장애로 들어가지 않게 하기 위해서는 자신의 스트레스를 스스로 힐링할 수 있도록 부모가 도와줘야 한다. 그렇지 않으면 아이의 심리가 악화되어서 인식에 문제가 생긴다.

〈질문〉 공황장애는 *인식의 습관을 바꿔주면 예전의 심리상태로 회복된다고 했다. 인식의 습관을 바꾼다는 것은 새로운 습관을 다시 만든다는 것인가, 아니면 기존의 습관을 좋은 쪽으로 고친다는 것인가?*

〈답변〉 공황장애는 기존에 가지고 있던 인식의 습관을 새로운 습관으로 바꿔야만 부정감정이 긍정감정으로 전환된다.

무의식의 심리에는 인식, 기억, 표현이 있다. 이 중 기억에는 사실이 있고, 감정이 있다. 특정한 사실이 인식될 때 공황장애를 일으킨다면 사실기억을 바꿔야 된다.

안 좋은 사실을 경험했다고 해서 그 사실을 부정할 수는 없다. 그러나 인식장애인 공황장애를 치료하기 위해서는 안 좋은 경험을 하지 않은 것처럼 인식을 시켜줘야 특정한 것에 대한 인식의 습관을 버릴 수가 있다.

아이가 밤길에 우연히 자동차 사고로 숨진 사람을 목격하고 나서 인식장애가 왔다면 "네가 본 것은 사람의 시체가 아니라 바람에 날려 온 검은 비닐이었어." 하면서 억지로 세뇌를 시켜야 한다. 시체라고 생각하는 인식의 습관을 검은 비닐로 전환해 줘야 심리가 안정된다. 이것이 현재의 공황장애치료법이다. 즉, 안 좋은 기억을 좋은 기억으로 왜곡하는 것이다. 그러나 특별한 치료가 아닌 이상 기억을 왜곡하는 이런 치료법은 잘 쓰지 않는다. 기억을 왜곡한다는 것은 그 사람의 인생을 조작하는 것과 같기 때문이다.

공황장애는 특정한 것이 인식되면 강력한 스트레스를 받는다. 그래서 그 스트레스를 제거하기 위해서 공황발작이 나타난다.

인식의 습관을 바꾸면 스트레스의 습관도 저절로 바뀐다. 이때 무의식에 좋은 습관을 만들어놓으면 스트레스가 들어왔을 때 알아서 처리를 해준다. 이것이 바로 스트레스의 힐링법이다.

〈질문〉 *무의식의 습관이라는 것은 정확히 뭔가?*

〈답변〉 마음에는 의식과 무의식이 있다. 무의식은 감정을 바꿔주는 역할을 한다. 현재 상처로 인해 내가 불행하다고 느끼면 여자는 자신도 모르게 상처를 표현하게 된다. 이때 무의식이 여자의 부정감정을 알아채고 힘들고 아픈 상처를 치료하기 시작한다. 상처가 치료되면 부정감정이 저절로 긍정감정으로 전환된다. 이것이 바로 무의식의 역할이다.

남자는 스트레스가 들어오면 무의식이 무조건 스트레스를 제거하려고 한다. 여자는 상처가 작용하면 무의식이 무조건 치료를 해주려고 한다. 무의식에 좋은 습관이 만들어지면 스트레스나 상처가 발생해도 바로 긍정기분, 긍정감정으로 전환을 해주기 때문에 심리가 건강하고 안정적이다.

인간은 행복해지기 위해서 자아실현을 한다. 이때 인간관계가 원만해야 심리가 안정이 되어서 가치와 의미를 추구할 수가 있다. 인간관계가 원만하지 못하면 스트레스와 상처로 견디기가 힘들어서 심리가 불안정해진다. 심리가 불안정하면 살아가는 데 있어서 많은 문제를 일으킨다.

무의식의 습관은 일종의 표현법이다. 스트레스를 제거할 때 자신도 모르게 화를 내거나 욕을 하면 이런 표현을 의식으로 받아들이는 상대는 당연히 기분이 나쁠 수밖에 없다. 그래서 인간관계에 균열이 생긴다. 그러나 무의식에 좋은 습관을 만들어놓으면 스트레스가 발생해도 무의식이 알아서 처리를 해주기 때문에 인간관계에 문제가 생기지 않는다. 무의식의 습관은 스트레스와 상처의 자가 힐링법이라고 보면 된다.

2.
불안장애와 강박장애

   심리에 문제가 생겼다는 것은 정상적인 심리가 비정상적으로 작용하다가 다시 정상적으로 회복되는 것이 반복될 때를 말한다. 즉, 심리가 안정되었다가 다시 불안정해지는 것이 계속해서 반복될 때 심리에 문제가 있다고 말한다.
   남자들은 여자의 변덕이 죽 끓듯 해서 갈피를 못 잡겠다는 말을 많이 한다. 여자의 이런 현상은 상황에 따라서 감정이 수시로 변하기 때문이다. 그러나 심리장애는 안 좋은 상태가 계속해서 지속되는 것을 말한다.
   심리에는 인식, 기억, 표현, 세 가지가 있다. 인식에 장애가 생기면 인식장애, 기억되는 심리에 장애가 생기면 기억장애, 표현하는 심리에 장애가 생기면 표현장애가 된다. 보통 기억이라고 하면 사실만 기억한다고 생각하지만 사실기억에는 심리에 영향을 미치는 감정도 들어있다.
   우리가 5개 감각기관을 통해 감정인식을 하고 인식한 것을 감정기억에 저장해서 말과 행동과 표정으로 감정표현을 한다. 이것이 심리이다.
   심리에서는 감정을 중요시하고, 사실은 중요시하지 않는다. 그 이유는 감정과 기분에 의해서 심리가 만들어지기 때문이다.

심리문제는 안 좋은 감정일 때 기분전환을 하면 예전의 심리상태로 회복이 된다. 그러나 심리문제가 해결되지 않고 지속적으로 작용하면 심리에 장애가 생긴다. 심리장애는 인식, 기억, 표현의 심리 중 하나가 고장이 났기 때문에 치료를 하지 않는 이상 예전의 심리상태로 회복되지 않는다. 즉, 심리장애를 치료하지 않으면 평생을 심리장애자로 살아야 된다.

인간관계에서 내 마음과 상대의 마음이 다르면 스트레스와 상처를 받는다. 스트레스와 상처를 제때에 처리하지 못하면 심리가 불안정해져서 마음이 힘들고 불편해진다.
반면 인간관계를 맺지 않고 혼자 사람으로 살면 스트레스와 상처를 받을 일이 없다. 내 멋대로, 내 기분대로 살아도 누가 간섭을 하거나, 충고할 사람이 없어서다. 그러나 자신만의 재미와 즐거움을 위해서 혼자 사람으로 산다면 스스로 인간적인 삶을 포기한 거나 마찬가지이다.
인간은 사회적 동물이기 때문에 인간관계 속에서 소중한 사람들과 함께 살아야 인생의 행복과 보람을 느낀다. 그러나 사회가 복잡하고 다양해질수록 인간관계에서 오는 스트레스와 상처도 그만큼 크기 때문에 스스로 인간관계를 끊고 혼자 사람으로 사는 사람들이 많아지고 있다.
자신의 재미와 즐거움을 위해서 혼자 사람으로 살면 인간으로서 마땅히 지켜야 할 조화와 질서를 무시한다. 이런 사람들이 많아지면 많아질수록 사회는 각박해지고 황폐해질 수밖에 없다.
사람과 사람이 만나서 서로 마음을 나누면 당연히 심리가 작용한다. 심리가 작용하면 좋든, 싫든 무조건 스트레스와 상처를 받게 되어 있다. 그렇기 때문에 인간사회에서 행복한 인생을 살아가기 위해서는 반드시 스트레스와 상처를 제때에 처리할 수 있는 능력을 만들어놓아야 몸과 마음, 인간관계, 가치추구에 문제가 생기지 않는다.

남자는 스트레스를 받으면 무의식이 무조건 나쁜 기분을 제거하려고 한다. 이때 인식, 기억, 표현이라는 3개의 심리 중 하나가 문제를 일으킨다. 바로 표현이다.

스트레스는 나쁜 기분이다. 그래서 마음인 무의식에서 스트레스를 제거하려고 표현을 한다. 이때의 표현은 비정상이다. 나쁜 인식인 스트레스를 제거하기 위해 말과 행동과 표정을 비정상으로 표현하도록 만들어버린다. 상처도 무의식에서 치료를 하려고 상처표현을 비정상적으로 하게 만든다. 그래서 남자는 스트레스를 제거할 때 자신도 모르게 화를 내거나, 욕설을 퍼붓거나, 폭력을 행사한다. 반면 여자는 자신의 상처를 표현할 때 짜증을 내거나, 신경질을 부리거나, 막무가내로 울음을 터트린다.

심리는 항상 대칭을 이룬다. 힘들면 편안해지고 싶어 하고, 불행하면 행복해지려고 한다. 이것이 인간의 심리이다. 그렇기 때문에 무의식의 표현이 비정상적으로 작용되어야 마음에서 스트레스와 상처를 원래대로 회복하려고 드는 것이다.

인간관계에서 스트레스와 상처가 발생했을 때 표현을 해야만 스트레스가 해소되고 상처가 치료되어서 심리가 안정된다.

남자는 스트레스받으면 스트레스를 제거하기 위해서 노력을 많이 한다. 하지만 스트레스를 제거할 때는 대부분 안 좋은 말과 행동, 표정으로 표현을 하게 된다. 그 이유는 스트레스가 나쁜 기분이기 때문이다. 이것이 정상적인 남자의 심리이다. 그러나 스트레스를 제거할 때 표현에 장애가 발생하면 스트레스가 제거되지 않는다. 표현에 장애가 일어나면 나쁘게 표현해야 되는 것을 좋게 표현하기 때문이다. 즉, 심리에 장애가 생기면 생각이 왜곡되어서 나쁜 것을 좋은 것으로, 좋은 것을 나쁜 것으로 착각하게 된다. 이렇게 되면 정상적인 인간관계를 해나갈 수가 없어서 혼자 사람으로 살게 된다.

심리는 대칭을 이루기 때문에 표현이 비정상적이면 그 반대에서는 정상적으로 나타난다. 무의식이 표현을 비정상적으로 하게 만듦으로써 스트레스를 없애버리는 것이 인간의 심리가 작용하는 원리이다.

스트레스를 받아서 자신도 모르게 상대에게 나쁜 표현을 하면 스트레스가 제거되어서 기분이 좋아진다. 즉, 들어온 나쁜 기분을 나쁜 표현으로 날려버리고 편해졌다는 말이 된다. 결국 안 좋은 기분과 안 좋은 감정은 나쁘게 표현을 해서 스트레스를 제거하고, 상처를 치료한다는 말이 된다. 자신의 마음이 편안해지기 위해서 무의식이 스트레스를 제거하고, 상처를 표현하는 것이다.

남자의 마음은 스트레스가 들어오면 무조건 제거하고, 여자의 마음은 스트레스가 들어오면 무조건 수용해서 상처로 쌓아둔다. 그래서 상처의 기억은 남자에게는 없고, 여자에게만 있다.

여자들은 모든 것이 자신의 기준과 맞지 않으면 스트레스를 상처로 쌓아두기 때문에 나이가 많을수록 상처의 양 또한 많다.

상처가 많은 여자들은 사소한 스트레스에도 상처가 작용한다. 상처가 작용하면 자신도 모르게 신경질과 짜증을 많이 낸다. 이것이 바로 여자의 상처표현이다.

여자가 상처표현을 하는 것은 힘들고 아픈 상처를 치료해서 행복해지려는 마음의 작용이다. 이것이 바로 심리대칭이다. 이런 심리대칭은 나쁜 기분과 감정인 스트레스와 상처가 발생하면 나쁜 표현으로 스트레스와 상처를 제거하고 치료해서 긍정기분과 긍정감정으로 전환하기 위함이다. 그래서 남자들은 스트레스가 들어오면 스트레스를 제거하려고 소리를 지르고 욕설을 퍼부으면서 나쁜 표현을 하고, 붓고, 여자들은 상처가 작용하면 상처를 치료하려고 짜증을 내고, 신경질을 부리면서 나쁜 상처표현을 하게 된다.

사람에게 스트레스와 상처가 없으면 굳이 나쁘게 표현해야 할 이유가 없다. 긍정적인 상황임에도 나쁘게 표현을 한다면 비정상적인 표현을 하는 심리장애에 들어갔다고 봐야 한다.

심리장애에는 두 가지가 있다. 문제가 일정기간 동안 지속적으로 나타나는 경우와, 문제가 없는데도 불구하고 장애가 나타날 때이다.

일정기간 동안 인식이 계속 들어오면, 일정기간 동안 표현을 계속해서 들어온 인식을 내보낸다. 그러나 들어오는 인식이 없는데도 표현이 계속 작용하면 기억의 습관이 작용하는 것이다.

표현은 인식이 들어오거나, 기억이 떠오를 때 한다. 외부의 정보는 인식을 하게 되고, 내 안에 있는 정보는 기억을 하게 된다. 인식이나 기억을 통해서 사실과 감정이 계속 유입이 될 때도 표현이 작용하고, 인식이 없는데도 불구하고 기억의 습관에 의해서 표현이 작용하기도 한다.

인식에 장애가 생기면 노이로제가 발생하고, 기억에 장애가 생기면 우울증이 발생하고, 표현에 장애가 생기면 중독증이 발생한다. 그러나 불안장애와 강박장애를 다룰 때 쓰는 '장애'라는 표현은 전체적인 것을 의미한다. 장애를 다른 말로 증후군이라고도 표현을 하는데, 병이 생겼다는 뜻이다.

  신체가 건강하면 팔, 다리 같은 신체의 모든 것이 정상적으로 작용한다. 그러나 신체가 정상적으로 작용하지 못하면 팔, 다리를 원활하게 쓸 수가 없어서 신체장애라고 표현한다. 심리도 인식, 기억, 표현이 정상적으로 작용하지 않고 비정상적으로 작용하면 심리장애라고 표현한다.

  인간은 인간관계를 맺고 자아실현을 해나갈 때 스트레스와 상처는 당연히 발생한다. 그 이유는 나의 기준과 상대의 기준이 다르기 때문이다.

  스트레스와 상처가 만들어질 때, 불안은 필연적으로 따라온다. 불안감이 생기는 이유는 들어오는 인식이 내 기준과 맞지 않으면 일단 기분이 나쁘기 때문에 스트레스를 빨리 제거하고 싶어서이다. 이때 스트레스가 제거되면 심리가 안정이 되지만 제거되지 않고 쌓이면 불안감이 생긴다.

  여자에게는 스트레스를 방어하는 능력이 없기 때문에 스트레스가 들어오면 무조건 수용해서 상처로 쌓아둔다. 그러다가 상처가 작용하면 자신도 모르게 우울해져서 힘들고 아픈 감정을 느낀다.

  불안감은 스트레스의 작용에 의해 나오는 것이고, 우울감은 스트레스가 상처로 쌓여서 작용할 때 느껴지는 것이다. 그래서 불안감과 우울감은 언제나 붙어 다닌다.

  불안과 우울은 스트레스와 상처가 직접적인 원인이다. 남자든, 여자든 관계없이 스트레스와 상처가 작용하면 무조건 불안해지고 우울해지게 되어있다. 스트레스가 들어오면 무의식이 무조건 제거하려고 들고, 상처가 들어오면 무의식이 무조건 치료를 하려고 드는 것은 마음을 보호하기 위한 무의식의 작용이다.

무의식의 작용이라고 하더라도 제거를 하는 것과 치료를 하는 것에 차이가 있다. 스트레스를 제거하려면 가급적 빨리 제거해야 하기 때문에 공연히 마음이 급해져서 불안감이 생긴다. 또한 스트레스를 빨리 없애려면 수단과 방법을 가리지 말아야 하기 때문에 자신도 모르게 강박이 생긴다. 이런 증상이 강박장애이다.

여자가 우울해지면 상처가 작용한다. 그래서 우울감을 없애려고 상처를 자꾸 억압하게 된다. 억압하는 것도 일종의 강박이다.

남자의 강박은 뭔가를 빨리 처리하려고 달려드는 것이고, 여자의 강박은 되도록 상처가 안 올라오게 애를 쓰는 것이다.

남자는 스트레스를 없애려고 애를 쓰고, 여자는 상처를 눌러놓으려고 애를 쓰기 때문에 강박감과 우울감이 발생한다. 이 둘은 정반대의 현상이다.

여자가 상처의 작용이 싫어서 무조건 상처를 억압하면 우울증이 되지만 상처를 생각하지 않으려고 다른 뭔가에 집중하면 중독증으로 들어간다.

남자들은 스트레스가 들어오면 즉시 제거하기 때문에 상처의 기억이 없다. 그러나 남자가 우울함을 느낀다면 스트레스를 바로 제거하지 못하고 쌓아두었기 때문이다. 이렇게 되면 스트레스가 마치 상처를 기억하는 것처럼 여겨져서 노이로제에 들어간다. 이때 불안과 강박이 만들어진다.

여자도 우울해지면서 강박이 만들어진다. 그래서 불안증세와 강박증세는 남자와 여자의 구별이 없다. 인식되어 들어온 정보가 내 기준과 맞으면 편하게 받아들이고, 내 기준과 맞지 않으면 스트레스가 발생한다.

남자는 스트레스가 들어오면 무조건 제거하기 때문에 기억을 잘 못한다. 대신 남자에게 아무리 좋은 것이 들어와도 자신의 기분을 방해하면 무조건 스트레스로 작용한다. 이런 남자의 마음을 모르면 여자 스스로 오해를 해서 상처를 만들어낸다.

오랜만에 휴일을 맞은 남자가 아주 편한 상태로 안방 침대에 누워 TV로 영화를 보고 있다. 이때 누군가가 자신의 편안함을 방해하면 무조건 스트레스로 작용한다. 절세의 미녀가 산해진미를 차려놓고 남자를 유혹한다고 해도 남자는 지금 이 편안한 순간이 최고라고 생각한다. 이런 남자의 마음도 모르고 아내가 자꾸 밥 먹으러 나오라고 채근한다.

"제발 날 좀 그냥 내버려둬!"

남자가 내지르는 소리에 강아지가 놀라서 사정없이 짖어댄다. 남자는 강아지 짖는 소리에 또 스트레스를 받아서 자신도 모르게 들고 있던 리모컨을 문을 향해 던진다.

문 밖에서 여자의 우는 소리가 들린다. 지금 남자가 난폭한 행동을 한 것은 자신의 나쁜 기분을 빨리 걷어내고 싶어서이다. 하지만 이런 남자의 마음을 이해하지 못한 여자는 남자의 무의식의 표현을 의식으로 받아들였기 때문에 상처를 받은 것이다.

남자는 아무리 재미있고 즐거운 것이라도 현재 내 기준과 맞지 않으면 무조건 스트레스로 인식한다. 그래서 남자의 스트레스는 현재 상태가 어떤지에 따라 좋을 수도 있고, 나쁠 수도 있다.

클럽에서 신나는 음악에 맞춰 정신없이 춤을 추고 있는데 갑자기 블루스곡이 나오면 남자는 강력한 스트레스를 받는다.

사업이 잘 안돼서 여기저기 돈을 빌리러 다니는데 아무런 성과가 없으면 모든 것이 다 스트레스로 작용한다. 스트레스와 상처는 지금 내

기준과 맞지 않으면 항상 발생하기 때문에 자신만의 힐링법을 만들어 놓아야 마음이 안정되고 편안해진다.

 마음이 불안하다는 것은 현재 인식되는 것이 나의 기준과 맞지 않아서 심리적으로 불안정하다는 이야기이다.
 마음이 불안해질 때마다 손을 씻는 사람도 있고, 머리카락을 뽑는 사람도 있고, 손톱을 물어뜯는 사람도 있다. 이런 행동을 하는 것은 여기에 집중하면 마음이 편안해지기 때문이다. 그러나 불안해질 때마다 이런 행동이 반복된다면 강박이다.
 불안해질 때마다 자신의 방식으로 불안감을 해소한다. 그러나 불안감을 해소할 상황이 못 되면 초조해서 안절부절못한다. 이것이 강박이다. 그러다가 불안감이 해소되면 마치 하늘을 날아가듯 희열을 느낀다.
 불안장애에 들어간 사람들은 모든 것이 두렵고 무서워서 꼼짝달싹하지 않는다. 불안 때문에 생활이 엉망이 되어도 그 상황에서 벗어나면 큰일이라도 생길까 봐 계속 불안한 상태를 유지한다.
 사람은 공포에 질리면 그 자리에서 얼어붙는다. 불안장애는 공포를 느끼기 때문에 아무것도 못하는 것이다.
 어두운 골목길을 걸어가는데 누군가가 나를 뒤쫓아 오는 것 같아서 불안하고 무섭다. 그래서 걸어가는 중간중간에 뒤를 돌아본다. 걸어가면서 끊임없이 불안과 공포를 느끼면서도 딱히 뭔가를 하려고 들지 않는다.
 누군가가 내 뒤를 쫓는 것 같다면 큰길로 나가든지, 아니면 가족에게 전화를 걸어서 데리러 오게 만들어서 적극적으로 불안에서 벗어나야 마음이 편안해진다. 그러나 그토록 불안해하면서 아무런 제스처도 쓰지 않는다면 불안장애이다. 그러나 불안에서 벗어나기 위해 누군가에게 계속해서 전화를 한다면 강박장애이다. 강박장애는 불안감에서 벗어나기 위해 계속 뭔가에 집중을 하지만 집중이 멈추면 다시 불안감에 사로잡힌다.

강박장애는 똑같은 행동, 똑같은 표현을 계속 반복하는 특징을 가지고 있다. 뭔가를 계속 반복적으로 하지 않으면 불안해서 견딜 수가 없는 상태가 강박장애이다. 강박장애가 발생하면 불안감이 사라질 때까지 같은 행동을 끊임없이 반복하기 때문에 주변에 있는 사람들이 불편해진다.

불안장애가 지속되면 강박장애가 나타난다. 그래서 통상적으로 불안장애와 강박장애는 함께 가지고 간다.

불안장애를 가지고 있는 사람 중에 강박으로 가지 않고 불안한 감정을 억압해서 우울증으로 들어가는 사람도 있다. 여자에게 불안증세가 있다면 우울증으로 들어가는 전조증상으로 보면 된다.

마음이 불안해도 원인을 찾아 해소할 생각은 않고 그럭저럭 참고 살면 불안증세가 나타난다. 불안증세가 없어지지 않고 지속되면 자신도 모르게 우울증으로 들어간다. 불안한 감정을 지속적으로 억압함으로써 불안감을 없애기 때문에 감정기억에 장애가 온 것이다.

불안장애에 있다가 강박장애에 들어간 사람은 불안하지는 않다. 불안할 때마다 강박적으로 뭔가를 자꾸 표현하기 때문이다. 그러나 불안과 강박을 넘나드는 이런 증상이 계속 반복되면 어떻게 될까?

불안장애의 원인은 스트레스와 상처 때문이다. 스트레스와 상처가 지속되면 심리가 불안정해져서 불안감이 쌓인다. 불안감이 쌓이면 갈수록 심리가 악화되어서 자신도 모르게 불안장애가 온다. 불안장애가 왔을 때 불안한 상황에서 벗어나려고 뭔가를 반복적으로 하면 강박장애가 된다.

강박장애는 뭔가를 계속해서 반복하는 동안만큼은 불안감이 사라진다. 그래서 강박장애는 위험하지는 않다. 대신 불안장애는 부정감정을 계속해서 억압하기 때문에 자신도 모르게 신체화증상이 나타난다. 이것이 공황발작 증세이다.

불안장애를 가지고 있는 상태에서 특정한 것이 인식되면 공포로 인해 온몸이 얼어붙는다. 옴짝달싹도 못하는 상태에서 죽음의 고통을 느끼기 때문에 여자든, 남자든 견디기가 힘들고 고통스럽다.

강박장애는 불안할 때 자신도 모르게 뭔가를 했는데 불안한 것이 저절로 없어졌다. 그래서 불안할 때마다 그 행동을 반복적으로 한다. 반복적인 행동으로 인해 편안함을 느끼기 때문에 주변의 누군가가 반복하는 동작을 멈추라고 소리쳐도 전혀 귀에 들어오지 않는다. 이런 반복적인 행동을 하지 않으면 죽을 것만 같은 공포에 휩싸이기 때문이다.

불안장애든, 강박장애든 둘 다 살아가는 것이 힘들다. 치료를 해서 원래의 심리로 회복되어야 안정된 삶을 살 수가 있다.

불안장애나 강박장애의 근본 원인은 스트레스이다. 스트레스가 지속되면 인식되어 들어오는 모든 것이 스트레스가 된다. 그렇기 때문에 불안장애, 강박장애로 들어가지 않으려면 평소 스트레스와 상처를 힐링할 수 있는 자신만의 능력을 만들어놓아야 한다.

불안장애나 강박장애는 특정한 인식에 장기간 노출되는 경우에 생긴다.

예를 들면, 인식에 A도 들어오고, B도 들어오고, C도 들어온다. 즉, 인식에 좋은 것도 들어오고, 나쁜 것도 들어오고, 편안한 것도 들어오고, 불편한 것도 들어온다. 그러나 계속 안 좋은 특정한 인식에만 매몰되다 보면 다른 것까지도 스트레스로 인식하게 된다. 이렇게 되면 인식의 습관이 고장 날 수밖에 없다.

우연히 자라를 보고 놀랐다면 자라와 같은 비슷한 색깔이나 형태만 봐도 놀라게 된다. 즉, 자라라는 특정한 인식의 습관이 하나 만들어진 것이다.

어떤 어른이 아이를 한 대 때린다. 조금 있다가 다른 어른이 아이를 한 대 때린다. 그러다가 또 다른 어른이 아이를 한 대 때린다. 이런 식으로 맞으면서 성장한 아이는 어른을 보면 '무조건 때리는 사람'이라는 인식의 습관을 가지게 된다.

어른에게 맞는 것이 지속적으로 노출되면서 아이의 인식은 어른만 보면 맞는다는 자기기준이 생긴 것이다. 이것이 바로 인식의 습관이다.

아이들이나 어른들이나, 불안장애와 강박장애에 들어가 있는 사람들은 불안감이 만들어지게 된 원인이 분명히 있다. 안 좋은 인식이 일정 기간 지속이 되면서, 자신도 모르게 인식에 문제가 생긴 것이다.

요즘 들어 건강염려증에 매몰된 사람들이 많다. 이것은 일종의 건강에 대한 강박인데, 이런 강박이 있는 사람들은 건강에 대한 특정한 트라우마를 가지고 있다.

큰 병을 앓아본 사람들은 모든 것을 자신의 건강과 연결시킨다. 그래서 건강염려증이란 인식의 습관이 만들어진다.

염려증은 불안감을 만든다. 그러나 불안한 인식의 습관만 가지고 있지, 이걸 내가 어떻게 해결해 보겠다는 의지가 전혀 없다. 건강에 대해 제대로 해결하지도 못하면서 늘 건강 때문에 마음이 불안하고 우울해진다. 이런 상태가 지속되면 불안장애가 나타난다.

불안장애에서 강박장애로 들어가게 되면 잠시는 편안해지지만, 그 편안함 때문에 뭔가를 계속 반복적으로 해야 한다. 이런 행동은 불안감이 해결될 때까지 지속된다. 이런 사람들은 불안한 인식의 습관에서 벗어나야만 강박과 불안이 사라지게 된다.

대체적으로 불안감과 강박을 가지고 있는 사람들은 집에서 아무것도 하지 않고 가만히 있기만 한다. TV도 못 보고, 음악도 못 듣는다. 인식되는 것 자체가 불안해서이다.

불안장애는 특정한 인식이 들어오면 순식간에 공포에 질리는데 그 인식이 언제 들어올지 모르기 때문에 더욱 힘들고 고통스럽다.

불안장애는 스트레스의 작용이기 때문에 기억의 습관이 아니라 인식의 습관에 의해 만들어진 것이다. 인식의 습관을 바꾸려면 일단 외부에서 들어오는 특정한 인식을 당연히 차단시켜 놓아야만 치료를 할 수가 있다.

습관이 되어버린 특정한 인식을 치료하면서 동시에 인식되어 들어오는 다양한 사실들이 원활하게 흘러갈 수 있게끔 표현을 해줘야 한다. 강박 자체가 표현이기 때문에 표현을 정상적으로 회복시켜 주는 노력을 해야 한다.

불안장애치료의 첫 번째는 인식을 차단해야 한다. 두 번째는 스트레스로 인한 불안을 치료하는 것이다. 세 번째는 표현을 원활하게 해주는 것이다. 치료는 이 순서대로 가야만이 치료가 된다. 순서대로 가지 않으면 절대 치료가 되지 않는다. 스트레스 자체가 인식이기 때문에 필히 순서대로 치료를 해야 된다.

강박장애는 반드시 불안장애를 동반하므로, 스트레스를 먼저 치료해야 한다. 그러고 나서 불안감, 불안장애를 치료한 후에 강박장애를 치료해야 한다.

지금 현재 내가 불안장애라면 표현까지 치료할 필요는 없다. 불안장애는 스트레스를 치료하고 나서 가지고 있는 불안감에 관련된 부분만 치료를 하면 된다. 그런 다음 표현을 자연스럽게 할 수 있도록 해주기만 하면 된다.

스트레스는 인식이고, 불안은 습관이고, 강박은 표현이다. 그래서 인식을 먼저 조절해 주고 나서 습관을 바꿔주면 강박에 의한 표현은 자연스럽게 사라진다.

특이하게도 불안장애, 강박장애가 동시에 발생하면 자폐증상이 나타나서 가급적 혼자만 있으려고 한다. 이런 증상이 있는 사람은 부모를 비롯해서 모든 관계를 차단시킨다. 일종의 대인기피증이다.

자폐증도, 아스퍼거증후군도 불안장애와 강박장애로 인해서 만들어지는 질병이다. 특히 이런 증상은 어린아이들에게 많이 생긴다. 그 이유는 아이에게 인식의 습관이 만들어졌기 때문이다.

습관은 하루아침에 만들어지는 것이 아니다. 자신도 모르게 서서히 만들어지기 때문에 한번 만들어진 습관을 바꾸기란 쉽지가 않다.

습관이 만들어지는 방식은 여자와 남자가 다르다. 여자는 1에서 2, 2에서 3으로 가다가 상처가 생기면 3에서 2로 떨어진다. 그러다가 상처가 회복되면 다시 3으로 간다. 이처럼 여자는 계단을 오르내리듯 하면서 습관을 만들어나간다. 그래서 여자는 하나의 습관을 만들 때까지 시간이 오래 걸린다.

반면 남자는 기분이기 때문에 1에서 2, 3으로 가다가 스트레스가 들어오면 단번에 1로 간다. 열심히 해서 8까지 올라갔어도 기분 나쁜 일이 생기면 그 즉시 1로 떨어진다. 그러다가 지금 당장 자신에게 습관이 꼭 필요하다는 생각이 들면 1에서 단숨에 10까지 올라가서 습관을 만들어놓는다.

습관은 타고난 능력으로 만들어지는 것이 아니다. 의지를 가지고 꾸준히 실행을 해야 만들어진다. 그래서 남자든, 여자든 하나의 습관이 만들어질 때까지 많은 시간과 노력이 들어간다.

여자는 하루아침에 불안장애로 들어가지 않는다. 특정한 인식에 대한 불안감이 조금씩 커지다가, 자신도 모르게 어느 순간 장애로 들어간다.

여자는 불안한 증상이 장기간 노출되기 때문에 불안과 강박이 진행되는 것이 보인다. 그러나 남자는 불안증상도 없이 어느 날 갑자기 장애로 들어간다. 하지만 남자와 여자의 인식의 습관은 장기간에 걸쳐서 서서히 만들어진 것이기 때문에 새로운 습관으로 전환하려면 많은 시간과 노력이 들어가야 한다.

이와는 달리 인식의 습관이 하루아침에 만들어지는 경우도 있다. 남자와 여자가 외상후스트레스를 겪는 순간이다.

외상후스트레스가 발생하면 지금까지 잘 살아온 인생 전체가 다 무너졌다고 생각한다. 그래서 지금까지 자신에게 만들어진 인식의 습관, 표현의 습관이 완전히 와해되거나 뒤집어져서 예전의 남자와 여자가 아니게 된다.

예를 들어 결혼해서 잘 살아가던 여자가 남편의 외도를 알게 되었을 때 외상후스트레스가 발생한다. 여자는 남편의 외도로 인해 삶의 의미를 잃어버렸기 때문에 더 이상 자신에게는 행복한 날이 없을 거라고 단정한다. 여자의 이런 생각 때문에 지금까지 아무 탈 없이 잘 살아온 날들이 다 상처화되어서 안 좋은 기억의 습관이 만들어진다.

외상후스트레스가 지속되면 외상후스트레스장애가 된다. 외상후스트레스장애가 되면 모든 것이 다 상처로 인식된다. 어린 시절부터 지금까지의 모든 기억이 모두 상처로 전환되었기 때문에 인식되는 모든 것이 부정적일 수밖에 없다. 기쁘고 즐거운 일이 생겨도 부정적으로 받아들이고, 행복하게 사는 사람들만 봐도 자신의 불행이 더 크게 부각되기 때문에 사는 것이 힘들고 고통스럽다. 이런 상태가 지속이 되면 우울증에 들어가기 때문에 무조건 상처치료를 해야 예전의 심리상태로 돌아갈 수가 있다.

남편에게 외도가 발생하면 여자에게는 무조건 외상후스트레스가 생긴다. 이때는 최우선으로 상처치료를 해야 한다. 그렇지 않으면 심리장애로 들어가기 때문에 위험해진다.

치료를 해서 예전으로 회복시켜 놓아야 다시금 삶의 의미를 찾는다. 그렇지 않으면 인식되는 모든 것이 상처여서 날마다 상처가 산더미처럼 쌓이게 된다.

상처가 한꺼번에 작용하면 무의식이 상처치료를 감당하지 못해서 기억을 차단해 버린다. 이것이 우울증이다. 외상후스트레스가 발생되면 최우선으로 상처치료를 해서 심리장애인 우울증으로 들어가지 말아야 한다.

남자에게 강력한 외상의 트라우마가 생기면 급성으로 인식의 습관이 만들어진다. 자신의 열정과 가치가 한꺼번에 무너졌기 때문이다.

예를 들어 잘나가던 회사가 급격한 환율하락으로 하루아침에 부도가 났다던가, 건강하시던 부모님이 교통사고로 갑자기 돌아가셨다면 외상후스트레스가 온다.

남자가 외상후스트레스를 겪게 되면 들어오는 모든 인식이 스트레스여서 사는 것 자체가 고통이고 지옥이다. 그래서 '왜 살지?' 하고 존재의 의미를 찾게 된다.

남자의 인식습관이 특정한 사건사고에 의해서 만들어졌는지, 아니면 특정한 인식이 장기간 노출이 되어서 만들어졌는지를 아는 것이 중요하다. 외상후스트레스로 인해 인식의 습관, 기억의 습관이 만들어지는 것은 남자와 여자가 같다.

외상후스트레스가 무서운 것은 엄청난 불안과 강박을 동반하기 때문이다. 불안과 강박이 동시에 작용을 하게 되면 스스로 감당할 수 없어서 공황발작증세가 일어나는 것이다.

외상후스트레스를 겪어본 사람들 대부분 한 번씩은 공황발작 증세를 경험했다고 한다. 이런 발작이 저절로 없어지는 사람도 있고, 주기적으로 일어나는 사람들도 있다.

친구와 한가롭게 산책을 하다가 갑자기 하늘이 노래지면서 몸 안에 있던 모든 에너지가 방전되는 듯 그대로 쓰러졌다면 불안과 강박으로 인한 공황발작으로 봐야 한다. 불안과 강박이 동시에 몰려오면서 죽을 것만 같은 증상이 신체로 표현되는 것이다.

외상후스트레스를 겪어도 불안장애가 나타나고, 특정한 인식에 장기간 걸쳐서 노출됐을 때도 불안장애가 나타난다. 특히 인식의 습관에 문제가 생겼을 때는, 반드시 불안장애와 강박장애를 동반한다는 것을 알아야 한다.

인간관계에서 발생한 스트레스가 누적이 됐든, 사건사고로 인한 외상후스트레스가 됐든 인식장애를 치료할 때 최우선적으로 특정한 인식부터 차단시켜 놓아야 한다. 그런 다음 불안에 관련된 것을 치료하면 강박은 저절로 사라진다.

대체로 특정한 인식으로 인한 불안은 인식이 습관화된 것이다. 그래서 특정한 인식을 차단하고 들어오는 인식을 새로운 습관으로 바꿔줘야 인식장애가 치료된다.

불안장애와 강박장애는 공황장애와는 조금 다르다. 공황장애는 들어오는 것 중에 특정한 대상에 관련되는 것만 문제를 일으킨다. 그러나 불안장애와 강박장애는 특정한 대상이 아닌 전체를 대상으로 한다.

광범위하던 불안장애와 강박장애가 특정한 대상으로 가게 되면, 공황장애로 발전한다. 그래서 불안장애와 강박장애는 특정한 대상이 있느냐, 없느냐에 따라서 증상이 달라진다.

심리상담소에서는 불안장애와 강박장애에 있는 사람들을 치료하기 위해 중독증에 많이 빠트린다. 표현이 과다해지면 인식이 멈추어서 불안과 강박이 사라지기 때문이다. 그래서 인식장애가 있을 때 의도적으로 중독으로 전환시킨다.

공황장애도 마찬가지이다. 특정한 인식으로 인해 문제를 일으킬 때 중독에 들어가면 인식장애가 금방 사라져 버린다. 재미와 즐거움에 몰입하면 저절로 인식이 차단되기 때문이다. 그러나 문제는 중독에 있다가 안 좋은 일이 생겨서 다시 인식장애로 들어가면 매우 위험해진다.

중독에서 인식으로, 인식에서 중독으로 넘나들 때마다 기분이 좋았다가 나빠지는 것을 반복하게 된다. 이렇게 되면 기분이 좋은 긍정감정은 더욱 업이 되고, 기분이 나쁜 부정감정은 더욱 다운이 되어서 감정의 간극이 커진다. 이렇게 되면 천당과 지옥을 오르내리기 때문에 자신의 감정을 통제할 수가 없다. 이런 상태에서 사소한 스트레스가 들어오면 나쁜 기분을 견딜 수가 없어서 분노조절장애, 히스테리증상이 나타난다.

인식장애는 인식에서 특정한 것을 차단시켜 불안을 치료하고 표현을 하게 하면 치료가 된다. 그러나 특정한 것을 차단하는 것이 너무 힘들면 중독장애로 빠트려서 특정한 인식을 차단시킨다. 그런 다음 중독을 치료하든가, 아니면 죽을 때까지 중독에 있게 만들어놓아야 된다. 이왕 중독에 빠질 것이라면 좋은 중독으로 들어가면 된다.

보통 중독이라고 하면 알코올중독, 도박중독, 약물중독, 섹스중독 등 나쁘게만 생각한다. 그러나 좋은 중독도 얼마든지 있다. 일중독, 운동중독이 좋은 예이다. 특히 그림이나 음악, 소설 쪽에 재미와 즐거움을 느끼면 열정에너지가 어마어마하게 만들어진다. 그래서 좋은 중독에 들어간 사람들은 자신의 분야에서 놀라운 성과를 내기도 한다. 그러나 아무리 좋은 중독에 빠져있다고 해도 상황이 바뀌면 다시 인식장애로 들어갈 확률이 높다.

중독에서 인식장애로, 인식장애에서 다시 중독으로 오르락내리락하게 되면 조증과 울증의 경계를 넘나들게 된다. 이 2개의 감정이 동시에 나타나면 정신병인 조울증이다.

좋은 중독증에 들어간 사람들은 평소 우울증으로 떨어지지 않게 자신의 감정을 잘 조절해야 한다. 감정조절만 잘해도 자신의 영역에서 놀라운 성과를 낼 수가 있다.

공황장애, 불안장애처럼 인식장애에 들어가 있는 사람들은 불안감으로 인해 스스로 뭔가를 하려고 하지 않는다. 그러나 우연히 뭔가에 빠지면 엄청난 능력을 발휘한다.

보통 자폐성향을 가진 사람들이 한 분야에 대해 천재적인 능력을 가지고 있는 경우가 많다. 그 이유는 인식, 기억, 표현 중 어느 한쪽이 과다하게 발달되어 있기 때문에, 한번 몰입하면 집중력이 어마어마하다.

예를 들어, 일반 사람들이 10만큼 몰입을 할 때, 인식장애에 있다가 표현장애로 들어간 사람들은 천 배, 만 배 몰입을 한다.

오래전에 미국의 50대 자폐증환자가 TV 퀴즈쇼에 나와서 미국의 역사를 연도별로 줄줄 꿰는 것을 보고 많은 사람들이 놀랐다.

어떤 자폐증환자는 와인의 향을 맡기만 해도 어느 지역의 몇 년산 와인인지를 단번에 알아낸다. 인식장애가 있는 사람들은 그만큼 집중력이 일반인에 비해 뛰어나다는 것을 보여준 예이다.

인식장애를 치료하기 위해 중독에 빠트렸다면 중독에서 자신도 몰랐던 능력을 발휘하는 경우가 많다.

예를 들어 인식장애가 있는 남자가 우연히 친구를 따라 등산을 갔는데 산을 오르락내리락하는 것이 너무 재미있어서 등산에 중독됐다. 그래서 시간만 나면 무조건 혼자서 등산을 한다. 그러던 어느 날, 하산을 하다가 미끄러져 다리가 부러졌다. 다리가 부러지면 뼈가 굳을 때까지 등산을 할 수가 없다. 이렇게 되면 자연스럽게 중독이 멈춘다. 중독이 멈추면 남자는 강력한 스트레스를 받기 때문에 바로 인식장애로 들어간다.

중독에 있다가 인식장애로 들어가면 견디기가 힘들다. 살맛을 느끼게 해주는 등산을 하지 못한다는 사실이 스트레스로 작용하기 때문이다. 그래서 남자는 몸과 마음이 다운된 채로 '등산도 못 하는데 왜 살지?'를 하루에도 수십 번씩 되뇌이게 된다. 그러다가 더는 존재의 의미를 못 찾게 되면 스스로 극단적 선택을 하게 된다.

인식장애에서 일단 중독으로 들어가면 다시 인식장애로 들어가지 않도록 수시로 자신의 심리상태를 점검하는 것이 매우 중요하다. 그렇지 않으면 심리가 변할 때마다 조증과 울증을 오르내리기 때문에 살아가는 것이 힘들고 위태로워진다.

인간관계에서 스트레스와 상처를 받는 것이 힘들고 답답하면 스스로 인간관계를 회피하는 사람들도 많다. 이런 사람들은 가족들과 함께 생활하면서도 혼자만 섬이 된 것처럼 외따로 행동한다. 오랫동안 방 안에서 나오지 않아 누군가가 문을 열어보면 아무것도 하지 않고 그냥 멍하니 앉아있다. 식사 때가 되어서 가족들에게 억지로 끌려나오지 않는 이상 혼자만의 공간에 있기를 고집한다. 그 이유는 혼자 있는 공간이 아니면 불안해서이다.

주변에 이런 상태의 사람이 있다면 불안장애가 있다고 봐야 한다. 이런 상태에서 같은 행동을 반복적으로 하고 있다면 이미 강박장애에 들어간 것이다.

불안장애나 강박장애를 가지고 있는 사람들은 인식되는 스트레스로 인해서, 자기 안에 어떤 능력이 들어있는지 모른다.

반면 자신이 어떤 능력을 가지고 있다는 것을 아는 사람들도 있다. 그러나 자신에게 능력이 있는 것을 모르는 사람이나, 능력이 있다는 것을 아는 사람이나 인식이 과다한 것은 똑같다. 들어온 인식을 표현해서 처리를 해줘야 되는데, 처리가 안 되다 보니 심리습관에 문제가 발생하는 것이다.

인식장애는 어린아이에게도 자주 발행한다. 그 이유는 어른들이 아이들의 표현을 억압하기 때문이다. 아이가 뭔가를 좀 하려고 하면 어른들은 무조건 '어질러놓지 마!'라고 기준을 강요한다. 아이가 강아지와 장난을 치면 '좀 가만히 있지 못해!' 하면서 아이의 표현을 억압하거나 눌러버린다.

아이에게 인식은 계속 들어오는데 표현을 못하게 하면 인식장애에 들어간다. 아이들의 ADHD, 학습장애를 인식장애로 다루는 이유도 표현은 통제하면서 인식만 과다하게 집어넣기 때문에 과부하가 걸리는 것이다.

어른들이 아이들의 표현을 억압하면 여자아이들은 자신도 모르게 상처가 쌓이고, 남자아이들은 스트레스가 지속되어서 스스로 감당이 안 된다. 그래서 스트레스와 상처가 표현으로 처리되지 못하고 누적이 되면 억압된 감정을 표출하려고 자신도 모르게 신체화 현상이 나타난다.

스트레스만 받아도 자신도 모르게 머리를 마구 흔들거나, 눈을 계속해서 깜박거리는 틱증상이 나타난다. 틱증상은 쌓인 스트레스와 상처를 표현하지 못해서 자신도 모르게 신체로 나타나는 것이다.

학생들에게 새로운 인식인 지식이 들어오면 모두 스트레스이다. 표현을 하지 않고 교실에만 있으면 인식과다로 심리에 문제가 생긴다. 노는 시간마다 운동장을 뛰거나 공을 차면서 표현을 해줘야 심리가 균형을 잡는다.

아이들은 현재 자아를 형성해 가는 과정이기 때문에 심리가 수시로 변한다. 공부하면서 새로운 지식이 들어오면 아이들에게는 무조건 스트레스로 작용한다. 이때 말과 행동의 표현을 원활하게 해줘야 심리가 안정된다.

굳이 바깥에 나가 놀지 않더라도 교실에서 친구들과 시끄럽게 떠드는 것도 표현에 도움이 된다.

수업이 끝나고 노는 시간에 친구들과 전혀 어울리지 않고 혼자 책을 읽는 아이들도 많다. 이렇게 되면 끊임없이 들어오는 인식으로 인해 심리에 문제가 생긴다.

공부를 했다면 적절히 운동으로 표현을 해주어야만 인식, 표현의 심리가 서로 균형을 잡는다. 심리가 균형을 잡지 못하면 마음이 불안정해져서 불안장애와 강박장애가 만들어진다.

이런 것을 감안해서 학교의 교과과정에 반드시 체육시간이 들어있다. 그러나 집단에 의한 일률적인 표현은 획일화가 되어 있어서 누군가에게는 맞지만, 누군가에겐 맞지 않는다.

가령 체육시간에 일률적으로 뜀틀운동을 한다고 했을 때 좋아하는 아이도 있지만 싫어하는 아이도 있다. 뜀틀운동을 하는 것이 싫으면 인식이 스트레스를 유발하기 때문에 표현에 도움이 되지 않는다. 운동은 인식하는 것 없이 그냥 해야만이 인식과 표현이 서로 균형을 잡는다.

아이들의 표현을 마음껏 표출하기 위해서는 체육시간이라도 각자 자신이 좋아하는 운동을 할 수 있게끔 해주는 것이 좋다. 체육시간조차도 자신이 싫어하는 운동을 억지로 하게 되면 심리가 고장 날 수밖에 없다.

체육시간에 야구를 좋아하는 아이는 야구를 하고, 축구를 좋아하는 아이는 축구를 하고, 달리기를 좋아하는 아이는 달리기를 하게 해줘야 과다하게 들어온 인식이 자연스럽게 표현으로 빠져나간다. 이것이 바로 한쪽으로 기울어진 심리가 균형을 잡는 방법이다.

산업이 고도화될수록 인간의 생활은 점점 더 편해진다. 생활이 편리해진 만큼 들어오는 인식은 많아지고 표현은 점점 줄어들게 된다.

자가용이 없던 시절에는 가까운 곳은 웬만하면 걸어다녔다. 세탁기가 나오기 전에는 빨래를 손으로 다 했다. 배달이 일반화되지 않았을 때는 먹고 싶은 것이 있으면 가게까지 찾아가서 먹었다.

생활이 불편한 만큼 몸을 많이 움직였기 때문에 대부분 큰 병 없이 건강하게 살았다. 게다가 옛날에는 대부분 대가족이어서 자연스럽게 말과 행동과 표정이 다양하게 구사되었다. 그래서 옛날에는 인식장애, 표현장애는 물론 심리라는 말 자체가 없었다.

'머리가 나쁘면 몸이 고생한다'라는 말이 있다. 즉, 머릿속에 든 것이 없으니깐 그만큼 몸을 많이 써야 된다는 말이다. 그러나 이제는 몸 쓰는 일은 거의 없고 머리만 쓰기 때문에 인식이 과다해져서 인식장애인 불안장애, 강박장애가 생기는 것이다.

불안장애와 강박장애를 겪는 이유는 인간관계에서 발생하는 스트레스와 상처를 제때에 처리하지 못하고 쌓아두기만 해서이다.

스트레스와 상처가 누적되면 마음이 힘들고 답답해진다. 이런 마음 상태가 지속되면 심리가 불안정해져서 불안장애, 강박장애가 만들어진다. 이런 상태를 치료하지 않고 방치하면 공황장애로 진행되어서 사회생활을 하는 것이 힘들어진다. 그렇기 때문에 행복한 삶을 살기 위해서는 자신만의 힐링체계를 만들어놓아야 한다.

스트레스와 상처를 힐링할 수 있는 능력이 있으면 몸과 마음, 인간관계, 가치추구에 문제가 생기지 않아서 인생을 즐겁고 여유롭게 살아갈 수가 있다. 그러나 힐링습관이 없으면 불안장애, 강박장애, 공황장애로 인간적인 삶을 살아갈 수가 없다.

〈질문과 답변〉

〈질문〉 *표현장애는 재미와 즐거움을 추구하는 중독증으로 알고 있다. 하루 종일 꼼짝도 않고 종이학만 접는 사람은 중독인가, 강박장애인가?*

〈답변〉 종이학 접는 행위가 정말 재미있어서 몰입하는 경우도 있고, 자신의 불안감을 해소하기 위해서 같은 행동을 되풀이하는 경우도 있다.

종이학을 백 개, 천 개 접어서 누군가에게 선물하는 사람은 자신의 행위에 재미와 즐거움을 느끼는 사람이다. 그러나 불안해질 때마다 같은 행동을 반복한다면 강박장애로 볼 수 있다.

자신이 하는 행위가 아무리 재미있고 즐거워도 상황이나 환경에 따라서 하지 못하게 될 때 그것을 하려고 수단과 방법을 가리지 않으면 중독에 의한 강박으로 봐야 한다.

자신이 좋아하는 것을 빨리 하지 못해서 강박에 사로잡혀 있다가 그것을 하게 되었을 때 저절로 강박에서 벗어난다. 이때 자신을 압박하는 강박이 크면 클수록 재미와 즐거움은 배가 된다. 많은 사람들이 중독에서 벗어나지 못하는 이유도 바로 이런 이유 때문이다.

오랫동안 종이학만 접다가 아무렇지 않게 일상으로 돌아가면 중독이고, 불안할 때마다 접으면 강박장애이다.

〈질문〉 요즘 아이들은 전과는 달리 활동적으로 움직이는 것보다 대부분 방에 틀어박혀 휴대폰을 보거나 컴퓨터만 한다. 인식은 과다한데 표현이 부족하면 어떻게 되나?

〈답변〉 사람은 누구나 인식되어 들어온 것을 기억하고, 표현을 한다. 이것이 인간의 심리가 작용되는 원리이다.

인식이 되어 들어온 것은 무의식이 기억에서 처리한다. 기억과 비교해서 좋은 것이면 받아들이고, 나쁜 것이면 제거하기 위해 표현을 하게 된다. 표현을 하는 이유는 나쁜 기분과 감정인 스트레스와 상처를 날려버리고 사실만을 기억하기 위해서이다. 이런 경험을 통해 사람은 자신만의 기준인 습관을 만들어나간다.

사람은 인식된 외부정보를 기억과 비교할 때 자신의 기억기준과 맞지 않으면 스트레스와 상처가 발생한다. 이때 생긴 나쁜 감정과 기분을 제때에 표현해서 제거를 시켜줘야 스트레스와 상처가 쌓이지 않는다. 그러나 이것을 제때에 제거하지 못하고 계속해서 쌓아두거나 억압을 하면 심리에 많은 문제가 생긴다.

학생들의 경우엔 부모와 선생님에 의해서 표현이 억압되는 경우가 많다. 아이가 모처럼 친구들과 놀려고 하면 엄마가 "시험이 내일모레야!" 하면서 노는 것을 제지한다. 아이가 수업시간에 손을 들고 잘 모르는 부분을 질문하면 "진도 나가야 돼!" 하면서 선생님이 일축한다. 이렇게 되면 아이의 표현이 원활해지지 못한다.

매일 새로운 지식을 받아들이는 아이들은 항상 스트레스가 발생한다. 그렇기 때문에 아이가 표현을 원활하게 할 수 있도록 어른들이 도와줘야 아이의 심리가 불안정해지지 않는다.

스트레스가 많이 생기는 아이들은 가급적 많이 뛰어놀 수 있는 환경을 만들어줘야 과다한 인식이 표현으로 빠져나간다.

아이가 방에만 틀어박혀 있으려고 하면 부모가 억지로라도 운동을 할 수 있게 유도해야 한다. 함께 산책을 하거나 자전거를 타는 것도 좋은 예이다.

인식, 기억, 표현의 세 가지 심리가 어느 한쪽으로만 편중되면 심리의 균형이 깨져서 심리에 문제가 생기거나 장애가 발생한다.

〈질문〉 *강박장애는 표현장애로 볼 수 있나?*

〈답변〉 아니다. 표현장애는 뭔가를 표현하고 싶어서 강박을 가지고 있는 것이다. 그러다가 여건이 되어서 표현을 하게 되면 자신을 억누르던 강박에서 벗어난다. 강박에서 벗어나는 순간 엄청난 해방감을 느끼기 때문에 더욱 표현에 매달리게 된다. 이것이 중독이다.

반면 강박장애는 불안에 대한 강박이 계속 발생해서 불안을 잊기 위해 특정한 행동을 반복적으로 한다. 그러나 특정한 행동을 반복적으로 한다고 해도 그 순간만 편안해질 뿐 행동을 멈추면 여전히 불안감이 밀려온다. 불안감이 해소되지 않는 것이 강박장애의 특징이다.

〈질문〉 *강박장애는 불안장애를 동반한다고 했다. 쓰레기를 쌓아놓고 사는 저장강박증도 불안이 원인인가?*

〈답변〉 그렇다. 강박장애를 가진 사람들의 공통점은 불안을 잠재우기 위해 특정한 행동들을 계속해서 반복한다. 쓰레기를 주워 모으는 저장강박증도 쓰레기를 주워서 집에 쌓아놓을 때만큼은 불안이 해소되어서 마음이 편안해진다. 이것이 바로 강박장애이다.

저장강박증이 있는 사람들은 이런 행동을 함으로써 그나마 삶을 유지한다. 그러나 강박장애는 불안의 근원을 치료하지 않는 이상 강박적인 행동에서 벗어날 수 없다. 이런 증상은 저장강박증뿐만이 아니라 건강염려증도 해당된다. 특정한 대상에 대한 인식장애가 있는 사람들은 불안해서 무조건 강박을 느끼기 때문이다.

〈질문〉 강박장애가 지속되면 공황장애로 진행이 되나?

〈답변〉 강박장애는 불안장애를 동반한다고 얘기했다. 불안장애에 있는 사람들은 강박적인 행동들이 나오지 않고, 옴짝달싹하지 못한 채 그냥 두려움에 떤다. 반면 강박장애는 불안감을 잊으려고 뭐가 반복적인 행동을 한다. 이런 상태가 지속되면 공황장애가 오면서 공황발작이 일어난다.

불안장애와 강박장애는 불안하기 때문에 인식되는 모든 것이 스트레스로 작용한다. 그러나 공황장애는 특정한 대상이 인식되면 강력한 스트레스가 나타나는 것이 다른 점이다.

〈질문〉 불안장애는 자신의 부정기분과 감정이 항상 마이너스 상태로 계속 있는 것인가?

〈답변〉 그렇다. 인식되는 모든 것이 스트레스여서 늘 마이너스 기분이다. 그러나 강박장애는 마이너스 기분에 있다가 특정한 행동을 반복하면 편안해져서 0으로 간다. 그러다가 특정한 행동을 멈추면 다시 불안해져서 마이너스 기분으로 간다. 마이너스와 0으로 계속 들락날락거리는 것이 강박장애이다.

불안장애가 지속되면 강박장애가 되고, 강박장애가 지속되면 공황장애가 된다. 불안장애의 근원은 지속되는 스트레스 때문이다. 불안장애, 강박장애에 들어가지 않기 위해서는 평소 자신의 스트레스와 상처를 처리할 수 있는 능력을 만들어놓아야 한다. 그렇지 않으면 스트레스와 상처가 해소되거나 치료되지 않아서 자신도 모르게 심리장애로 들어간다.

〈질문〉 강박에 의해서 계속 손을 씻는다든지, 아니면 손바닥으로 계속 옷을 터는 행동을 반복적으로 한다면 이런 행동은 인식의 습관 때문인가, 아니면 표현의 습관 때문인가?

〈답변〉 이런 행동들은 인식에 대한 하나의 강박으로, 인식의 습관을 바꿔야 한다.

인식장애, 감정기억장애, 표현장애가 발생하는 것은 자신의 심리습관에 문제가 생겼기 때문에 생성되는 감정과 처리하는 감정이 다르다.

심리장애는 자신의 마음이 만들어내는 감정을 다스려야 하기 때문에 본인의 자가치료법 이외에는 치료법이 없다. 대신 마음이 작용하는 원리를 적용해서 새로운 심리습관을 만들어놓으면 왜곡된 생각이 정상적으로 돌아온다.

심리장애를 10년, 20년 치료해도 치료가 안 되는 것은 마음이 아닌 나타나는 심리현상에만 매달리기 때문이다.

심리장애는 타인의 도움을 받으면 받을수록 강력한 스트레스가 발생해서 오히려 심리가 더 악화된다는 것을 알아야 한다. 심리장애는 오로지 자신만이 자신의 마음을 다스릴 수 있기 때문에 자가치료법 이외에는 방법이 없다.

같은 강박이라 하더라도 일상생활에 영향을 미치는 강박이 있고, 영향을 미치지 않는 강박이 있다. 영향을 미치지 않는 강박이라면 표현장애로 전환을 시키면 자연스럽게 강박이 사라진다.

〈질문〉 노는 시간만 되면 화장실에 가서 손을 씻기 시작해 수업 종이 칠 때까지 손을 씻는 아이가 있다. 그 아이가 태권도를 시작하면서부터 강박적인 습관이 사라졌다. 인식의 습관을 운동을 통해 표현해 줬기 때문인가?

〈답변〉 아이들은 인식, 기억, 표현인 심리 세 가지를 원활하게만 작동시켜 주면 모든 문제는 다 사라진다. 인식이 과하면 표현으로 빼내주고, 표현이 과하면 인식을 많이 넣어주면서 심리의 밸런스를 맞춰줘야 한다.

한창 자라는 아이들은 인식이 워낙 많이 들어오기 때문에 표현을 여러 개 만들어줘야 심리의 균형을 맞출 수가 있다. 그렇지 않으면 들어오는 인식이 모두 스트레스로 작용해서 아이에게 강박이 생긴다. 인식이 많으면 많을수록 운동이나 악기연주 등으로 표현을 많이 해줘야 심리가 안정된다.

새로운 지식을 주입하면 아이들은 당연히 스트레스가 많아지면서 불안장애, 강박장애에 들어간다. 이런 장애에 들어가지 않으려면 운동으로 과도한 인식을 표현해줘야 불안과 강박에 사로잡히지 않는다.

강박적인 습관을 가진 아이는 불안이 근원이다. 불안의 근원은 스트레스와 상처이기 때문에 부정기분과 감정이 들어오면 제때에 자신을 표현할 수 있는 습관을 만들어놓아야 심리가 안정된다.

손 씻는 강박이 있는 아이가 태권도를 함으로써 강박이 사라진 것은 인식과 표현의 심리가 균형을 잡았기 때문이다. 심리가 안정되면 더 이상 불안과 강박이 생기지 않아서 손 씻는 습관도 저절로 사라진다.

〈질문〉 불안장애가 있는 아이는 자신의 공간에서 나오려고 하지 않는다. 싫다고 하는 아이를 억지로 바깥으로 데리고 나가면 심리적인 부작용은 없나?

〈답변〉 처음에는 아이가 바깥으로 나오지 않으려고 떼를 쓸 것이다. 그렇기 때문에 바깥에서 할 수 있는 재미있는 놀이를 미리 만들어놓고 부모님이나 선생님이 강제적으로 데리고 나와야 한다. 놀이는 엄마와 아빠의 기준이 아니고, 아이의 기준에서 만들어져야 한다.

 아이가 좋아할 수 있는 놀이라면 억지로 끌고 나와도 큰 문제가 생기지 않는다. 아이들은 단순해서 재미만 있으면 이내 놀이에 빠져든다. 아이가 놀이에 집중하면 불안장애는 자연히 사라진다. 말하자면 재미있는 중독에 빠트려서 불안감을 없애는 것이다.

〈질문〉 아이가 하루 종일 집에만 있는 것이 안 좋아 보여 산책이나 마트에 가자고 하면 갑자기 머리가 아프다고 하면서 다짜고짜 침대에 드러눕는다. 이런 행동은 바깥에 나가는 것이 귀찮아서인가, 불안장애가 있어서인가?

〈답변〉 일종의 강박장애이다. 집에만 있으려고 하는 것 자체가 강박이다. 왜냐하면 바깥에만 나가면 모든 것이 낯설고 불편해서 가능한 한 집에만 있으려고 하는 것이다. 집이란 공간이 아이를 안정시켜 주기 때문에 바깥에만 나가면 불안해지는 것이다. 아이에게 바깥도 안전하다는 것을 새롭게 인식시켜 줘야 집만 고집하지 않는다.

 집에서 멀쩡히 잘있다가도 바깥에만 나가려고 하면 아이가 머리 아프다고 하는 것은 바깥으로 나가지 않으려는 자기합리화이다.

3.
번아웃증후군

번아웃이란 말 그대로 타서 없어지는 것이다. 사람이 번아웃됐다는 것은 기력이 다 소진됐다는 것을 의미한다.

의욕적으로 일에 몰두하던 사람이 갑자기 극도의 신체적, 피로감을 호소하면서 무기력해지는 현상을 번아웃증후군이라고 한다.

코로나가 발생했을 때 방역당국과 코로나 진료소의 의료진들은 눈코 뜰 새 없이 바빴다. 한 달 넘게 집에 들어가지 못한 사람들도 많았고, 방호복을 입고 벗는 것이 불편해서 식사를 거르는 사람들도 많았다. 그러나 의료진들을 더 힘들게 하는 것은 열심히 자신의 역할에 최선을 다하는데도 6개월, 1년이 지나도 코로나가 수그러들기는커녕 오히려 기하급수적으로 늘어난다는 사실이다.

자신의 일이 아무리 힘들어도 보람이 있으면 열정에너지가 만들어진다. 그러나 아무리 열심히 일을 해도 나아지기는커녕 더 악화되면 신체적으로, 심리적으로 힘들어질 수밖에 없다. 이때 번아웃증후군에 들어갈 확률이 높다.

번아웃이 됐다는 것은 몸과 마음의 에너지가 완전히 방전이 됐다는 것을 의미한다. 그래서 몸은 기력이 없고, 마음은 텅 빈 상태가 된다.

번아웃에 증후군을 붙인 것은 심리에 문제가 생겼다는 뜻이다. 심리에 뭔가 문제가 생기면 보통 2~3일이 지나면 예전의 심리로 다시 회복이 된다. 그러나 며칠이 지나도 심리가 안정되지 못하면 심리장애로 들어간다.

일이 바빠서 정신없이 살다 보면 어느 순간 몸과 마음이 지쳐서 의욕을 상실할 때가 있다. 의욕을 상실하면 모든 것에 무기력해진다. 이때 2~3일 정도 일에서 떨어져 나와 휴식을 취하면 예전으로 회복이 되지만 무시하고 계속해서 일에 매달리면 자신도 모르게 심리가 고장 나고 만다. 이것이 번아웃증후군이다.

일을 무리하게 해서 번아웃이 왔다면 당분간 일에서 떨어져 나와야 한다. 몸과 마음의 에너지가 다 소진되었다고 해도 2~3일 푹 쉬면 에너지가 재충전되어서 원래의 상태로 돌아온다.

아무리 작동 잘되던 휴대폰도 배터리가 방전되면 무용지물이 된다. 그러나 시간을 갖고 배터리를 충분히 충전하면 원래의 기능을 되찾는다. 그러나 충분히 충전했음에도 휴대폰이 작동되지 않으면 휴대폰이 고장 난 것이다. 이럴 경우 고장 난 원인이 무엇인지 찾아내서 문제를 해결해야 휴대폰이 정상으로 작동된다. 번아웃증후군도 이와 같은 이치이다.

번아웃이 왔음에도 무리하게 일을 하면 인식, 기억, 표현의 심리 중 하나가 고장 나서 번아웃증후군으로 들어간다.

사람의 신체는 몸과 마음으로 이루어져 있다. 몸과 마음은 심리에 의해서 연동되기 때문에 자신의 소중한 자산인 몸과 마음을 항상 잘 돌보고 보살펴야 인간의 행복구조에 문제가 생기지 않는다.

현재 내 몸 상태가 아무리 건강하고 힘이 넘쳐도 마음에 문제가 생기면 의욕이 없어서 매사에 무기력해진다. 이런 상황이 지속되면 인간관계에도 문제가 생기고 가치추구에도 문제가 생겨서 갈수록 사는 것이 고통스러워진다.

현재의 상황이 너무 힘들고 고통스러우면 '마음이 죽었다'라는 표현을 많이 한다. 마음이 죽어버렸다는 것은 더 이상 살아갈 에너지를 만들어내지 못한다는 뜻이다.

몸과 마음은 심리의 작용에 의해서 연동된다. 마음에너지가 고갈되면 신체에 보낼 에너지가 없어서 평소에 잘 안 걸리던 감기, 두통, 요통에 시달리게 된다. 아무리 건강한 몸이라도 마음이 주는 에너지를 공급받지 못하면 그만큼 면역력이 떨어지는 것이다.

사람은 태어나는 순간 행복을 추구하며 살아가게 되어있다. 남자는 열정을 갖고 미래행복을 추구하고, 여자는 좋은 감정을 가지고 사랑을 추구하면서 행복을 느낀다. 그래서 남자는 가치를 추구하고, 여자는 의미를 추구하면서 자아실현을 해나간다. 이것이 바로 마음의 작용이다.

마음이 죽었다는 것은 마음에 의해 움직이는 심리가 완전히 소진되었다는 것이다. 자신의 모든 것이 불타 없어진 것과 같은 느낌이어서 번아웃증후군이라고 한다.

사람이 이런 느낌을 갖게 될 때는 언제일까? 남자의 열정과 여자의 사랑이 무너지면 심리는 번아웃이 된다.

남자가 미래행복을 위해 열정을 가지고 가치를 추구하다가 가치가 무너지면 인생이 다 무너진 것처럼 느낀다. 인생이 무너지면 미래행복도 없다. 그래서 '내가 왜 살지?' 하면서 의미를 찾게 된다.

남자가 의미를 찾게 되면 자신이 무가치하게 느껴진다. 그래서 극단적 선택도 마다하지 않는다. 이때 누군가가 남자를 살리기 위해 특정한 재미와 즐거움에 빠트리면 바로 중독에 들어간다.

중독에 빠지면 심리가 왜곡되기 때문에 심리장애가 된다. 그래서 나쁜 것을 좋은 것으로 착각하고, 좋은 것을 나쁘게 본다. 한마디로 비정상이 된다.

남자는 중독이 주는 재미와 즐거움을 인생의 가치라고 생각해서 더 열심히 대상에 몰입하게 된다. 주변의 누군가가 이런 인생을 사는 남자가 안타까워 충고를 하고, 조언을 하면 강력한 스트레스를 받는다. 그래서 자신을 불편하게 하는 정상적인 인간관계는 단절하고 비정상적인 인간관계만 선호한다.

'내가 왜 살지?' 하고 의미만 찾던 사람이 우연히 재미와 즐거움에 빠지면 인생이 살맛이 난다. 그래서 인생의 가치가 재미와 즐거움 이외에는 없다고 생각하고 자신이 좋아하는 것에 더욱 몰입하게 된다. 그러다가 자신의 의사와는 상관없이 중독의 대상이 차단되면 갑자기 플러스 기분에서 마이너스 기분으로 곤두박질친다. 마이너스 기분으로 추락한 상태에서 다시 플러스 기분으로 올라가야 되는데 생각대로 올라가지 못하면 남자에게 번아웃증후군이 나타난다.

지금까지 살맛 나는 세상에서 모든 것을 잊고 재미있게 살았는데 타의에 의해서 다시는 그 세상으로 들어갈 수 없다고 생각하면 자신도 모르게 번아웃증후군이 나타난다.

남자에게 삶이 무너질 때는 언제일까?

희망을 가지고 열심히 추구하던 가치에 문제가 생겼거나 실패했을 때 대부분의 남자들은 크나큰 절망감을 느낀다. 이때 가치추구의 열정이 사라지면서 모든 에너지가 방전된다. 이것이 번아웃증후군이다.

반대로 자신이 추구하던 일이 성공했을 때도 번아웃증후군이 나타난다. 이미 성공을 했기 때문에 더 이상 추구할 가치가 없기 때문이다. 즉 남자는 성공을 해도 번아웃증후군이 나타나고, 실패를 해도 번아웃증후군이 나타난다.

남자가 실패를 했을 때 번아웃증후군이 나타나면 사람들은 쉽게 상황을 공감하고 이해한다. 그러나 성공을 했음에도 번아웃증후군이 나타나면 상황을 잘 이해하지 못한다.

한 남자가 평생의 목표였던 에베레스트산에 오르기 위해 수십 년을 노력해서 정상에 올랐다면 그때의 성취감은 말로 다 표현할 수가 없다. 그러나 평생 염원하던 목표를 이루고 난 뒤 산에 대한 열정이 사라졌다면 번아웃증후군에 들어갈 확률이 높다. 평생 산을 타던 사람이 산에 대한 열정이 사라진 것은 지구상에 에베레스트산보다 더 높은 산은 없기 때문이다.

자신이 목표로 했던 것에 실패를 해도 번아웃증후군이 나타나지만 성공을 해도 나타나는 것은 자아실현을 할 또 다른 뭔가를 찾지 못해서이다. 아무리 성공을 했다고 해도 가치추구를 멈추면 살아가는 보람을 느끼지 못해 자신도 모르게 번아웃증후군이 나타난다.

많은 사람들이 성공의 결과보다 성공할 때까지의 과정이 더 행복하다고 하는 것도 바로 이런 맥락이다. 그렇기 때문에 성공을 하고 나서 곧바로 새로운 가치추구를 하지 않으면 정상에서 내려올 일만 남았다고 생각해 번아웃증후군이 나타난다.

성공한 사람에게서 번아웃증후군이 나타나면 어떻게 될까?

실패를 해서 나타나는 증상보다 더 심각한 증상이 나타난다. 그 이유는 성공을 위해서 그 사람이 가지고 있던 기본 에너지까지 다 소진했기 때문에 또 다른 자아실현을 할 마중물이 없는 것이다. 그래서 더 크게 좌절하여 번아웃증후군이 나타나는 것이다.

실패한 사람은 다시 일어날 수 있는 동기부여가 생기면 미래행복을 위해 그대로 밀고 나간다. 그러나 성공한 사람에게 동기부여가 생기는 것은 쉽지가 않다. 이미 크게 성공한 경험이 있기 때문이다. 이런 사람이 번아웃증후군에 들어가면 들어오는 모든 것이 스트레스이다. 스트레스가 지속되면 노이로제에 빠진다. 그러다가 우연히 재미있고 즐거운 대상을 만나면 그대로 중독으로 들어가 버린다.

노이로제로 인해 늘 '왜 살지?'란 생각에만 매몰되어 있었는데 열정이 생기는 대상을 만났으니 시간과 돈을 투자하는 데 거침이 없다. 이것이 바로 중독이다.

번아웃증후군에서 중독으로 들어가 있다가 중독이 차단되면 남자는 다시 노이로제로 들어간다.

남자의 노이로제 증상은 여자의 우울증과 비슷하다. 지속적으로 들어오는 스트레스가 마치 여자의 상처처럼 느껴지기 때문이다. 이런 남자의 노이로제를 노이로제성 우울증이라고 표현하기도 한다.

여자는 상처가 많이 쌓이면 우울증이 나타나지만 남자는 스트레스가 누적되면 노이로제로 간다. 남자들에게 번아웃증후군이 발생했다면 노이로제성 우울증에 들어갔다고 보면 된다.

남자의 노이로제성 우울증은 상당한 능력을 가지고 있어도 의욕을 상실했기 때문에 매사에 무기력하다. 의욕을 상실했다는 것은 삶의 의미를 잃어버렸다는 것이다. 그래서 남자가 노이로제로 들어가면 '왜 살지?'라는 생각에 사로잡혀서 극단적 선택을 하게 된다.

어릴 때부터 공부도 잘하고 어학실력이 뛰어난 아이가 있었다. 대학에 들어갔을 때 많은 사람들이 외교관이 되면 분명 성공할 거라는 조언 때문에 일찌감치 외무고시를 준비했다. 남자는 열심히 공부하면 당연히 외무고시에 붙어서 외교관이 되는 건 시간문제라고 생각했다. 그러나 생각과는 달리 번번이 외무고시에 떨어졌고 시간이 갈수록 자신감도 잃어갔다. 그러나 외교관이 되겠다는 일념으로 다시 외무고시 공부에 매달리면서 자아실현을 해나갔다.

주변의 친구들 대부분이 대기업에 취직하거나 행정고시에 붙어 공직자의 삶을 살고 있지만 자신은 올해 또 외무고시에 불합격했다. 그래도 자신의 자아실현을 위해 흔들리지 않고 외무고시합격을 위해 열심히 공부했다. 그러던 어느 날, 갑자기 '이렇게 공부해서 뭐해? 또 떨어질 건데.'라는 생각이 들었다.

지금까지 수차례 외무고시에 떨어졌지만 목표가 워낙 확고해서 좌절감 없이 꾸준히 공부할 수 있었다. 하지만 또 떨어진다는 부정적인 생각이 드는 순간 몸과 마음이 완전히 다운되어서 공부에 대한 의욕을 상실했다. 이것이 바로 번아웃증후군이다.

번아웃증후군은 취업이 안 되는 젊은이들한테도 아주 흔하게 발생한다. 처음에는 자신의 목표를 위해서 열심히 가치추구를 해왔는데 자신이 원하는 데로 길이 열리지 않으면 스트레스가 지속된다. 가치추구의 성과를 내기 위해서 자신의 목표를 한 단계 낮췄는데도 취업이 되지 않으면 강력한 스트레스를 받게 된다. 이런 스트레스가 지속되면 자신의 모든 에너지가 다 소진되어 버려서 어느 순간 삶의 의욕을 상실해 버린다. 이것이 바로 노이로제성 우울증인 번아웃증후군이다.

　반면 취업스트레스를 억압하지 않고 분노로 푸는 젊은이들도 많다. 취업 스트레스로 인해서 불면증에 시달리다가 갑자기 강력한 스트레스가 올라오면 자신의 감정을 감당하기 힘들어서 무작정 바깥으로 뛰쳐나간다. 취업스트레스를 풀기 위해 골목에 주차된 차들을 돌멩이로 마구 긁거나 찍어대면서 나쁜 기분을 없앤다.

　취업스트레스로 인해 자신의 분노를 마구 표출하는 사람이나, 무조건 억압하는 사람의 심리는 같다. 자신의 스트레스를 제때에 처리하지 못해서 문제를 일으키는 것이다.

　인생을 살아가려면 원하든, 원치 않든 많은 문제에 봉착하게 된다. 문제를 해결하려면 시간을 갖고 꾸준히 노력해야 한다. 이때 발생하는 스트레스를 제때에 처리하지 못하면 마음이 힘들고 답답해져서 심리에 장애가 생긴다. 심리에 장애가 생기면 생각이 왜곡되기 때문에 몸과 마음은 물론이고 인간관계, 가치추구에도 문제가 생겨서 인생의 위기를 맞게 된다.

　인간의 행복은 자아실현에 있다. 그러나 자신의 능력은 생각하지 않고 처음부터 목표를 높게 잡으면 조금만 힘들고 어려워도 갈 길이 멀다고 생각해서 쉽게 포기하게 된다.

　자신의 능력은 하프마라톤 수준인데 마음이 앞서 풀코스에서 뛰면 힘들고 지칠 때마다 결승점이 아직도 까마득하다는 생각에 모든 것이 스트레스로 작용한다. 이런 스트레스가 해소되지 않고 지속되면 신체와 정신이 탈진, 소진되다가 결국에는 연소되어서 쓰러져 버린다. 이것이 번아웃증후군이다.

휴대폰 배터리가 완전히 방전되면 재가동하는 데 시간이 많이 걸린다. 그러나 배터리가 바닥을 드러내기 전에 충전을 한다면 기기가 작동하는데 아무런 이상이 없다.

사람도 마찬가지이다. 들어오는 스트레스를 처리한다고 에너지가 바닥날 것 같으면 일단 쉬면서 충전을 해줘야 한다. 이것이 바로 스트레스 힐링법이다. 자신만의 스트레스힐링법을 갖고 있으면 에너지가 소진되어도 스트레스를 극복한 힘으로 열정에너지를 만들어낼 수 있어서 번아웃이 오지 않는다.

남자들에게 번아웃증후군이 무서운 이유는 노이로제성 우울증을 동반한다는 것이다. 노이로제성 우울증에 걸린 남자의 80%가 자살위험군에 속하기 때문에 반드시 치료를 해서 심리를 안정시켜 놓아야 한다.

반면 여자들이 우울증에 걸려도 큰 문제가 없는 것은 우울한 감정만 지속되기 때문이다. 늘 우울해서 매사에 의욕이 없을 뿐 일상생활을 하는 데에는 큰 불편이 없다. 그래서 많은 여자들이 우울증에 걸려도 생활에 지장을 주지 않기 때문에 치료할 생각을 하지 않는다. 그러나 우울증의 상태가 생활에 지장을 줄 만큼 심각해졌다면 여자가 치료를 받을 수 있도록 가족들이 힘을 모아야 한다. 심리장애는 회복력이 없기 때문에 방치하면 할수록 악화될 수밖에 없다.

남자나 여자나 스트레스와 상처가 지속되면 심리적인 압박감이 온다. 열심히 가치추구를 하지만 성과가 전혀 보이지 않으면 일에 대한 스트레스가 누적되어서 갈수록 마음이 힘들고 답답해진다. 이때 스트레스를 힐링하면 열정에너지가 생겨서 일에 성과를 낼 수 있지만 그렇지 못하면 지속적으로 스트레스가 쌓여서 자신도 모르게 노이로제에 빠진다.

남자가 노이로제에 빠지면 의욕을 상실하기 때문에 무기력해진다. 그래서 밥 먹는 것도 힘들고, 씻는 것도 힘들어서 종일 누워만 있다. 이런 상태가 계속 이어지면 노이로제성 우울증에 들어간다.

대부분의 심리장애가 만성으로 나타나지만 급성인 경우도 있다. 만성은 증상이 오르락내리락하는 패턴을 가지고 있는 것에 비해 급성은 외부의 충격으로 인해서 갑자기 몸과 마음이 번아웃이 된다.

급성 번아웃이 오는 것은 외상후스트레스 때문이다. 남자에게 외상후스트레스가 오는 첫 번째 요인은 사랑하는 여자나 아내가 죽었을 때 오는 사별트라우마이다. 두 번째 요인은 아내의 외도로 인한 트라우마이다. 이 2개 중에 하나라도 발생하면 남자에게는 존재의 의미가 없어지기 때문에 매우 위험한 상황에 직면했다고 봐야 된다. 남자가 이런 상황에 놓였다면 가족들이 항상 관심을 가지고 지켜봐야 한다. 그렇지 않으면 생과 사의 갈림길에 놓이게 된다.

번아웃증후군이 만성이 아닌 급성으로 오면 공황발작도 흔하게 일어난다. 이럴 경우 노이로제처럼 느껴지기도 하는데, 실제는 마음이 갑자기 번아웃됐다고 보면 된다.

만성으로 진행이 됐든, 급성으로 진행이 됐든 남자에게 번아웃증후군이 발생했다면 남자의 인생이 무너질 정도의 스트레스를 받았다고 봐야 한다.

목표를 가지고 의욕적으로 가치추구를 해나가다가 갑자기 몸과 마음이 다운됐다면 무의식이 지금 당장 충전하라는 위험신호를 보내는 것이다. 이때는 만사를 다 제쳐두고 충분히 쉬어야 소진된 에너지가 충전이 된다.

남자들의 번아웃증후군은 일상생활에서 생각보다 많이 나타난다. 그러나 이런 증상도 2~3일 지나면 금방 회복된다. 그러나 일주일이 지나도, 한 달이 지나도 이런 증상이 사라지지 않으면 번아웃증후군에 들어간 것이다. 이때 빨리 치료하면 별 문제가 없지만 방치하면 노이로제성 우울증으로 들어간다.

남자들이 노이로제성 우울증에 들어가면 여자들처럼 5년, 10년씩 오랫동안 우울증을 앓는 것이 아니라 길어야 6개월이다. 즉, 이 기간 안에 극단적인 선택을 한다는 것이다. 그만큼 남자들의 노이로제성 우울증은 치명적일 정도로 위험하다.

남자의 노이로제성 우울증은 주변사람이 관심을 가지고 지켜보지 않으면 절대로 눈치채지 못한다. 그렇기 때문에 남자에게 번아웃증후군이 나타났다면 빨리 치료를 해서 노이로제성 우울증으로 들어가지 않게 해야 한다.

번아웃증후군은 일상생활에서 자주 나타나는 증상중의 하나이다. 뭔가 열심히 하다가 갑자기 의욕이 저하되면서 무기력해졌다면 무조건 쉬면서 재충전을 하라는 마음의 신호로 봐야 한다. 이때 마음의 신호를 무시하고 계속해서 일을 하게 되면 자신도 모르게 노이로제성 우울증으로 들어간다.

노이로제성 우울증에 들어갔다면 무조건 약물치료부터 해야 한다. '왜 살아야 되지?'라는 의미에만 집중하기 때문에 일단은 약물로 다운된 기분을 업시켜 놓아야 위험한 생각을 하지 않는다. 약물치료로 다운된 기분을 올려놓은 뒤 심리치료를 하면 예전의 상태로 회복될 수가 있다.

남자는 스트레스가 들어오면 무의식이 무조건 제거한다. 그러나 이런 방어능력을 상실하면 스트레스가 지속적으로 쌓여서 자신도 모르게 노이로제로 들어간다. 노이로제를 치료하지 않고 방치하면 남자의 우울증인 노이로제성 우울증에 걸린다.

어떤 사람은 노이로제에 들어간 지 3일 만에 노이로제성 우울증에 들어가는 경우도 있고, 어떤 사람은 몇 달 만에 들어가는 경우도 있다. 노이로제성 우울증은 사람에 따라 다르게 나타나기 때문에 남자가 노이로제에 들어갔다면 주변사람들이 관심을 갖고 증상을 세밀하게 살펴볼 필요가 있다.

번아웃증후군은 스트레스를 잘 처리하지 못해서 일어나는 증상이다. 번아웃증후군을 예방하기 위해서는 평소 스트레스를 힐링할 수 있는 능력을 만들어야 심리가 안정이 된다. 심리가 안정되면 몸과 마음의 건강은 물론이고 인간관계, 가치추구에도 많은 도움이 된다.

보통 번아웃이 와도 휴식을 취하면 대부분 2~3일 안에 심리가 회복된다. 쉬는 동안 자아실현에 대한 열정에너지가 마음에서 만들어지기 때문이다. 이것이 정상적인 사람들의 심리이다.

남자들은 성공을 해도, 실패를 해도 만성적으로 번아웃이 오지만 여자들은 의미가 무너질 때 급성으로 번아웃이 온다.

번아웃이 만성으로 오면 기분이 오르락내리락하면서 살아간다. 그러나 번아웃이 급성으로 오면 순식간에 무너져서 회복이 어려워진다.

외상후스트레스는 남자와 여자가 똑같이 급성으로 번아웃이 온다. 여자들의 외상후스트레스에는 세 가지가 있다. 사별트라우마와 남편외도로 인한 외상후스트레스 그리고 성폭력트라우마이다.

여자들은 신체질병에 의해서 우울증에 들어가는 일은 드물다. 물론 오랫동안 기저질환이 있어서 신체적 질병을 앓으면 자연 우울증에 빠지지만 여자는 감정을 가지고 있어서 누군가의 관심으로 좋은 감정이 만들어지면 상처는 저절로 치료가 된다. 그래서 여자는 남자와는 달리 우울증에 들어가더라도 번아웃증후군이 나타나지 않는다.

여자에게 번아웃증후군이 나타날 때는 외상후스트레스가 올 때이다. 소중한 사람과 함께 미래행복을 위해서 살아가다가 어느 순간에 의미를 잃어버리면 인생 전체가 다 무너져서 번아웃증후군이 나타난다.

사별트라우마는 인생을 살아가는 데 누구나 다 겪는 고통이다. 예를 들어 평소 명랑하고 긍정적으로 살아가던 사람이 갑자기 배우자나 부모님을 떠나보내면 사별트라우마로 인해서 사람이 급격하게 변한다. 자신이 추구하던 가치와 의미가 한순간에 사라졌기 때문이다.

외상후스트레스를 가지고 있으면 번아웃증후군처럼 삶의 의욕이 생기지 않아서 무기력해진다. 이때 빨리 치료하지 않으면 심리가 악화되어서 외상후스트레스장애로 들어간다.

외상후스트레스장애는 심리장애인 우울증이다. 그러나 심리장애를 치료하지 않고 방치하면 중증우울증으로 들어간다.

일반적인 우울증은 우울하고 무기력할 뿐 일상생활을 하는 데 있어서 큰 불편이 없다. 그래서 자신이 우울증임을 알면서도 생활에 크게 영향을 미치지 않기 때문에 굳이 우울증을 치료할 생각을 하지 않는다. 그러나 심리장애를 치료하지 않고 방치하면 갈수록 심리가 악화되기 때문에 자신도 모르게 중증우울증에 들어간다.

여자의 중증우울증은 남자의 노이로제성 우울증과 같이 삶의 의미를 잃어버리기 때문에 자신을 무가치하게 여긴다. 그래서 '이렇게 살아서 뭐 해?'라는 생각을 반복하다가 순간적으로 생을 마감하기도 한다.

여자가 외상후스트레스를 겪게 되면 급성 우울증이 와서 금방 중증우울증으로 들어간다. 중증우울증은 심리장애가 아닌 정신병이다. 그래서 대부분의 여자들은 중증우울증으로 안 들어가려고 중증중독으로 빠진다.

보통 우울증에 있는 사람들은 중독에 들어갈 확률이 높다. 중증우울증도 중증중독으로 들어갈 확률이 굉장히 높다.

외상후스트레스장애로 중증우울증에서 중증중독으로 가는 것은 괜찮다. 그러나 중증중독에 있다가 중증우울증으로 들어가게 되면 플러스 감정이 마이너스 감정으로 급격하게 내리꽂혀서 매우 위험해진다. 플러스감정과 마이너스감정이 시도 때도 없이 오르락내리락하면 조울증이다. 조울증환자가 위험한 것은 조증에서 울증으로 넘어갈 때 번아웃증후군이 나타난다. 이 경우 표현장애와 기억장애가 동시에 발생하기 때문에 그 순간 정신을 잃어버린다. 정신이 셧다운되면 마음이 죽어버리기 때문에 정신병증이 나타난다.

여자에게 정신병증이 나타나는 것이 히스테리이다. 히스테리의 반대가 바로 번아웃이다. 조울증은 히스테리증상도 나타나고, 번아웃증상도 나타난다. 히스테리는 자신의 감정을 말과 행동과 표정으로 표현을 하지만, 번아웃은 표현을 하지 않는다.

조증에서 히스테리가 오면 정신 줄을 놓기 때문에 자기 자신이 무슨 짓을 하는지 모른다. 정신이 돌아오면 자신이 저지른 행동에 아연실색을 한다. 그렇기 때문에 주변에 히스테리를 부리는 사람이 있다면 무조건 피하는 것이 상책이다.

조증에서 울증으로 넘어갈 때는 감정이 급격히 다운되기 때문에 번아웃이 나타나는 경우가 많다. 조울증을 앓고 있는 사람들 대부분이 여성들이다. 남성에게는 상처의 기억이 없기 때문에 우울증이 없다. 따라서 조울증개념도 없다.

남성은 조증인 중독에 있을 때 가치를 추구한다. 그러나 조증에서 울증으로 떨어질 때는 가치와 의미가 한꺼번에 무너지기 때문에 남자는 자신의 인생이 끝났다고 단정한다. 그래서 더 이상 살아갈 이유가 없기 때문에 극단적인 선택을 하는 것이다.

조증에 들어가 있는 사람들은 평소 울증으로 떨어지지 않게 기분과 감정을 잘 조절해야 한다. 특히 인간관계에서 발생하는 스트레스와 상처를 제때에 힐링하지 못하면 곧바로 울증으로 떨어지기 때문에 무엇보다도 자신만의 힐링체계를 가지고 있어야 위험에 빠지지 않는다.

스트레스와 상처를 힐링하는 것은 상대가 해주는 것이 아니라 스스로 해야 한다. 스트레스와 상처는 상대가 아닌, 자신의 기억에 의해서 만들어지기 때문이다.

중독에 있는 사람들은 스트레스와 상처를 힐링하지 못하면 수시로 울증으로 들어간다. 스트레스가 힐링되지 않으면 인식되는 모든 것이 스트레스로 작용하기 때문에 사는 것 자체가 지옥이다. 지옥 같은 삶을 영위하지 않으려면 반드시 인간관계에서 발생하는 스트레스와 상처를 힐링할 수 있는 능력을 만들어놓아야 인간적인 삶을 살 수가 있다.

인간은 생각을 하면 무조건 스트레스가 발생한다. 중독에 있을 때는 재미와 즐거움에 빠져 있기 때문에 생각을 할 이유가 없다. 그래서 살 맛이 나는 것이다. 그러나 누군가가 자신의 재미와 즐거움을 차단시키면 살맛을 잃어버리기 때문에 곧바로 울증으로 떨어진다. 울증으로 떨어지면 남자는 상당히 위험해진다.

중독증에 있어도 자신만의 스트레스힐링법을 가지고 있으면 충동조절장애나 울증으로 가지 않는다. 스트레스의 부정감정을 무의식이 알아서 처리해서 긍정감정으로 만들어주기 때문이다.

번아웃증후군은 인간의 심리장애에 가장 극단적으로 나타나는 형태라고 보면 된다.

남자는 인간으로서 살아가는 열정과 미래행복을, 여자는 삶의 의미가 되는 사랑과 행복의 감정을 모두 잃어버리면 더 이상 살아갈 이유를 찾지 못한다. 그래서 어느 날 갑자기 '내가 왜 살지?'라는 회의감에 빠져서 극단적 선택을 하게 된다.

사람은 자신에게 있어서 가장 소중한 무언가를 잃어버리면 더 이상 살고 싶어 하지 않는다. 자신이 이런 심각한 상태에 놓였음에도 치료할 생각은 않고 그대로 방치하면 스스로에게 심리 살인을 저지르는 것이다. 주변사람들 역시도 이렇게 힘들어하는 사람을 방치했다면 심리적으로 자유롭지 못하게 된다.

인간의 마음은 언제나 행복을 지향한다. 행복한 인생을 살아가려면 무엇보다도 몸과 마음이 건강하고 안정이 되어야 한다. 그러나 인간관계에서 발생하는 스트레스와 상처를 제때 처리하지 못하면 마음이 힘들고 답답해져서 복통, 흉통, 편두통 같은 신체화증상이 나타난다. 이런 상태가 지속되면 불안해져서 불면증, 거식증으로 고통을 받는다. 그렇기 때문에 자신의 몸과 마음을 건강하게 유지하기 위해서라도 스트레스와 상처를 힐링할 수 있는 자신만의 예방법을 가지고 있어야 된다.

예방법이 있으면 예고 없이 찾아오는 외상후스트레스에도 마음이 무너지지 않아서 올바로 대처할 수가 있다.

번아웃증후군은 지속되는 스트레스를 견디지 못해 자신의 마음에너지가 완전히 고갈된 상태를 말한다. 이때 주변에서 도와주지 않으면 예전의 상태로 회복하기가 어렵다.

번아웃은 자신의 상태를 스스로 느낄 수 있다. 열심히 가치추구에 매진하다가 어느 순간부터 의욕을 잃고 무기력해졌다면 번아웃이 왔다고 생각해야 한다. 이때 하던 일에서 떨어져 나와 2~3일 무조건 휴식을 취해야 방전된 에너지가 충전된다. 그러나 일이 밀렸다고 강행을 하면 자신도 모르게 번아웃증후군으로 들어간다.

옛날 어머니들은 가위에 눌리는 꿈을 자주 꾸어서 잠결에 비명을 지르는 일이 많았다. 고된 시집살이로 인해 날마다 쌓이는 상처를 감당하지 못해 꿈으로나마 자신의 상처를 표현하는 것이다.

시댁의 부당한 대우에 항거하지 못하고 감정을 삭이고, 또 삭이다 보니 항상 마음이 무겁고 답답했다. 옛날 어머니들의 가위 눌리는 꿈은 억압된 감정의 표현이라는 점에서 번아웃과 비슷하다.

본인 스스로 번아웃증상을 느낀다면 앞뒤 생각할 것 없이 무조건 일에서 떨어져 나와 휴식을 취해야 된다. 일을 멈추고 2~3일 휴식을 취하면 소진된 에너지가 충전되면서 다시 일을 할 수 있는 에너지가 생긴다. 그러나 번아웃증상이 나타났음에도 불구하고 일을 밀어붙이면 번아웃증후군이라는 심각한 심리장애로 들어간다.

한때 '열심히 일한 그대, 떠나라!'라는 광고카피가 획기적으로 인기를 끈 적이 있었다. 아무리 일이 밀려도 적절할 때 반드시 쉬라는 이야기이다.

하는 일에 갑자기 의욕을 잃어버렸다면 무조건 쉬어야 한다. 힘들 때 쉬는 것만이 번아웃증후군을 예방하는 길이다.

〈질문과 답변〉

〈질문〉 번아웃증상이 계속 지속되면 스스로 치료할 수 있는 방법은 없나?

〈답변〉 번아웃증상은 스트레스와 상처를 처리하지 못해서 나타나는 현상이다. 스트레스와 상처를 처리하지 않은 채로 살게 되면 여자는 우울증으로, 남자는 노이로제성 우울증인 심리장애로 들어간다.

번아웃증상을 치료하려면 스스로 스트레스와 상처를 처리할 수 있는 힐링법을 만들어야 한다. 그렇지 않으면 번아웃증후군에서 우울증으로 들어갔다가 중독으로 빠진다.

번아웃증후군은 자신의 증상을 스스로 느끼지만, 중독증에서의 히스테리는 무의식의 표현이기 때문에 강력한 스트레스를 받았을 때 자신이 무슨 행동을 저질렀는지를 못 느낀다. 정신이 돌아왔을 때 뒤늦게 자신이 돌이킬 수 없는 일을 저질렀다는 것을 알게 된다. 그만큼 히스테리가 위험하고 위태롭기 때문에 주변에 이런 사람이 있으면 무조건 피해야 한다.

번아웃증상을 치료하는 방법은 스트레스와 상처가 쌓이지 않게 자신만의 힐링법을 만들어야 된다. 자신에게 힐링능력이 생기면 스트레스와 상처가 들어와도 무의식이 이내 긍정감정으로 전환하기 때문에 심리가 안정된다.

힐링능력이 있으면 상대의 생각이 내 생각과 달라도 편안하게 받아들인다. 이렇게 되면 갈등이 생기지 않기 때문에 노이로제도, 번아웃도 생기지 않는다. 그래서 힐링법은 심리문제, 심리장애를 예방하는 예방법이기도 하다.

《질문》 번아웃증후군은 항상 고객을 대응해야 하는 감정노동자들에게 많이 발생할 것 같다.

《답변》 그렇다. 여자나 남자나 자아실현을 위해서 가치추구를 한다. 그러나 추구하는 가치가 자신의 뜻대로 되지 않으면 스트레스와 상처를 받게 된다. 이때 스트레스와 상처를 잘 처리하는 사람은 몸과 마음에 문제가 생기지 않는다. 그러나 스트레스와 상처를 제때에 처리할 줄 모르는 사람들은 갈수록 부정기분과 부정감정이 쌓여서 가치추구에 많은 문제가 생기게 된다. 자의든 타의든 더 이상 가치추구를 할 수 없으면 자신도 모르게 번아웃증후군이 나타난다.

번아웃증후군은 가치가 멈추었을 때만 나타나는 것이 아니라 의미가 무너졌을 때도 나타난다. 그래서 번아웃증후군은 남자, 여자 할 것 없이 흔하게 나타나는 증상이다.

심리적으로 볼 때 번아웃증후군은 마음에너지가 다 소진되었을 때 나타난다. 더 이상 추구할 가치도, 의미도 없다고 생각하는 순간 갑자기 마음이 무너져서 무기력해진다. 이럴 경우 빨리 일을 멈추고 휴식을 취해야 심신이 안정된다. 2~3일 휴식하면서 소진된 에너지를 재충전하면 예전의 건강한 상태로 회복이 된다.

감정노동자는 일반 사무직과는 달리 사람을 상대한다. 상대가 말도 안 되는 것을 요구하거나 비상식적으로 나오면 당연히 스트레스와 상처를 받을 수밖에 없다. 이런 상황을 유연하게 넘기지 못하면 갈수록 스트레스와 상처가 쌓여서 자신도 모르게 심리장애가 온다.

고객을 상대하는 감정노동자들은 스트레스와 상처를 힐링할 수 있는 자신만의 힐링법이 없으면 고객이 주는 스트레스를 감당할 수가 없어서 자신도 모르게 번아웃이 온다. 그러나 스트레스와 상처는 상대가 만드는 것이 아니라 본인 스스로 만드는 것이기 때문에 반드시 자신만의 힐링법을 만들어야 진상고객이라 하더라도 편안하게 대할 수가 있다. 불특정 다수를 상대하는 감정노동자들은 자신만의 힐링법을 만들지 않으면 직장생활을 해나갈 수가 없다.

⟨질문⟩ 일전에 백화점에 갔는데 고객이 판매원에게 있는 대로 히스테리를 부리는 것을 봤다. 고객이 소리를 지르고 난리를 피워도 판매원은 고객을 제지하거나 피하지도 않고 묵묵히 히스테리를 받아냈다. 이런 무대응은 영업 전략인가, 아니면 번아웃이 온 것인가?

⟨답변⟩ 필자가 볼 때 판매원은 번아웃증후군이다. 지속되는 스트레스로 인해 마음에너지가 바닥이 나서 고객에게 대응할 힘이 없어 무기력한 채로 서 있는 것이다. 이런 경우 아무 생각이 없기 때문에 고객이 히스테리를 부려도 스트레스로 인식하지 않는다.

번아웃증상은 본인 스스로 느낄 수가 있다. 이런 경우 무조건 일에서 떨어져 휴식을 취해야 한다. 그렇지 않으면 에너지가 완전히 고갈되어서 예전의 상태로 충전하려면 백 배, 천 배의 노력을 쏟아부어야 한다.

번아웃증후군은 예방만이 가장 좋은 방법이다. 평소 스트레스와 상처를 잘 처리할 수 있는 자신만의 힐링법을 만들어놓으면 번아웃증후군으로부터 자유롭다.

〈질문〉 번아웃증후군이 급성으로 나타나는 경우는 외상후스트레스를 겪었을 때라고 했다. 여자에게 외상후스트레스가 오면 우울증으로 들어간다고 했는데 이 둘의 증상은 같은 것인가?

〈답변〉 남자가 외상후스트레스를 겪으면 급성인 중증우울증에 들어간다. 그래서 남자는 번아웃증후군과 우울증이 같이 온다. 그러나 여자의 우울증은 상처가 근원이다.

  상처가 많이 쌓인 여자들은 무의식이 마음을 보호하기 위해서 감정기억을 일시적으로 봉인해 버린다. 이것이 여자의 우울증이다. 스트레스가 들어와도 상처가 아예 작용을 못하기 때문에 여자의 우울증은 번아웃증후군과 다르다.

  남자는 스트레스를 방어하는 능력이 있기 때문에 스트레스가 들어오면 무조건 제거한다. 그래서 남자에게는 우울증 자체가 만들어지지 않는다. 그러나 지속되는 스트레스로 인해서 남자가 노이로제성 우울증에 들어가면 '왜 살지?'라고 의미를 찾기 때문에 매우 위험해진다.

  반면 여자에게 외상후스트레스가 발생하면 무조건 상처치료부터 해야 우울증이 발생하지 않는다. 외상후스트레스를 겪었음에도 상처치료를 하지 않고 방치하면 정신병증인 중증우울증으로 들어간다.

  남자와 여자가 외상후스트레스를 겪으면 인식되는 모든 것을 부정적으로 받아들이기 때문에 자신도 모르게 번아웃이 온다. 치료하지 않으면 심리가 악화되어서 번아웃증후군으로 진행되기 때문에 외상후스트레스는 반드시 치료해서 원래의 심리상태로 회복시켜 놓아야 한다.

〈질문〉 남자의 중증우울증과 여자의 중증우울증의 차이는 뭔가?

〈답변〉 중증우울증에 있는 여자는 상대가 관심을 1만 줘도 10으로 받아들인다. 그러나 남자 중증우울증은 감정이 완전히 방전되었기 때문에 상대가 관심을 100, 1,000을 줘도 금방 잊어버린다. 그렇기 때문에 중증우울증에 있는 남자는 상대가 매일 꾸준히 관심을 쏟아줘야 극단적인 선택을 하지 않는다. 이 남자를 살리려면 모든 것을 제쳐두고 지속적으로 관심을 줘야 한다.

주고, 또 주고 하면서 아기처럼 충분히 돌봐야 없는 기억이 겨우 1로 바뀐다. 그러나 바쁜 세상에 아무리 남자를 사랑한다고 해도 24시간 관심을 줄 수는 없다. 그래서 남자가 중증우울증에 들어가면 대부분 정신병으로 진행이 된다.

남자의 번아웃증후군은 지속되는 스트레스 때문에 생기는 증상이다. 제때 치료하지 않으면 중증우울증으로 들어가기 때문에 번아웃증후군이 왔을 때 관리를 잘해야 심리가 더 이상 악화되지 않는다.

쌓인 상처로 인해서 발생한 여자의 우울증은 매사 의욕이 없고 무기력할 뿐 일상생활을 하는 데 있어서 지장이 없다. 그래서 우울증이 있음에도 치료하지 않고 방치하다가 심리가 악화되어서 중중우울증으로 진행된 것이다.

남자의 우울증이나 여자의 우울증이나 자신이 존재해야 될 이유를 모르기 때문에 항상 '내가 왜 살지?'라고 회의를 느낀다.

인간적인 삶을 살기 위해서라도 스트레스와 상처를 힐링할 수 있는 능력을 만들어놓아야 정신병증인 중증우울증에 들어가지 않는다.

〈질문〉 남자나 여자나 외상후스트레스를 겪으면 번아웃증후군이 급성으로 와서 생과 사를 넘나든다고 했다. 일상생활에서 오는 스트레스와 상처가 쌓여서 온 번아웃증후군은 자살 위험성이 없나?

〈답변〉 우리가 자살에 관련된 부분을 분석할 때는 심리를 해부한다는 표현을 많이 한다. 남자나 여자나 어떤 일로 인해서 자살위험군에 들어갔을 때 그들의 마음과 심리를 알아야만 문제를 해결할 수가 있기 때문이다.

여자들이 자살위험군에 들어갈 때는 조울증 패턴이 아니면, 외상후스트레스에서 오는 패턴이다. 지금까지 잘 살아온 여자가 외상후트라우마를 입으면 더 이상 살고 싶어 하지 않는다. 이미 사랑과 행복의 의미를 잃어버렸기 때문이다.

반면 매일매일 쌓이는 상처를 처리하지 못하면 어느 순간 번아웃이 왔다가 긍정감정이 들어오면 이내 회복이 된다. 그러나 쌓인 상처가 치료되지 않고 지속되면 자신도 모르게 우울증으로 들어간다.

여자들은 무의식이 상처를 치료하기 때문에 번아웃증후군이 오지 않는다. 여자에게 외상후스트레스가 왔다고 해도 대부분 우울증으로 빠지기 때문에 자살할 위험이 그리 크지 않다. 그래서 번아웃증후군은 상처의 방어능력이 없는 남자들에게 주로 많이 발생한다.

남자의 스트레스가 지속되면 만성적인 번아웃증후군이 나타난다. 이때 빨리 스트레스에서 벗어나야 노이로제성 우울증으로 들어가지 않는다.

남자의 경우 번아웃증후군이 외상후스트레스로 인한 급성일 때는 '왜 살지?'라고 의미를 찾기 때문에 매우 위험하다. 그러나 만성일 때는 감정이 오르락내리락하기 때문에 위험하지는 않다. 그러나 방치하면 심리가 악화되기 때문에 무엇보다도 스트레스에서 벗어날 수 있는 자신만의 힐링시스템을 만들어놓아야 심리가 안정된다.

〈질문〉 번아웃증후군은 스스로 자각을 하기 때문에 사전에 예방을 할 수가 있다고 했다. 그러나 외상후스트레스로 인한 번아웃증후군은 갑자기 나타나기 때문에 예방을 할 수가 없다고 했다. 이럴 경우 무조건 치료를 해야 하나?

〈답변〉 남자, 여자 할 것 없이 사별트라우마, 외도트라우마가 발생하면 그 즉시 번아웃증후군이 나타난다. 여자는 이것 외에도 성폭력트라우마가 있다.
  외상후스트레스는 나의 잘못으로 발생한 것이 아니기 때문에 견디기가 힘들다. 그래서 번아웃이 오는 것이다.
  외상후스트레스를 겪은 사람 옆에 부모님이나 자식들이 있으면 그런대로 의지할 수 있기 때문에 번아웃증후군에서 중증우울증으로 잘 진행되지 않는다. 그러나 의지할 사람들이 없으면 심리가 급격하게 무너져서 중증우울증으로 들어갈 확률이 높다.
  인간은 누구나 죽음을 피해갈 수 없기 때문에 배우자나 부모, 자식이 죽으면 무조건 사별트라우마를 겪게 된다. 이때 외상후스트레스로 인해 무조건 번아웃증후군이 오기 때문에 평소 자신만의 스트레스와 상처의 힐링시스템이 필요하다.
  번아웃증후군은 급성이든, 만성이든 다 위험하다. 자신만의 힐링시스템이 없다면 상담치료를 받아야 한다. 심리장애는 스스로 빠져나오지 못하기 때문이다.

〈질문〉 스트레스로 인한 번아웃증후군은 사회활동을 많이 하는 사람들한테 주로 일어날 것 같다. 사회활동 없이 집에만 있는 사람의 경우는 안전한가?

〈답변〉 스트레스와 상처는 인간관계를 맺고 사는 이상 누구에게나 발생한다. 그렇기 때문에 번아웃증후군은 가정, 학교, 직장에 상관없이 자주 나타난다.

부부간의 갈등, 부모와 자식 간의 갈등이 심화되어도 번아웃증후군이 나타난다. 엄마가 아들에게 지나치게 잔소리를 많이 하거나, 아내가 남편에게 수시로 상처표현을 하거나, 남편이 지나치게 가부장적이어도 가족들은 스트레스와 상처를 받을 수밖에 없다. 이때 스트레스와 상처를 슬기롭게 잘 처리하면 별 문제가 없지만 그렇지 못하면 스트레스와 상처가 갈수록 누적되어서 어느 순간 자신도 모르게 번아웃증후군에 들어간다.

번아웃증후군은 남녀노소 상관없이 스트레스와 상처를 잘 관리하지 못하면 갑자기 나타나기 때문에 반드시 자신만의 힐링법을 가지고 살아야 심리가 불안정해지지 않는다.

〈질문〉 예전에는 번아웃증후군이 주로 남자한테만 많이 나타났는데, 최근에는 여성한테도 많이 나타난다고 한다. 여자의 사회활동과 관련이 있나?

〈답변〉 그렇다. 여자에게는 스트레스 방어능력이 없다. 그래서 스트레스가 들어오면 무조건 수용해서 상처로 쌓아둔다.

아직까지 우리나라의 조직문화는 남성위주로 움직인다. 여자가 유리천장을 뚫기 위해서는 남성보다 더 열심히 일을 해야 능력을 인정받는다. 회식할 때도 중간에 도망가지 않고 판이 완전히 끝날 때까지 함께 있어야 조직문화에서 내 편이라는 범주에 집어넣어 준다. 이 과정에서 여자는 알게 모르게 상처를 받는다. 그러다가 늦은 시간에 집에 들어오면 배우자로부터 듣기 싫은 소리를 듣게 되어서 또 상처를 받게 된다. 이때 자신의 상처를 제대로 힐링하지 못하면 자신도 모르게 번아웃증후군이 나타난다.

일상생활에서 오는 번아웃증후군은 스스로 자각할 수 있다고 했다. 남자든 여자든 평소와 달리 의욕이 상실되고, 무기력해지면 자신에게 문제가 발생했다는 것을 알고 빨리 휴식을 취해야 한다. 2~3일 휴식을 취하면서 고갈된 에너지를 재충전해야 원래의 건강한 상태로 돌아갈 수가 있다. 이것이 바로 번아웃증후군의 예방법이다.

〈질문〉 번아웃증후군을 자각했지만 회사 여건상 하던 일을 마무리해 줘야 다음 공정으로 넘어갈 수가 있다. 이럴 경우 억지로 휴식을 취한다고 해도 일을 마무리하지 않아서 마음이 계속 불편할 것 같다.

〈답변〉 마무리해야 할 일이 남았다고 해도 몸과 마음이 다 무너져 버리면 아무것도 할 수가 없다. 번아웃증후군이 자각됐다면 빨리 일을 멈추고 휴식을 취해서 에너지를 충전해야 한다. 그렇지 않으면 집중력이 저하되어서 큰 사고로 이어진다.

트럭운전사가 잠이 쏟아지는데도 제시간에 물건을 입고해야 하는 부담감 때문에 억지로 운전을 한다면 졸음사고로 인해 대형 사고가 날 수밖에 없다. 졸음이 몰려와서 제대로 눈을 뜰 수 없는 것은 지금 당장 휴식을 취하라는 마음의 신호이다.

'졸음운전은 생명과 직결된 문제야.'라고 자각해서 졸음쉼터에서 잠깐 눈을 붙인 뒤 출발하면 대형 사고를 미연에 방지할 수가 있다.

번아웃증후군을 예방하는 예방법도 이와 같은 원리이다. 번아웃증후군도 몸과 마음에 에너지가 필요하다는 자각이 왔을 때 무조건 일에서 떨어져 나오는 것이 예방법이다.

〈질문〉 남자의 번아웃증후군이 급성으로 왔을 때 에너지가 완전히 고갈돼서 충전하기가 힘들다고 했다. 이 과정에서 극단적인 선택을 많이 한다고 했는데 충전을 잘할 수 있는 방법은 없나?

〈답변〉 0에서 100을 만든다는 것은 무에서 유를 창조하기 때문에 시간이 굉장히 많이 걸리고 힘들다. 그러나 1을 100으로 만드는 것은 무에서 출발하는 것이 아니기 때문에 빠르게 100을 만들 수 있다. 1에서 충전을 시작하면 1개월도 안 걸리지만 0에서 출발하면 1년 이상 걸린다. 그렇기 때문에 에너지가 완전히 소진되기 전에 1이라도 남아있다면 급성이 와도 예방을 할 수가 있다.

급성으로 번아웃증후군에 들어갔다면 모든 것을 동원해서라도 당장 1을 만들어야 된다. 즉, 사람부터 살려놓아야 된다는 말이다. 일단 살려놓는 데 포커스를 맞추는 것이 무엇보다 중요하다. 살아있어야 예방을 하던지, 치료를 하던지 하는 것이 아닌가?

급성으로 오는 번아웃증후군은 사전에 알 수가 없어서 그만큼 위험하다. 사람이 살면서 언제 급성으로 번아웃증후군이 올지 모르기 때문에 미리 스트레스와 상처를 극복할 수 있는 자신만의 힐링법을 만들어야 한다. 힐링법이 만들어지면 아무리 강력한 외상후스트레스와 상처가 들어왔더라도 부정감정을 이내 긍정감정으로 전환할 수 있기 때문에 위험에 대처할 수가 있다.

4. 스톡홀름신드롬

 1973년 8월 23일부터 6일간 스웨덴 스톡홀름의 한 은행에서 강도 사건이 발생했다. 인질범들이 은행직원 4명을 인질로 잡고 경찰과 대치하는 동안 은행직원들은 인질범들과의 애착관계를 형성했다. 인질범들이 잡히고 나서 재판에 넘겨졌는데 이때 인질피해자들이 법정에 나와서 그때의 상황을 증언하게 되었다.
 법정에 나온 방청객들은 물론이고 이 재판을 지켜보던 전 세계 사람들은 당연히 피해자들이 인질범에 대해 불리한 증언을 할 것이라고 생각했다. 그러나 예상과는 달리 그들은 오히려 인질범들에 대한 불리한 증언은 거부하고 인질범들을 옹호하는 발언을 해서 전 세계 모든 사람들을 경악케 했다. 이 상황을 지켜본 스웨덴의 범죄 심리학자가 인질피해자의 이런 심리에 '스톡홀름증후군'이라는 이름을 붙였다.
 자신의 업무에 집중하고 있던 은행직원들에게 갑자기 복면에 총을 든 인질범이 위협을 가하면 그 순간 패닉에 빠진다. 그래서 극한의 공포심에 그들이 시키는 대로 바닥에 엎드려 쥐 죽은 듯이 있어야 했다. 그러나 머릿속에서는 이들이 언젠가는 자신들을 죽일 거라는 생각을 지울 수가 없어서 극심한 불안감에 떨어야 했다. 이런 절박한 상황에 인질범이 목을 축이라고 자진해서 물을 가져다주거나 휴지를 가져다주면 인질범에 대한 부정감정이 한순간에 긍정감정으로 전환된다.

긍정감정은 인식되는 스트레스를 상쇄시킨다. 인질범들의 사소한 친절 하나에 감명을 받은 은행직원들은 어쩌면 이들이 자신들을 죽이지 않고 때가 되면 풀어줄 것이라는 막연한 희망을 갖게 된다. 이런 희망으로 인해 인질들은 시간이 갈수록 인질범들과 자신을 동일시하게 된다. 그래서 경찰을 향한 인질범들의 폭력적 행동을 스스로 합리화하면서 그들에게 동조하게 된다. 이런 현상을 스톡홀름증후군이라고 말한다.

스톡홀름증후군은 유괴나 납치와 같은 범죄 상황에서만 나타나는 것이 아니다. 데이트폭력이나 가정폭력에서도 이런 현상이 많이 발생한다.
 남자가 여자에게 신체적인 폭력을 가하고 나서 여자의 상처에 관심을 가져주면 여자는 마치 상처가 치료된 듯 남자에게 좋은 감정이 만들어진다. 남자의 이런 행동이 반복되면 여자는 자신도 모르게 남자의 폭력에 길들여지게 된다. 이런 심리가 일종의 동조현상인 스톡홀름신드롬이다.
 스톡홀름신드롬은 주로 여성들한테서 많이 일어난다. 우월적 지위에 있는 남자가 여자에게 폭력을 가한 뒤 곧바로 관심과 위로를 쏟으면 여자는 폭력의 상처가 아문 듯 기분이 좋아진다. 남자의 이런 행태에 길들여지면 여자는 남자가 가하는 폭력 뒤에 기분 좋은 관심과 위로가 들어온다는 것을 안다. 그래서 여자는 남자의 폭력을 거부하지 않고 묵묵히 견뎌내는 것이다.
 남자가 자신에게 폭력을 휘두를 때마다 지속적으로 관심을 가지고 위로를 해주면 여자는 남자가 자신을 사랑한다고 착각한다. 그래서 남자의 폭력에 대항하기보다는 동조하는 현상까지 나타난다. 폭력의 부정감정이 남자의 관심과 위로에 의해서 긍정감정으로 상쇄되기 때문이다. 이런 심리가 바로 스톡홀름신드롬이다.

스톡홀름신드롬은 범죄자에게서만 발생하는 것이 아니다. 우리 주변에서도 흔히 일어나는 현상이다.

남자는 여자의 기준이 자신의 기준과 맞지 않으면 제 성질에 못 이겨서 무차별적인 폭력을 여자에게 가한다. 그러나 남자에게 그렇게 맞고도 선뜻 남자의 곁을 떠나지 못하는 여자들이 예상외로 많다. 이런 현상은 남자가 여자에게 큰 상처를 입히고 나서 관심과 위로라는 좋은 기분을 넣어주기 때문이다.

여자들은 남자로부터 좋은 감정을 느끼면 자신의 상처가 치료되었다고 생각한다. 여자는 상처가 치료되면 사랑의 감정, 행복의 감정을 느낀다. 그러나 이런 여자의 감정은 의존하는 심리습관에 의해서 왜곡된 것이다.

늘 남자에게 맞고 사는 여자가 딱해서 주변사람들이 더 이상 불행하게 살지 말고 헤어지라고 종용한다. 하지만 행복의 감정, 불행의 감정은 본인 스스로 만들고 느끼는 것이기 때문에 여자가 불행하다고 생각하는 것은 그 사람들의 생각기준일 뿐이다.

이유 불문하고 폭력은 범죄행위이다. 그럼에도 남자의 폭력을 범죄라고 생각하는 여자들은 그리 많지 않다. 남자에게 폭력을 당해도 그의 관심과 위로로 상처가 치료되면 사랑의 감정, 행복의 감정을 느끼기 때문이다.

남자가 폭력을 가하고 나서 반복적으로 주는 관심과 위로는 진정한 사랑이 아니기 때문에 상처가 치료되지 않는다. 오히려 여자의 심리를 말살시키기 때문에 상처만 더 커질 뿐이다.

남자는 일시적인 기분을 가지고 살고, 여자는 지속적인 감정을 가지고 산다. 여자의 심리가 말살되면 감정은 사라지고 기분만 남게 된다. 여자는 여성으로서의 행복과 사랑의 감정을 가지고 삶의 의미를 만들어가야 하는데 남자의 폭력이 지속되면 상처의 감정은 치료되지 않고 좋은 기분, 나쁜 기분만 만들어진다.

　여자는 감정을 잃어버리면 결혼을 했어도 모성애가 생기지 않는다. 모성애는 감정이 만들어내는 것이기 때문에 감정이 죽은 여자는 아이를 사랑으로 돌보지 못하고 오로지 좋은 기분, 나쁜 기분으로만 대하게 된다. 이렇게 되면 아이의 심리는 불안정해질 수밖에 없다.

　데이트 폭력이나 가정폭력은 주로 남자친구, 남편에 의해서 자행된다. 지금은 여권신장이 되어서 일방적으로 남편에게 맞고 사는 여자들이 드물다. 설령 맞는다고 해도 사회적 안정장치가 되어있어서 곧바로 분리가 된다.

　옛날에는 유교사상으로 인해 여자는 남자를 받들고 살았다. 남자가 아무리 나쁜 짓을 해도 여자는 당연한 것처럼 받아들였다.

　필자가 어렸을 때는 한 집 건너 부부 싸움이 벌어졌다. 말이 부부 싸움이지 남편의 일방적인 폭력이 일상화되던 시절이었다.

　기분이 안 좋아서 바깥에서 술을 잔뜩 먹고 들어온 남편이 자신의 스트레스를 해소하려고 아무 이유도 없이 아내와 아이들에게 폭력을 가했다. 폭력만으로도 스트레스가 해소되지 않으면 집 안에 있는 물건들을 닥치는 대로 부수고, 던지는 통에 동네사람들 모두 남자의 폭력성을 알게 된다. 그 당시 아침만 되면 동네 구멍가게에서 날계란으로 얼굴의 멍을 지우는 여자들이 많았다.

"허구한 날, 두들겨 맞고 어떻게 살아?"
"때려놓고 잘못했다고 밤새도록 엎드려 비는데 천하의 양귀비라도 용서 안 할 재간이 없지."

남편에게 두들겨 맞아 여자의 얼굴은 형편없었지만 목소리에서만큼은 행복의 감정이 묻어났다. 여자가 남편에게 두들겨 맞고도 행복의 감정을 느끼는 것은 남편이 여자의 상처를 밤새도록 위로해 주고 보상을 해줬기 때문이다.

남자의 폭력을 견디고 사는 여자들은 폭력 뒤에 오는 보상심리에 길들여졌다고 봐야 한다. 가정폭력이 점점 심각해지는 것은 폭력의 강도가 크면 클수록 남자의 관심과 위로도 그만큼 커지기 때문에 위험성을 느끼지 못해서이다. 하지만 폭력 뒤에 엄청난 보상이 따른다고 해도 폭력은 절대로 정당화될 수 없는 범죄다.

마음에는 의식과 무의식이 있다. 의식과 무의식이 작용될 때 외부정보가 인식된다. 외부정보가 인식되면 기억과 비교해서 좋은 것이면 수용하고, 나쁜 것이면 제거하기 위해서 표현을 한다.

마음은 심리와는 달리 태어나서 죽을 때까지 변하지 않는다. 다만 남자의 마음과 여자의 마음작용이 다를 뿐이다.

남자는 스트레스를 방어하는 능력이 있고, 여자는 상처를 수용하는 능력이 있다. 그래서 남자는 스트레스가 들어오면 무의식에서 무조건 제거를 하려고 한다. 제거가 되면 남자는 스트레스를 기억하지 못한다. 그래서 남자에게는 기억되는 상처가 없어서 우울증이 없다.

반면 여자는 스트레스가 들어오면 방어능력이 없기 때문에 무조건 수용해서 상처로 쌓아둔다. 그러고 나서 상처가 작용할 때 무의식이 치료를 하려고 한다.

상처를 치료하려면 무엇 때문에 상처가 생겼는지 자신의 상처를 이해해야 한다. 그런 다음 관심이 들어와서 위로를 해주면 상처가 치료된다. 그러나 상처에 대한 이해가 없는 상태에서 관심과 위로가 들어오면 상처는 치료되지 않는다. 오히려 이해가 없는 관심과 위로로 인해 상처만 더 커지게 된다. 이런 마음의 작용으로 인해 남자의 기억에는 사실만이 존재하고, 여자의 기억에는 사실과 감정이 함께 존재한다.

남자와 여자의 마음이 다르다는 것만 인정해도 여자는 남자의 입장을 이해하게 되고, 남자는 여자의 입장을 이해하게 된다. 즉, 상대의 생각이 내 생각과 같다고 함부로 단정하지 않으면 오해로 인한 가짜상처를 만들어내지 않는다.

마음이 작용하는 원리를 모르면 상대의 말과 행동이 이해되지 않는다. 상대의 행동이나 말이 이해되지 않는다는 것은 내 기준에 맞지 않다는 것이다. 내 기준에 맞지 않으면 당연히 스트레스와 상처가 발생될 수밖에 없다.

인간관계에서 발생하는 스트레스와 상처를 슬기롭게 처리하면 관계가 더욱 돈독해지지만 그렇지 않으면 갈등으로 인해 인간관계에 문제가 생긴다.

행복한 인생은 몸과 마음, 인간관계, 가치추구에 문제가 없어야 한다. 인간관계에서 발생하는 스트레스와 상처를 제때 처리하지 못하면 몸과 마음이 힘들고 답답해져서 많은 문제를 야기하게 된다. 문제가 생겼을 때 내 관점에서만 바라보지 말고 상대의 관점에서도 바라볼 줄 알아야 상대의 생각을 이해할 수가 있다. 이해하면 자연히 배려하게 되기 때문에 스트레스와 상처를 받을 일이 없다. 이런 식으로 인간관계를 유지해 나가면 심리가 안정되어서 인식되는 모든 것을 긍정적으로 받아들인다. 매사에 긍정적이면 몸과 마음도 건강해지고, 자신의 역할에도 최선을 다하게 된다. 이런 삶의 태도로 살아가는 사람들은 자신을 신뢰하기 때문에 문제가 생겼을 때 탓을 하거나 원망도 하지 않고, 자책을 하거나 의존도 하지 않는다. 그래서 자존감이 높다.

남자의 상습적인 폭력 뒤에 들어오는 관심과 위로는 상처를 치료하지 못한다. 폭력 뒤에 무조건 남자가 잘해준다고 해서 거기에 의존할 것이 아니라 자신의 상처가 무엇 때문에 생겼는지 이해를 해야 상처가 치료된다. 그러나 대부분의 여자들은 상처의 본질이 무엇인지 알지 못한 채 남자의 관심과 위로가 들어오면 상처가 치료된 것처럼 착각하게 된다. 그러나 남자의 관심과 위로는 순간적인 기분전환일 뿐 상처는 치료되지 않는다.

폭력성이 있는 남자가 아무리 많은 관심과 위로, 배려를 잘해준다고 해도 여자의 상처를 이해하지 못하기 때문에 상처가 치료되기는커녕 엄청난 상처만 만들어줄 뿐이다.

5세~13세까지는 관계적응기이다. 13세~20세까지는 자아형성기이고, 20세 이상부터는 자아실현기이다. 만약 13세 미만의 관계적응기에 있는 여자아이에게 스톡홀름신드롬이나 폭력에 노출되었다면 폭력유발자와 관계가 형성된다.

폭력유발자와 관계가 형성되면 자연히 거기에 적응하게 된다. 그래서 여자아이는 가해자가 상처를 유발하지 않으면 오히려 더 불안해한다. 즉 여자아이에게는 가해자의 폭력이 관심이라고 생각하기 때문이다.

관계적응기는 매우 중요한 시기이다. 사람과 사람사이의 관계를 맺는 법을 배워나가는 시기이기 때문이다.

아이는 폭력가해자와 인간관계가 맺어졌기 때문에 폭력이 정당한 관심이라고 착각을 한다. 그래서 폭력가해자에게 폭력을 당하지 않으면 상대가 자신에게 관심을 주지 않는다고 생각한다.

관계적응기는 인간인 타인에게 적응해 나가는 시기이기 때문에 관계 맺는 사람이 누구냐에 따라서 아이의 미래가 결정된다.

여자아이가 관계적응기에 있을 때는 관계를 맺는 상대에 따라 심리가 달라진다. 아빠에게 폭력을 당하면서 컸다면 이 아이는 커서도 상처를 주는 남자에게만 관심을 갖게 된다. 여자들이 나쁜 남자에게 끌리는 이유와 같다. 그래서 나에게 잘해주는 남자는 관심이 없고, 나를 거칠게 다루는 남자에게만 관심이 가서 평생을 불행하게 산다. 그러나 자아형성기는 다르다. 자아형성기에 있는 아이들은 아직 자아가 형성이 되지 않았기 때문에 함께 사는 부모나 가족이 폭력을 행사해도 여기에 대한 자기기준이 없다. 그래서 우월적 지위에 있는 상대에게 자신의 기준을 맞출 수밖에 없다. 이런 아이들이 성인이 되면 자신만의 기준이 없어서 자기중심으로 살아가지 못하고 상대중심으로 살아가게 된다.

자기기준이 없는 사람들은 무엇이 옳고, 그른지를 몰라서 독단적인 결정을 내리지 못한다. 그래서 사소한 것 하나에도 누군가의 의견이 필요해진다. 자기만의 기준과 중심이 없기 때문에 그만큼 타인에 대한 의존성이 강하다. 그래서 스스로 결정을 내리지 못한다.

자아형성기에 있는 여자아이들은 모든 것을 엄마에게 의존하는 경우가 많다. 엄마가 딸에게 자신의 기준을 강요하기 때문에 딸은 알게 모르게 상처를 많이 입는다. 그러나 엄마가 딸의 취향에 맞는 옷을 사오거나 맛있는 음식을 만들어주면 딸의 상처가 그만큼 줄어든다. 엄마의 이런 행동이 관심이라고 생각하기 때문이다.

엄마가 딸에게 자신의 기준을 강요해서 딸에게 상처를 입히고, 그러고 나서 관심을 주고, 또 상처를 입히는 이런 관계가 반복되면 딸의 심리는 어떻게 변할까?

이 딸은 상처에 대한 보상심리로 엄마를 좋아하지만 엄마가 주는 상처는 싫다. 왜냐하면 자아를 형성하는 과정이기 때문에 좋은 것, 싫은 것의 경계가 뚜렷해서이다.

자아형성기의 여자아이들은 좋은 것, 싫은 것이 분명하기 때문에 이왕이면 자신에게 잘해주는 남자에게 관심이 간다. 남자가 자신을 챙겨주고 보듬어주면 자신도 모르게 남자에게 의존하게 된다. 남자에게 많은 것을 의존하는 여자는 사소한 것 하나라도 스스로 결정 내리지 못한다.

"이 옷이 나한테 어울려, 저 옷이 나한테 어울려?"

"자기는 내가 긴 머리일 때가 좋아, 커트로 있을 때가 좋아?"

하나에서 열까지 일일이 상대의 기준에 맞추려고 하는 여자들은 자존감이 없다. 자존감이 없으면 남자로부터 무시당하기 쉽다. 그렇기 때문에 자신만의 안목을 길러서 스스로 판단할 수 있는 능력을 길러야 자존감이 생기고 상대로부터 존중받는다.

상대에게 의존하는 여자는 이미 남자에게 동조화되었다고 봐야 한다. 여자의 이런 심리는 스톡홀름신드롬과 같은 원리가 작용한다.

여자는 상처를 받으면 마음이 아프고 답답해서 상처를 치료하려는 욕구를 갖게 된다. 그러나 상처를 치료하려는 욕구만 있을 뿐 상처가 왜 생겼는지에 대해서 이해하려고 하지 않는다. 즉, 상처의 본질을 모르면 상처를 치료할 수가 없다.

상처의 상처치료는 자신의 상처를 이해해야만이 치료가 된다. 상처에 대한 이해 없이 상대가 지속적인 관심을 주면 자신도 모르게 좋은 감정이 만들어져서 아픈 상처가 치료됐다는 착각을 하게 된다. 이런 원리가 바로 스톡홀름신드롬이다. 데이트폭력, 가정폭력이 일어나도 가해자를 떠나지 못하고 머무는 이유도 이와 마찬가지이다.

데이트폭력, 가정폭력의 피해자는 대부분 여자들이다. 남자의 기준과 여자의 기준이 맞지 않을 때 스트레스와 상처가 유발되는데 이때 남자는 자신의 스트레스를 제거하기 위해서 무조건 여자에게 폭력을 가한다. 여자에게 폭력을 휘둘러서 스트레스를 제거한 남자는 좋은 기분을 집어넣으려고 우는 여자를 열심히 달랜다. 이때 여자는 남자의 잘못을 정확하게 지적하고 다시는 폭력을 쓰지 않겠다는 다짐을 받아야 한다. 남자의 사과와 위로에 마음이 누그려져서 남자의 폭력을 없던 일로 하면 남자의 무의식에 폭력의 표현습관이 자리 잡는다.

무엇이든 시작이 어려운 법이다. 남자가 제 성질에 못 이겨서 여자를 한 대 쳤는데 여자가 남자의 사과를 순순히 받아주면 그다음부터 남자의 폭력은 자연스러워진다.

남자가 처음 폭력을 행사했다면 여자는 수단과 방법을 가리지 말고 응징을 해야 남자에게 폭력의 습관이 만들어지지 않는다. 그렇지 않고 쉽게 용서하면 데이트폭력, 가정폭력에서 벗어나지 못한다.

여자가 자신의 상처이야기를 친구나 지인에게 하면 그들은 이구동성으로 울분을 참지 못한다.

"요즘 같은 세상에 맞고 사는 여자가 어디 있어?"
그러나 이미 폭력에 길들여진 여자들은 자기합리화를 하기에 바쁘다.
"그 사람 손찌검만 안 하면 정말 괜찮은 사람이야. 나를 얼마나 소중히 아끼는지 너희들은 아마 상상도 못할 거야."

여자는 이렇게 말을 함으로써 점점 더 그 남자에게 빠져들어 가는 자신을 발견하게 된다. 그러나 여자가 남자에게 집착하면 할수록 남자의 폭력강도는 갈수록 커진다.

남자의 폭력수위가 한계를 넘었다고 생각한 여자는 이번만큼은 헤어져야겠다고 다짐하지만 선뜻 실행에 옮기지 못한다. 지금까지 상대중심의 삶을 살아왔기 때문에 독단적인 행동을 하는 것이 쉽지가 않다. 설령 큰 마음먹고 헤어졌다고 해도 남자가 보고 싶다는 전화만 해도 한걸음에 달려나간다.

매일 상처만 주는 남자와는 더 이상 살지 않겠다고 자신의 마음을 꽁꽁 묶어놓아도 남자의 보고 싶다는 말 한마디에 모든 상처가 치료된 듯 편안함을 느끼는 것이 여자의 감정이다.

여자들은 평상시에는 관심을 필요로 하지 않는다. 그러나 어떤 상황이나 환경에 놓이게 되면 갑자기 오래전의 기억이 떠올라 힘들고 답답해진다. 이때 상처의 기억을 없애기 위해서 타인으로부터 관심을 받고자 한다. 이때 타인의 관심과 위로가 아무리 많이 들어와도 상처치료는 되지 않는다. 그 이유는 여자가 자신의 상처를 이해하지 못했기 때문이다.

상처치료를 하고 싶다면 자신에게 왜 이런 상처가 생겼는지, 상처의 본질을 알아야 한다. 즉, 상처로 인해서 자신의 마음과 심리가 어떻게 변화되었는지를 알고 있어야 타인의 관심과 위로가 상처치료에 도움이 된다.

상처에 대한 이해도 없이 상처가 작용할 때마다 타인의 관심을 받고 싶어 하면 판단력이 흐려져서 상대의 관심이 순수한지, 불순한지를 알지 못한다. 타인이 자신의 상처에 공감해 주고 위로만 해줘도 마치 상처가 치료된 듯 좋은 감정이 만들어진다. 이럴 경우 상대가 좋은 사람이든, 나쁜 사람이든 상관하지 않는다. 부정감정을 순간적으로 긍정감정으로 만들어주기 때문이다. 이런 심리가 바로 스톡홀름신드롬이다.

목적이 있는 관심은 여자의 상처를 치료해 주는 것이 아니라 오히려 상처를 더 키우기 때문에 무너진 마음이 바로 설 때까지 되도록 사람들을 만나지 않는 것이 좋다. 상처가 치료되어서 마음이 바로 서면 옳고 그름을 정확히 판단하기 때문에 마음이 쉽게 흔들리지 않는다.

목적을 가진 남자의 관심으로 인해 상처가 치료된 듯 편안함을 느끼면 여자는 상대에게 사랑과 행복의 감정을 느낀다. 그러나 이런 감정은 왜곡된 것이다. 불순한 의도를 가진 남자는 자신의 목적이 달성되면 뒤도 안 돌아보고 사라진다. 이렇게 되면 여자에게는 실연의 상처가 또 쌓이게 된다.

여자의 상처치료는 자신의 상처를 이해하는 과정이다. 상처를 치료하기 전에 마음의 원리를 알고 마음의 작용을 이해해서 이치를 배우면 자신의 상처가 왜 발생했는지를 알게 된다.

"아, 이래서 그때 남자가 나를 떠났구나."

마음의 원리를 알고 이치를 깨닫게 되면 내가 입은 상처는 타인이 만들어준 것이 아니라 본인 자신이 만들었다는 것을 알게 된다.

자신의 상처를 이해했다면 굳이 타인의 관심을 받을 필요가 없다. 내가 내 자신한테 관심을 주고 위로를 하면 상처가 치료되어서 좋은 감정이 생긴다. 좋은 감정은 사랑의 감정이다. 즉, 나에게 관심을 준 나를 사랑하게 된다. 이렇게 되면 스스로 자신을 존중하고 신뢰하게 된다. 이것이 바로 자존감이다.

사람은 자기 자신을 사랑할 줄 알아야 자존감이 생긴다. 자존감이 생기면 자신감은 저절로 따라온다. 그러나 자신의 상처에 대한 이해 없이 타인의 관심으로 만들어지는 것은 자존감이 아닌 열등감이다. 자신의 열등감을 깨닫지 못하고 남자가 관심을 주니깐 근거 없는 자신감만 만들어진다.

"저 사람은 내가 예쁘고 늘씬하니깐 나를 좋아하는 거야. 저 사람의 관심을 붙잡아 놓으려면 나를 더 많이 가꾸어야 돼."

이런 생각은 자신을 아끼고 사랑하는 것이 아니라 타인의 관심으로 만들어지는, 뿌리가 없는 삶이다. 이런 삶은 근본이 없기 때문에 어느 순간 타인에 의해 무참히 뽑혀버린다.

타인의 관심으로 사는 인생은 흙 속에 뿌리를 내지 못하는 부초와도 같다. 이런 인생은 자신의 삶을 주체적으로 살지 못하기 때문에 평생을 타인에게 휘둘리면서 살게 된다.

자신의 삶을 주체적으로 살지 못하면 인간의 권리인 행복을 느낄 수가 없다. 인간의 행복을 만들어주는 희로애락의 감정도 자신이 아닌 상대의 감정에 좌지우지되기 때문이다. 이처럼 자신의 존재자체가 타인의 손에 달려있다면 스톡홀름신드롬과 같다.

자존감은 자아존중이다. 내가 나 자신을 존중하고 사랑할 줄 알면 상대도 존중하고 사랑할 줄 안다. 폭력을 휘두르는 사람들 대부분은 자기 자신을 사랑할 줄 모르는 사람들이다.

아무리 소유한 가치가 많아도, 아무리 높은 지위에 올라도 자기 자신을 사랑할 줄 모르면 자신보다 더 우월한 지위에 있는 사람들을 만났을 때 열등감을 느낀다. 범죄자의 대부분은 낮은 자존감을 만회하기 위해서 터무니없는 자신감으로 상대에게 피해를 입히는 것이다.

자존감이 높아지면 모든 것에 자신감이 생긴다. 자존감으로 인해 자신감이 생기면 자신의 기준도 명확해진다. 그래서 나보다 우월한 위치에 있는 사람을 만나면 동기부여가 되어서 자신의 일에 더욱 최선을 다하게 된다.

반면 나보다 못한 사람을 만나면 그들이 자아실현을 할 수 있게 이끌어주게 된다.

인생은 내가 만들어가는 것이기 때문에 그 결과에 대한 책임도 내가 져야 한다. 그러나 인간관계를 맺고 인생을 살아가다 보면 몸과 마음, 인간관계, 가치추구에 많은 문제가 생길 수밖에 없다. 이때 문제해결을 위해서 노력하는 사람은 갈수록 문제해결능력이 향상되기 때문에 자신을 신뢰한다.

반면 문제해결을 위해서 노력하지 않는 사람은 문제해결능력이 없어서 힘들고 어려운 일이 생기면 무조건 탓과 원망, 자책, 의존만 하려고 한다. 특히 의존을 할 때 상대의 생각이 옳은지 그른지 알 수가 없기 때문에 일방적으로 따르게 된다. 이럴 경우 범죄를 저지를 확률이 매우 높다.

문제해결능력을 키워서 자기중심적인 사고를 할 수 있으면 가정폭력, 데이트폭력에서 벗어날 수가 있다. 아무리 안 좋은 상황에 놓여도 자신만의 기준이 뚜렷하면 스톡홀름증후군처럼 인질범과 자신을 동일시하지 않는다.

남자가 폭력 뒤에 아무리 손이 닳도록 빌어도, 관심과 위로로 기분전환을 해줘도 자신만의 확실한 기준이 있으면 현명한 판단을 내리게 된다.

〈질문과 답변〉

〈질문〉 스톡홀름신드롬이 작용하는 원리를 보니 중독증하고 좀 비슷한 원리를 갖고 있는 것 같다. 맞나?

〈답변〉 나쁜 것을 좋다는 착각에 빠지게 하는 점에서는 같다. 그러나 중독은 자신의 착각에 의해서 나쁜 것을 좋은 것이라고 하지만 스톡홀름신드롬은 상대인 인질범에 의해서 만들어진 착각이다. 그래서 피해자는 자신이 아닌, 상대에 의해서 심리가 무너지는 것이다.

〈질문〉 관계적응기에 있는 여자아이가 엄마의 폭력에 장시간 노출되면 그 상황에 익숙해져서 엄마가 폭력을 가하지 않으면 오히려 불안해한다고 했다. 선뜻 이해가 잘되지 않는다.

〈답변〉 5세에서 13세는 관계적응기이다. 이 시기가 되면 인간관계에 적응하는 것을 배우는데 엄마가 늘 폭력을 일삼는다면 그것이 당연한 일상인 줄 알고 받아들인다.

늘 폭력을 일삼던 엄마가 어느 날 갑자기 아이에게 잘해주면 아이는 이런 엄마가 낯설어 오히려 불안을 느낀다. 이런 현상은 폭력에 일상화되었기 때문에 엄마의 변화를 받아들이지 못하는 것이다.

이런 아이가 나중에 성인이 되면 정상적인 인간관계를 맺지 못한다. 이미 상처를 받는 것에 익숙해졌기 때문에 자신에게 잘해주는 사람을 만나면 불편하고, 자신에게 상처를 주는 사람을 만나면 오히려 편안해진다.

담쟁이 넝쿨이 창문을 막을까 봐 벽에 똑바로 올라가지 못하게 철사로 길을 막으면 옆으로 자란다. 나중에 철사를 치워도 담쟁이는 계속 옆으로만 자란다. 이처럼 관계적응기에 엄마의 사랑이 아닌 폭력에 노출되었다면 아이는 항상 자신에게 상처만 주는 대상을 쫓게 된다. 그래서 아이의 주변에는 항상 아이에게 상처만 주는 사람들만 있다.

아이가 밝고 건강하게 자라기 위해서는 관계적응기 때 좋은 친구, 좋은 어른들과 인간관계를 맺어야 심리가 정상적으로 발달된다. 그렇지 않으면 심리의 균형이 깨져서 문제가 생긴다.

〈질문〉 관계적응기에 가정폭력으로 인해서 심리에 문제가 생겼다면 성인이 되었을 때 반드시 심리치료를 받아야 하나?

〈답변〉 관계적응기 때 폭력에 노출된 아이 대부분이 대인기피증을 가지고 있다. 그래서 이 시기에 정상적인 인간관계를 제대로 가지지 못해서 성인이 되었을 때 인간관계에 많은 문제가 생기게 된다.

인간관계를 맺는 법을 모르면 스트레스와 상처를 많이 받을 수밖에 없다. 이때 스트레스와 상처를 처리하는 능력이 없으면 갈수록 마음이 힘들고 답답해져서 자신도 모르게 심리장애에 들어가게 된다. 이럴 경우 남자는 인식되는 모든 것이 스트레스로 작용해서 노이로제에 들어가게 되고, 여자의 경우 인식되는 모든 것이 상처로 작용해서 우울증으로 들어간다. 그렇기 때문에 어릴 때의 학대로 인해 심리에 문제가 생겼을 때 문제의 원인을 찾아서 문제를 해결하면 원래의 심리로 회복된다. 그러나 심리문제가 아닌 심리장애라면 반드시 치료를 해야 회복이 된다.

〈질문〉 인질의 경계가 모호할 때가 있다. 모르는 남자에게 납치당해서 볼모로 잡히는 경우도 있지만, 헤어진 남자친구가 다시 사귀기를 거절한 여자를 납치하는 경우도 있다. 이때 인질범과 남자친구의 심리는 같은가?

〈답변〉 범죄자에게 납치되면 언젠가는 죽일지도 모른다는 생존의 위협으로 인해 공포심이 극에 달한다. 이때 인질범의 사소한 친절에도 감동을 받아서 자신의 의사와는 무관하게 인질범에게 동화되어 버린다. 이런 심리의 변화는 인간의 생존본능이다.

반면 예전의 남자친구가 재결합을 원했을 때 거절한 이유는 남자친구에 대한 상처가 치료되지 않았기 때문이다. 상처가 치료되지 않으면 사랑의 감정을 못 느끼기 때문에 함께 있기를 거부하는 것이다.

여자는 상대에게 좋은 감정이 만들어져야 사랑을 느낀다. 사랑의 감정이 만들어지지 않은 상태에서 전 남자친구와 재결합한다는 것은 자신의 마음을 속이는 행위이기 때문에 여자가 거절하는 것이다.

모르는 사람에게 인질로 잡혔다면 타인에 의해서 자신의 인생이 변화되는 것이고, 전 남자친구에게 납치되었다면 자신의 심리적 판단에 따라 인생이 결정된다고 보면 된다.

〈질문〉 폭력남편에게 시달리는 여자들이 남편으로부터 벗어나서 보호시설에 머무는 경우를 많이 봤다. 그러나 남편이 찾지 않는데도 여자 스스로 퇴소해서 남편이 있는 집으로 돌아가는 것은 스톡홀름신드롬처럼 이미 남편의 폭력에 동조화되었기 때문인가?

〈답변〉 가정폭력에 오래 노출된 여자들은 남편의 말만 따르고 살았기 때문에 자신만의 기준이 없어서 판단능력이 떨어진다. 이런 여자들은 자존감이 낮기 때문에 자신이 의존할 수 있는 사람이 있어야 마음이 편안해진다.

상대중심으로 살아가는 여자는 남편의 폭력이 무서워서 집을 뛰쳐나와도 자립할 수 있는 능력도, 의지도 없기 때문에 남편에게 맞더라도 익숙해진 환경으로 돌아가기를 바란다. 그리고 남편의 폭력 뒤에 어김없이 따라오는 보상심리가 그리워서 스스로 지옥으로 들어가는 것이다.

남자가 자신의 스트레스가 풀릴 때까지 여자를 때리고 나서 심리적, 물질적으로 보상을 해주면 기분이 좋아진다. 여자도 남자의 위로와 배려에 자신의 상처가 치료되었다고 생각해서 좋은 감정이 만들어진다. 이런 점에서 일정부분 남편의 폭력에 동조화가 되었다고 봐야 한다.

〈질문〉 스톡홀름신드롬은 생존에 위협을 느끼기 때문에 죽이지 않는 것만으로도 그들에게 고마움을 느낄 수가 있다. 이것은 자발적인 굴종 아닌가?

〈답변〉 사람은 극한의 공포를 느끼면 모든 것이 얼어붙는다. 그렇기 때문에 무엇이 옳고, 그른지 판단할 능력이 없다.

얼어붙은 상태에서 체온을 느끼게 해주는 것이 있으면 생존본능이 생길 수밖에 없다. 그렇기 때문에 스톡홀름신드롬은 자발적인 굴종이 아닌, 생존을 위한 동조화 현상으로 봐야 한다.

5.
화병(홧병)

사람들은 상대의 기준이 자신의 기준에서 현격히 벗어나면 울화가 치민다. 이때 정신적, 신체적 고통을 유발한다. 이런 증상을 홧병이라고 한다. 홧병의 공식적인 명칭은 화병(火病)이다. 의학계에 홧병은 독립된 질병으로 보지 않는다. 그래서 한자인 화병으로 쓰지 않고 순수한 우리말인 홧병으로 표현한다.

사도세자의 부인인 혜경궁 홍씨가 쓴 《한중록》에 사도세자의 병증에 대해 언급했는데 사도세자의 증상이 바로 홧병이라고 한다.

사도세자는 화가 치밀면 화가 풀릴 때까지 주변사람들을 때리거나, 죽였다. 그래도 홧병이 진정되지 않으면 머리를 땅에 짓이기면서 대놓고 통곡을 했다고 한다.

사도세자는 자신의 증상을 스스로 홧병이라고 했다. 그러나 자신의 홧병이 언제 나타날지 몰라서 늘 불안하고 두려워 강박증까지 가지고 있었다. 영조는 이런 아들의 무자비한 행동을 발광(發狂)이라고 했다. 즉, 미쳤다고 단정하는 것이다.

사도세자의 홧병도 알고 보면 사별트라우마가 원인이다. 어머니의 죽음에 대한 충격으로 인해 외상후스트레스가 급성으로 나타났다고 보면 된다. 억울함, 분함, 상실감, 한(恨)이 한꺼번에 쌓여서 불안정한 심리가 만들어진 것이다.

사람은 억울한 일을 당하거나 한(恨)이 서린 고통을 겪으면 화를 삭여서 없애버려야 하는데 상황이 안 좋으면 참고 견딜 수밖에 없다. 그러나 자신의 감정을 억눌러 놓으면 갈수록 심리가 악화되어서 자신도 모르게 홧병이 생긴다.

보통 홧병이라고 하면 답답함과 억울함을 마음속에 가지고 있다고 생각해서 우울증을 많이 떠올린다. 이와 반대로 치밀어 오르는 화를 참지 못해서 바깥으로 자신의 감정을 있는 대로 표현을 하면 중독증이라고 생각한다. 둘 다 틀린 말은 아니다.

중독은 항상 강박을 동반한다. 그래서 중독에서 오는 강박은 반드시 히스테리를 가지고 있다. 지금 당장 재미있고 즐거워야 되는데 그렇지 못하면 강력한 스트레스가 발생한다. 이때 눈에 거슬리는 것이 있으면 물불 가리지 않고 자신의 분노를 폭발시키는 것이 중독증에 의한 히스테리이다.

홧병을 가진 사람들의 이야기를 들어보면 보통 우리가 일상에서 흔히 겪을 수 있는 일을 겪은 것뿐이다. 그러나 이런 일들이 지속적으로 쌓이면 만성 스트레스와 상처가 된다.

남편의 퇴직금을 친구의 권유로 펀드에 들었다가 하루아침에 다 날려 버렸거나, 결혼한 자식이 이혼을 당했거나, 믿었던 친구가 자신을 배신했거나, 배우자가 암에 걸렸다면 갑자기 생각이 많아진다. 생각이 많다는 것은 여기저기 신경 쓸 일이 많다는 이야기이다. 이런 사람들은 상처가 작용할 때마다 자신도 모르게 속에서 천불이 나서 홧병이 도진다.

홧병이 도지면 갑자기 가슴이 뛰고, 명치끝에 뭔가가 걸린 듯 힘들고 답답해진다. 홧병에 걸리면 누군가가 조금만 싫은 소리를 해도 온몸이 화끈거리고, 할 일이 태산 같아도 의욕이 없어서 아무것도 하지 못한다. 이것이 홧병으로 인한 신체증상이다.

생각은 스트레스라고 했다. 생각이 많아질수록 스트레스와 상처는 더 많이 쌓인다. 이런 상태에서 스트레스와 상처를 힐링하지 못하면 미래에 대한 불안감으로 인해 마음이 나약해지고, 무기력해져서 자신감을 잃는다. 이런 상태가 지속되면 자신도 모르게 번아웃이 오거나, 히스테리가 나타난다.

우울증은 사실기억이 차단되어서 상처의 사실이 무엇인지 모른다. 대신 사실에 붙어있는 감정만 느끼기 때문에 계속해서 우울한 상태가 유지된다. 이런 증상을 우울증이라고 한다.

반대로 중독에 의해 나타나는 히스테리는 사실은 기억하지만 감정은 기억하지 못한다. 그래서 나쁜 기분이 조금만 들어와도 화가 치밀어 올라 있는 대로 자신의 감정을 폭발시킨다. 이것이 중독에 의한 히스테리이다.

홧병이 도지면 울화가 치밀어 오르기 때문에 우울증과 히스테리의 중간단계라고 보면 된다. 즉, 우울한 감정과 중독의 표현이 결합되어 있는 것이 홧병이라고 보면 된다.

마음에는 의식과 무의식이 있다. 인식은 의식으로 하고, 인식한 것을 기억과 비교해서 무의식으로 표현한다.

남자는 스트레스가 들어오면 무조건 제거를 하지만 여자는 들어온 스트레스를 무조건 수용해서 상처로 쌓아둔다. 그래서 여자들은 인식한 것을 기억할 때 사실에 붙어있는 감정까지 기억하기 때문에 자신도 모르게 상처표현을 하게 된다.

상처가 많이 쌓여서 기억에 문제가 생기면 기억장애로 인해 우울증에 들어간다. 반면 기억한 것을 표현하는 말과 행동과 표정에 문제가 생기면 표현장애로 인해 중독증에 들어간다.

화병은 자신에게 너무나 억울하고 분한 일이 일어났을 때 나타나는 병이다. 사람은 화가 날 때 자신의 감정을 말과 행동과 표정으로 표현한다. 이것을 외적표현이라고 한다.

반면 억울한 감정을 바깥으로 표출하지 못하고 혼자 안으로만 삭이는 내적표현이 있다. 내적표현은 주로 생각만으로 자신의 감정을 되새김질하기 때문에 표현에 문제가 생긴다.

자신의 억울함이나 분함을 외부로는 표현하지 못하고 내부로 표현하는 것을 보통 홧병이라고 한다.

자신의 억울한 감정을 바깥으로 표출하면 상처가 다소 줄어들지만 속으로만 생각하면 갈수록 상처가 커져서 울화가 치민다. 그래서 억울한 일을 생각할 때마다 마치 마음에 불을 지른 것처럼 힘들고 고통스럽다.

홧병은 억울하고 분한 감정을 표현하지 못해서 생기는 질병이다. 그래서 대부분의 사람들이 홧병을 우울증과 많이 연관시켜서 생각한다. 반면 갑자기 화가 치밀어 오르면 그동안 쌓아놓았던 억울함과 분함이 한꺼번에 폭발해서 히스테리증상이 나타난다. 그래서 사람들은 홧병을 중독에 의한 히스테리라고 생각한다. 그렇다면 홧병은 감정기억장애인 우울증일까, 아니면 표현장애인 중독증일까?

우울증인 감정기억장애는 기억이 차단됐기 때문에 사실을 기억하지 못한다. 그러나 사실에 붙어있는 감정은 기억하기 때문에 무엇 때문에 우울한지도 모른 채 늘 무기력하고 침울하다. 그러나 홧병은 사실을 기억하기 때문에 어쩌다가 사실이 생각나면 억울해서 분통이 터진다. 이렇게 볼 때 홧병은 우울증도 아니고 중독증도 아니다.

억울한 사실을 생각만 해도 원통하고 분해서 견딜 수가 없다면 말과 행동, 표정으로 자신의 울분을 표현해야 마음이 어느 정도 진정이 된다. 여건상 자신의 감정을 표현할 처지가 아니라면 어딘가에 몰입을 해서 억울한 생각을 빨리 다른 것으로 전환시켜야 번아웃이나 히스테리가 나타나지 않는다.

표현장애는 반드시 강박이 동반된다. 그러나 홧병은 기억을 하면서도 표현을 하지 못하기 때문에 자신을 억압하는 형태가 된다. 즉, 화가 나도 표출하지 못하고 안으로만 삭이는 전형적인 억압의 형태가 바로 홧병이다.

억압은 참고 견디는 것이다. 화가 나고, 신경질이 나도 주변의 시선이 부담스러워서 자신의 감정을 제때에 표현하지 못하면 스트레스나 상처가 쌓일 수밖에 없다. 이런 상태가 오래 지속되면 수시로 홧병이 도지면서 심리에 문제가 생긴다.

평소 자신의 감정을 표현 못하는 여자가 있다. 여름휴가 때 여고 동창들과 바닷가로 놀러갔다. 편을 짜서 모래사장에서 비치볼을 하다가 발목을 다쳤다. 그러나 여자는 시합에 지장을 주기가 싫어서 아픈 내색을 하지 않고 운동을 마무리했다.

여자는 그 누구에게도 자신의 발목이 삐었다는 것을 말하지 않았기 때문에 아무도 여자의 부상에 대해 알지 못했다.

바닷가에서 얼마 떨어지지 않은 곳으로 점심을 먹으러 갔다. 각자 신이 나서 삼삼오오 웃고 떠들면서 걸어갔다. 그러나 여자는 일행과 떨어져 혼자 절뚝거리면서 걸었다. 각자 떠들기 바빠서 아무도 여자를 눈여 겨보지 않았다. 그러다가 음식점 앞에 먼저 도착한 친구 하나가 멀찌감 치 떨어져 걷는 여자에게 소리쳤다.

"왜 그렇게 천천히 걸어? 빨리 뛰어와!"

아픈 발목을 질질 끌면서 걸어가는 것도 고통인데 친구가 자신에게 짜증을 내니깐 여자의 억압된 감정이 순식간에 폭발했다.

"지금 내 발목이 얼마나 아픈 줄 알아? 친구가 아프거나 말거나 신경 도 안 쓰는 너희들이 내 친구냐고!"

앞서 가던 친구들이 갑자기 울분을 토하는 여자를 돌아보면서 부축 해 주기는커녕 모두들 한심하다는 듯이 한마디 한다.

"아프면 아프다고 표현을 해야지. 네가 아무리 아파도 표현을 안 하 면 우리가 어떻게 알아!"

자신을 억압하면서 산다는 것은 자신의 감정을 죽이면서 산다는 것 이다. 이런 전형적인 억압은 주로 동양권에서 많이 발생한다.

오래전부터 감정문화권에 있는 국가에서는 불합리한 일이 생겨도 여 자가 참고 사는 것을 미덕이라고 여겼다. 그래서 남편이 바람을 피워도 참고 살았고, 시댁 식구들이 무시를 해도 참고 살았다. 그러나 감정보 다 실용주의에 기반한 서양문화권은 다르다.

서양여자들은 옳고, 그름이 분명하다. 상대의 말과 행동이 합리적이 지 않으면 자신의 의견을 정직하게 말한다. 대신 상대가 자신의 잘못 을 지적하면 감정적으로 대응하지 않고 과감하게 수용한다. 그러나 감 정문화권에 있는 동양여자들은 상대의 말과 행동이 불합리해도 주변의 시선과 향후의 인간관계를 생각해서 무조건 자신의 감정을 억압한다. 그래서 홧병은 주로 동양인 여성들에게서 많이 나타난다.

생각은 의식이다. 그래서 의식하는 것은 나만 느낀다. 억울함이나 분함, 답답함이 의식될 때 80% 이상 표현을 하면 실제로 느끼는 억울함의 크기는 20%에 불과해진다.

반면 자신의 생각을 표현하지 못하고 억압하면 무의식에 쌓인 억울함이나 분함이 100% 그대로 생각난다. 그래서 안 좋은 사실이 기억날 때마다 억울한 상황이 너무나 생생해서 혼자 가슴앓이를 하게 된다.

대부분의 사람들은 홧병을 가진 사람을 보면 "재수 옴 붙었다 생각하고 그냥 잊어버려!"라고 쉽게 말한다. 하지만 홧병을 가지고 있는 사람들은 워낙 상처가 크기 때문에 안 좋은 기억을 쉽게 잊어버릴 수가 없다.

생각할수록 억울함에 대한 상처가 쌓이고, 쌓이다 보면 더는 견딜 수가 없게 된다. 그래서 번아웃이 오거나 히스테리가 나타난다. 억울함이 외부로 터지면 치료하기가 쉽다. 그러나 내부로 터지면 아무도 모르기 때문에 위험해질 수밖에 없다.

상처가 떠오를 때 감정을 억압하거나 재미와 즐거움에 몰입한다고 해서 상처가 작용하지 않는 것은 아니다. 인간은 생각하는 동물이기 때문에 끊임없이 상처가 발생하고 그 상처가 쌓일 수밖에 없다.

생각이 떠오를 때마다 홧병이 도지면 마음이 힘들고 답답해서 사는 것이 고통스럽다. 그렇기 때문에 홧병의 원인이 무엇인지를 알고 문제해결을 위해서 노력해야 마음이 진정되고 안정이 된다.

어릴 때부터 남자의 외모가 원숭이를 닮았다고 사람들이 놀려대서 늘 억울하고 속상했다. 그러나 남자는 남들이 무시하고 놀릴수록 스트레스를 공부로 극복했다. 그래서 남들이 부러워하는 명문대에 입학했고 고시보다 더 어렵다는 대기업 필기시험에 최고의 성적으로 붙었다. 남자는 당연히 합격했다고 생각했는데 면접에서 떨어졌다.

남자는 자신의 불합격이 외모 때문이라고 생각해서 억울함과 부당함에서 벗어날 수가 없다. 그래서 이런 외모를 물려준 부모를 탓하게 되고, 외모지상주의에 사로잡힌 사회를 비난하게 된다. 그래서 잘생긴 남자만 보면 울화가 치밀어 올라 견디기가 힘들어진다. 이런 심리가 지속되면 반사회적인격장애가 만들어진다.

반사회적인격장애를 가진 사람들의 심리는 억울함에서 비롯되는 경우가 대부분이다. 그래서 자신의 기준에 맞지 않으면 너무나 화가 나서 모든 것을 파괴하고 싶은 충동이 일어난다. 그 충동을 참지 못하고 행동에 옮기면 범죄자로 전락한다.

홧병으로 인한 심리장애를 가진 사람들이 우리 주변에 의외로 많다. 순간을 참지 못해서 길 가던 사람을 폭행하고, 음식점에서 난동을 부리고, 차로 관공서를 들이박기도 한다. 이 모든 행동의 원인은 억압해 놓은 홧병에서 비롯된 것이다.

오랫동안 억압된 상처가 한순간에 폭발하면 히스테리가 나타나거나, 번아웃이 나타난다. 이것이 홧병이다.

자신의 감정을 억압만 하다가, 더 이상 억압할 수 없을 지경에 이르면 그동안 쌓인 상처가 한꺼번에 터진다. 이때 자신의 감정을 통제 못할 정도의 히스테리가 나오든지, 몸과 마음의 에너지가 다 소진되어 버리는 번아웃이 나오든지 둘 중의 하나가 나타난다.

히스테리는 자신의 감정을 있는 대로 외부로 표현해 버리는 것이고, 번아웃은 더는 스트레스와 상처를 감당할 수가 없어서 자신을 다운시켜 버리는 것이다.

번아웃은 모든 에너지가 소진되어서 자신을 죽음의 길로 끌고 가는 것이고, 히스테리는 자신의 감정을 다스리지 못해서 상대를 공격하는 것이다. 스트레스와 상처를 제때에 풀지 못하면 자신도 모르게 홧병이 생기기 때문에 무엇보다도 자신의 감정을 잘 풀어낼 줄 알아야 심리가 안정이 된다.

옛날 어른들은 늘 경험에 의한 선견지명이 있었다.
"순한 사람이 한 번 화나면 엄청 무서워."
땅속 지반도 자잘한 스트레스가 쌓이고 쌓이다 보면 어느 순간 폭발을 하거나 무너져 버린다. 그렇기 때문에 인간관계에서 발생하는 스트레스와 상처는 제때에 힐링할 줄 알아야 몸과 마음에 문제가 생기지 않는다.

엄마가 공부 못한다고 구박을 하면 스트레스나 상처를 쌓아두지 말고 "공부 못하는 대신 인간성 하나는 좋잖아!" 하는 식으로 그때그때 자신의 감정을 표현할 줄 알아야 나쁜 기분과 부정감정이 쌓이지 않는다.

홧병의 원인은 자신의 의도와는 상관없이 억울하고 분한 일을 당했을 때 주로 나타나게 된다. 그렇다면 홧병은 기분일까, 감정일까?

억울하고 분한 일은 상처의 감정이다. 그래서 홧병은 기분으로 살아가는 남자한테서는 잘 발생하지 않고 주로 여자에게 발생한다. 화는 남자에게 나쁜 기분인 스트레스를 발생시키기 때문에 남자는 수단과 방법을 가리지 않고 무조건 제거한다. 그래서 남자의 마음속에 화가 축적될 일이 없다.

남자는 화가 나면 그 자리에서 상대를 한 대 갈기던지, 판을 뒤집어엎어서 자신의 안 좋은 기분을 즉각 날려버린다. 안 좋은 기분을 날리고 나면 남자는 조금 전에 무슨 일이 있었는지 기억하지 못한다. 그래서 대개의 남자들은 뒤끝이 없다.

반면 여자는 스트레스가 들어오면 무조건 수용해서 상처로 쌓아두기 때문에 억울하고 분한 일이 생기면 무조건 기억에 저장해 둔다. 그래서 감정기억장애인 우울증으로 가든가, 표현장애인 중독증으로 들어가든가, 아니면 홧병으로 들어간다.

상처를 치료하지 않는 이상 여자는 안 좋은 감정을 죽을 때까지 쌓아두기 때문에 우울증에 잘 걸린다.

"아니 십 년도 더 된 일을 아직도 기억한단 말이야? 당신 정말 뒤끝이 장난 아니네."

남자들은 오래전의 일을 생생하게 기억하는 여자들을 보고 혀를 내두른다. 그만큼 여자의 상처기억은 깊고 아프다.

홧병은 우울증과 중독증의 중간단계로 봐야 된다. 남들이 볼 때 여자가 분명히 억울하고 분한 일을 당했는데도 상대의 행동을 아무렇지 않게 받아들인다면 여자는 이미 홧병에 들어간 것이다. 홧병이 애매한 것은 실제로는 감정기억장애도 아니고 표현장애도 아니기 때문이다. 억울하고 분한 사실은 기억하지만 그렇다고 해서 자신의 감정을 표현하지도 않는다.

홧병은 실제로 감정을 억압하기 때문에 내부에서 심리가 만들어진다고 해도 엄격히 따지면 표현장애이다. 즉, 억울하고 답답한 사실을 인지하면서도 자신의 감정을 표현하지 못하기 때문이다.

인식, 기억, 표현인 세 가지의 심리가 서로 균형을 맞춰야 심리가 안정된다. 인식한 것을 바깥으로 표현하지 못하면 표현장애라고 할 수 있다. 표현장애에 걸리지 않으려면 인식된 기분과 감정을 제때에 표현할 수 있도록 꾸준히 노력해야 심리가 안정이 된다.

아이들은 뛰어가다가 넘어져 무릎에 피가 나면 아프고 무서워서 무턱대고 소리를 지르며 운다. 울다 보면 아픈 것도 잊어버린다.

친구가 내 물건을 허락도 받지 않고 함부로 가져가면 화가 치민다. 이때 친구에게 항의를 해서 물건을 돌려받으면 스트레스는 사라진다. 물건을 빼앗기고도 혼자서 끙끙대면 갈수록 심리가 불안정해져서 마음이 힘들고 답답해진다. 이것이 홧병이다.

어른도 마찬가지이다. 상대의 부당한 행위로 인해서 분노가 치밀면 주변에 사람이 있든, 말든 자신의 감정을 있는 그대로 표현해야 심리에 부담을 주지 않는다.

"그놈이 급하다고 나한테 돈 꾸어가더니 그대로 잠적해 버렸어. 에잇, 짐승만도 못한 놈! 가다가 차에 콱 치여 죽어라!"

울화가 치밀어 오를 때는 자신의 감정을 무조건 표현해야 정신건강에 좋다. 그러나 자신의 감정을 표현도 못하고 억압만 하면 스트레스와 상처가 누적되어서 홧병이 된다. 결국 홧병은 표현을 제때에 하지 못하는 표현장애이다.

홧병은 무의식이 기억을 의식으로 넘겨놓고 아프고, 힘든 것을 표현하지 못하도록 차단해 놓은 것이다. 자신의 감정을 표현하지 않고 억압만 하면 이처럼 심리습관에 문제가 생겨 표현장애인 홧병이 발생한다.

일상생활을 하다가 마음이 힘들고 답답하면 그때그때 자신의 감정을 표현해야 인식과 기억과 표현의 심리가 서로 균형을 잡는다. 심리가 안정적이면 마음이 편안해져서 모든 것을 긍정적으로 받아들인다. 생각이 긍정적이면 몸과 마음이 건강해지는 것은 물론이고 인간관계도 좋아지고, 가치추구를 해나갈 때도 많은 성과가 난다.

인간관계에서 스트레스와 상처가 발생하면 그 즉시 자신의 감정을 표현해야 상대도 자신의 문제점을 인지하게 된다. 상대로 인해서 마음이 아프면 아프다고 표현하고, 억울하면 억울하다고 울분을 토해야 인식과 표현이 균형을 잡는다.

지금 당장 아프고 힘들어서 죽을 지경임에도 아무렇지 않은 듯 자신의 감정을 억압하면 자신도 모르게 심리습관에 문제가 생겨 표현장애가 온다. 표현장애가 오면 말과 행동, 표정이 비정상적으로 나타나서 인간관계에 많은 문제가 생긴다.

상처를 억압하는 사람들은 어려서부터 자신의 표현이 통제된 환경 속에서 살았기 때문이다. 엄마에게 피자가 먹고 싶다고 말하면 "얼마 전에 먹었잖아!" 하면서 짜증을 낸다. 거실에서 TV를 보며 율동을 따라하면 "아래층에서 올라오니 동화책이나 봐!"라면서 행동을 제지한다. 이런 식으로 엄마가 아이의 말과 행동에 일일이 태클을 걸면 아이는 주눅이 들어서 더 이상 자신의 감정을 표현하지 못한다. 이런 아이가 성인이 되면 친구나 동료들에게 스트레스와 상처를 받아도 전혀 내색을 하지 않는다.

주변사람들이 이런 사람을 보고 이해심이 많다고 추켜세우지만 당사자의 속이 시커멓게 타들어 간다는 사실은 전혀 알지 못한다.

자신의 감정을 억압만 하고 살면 부정감정이 기억에 차곡차곡 쌓여 상처로 작용한다. 그러다가 더 이상 상처를 쌓아둘 수 없는 지경에 이르게 되면 외부로든, 내부로든 폭발하게 된다. 이때 나타나는 증상이 히스테리와 번아웃이다.

어릴 때부터 표현이 풍부한 아이들이 있다. 이런 아이들은 부모로부터 관심과 사랑을 듬뿍 받고 자랐기 때문에 자신의 감정과 기분을 여과 없이 다 표현하는 것이다.

어릴 때부터 기분이 좋으면 좋은 대로, 기분이 나쁘면 나쁜 대로 자신의 감정을 그때그때 처리하면서 살아온 사람들은 홧병을 키울 이유가 없다.

반면 어릴 때부터 눈치만 보고 자란 사람은 감정표현이 서툴다. 기분이 나빠도 표현하지 않고, 기분이 좋아도 무덤덤하다.

화가 나고 억울해도 자신의 감정을 표현하지 않고 참는 사람들 대부분은 홧병을 가지고 있다. 한두 번 참다 보면 자신도 모르게 억압하는 습관이 몸에 배여서다.

남편이 돌이킬 수 없는 잘못을 저질러도 참고, 시어머니가 학대를 해도 참고, 친구가 다른 사람들에게 자신을 비방한다는 것을 알아도 모른 척한다. 이처럼 참는 것이 습관 되면 표현하는 것이 오히려 불편해진다. 일단 표현을 하게 되면 일이 커지기 때문에 웬만하면 그냥 참고 산다.

상처를 억압하면서 사는 여자가 결혼을 해서 아이가 태어나면 180도로 변하는 이유는 자신도 모르게 억압된 상처를 아이에게 표현하기 때문이다.

상처가 쌓이면 사소한 스트레스에도 상처가 작용한다. 그래서 아이가 울어도 짜증을 내고, 밥을 잘 먹지 않아도 신경질을 내게 된다. 이때 억압된 상처의 감정을 아이에게 있는 대로 표현하기 때문에 상처를 표현한 만큼 여자의 홧병이 치료된다. 그러나 아이는 엄마의 이런 행동에 불안을 느껴서 심리가 정상적으로 발달하지 못한다.

엄마가 아이에게 자신의 억압된 감정을 토해내면 저절로 홧병이 사라진다. 대신 아이에게 참는 습관이 생기게 된다. 이렇게 되면 아이는 엄마의 인생을 답습할 수밖에 없다.

참는 습관은 아무에게 생기지 않는다. 내가 평소 어려워하는 사람이거나, 나에게 꼭 필요한 사람이 나에게 갑질을 하면 그냥 참는다. 대신 만만해 보이는 사람들에게는 자신의 감정을 억압하지 않고 있는 대로 표현한다. 이것이 바로 인간의 이중성이다.

남편에게 자신의 감정을 있는 대로 다 표출하는 여자가 시어머니 앞에서는 찍소리도 못한다. 이런 여자는 편하게 있다가도 시어머니와 관련된 일이 생각나면 홧병이 도진다. 여자에게 홧병이 있어도 표현의 심리에 문제가 생기지 않는 것은 시어머니에게서 받은 스트레스를 남편에게 풀기 때문이다. 말하자면 종로에서 뺨 맞은 억울함을 한강에서 푸는 격이다. 그러나 종로에서 뺨 맞은 것을 어디에 가서라도 풀지 못하면 홧병이 생긴다.

여자에게 날마다 상처가 쌓이는데도 그 누구에게도 상처표현을 하지 못하면 그 여자는 이미 억압된 습관이 만들어진 사람이다. 남들이 볼 때 싫은 표현을 잘 안 해서 속이 깊다고 생각하지만 마음속에는 엄청난 상처를 쌓아두고 있다.

상처가 쌓이면 신체화 현상이 나타난다. 홧병이 됐던, 우울증이 됐던 상처가 내 안에서 작용하게 되면 신체에도 영향을 미친다. 그 이유는 몸과 마음은 하나로 연결되어 있기 때문이다.

신체화증상은 상처가 신체에 영향을 미쳐서 몸이 아파지는 현상이다. 의학계에서는 이런 증상을 신경성장애라고 한다.

홧병은 신경성장애를 기본으로 갖고 있다. 그렇다면 홧병의 신체화 현상이 주로 나타나는 곳은 어디일까?

체력이 좋아서 활동량이 많은 사람이라 하더라도 홧병이 생기면 예전과 다르게 몸의 기력이 떨어진다. 남이 볼 때는 아무런 변화를 느끼지 못하지만 본인 스스로 기력이 떨어지는 것을 느낀다.

기력이 떨어지는 이유는 감정기억에 문제가 발생되어서이다. 안 좋은 기억이 떠오를 때마다 자신도 모르게 의욕이 상실되어서 꼼짝하기가 싫어진다. 이처럼 스스로 자신의 변화를 자각해 홧병을 잡아내기도 하지만 전혀 인지 못하는 경우도 많다.

평소 명랑하고 남을 잘 배려해서 인간관계가 매우 좋은 여자가 있다. 주변사람들이 여자에게 무리한 부탁을 해도 대부분 다 받아주기 때문에 다들 여자를 좋아한다. 여자는 많은 사람들에게 인기가 있는 자신이 뿌듯하고 자랑스럽다. 그러던 어느 날, 친하게 지내는 슈퍼사장이 가는 곳마다 여자를 비방하고 다닌다는 이야기를 지인으로부터 듣는다.

"내가 음으로, 양으로 지를 얼마나 도와줬는데 감히 나를 험담해? 지금 당장 쫓아가서 그 입을 함부로 놀리지 못하게 해줄 테야!"

여자는 주변의 시선에도 아랑곳하지 않고 소매를 걷어붙이고 그대로 슈퍼사장을 찾아가 난동을 부린다.

지인은 예기치 않은 여자의 말과 행동에 깜짝 놀란다. 평소에 얼마나 속이 깊고 넓은 여자였던가?

이런 여자가 한순간에 돌변하는 것은 여자의 상처에 과부하가 걸렸기 때문이다. 즉, 갑자기 올라오는 울화로 인해 자신도 모르게 히스테리가 발생한 것이다.

홧병은 원인을 모르기 때문에 평상시에는 진단이 잘 안 된다. 그러나 대부분 참는 습관을 가지고 있는 사람에게서 많이 나타난다. 화가 나도 자신의 감정을 억압만 할 줄 알지, 표현하는 습관이 만들어지지 않아서이다.

주변을 돌아보면 좋은 일이든, 나쁜 일이든 별다른 반응을 보이지 않는 사람들이 있다. 이런 사람들은 대체적으로 말이 없어서 그 자리에 있는지, 없는지 모를 정도다. 대신 좋으나 싫으나 자신의 역할에 최선을 다하기 때문에 홧병이 많이 생긴다.

평소 표현하는 습관이 만들어지지 않으면 마음속에 억울함과 분함이 끓어올라도 의식에서 표현을 틀어막는다. 즉, 스스로 표현을 통제하는 것이다. 그러나 자신의 감정을 표현하지 않으면 상대는 알 수가 없다.

홧병을 가진 사람들 중 상황에 따라서 적절히 자신의 감정을 억압할 때도 있고, 표현할 때도 있으면 심리적으로 큰 문제가 없다. 그러나 계속해서 억압만 한다면 빨리 표현의 습관을 만들어줘야 한다. 그렇지 않으면 심리가 악화되어서 심리장애인 우울증으로 들어간다.

우울증은 무의식이 마음을 보호하기 위해서 기억을 차단해 놓았기 때문에 상처가 더 이상 커지지는 않는다. 그러나 홧병은 상처를 기억하고 있기 때문에 안 좋은 상황을 생각하면 할수록 상처는 커질 수밖에 없다. 그럼에도 불구하고 표현하는 습관이 만들어지지 않으면 더 이상 참고 버틸 수가 없어서 자신도 모르게 히스테리가 발생하거나 번아웃이 온다. 이때 나타나는 히스테리와 번아웃은 일반적인 것과는 달리 그 강도가 어마어마해서 살인이 아니면 자살을 한다. 그 이유는 오랫동안 분노의 내성을 키워왔기 때문이다.

"너 하나만 참으면 우리 식구들 모두가 편하고 행복해진다."

대가족이 사는 집에 갓 시집온 여자에게 시어머니와 남편이 이런 식으로 압박을 준다면 여자는 사는 것이 힘들고 고달파도 그냥 참고 산다. 대신 남편과 시댁식구들은 여자의 희생으로 인해 사는 것이 아주 편해서 여자에 대한 칭찬이 끊이지 않는다.

여자는 주변사람들이 남편이나 시어머니에게 아내 잘 얻었다, 며느리 잘 봤다는 칭찬에 매몰되어서 몸과 마음이 산산조각 나는 것도 모르고 희생을 감수한다. 이처럼 남의 시선과 평판에 발목이 잡히면 빠져나오고 싶어도 빠져나오지 못한다.

이런 여자들은 자신의 마음을 올바로 세워놓는 것이 무엇보다 중요하다. 자신의 마음을 바로 세워놓지 못하면 쉽게 마음이 흔들리기 때문에 자기중심의 삶을 살지 못하고 타인중심의 삶을 살게 된다.

나를 바로 세우려면 억압의 습관에서 벗어나야 한다. 사소한 스트레스에도 표현하는 습관을 만들어놓으면 홧병도, 우울증도 걸리지 않는다.

표현하는 습관은 각자 알아서 만들면 된다. 스트레스가 발생했을 때 무턱대고 화를 내거나 짜증을 내는 것보다는 이왕이면 부정감정을 긍정감정으로 전환할 수 있는 습관을 만들면 된다. 어떤 방식이든 표현하는 습관이 만들어지면 홧병은 저절로 사라진다.

인간의 행복은 소중한 사람들과 함께 자아실현을 해나갈 때 만들어진다. 지금은 안 그렇지만 예전의 여자들은 나 하나만 희생하면 가족 모두가 행복해진다는 생각을 가지고 살았다. 그래서 억울하고 속상한 일이 생겨도 분란을 일으키기가 싫어서 자신의 감정을 억제하고 살았다.

옛날에는 한 집안의 장남, 장녀가 되면 막중한 책임감 때문에 힘들어도 내색도 하지 못한 채 집안의 바쁜 일손을 도왔다. 특히 시골에서 자란 아이들은 하굣길에 동네친구들과 마음껏 뛰어놀고 싶어도 내색을 할 수가 없었다. 이런 심리가 지속되면 자연히 자신의 감정을 억압하는 습관을 가지게 된다.

관계적응기에도, 자아형성기에도 자신의 감정을 정확히 표현하지 못하고 살면 주변 어른들은 아이의 마음을 자신의 기준에서 평가한다.

"얘가 아이인데도 떼쓰지 않고 순순히 받아들이는 것을 보면 애어른 같아서 대견해."

이런 말은 칭찬이 아니다. 애는 애다워야 되고, 어른은 어른다워야 심리가 제대로 작동한다. 누가 부당한 짓을 하면 따질 줄도 알아야 하고, 누가 한 대 때리면 나도 한 대 때려야 마음이 편안해진다. 그렇기 때문에 자라면서 자신의 감정이 좋으면 좋은 대로 표현을 하고, 나쁘면 나쁜 대로 표현을 하면서 살아야 심리가 정상적으로 발달이 된다. 마음에 들지 않아도 마음에 드는 것처럼 자신의 감정을 억압하면 심리습관에 문제가 생겨 홧병이 된다.

옛날에는 참는 것이 미덕이라고 했다. 그때는 대가족이 한 지붕 아래에서 살았기 때문에 누구나 할 것 없이 분란을 일으키지 않아야 가정이 화목하고 평온했다. 그러나 지금은 무조건 참는 것이 미덕이 아니라 미련한 짓이다. 참으면 참을수록 심리가 불안정해져서 몸과 마음에 문제가 생기기 때문이다.

소중한 사람들과 함께 행복한 삶을 영위하려면 힘들 때 힘들다고 표현하고, 좋으면 좋다고 표현을 해야 상대가 자신의 감정을 이해할 수가 있다. 힘들어도 내색을 하지 않으면 상대가 자신의 마음이 힘든지, 아닌지를 알 수가 없다. 이렇게 되면 상대가 자신의 마음을 몰라준다고 탓과 원망을 하게 된다.

행복한 삶을 살기 위한 최우선의 덕목은 몸과 마음이 건강하고 편해야 한다. 몸과 마음이 편하면 부정적인 것도 긍정적으로 받아들이기 때문에 홧병이 생기지 않는다. 이렇게 되면 인간관계는 물론이고 가치추구에도 문제가 생기지 않아서 소중한 사람들과 함께 행복한 인생을 살아갈 수가 있다.

억압하는 습관이 무조건 나쁜 것도 아니고, 표현하는 습관이 무조건 좋은 것도 아니다. 상황에 따라서 자신의 감정을 억압할 줄도 알고, 표현할 때 표현할 줄도 알아야 인간관계에 문제가 생기지 않는다.

심리는 언제나 대칭을 이루기 때문에 평소 억압하는 습관과 표현하는 습관 두 가지를 만들어둬야 상황에 따라서 적절히 활용할 수가 있다.

홧병은 병이 아니다. 자신의 감정을 표현 못 할 뿐이다. 그때그때 들어오는 상처들을 제대로 표현 못하고 상처로 쌓아두었기 때문에 홧병이 생긴 것이다.

지진은 지하에 쌓인 마그마에 강한 충격이 가해지면 폭발적인 에너지가 방출된다. 홧병도 이와 같다. 켜켜로 쌓아놓은 스트레스와 상처가 어떤 일로 인해서 한꺼번에 무너지면 히스테리가 나타나거나, 번아웃이 온다.

홧병은 중독증도 아니고, 우울증도 아닌 경계에 있으면서도 위험의 강도는 훨씬 강하다. 정신병증인 중증중독증 또는 중증우울증보다 홧병을 더 위험하게 생각하는 것은 홧병이 언제 터질지 모르는 화약고와 같기 때문에 그렇다.

힘든 일이 생기면 싫은 내색을 하지 않고 억척스레 혼자서 다 처리하는 사람들이 있다. 이럴 경우 혼자서만 희생하려고 하지 말고 주변사람들과 함께 어려움을 나눠야 몸과 마음에 문제가 생기지 않는다.

명절 때가 되면 며느리들의 얼굴이 어둡다. 명절음식을 준비하느라고 에너지가 다 소진된 상태에서 화투나 윷놀이를 하는 시댁식구들과 친척들의 뒤치다꺼리까지 해야 한다. 이렇게 되면 에너지가 완전히 방전되어서 번아웃이 온다.

가족 전체의 일을 여자 혼자서 하게 되면 자신도 모르게 상처가 쌓이기 마련이다. 이때 남편과 자녀들, 혹은 시누이가 틈틈이 여자의 일을 도와주면 소외감과 억울함이 생기지 않는다.

식구들이 자진해서 여자를 도와주면 여자는 자신도 모르게 "도와줘서 고마워요." 하면서 자신의 솔직한 감정을 자주 표현하게 된다. 표현의 변화는 작은 것에서부터 시작된다. 평소 표현이 원활하면 홧병은 아예 생기지 않는다.

〈질문과 답변〉

〈질문〉 젊었을 때는 화가 나도 그런대로 참고 살았는데 나이 50이 넘어가니깐 화를 참지 못해서 나도 모르게 거친 말과 행동이 나온다. 자신의 감정을 참는 것보다는 표현하는 것이 심리안정에 도움이 된다고 했는데 이러다가 참을성이 없어질까 봐 걱정이 된다.

〈답변〉 홧병은 나이대가 중요하지 않다. 상처가 들어왔을 때 성격상 억압을 하는 사람과 표현을 하는 사람이 있을 뿐이다. 요즘에는 20대, 30대 여성에게서도 홧병이 자주 나타난다. 이런 현상은 사회생활에서 오는 상처가 그만큼 많다는 뜻이다.

홧병이 생겼을 때 자신의 상처를 감당하지 못하면 번아웃으로 가고, 억압된 상처가 폭발하면 옆에 있는 사람을 공격하는 히스테리로 간다. 번아웃이든, 히스테리이든 둘 다 위험하기는 마찬가지이다.

오랫동안 가둬놓았던 상처의 댐이 어떤 충격에 의해 무너졌다면 본인의 능력으로는 감당할 수가 없다. 급류에 내가 빠져 죽든지, 상대가 빠져 죽든지 둘 중에 하나다. 그렇기 때문에 위험에 빠지지 않기 위해서라도 사전에 홧병을 다스려야 한다.

상처가 작용할 때 상처표현을 하면 그만큼 상처가 줄어든다. 그러나 상처를 수용만 하고 표현을 하지 않으면 댐의 수위는 갈수록 높아질 수밖에 없다. 그러다가 한계치를 넘으면 한순간에 댐이 무너진다.

화가 났을 때 물건을 던지거나, 소리를 지르면 상처가 줄어든다. 그러나 이런 행동을 의식으로 받아들이는 상대의 입장에서는 심리적으로, 물리적으로 피해를 입을 수밖에 없다. 하지만 본인의 입장에서 볼 때 이런 표현이 상처를 억압하는 것보다 백배나 낫다. 하지만 인간은 누구나 할 것 없이 행복해질 권리가 있기 때문에 반드시 조화와 질서를 지켜야 한다.

내 기분과 감정이 상한다고 해서 내 멋대로 행동하면 인간관계에 문제가 생길 수밖에 없다. 과격한 표현이 나의 심리습관으로 자리 잡기 전에 좋은 힐링습관을 만들어놓아야 소중한 사람들과 함께 행복한 인생을 살아갈 수가 있다.

〈질문〉 최근에 신경 쓸 일이 많아서인지 몸이 자꾸 가라앉는다. 어떤 때는 기력이 없어서 물컵조차 들기가 힘들다. 전에 없던 이런 증상이 나타났다면 홧병으로 인한 번아웃증후군으로 봐도 무방한가?

〈답변〉 홧병에는 몸의 에너지가 소진되는 번아웃증상이 있고, 상처의 작용으로 히스테리가 나타나는 증상이 있다. 예전에 이런 증상이 없었다면 홧병으로 봐야 한다.

가슴에 쌓인 상처가 너무나 많으면 사소한 스트레스에도 상처가 작용한다. 이때 자신도 모르게 분노가 폭발하면 홧병에 의한 히스테리증상이고, 몸의 기운이 다 빠져나가면 번아웃증상이다.

홧병이 우울증이나 중독증보다 더 위험한 것은 언제 증상이 나타날지 모르기 때문이다. 마음속에 쌓인 상처가 많다면 빨리 상처치료를 해서 상처의 무게를 덜어내야 심리장애가 생기지 않는다.

〈질문〉 홧병을 예방하려면 어떻게 하는 것이 좋은가?

〈답변〉 화는 나쁜 기분이다. 화가 났을 때 억압하지 말고 표현하는 습관을 만들어야 한다. 옛날의 며느리들은 고된 시집살이의 스트레스를 풀기 위해서 솥에 붙은 누룽지를 박박 긁는다든가, 빨랫감을 한 바구니 머리에 이고 냇가로 가서 있는 대로 방망이질을 했다. 이런 행동은 자신만의 스트레스 힐링법이다.

화가 났을 때 나름대로의 처리법을 만들어놓으면 홧병을 예방할 수가 있다. 예방법을 만들어놓지 않으면 기억 속에 상처가 계속해서 쌓이기 때문에 자신도 모르게 우울증이나 중독증으로 빠진다.

우울증과 중독증은 겉으로 드러나는 심리장애이기 때문에 치료하기가 수월하다. 그러나 홧병은 자신의 감정을 억압하기 때문에 언제 어떻게 폭발할지 모른다.

홧병은 쌓인 마음이 무너지기 전에 표현의 습관을 만들어놓아야 치료가 된다. 억울하고 화가 날 때 무조건 참을 것이 아니라 상처표현을 원활하게 해줘야 홧병으로 들어가지 않는다.

홧병을 예방하려면 화가 났을 때 화를 어떻게 처리하는 것이 좋은지 자신만의 표현습관을 만들어놓아야 한다. 표현습관이 만들어지면 심리가 안정되기 때문에 홧병도, 우울증도 만들어지지 않는다.

〈질문〉 억압의 습관을 버리고 표현의 습관을 만들면 홧병은 더 이상 안 만들어지나?

〈답변〉 표현의 좋은 습관을 만들어놓으면 더 이상 홧병은 생기지 않는다. 무의식의 좋은 습관은 홧병, 우울증의 예방주사나 마찬가지이다.

아이들은 관계적응기 때부터 어떤 행동이 좋은 것이고, 어떤 행동이 나쁜 것인지를 부모로부터 확실하게 배워야 한다. 아이가 좋은 행동을 했을 때 칭찬을 해주고, 나쁜 행동을 했을 때는 확실하게 야단을 쳐야 자신만의 기준이 만들어진다. 자신만의 기준이 만들어지면 좋으면 웃고, 나쁘면 인상을 쓰면서 자신의 감정을 표현하게 된다.

아이가 뜨거운 것을 만지면 '앗, 뜨거워!', 차가운 것을 만지면 '앗, 차가워!'라고 표현을 부모가 가르쳐줘야 한다. 더러운 것을 봤을 때 '어휴, 더러워!'라고 정확하게 표현할 수 있도록 부모가 아이에게 표현습관을 만들어줘야 심리가 정상적으로 발달이 된다.

기분이 좋다, 나쁘다는 표현만 원활히 할 줄 알아도 자신을 억압하는 홧병은 생기지 않는다.

〈질문〉 *홧병은 보통 억울한 일을 당했을 때 많이 발생한다. 상대의 잘못으로 피해를 입었음에도 상대가 강하게 나오면 기가 눌려서 무조건 자신을 억압하게 된다. 이런 심리도 홧병을 유발하나?*

〈답변〉 그렇다. 심리가 건강하려면 어릴 때부터 정상적인 심리발달단계를 거쳐야 성인이 되었을 때 인간관계에서 오는 스트레스와 상처를 잘 처리할 수가 있다.

관계적응기 때 친구가 제멋대로 행동해서 아이가 피해를 입었다면 자신의 억울한 감정을 표현할 수 있도록 어른들이 이끌어줘야 한다. 특히 친구의 행동으로 무엇이 억울하고 화가 났는지 말로 표현해 보라고 해야 한다. 그러면 아이는 자신의 입장에서 친구의 잘못된 행동을 나름대로 평가하게 된다. 이때 부모는 아이가 자신의 생각을 다 표현할 수 있도록 중간에 말을 끊지 말고 끝까지 다 들어줘야 된다. 이야기 중간중간에 너의 말에 공감한다는 식으로 고개만 끄떡거리만 줘도 아이는 신이 나서 자신의 마음속 이야기를 다 끄집어낸다. 이런 과정이 반복되면 아이에게는 자연히 표현의 습관이 만들어진다.

반면 아이가 친구로 인해서 피해를 입었음에도 엄마가 귀찮다고 '네가 먼저 잘못한 게 있으니깐 친구가 너를 때렸겠지.' 하고 사실관계를 덮어버리면 아이는 스스로 마음의 문을 닫아버린다. 이런 아이가 성인이 되면 사람들과 분쟁하는 것 자체가 스트레스로 작용하기 때문에 자신이 손해를 보더라도 참게 된다.

자신이 피해자임에도 자진해서 분쟁을 피한다면 홧병을 의심해 봐야 된다. 상대에게 홧병이 있으면 가급적 자주 말을 걸어서 속에 있는 마음을 표현할 수 있도록 배려해 줘야 한다. 마음속에 있는 말을 끄집어낼수록 상처는 줄어든다.

〈질문〉 전에는 굉장히 말이 많고 명랑하던 친구가 어느 날부터 말도 잘하지 않고 매사 수동적이다. 홧병인가, 우울증인가?

〈답변〉 홧병은 갑자기 나타난다. 멀쩡하던 친구가 갑자기 말이 사라지고 행동이 변했다면 지금 심경에 뭔가 변화가 일어난 것이다. 지금 당장은 아니더라도 관심을 갖고 지켜보면 친구에게 무슨 일이 일어났는지 알 수가 있다.
　실연이든, 취업문제든 상처가 많이 쌓인 것 같으면 친구를 위해서 함께 등산도 다니고, 산책도 하면서 그녀가 자신의 감정을 표현할 수 있도록 배려해야 한다. 이런 배려가 지속되면 친구는 자연히 마음속에 있는 말을 자진해서 하게 된다. 이런 상황이 반복되면 친구에게 자연스럽게 표현의 습관이 만들어진다.
　홧병은 쉽게 예방할 수 있는 병이다. 상처가 켜켜이 쌓이는데도 아무도 자신에게 관심을 안 주다 보니 마음에 문제가 생기는 것이다.
　홧병을 앓고 있는 사람들은 주변의 관심을 못 받고 살아온 경우가 많다. 이런 사람에게 관심을 가지고 따뜻한 위로만 해줘도 홧병은 저절로 사라진다.

〈질문〉 홧병에 걸리면 번아웃 아니면 히스테리가 나타난다고 했다. 어느 쪽이 더 위험한가?

〈답변〉 히스테리는 상처를 재미와 즐거움으로 꾹 눌러놓았다가 상대로 인해 나쁜 기분이 들어오면 분노가 용수철같이 튀어오른다. 그래서 상대가 피해를 입는다.

번아웃은 쌓인 상처가 한꺼번에 무너져서 몸과 마음을 지탱하던 에너지가 완전히 소진되었을 때 나타난다.

히스테리는 무의식의 작용이기 때문에 이성적으로 통제가 되지 않는다. 그래서 자신이 공격적인 표현을 해도 의식이 자각을 하지 못하기 때문에 살인까지 저지를 수가 있다.

반면 번아웃은 갑자기 모든 에너지가 몸에서 빠져나가는 것을 의식으로 알 수 있다. 그래서 쓰러질 때까지 자신의 증상을 인지한다. 마치 몸이 허공으로 사라지는 것 같은 느낌이 들면서 정신을 잃는다.

번아웃은 정신병은 아니지만 순식간에 쓰러지기 때문에 위험하고, 히스테리는 정신병증이기 때문에 위험하다. 결국 홧병에 걸리면 번아웃이든, 히스테리든 둘 다 위험하기는 마찬가지이다.

〈질문〉 홧병을 일으키게 만드는 사람들이 다양하듯 표현의 습관도 다양해야 하나?

〈답변〉 화가 날 때 소리를 지르는 것도 표현이고, 폭력을 행사하는 것도 표현이다. 반면 운동하는 것도, 악기를 연주하는 것도, 글을 쓰는 것도 표현이다. 어쨌든 표현이 많으면 많을수록 적용범위가 넓어서 도움이 된다.

평소 표현하는 습관을 많이 가지고 있으면 화가 날 때마다 자신이 하고 싶은 표현을 선택해서 하면 된다. 상대가 깐죽거리면 한 대 칠 수도 있고, 말로 제압할 수도 있고, 아예 무시하고 달리기를 해도 된다. 표현방법이 다양하면 다양할수록 가슴에 묻어둘 것이 없어서 홧병이 생기지 않는다.

〈질문〉 표현은 꼭 무의식의 표현이어야 하나? 의식적인 표현은 도움이 안 되나?

〈답변〉 마음에는 의식과 무의식이 있다. 인식을 하면 기억을 하게 되고, 기억을 하게 되면 표현을 하게 된다. 인식은 의식이고, 기억과 표현은 무의식이다. 의식적인 표현은 심리에 전혀 도움이 안 된다.

가치나 개념처럼 사실과 연결된 부분은 의식에서 작용하기 때문에 인식이 중요하다. 그러나 무의식은 감정과 연결되어 있어서 습관을 만들려면 무의식의 표현이 필요하다.

무의식의 표현습관을 만들기 위해서는 처음에 의도적으로 반복해서 연습해야 한다.

예를 들어 팽이 돌리기를 할 때 팽이가 바로 서려면 수없이 채찍질을 해야 한다. 넘어지려고 하면 채찍을 가하고, 넘어지려고 하면 또 채찍을 가해야 나중에는 혼자서도 잘 돌아간다. 습관이 만들어지는 과정도 이와 같다.

습관이 무의식에 자리 잡기까지 의도적으로 꾸준히 노력하지 않으면 힘들어서 포기해 버린다. 힘들어도 의지를 갖고 꾸준히 노력하다 보면 자신도 모르게 무의식의 습관이 만들어진다.

무의식의 습관이 만들어지면 스트레스나 상처가 들어와도 내가 의식하지 않아도 무의식이 알아서 처리를 해준다. 즉, 부정감정과 부정기분이 들어와도 무의식이 이내 긍정감정과 긍정기분으로 바꿔준다. 이런 무의식의 습관을 가지고 있으면 스트레스와 상처가 발생해도 편안하게 받아들이기 때문에 홧병이나 우울증으로 고생할 일이 없다.

6.
리플리증후군

　현실세계를 부정하고 허구의 세계를 진실이라고 믿는 사람을 리플리증후군이라고 한다. 이런 사람들은 상습적인 거짓말과 행동을 일삼기 때문에 반사회적인격장애로 본다.
　거짓말이 탄로 날까 봐 노심초사하는 단순 사기꾼들과는 달리 리플리증후군은 자신이 한 거짓말을 완전한 진실이라고 믿는다. 그래서 진짜 같은 가짜 삶을 사는 것이다.
　'리플리증후군'은 미국작가 퍼트리샤 하이스미스가 1955년에 쓴 범죄소설 《재능 있는 리플리 씨》에서 유래된 것이다. 이 소설은 우리나라에서 알랭 들롱 주연의 〈태양은 가득히〉라는 영화로 널리 알려진 바가 있다.
　현실 속에서 자신만의 가상세계를 만들어놓고 자신의 말과 행동이 진짜라고 믿고 살아가는 사람을 리플리증후군이라고 표현한다. 증후군이라는 것은 심리에 문제가 생겼다는 뜻이다.
　현실세계를 부정하고 가상의 세계에서 살고 싶어 하는 사람들의 특징은 대체적으로 현실에 대한 욕구 불만족을 가지고 있는 사람들이다. 낮은 자존감으로 인한 열등의식에서 벗어나기 위해 순간순간 거짓말을 하다 보니 스스로 그 거짓말이 진실인 것처럼 믿게 된다. 이런 경우 본인 스스로 가짜를 진짜로 믿고 행동하기 때문에 상대도 진짜로 믿어버린다.

학부모 모임에 나가보면 여느 학부형들과는 달리 온몸에 보석과 명품을 휘두르고 나오는 여자들이 있다. 이런 여자들은 누가 물어보지도 않았는데 자신의 배경에 대해서 떠벌린다.

"남편이 대검찰청 중수부에 근무하다가 최근에 변호사로 개업했어요. 혹 소송에 휘말렸다면 제게 연락을 주세요. 남편이 전관예우를 받기 때문에 승소확률이 매우 높아요."

스스로 자신을 포장하는 여자들 대부분은 리플리증후군에 들어갔다고 봐야 한다. 자신의 처지가 다른 사람들보다 열등하다는 생각이 들면 자신이 무시당할까 봐 자기과시를 하는 경우가 많다. 허세를 부리려면 계속해서 거짓말을 해야 한다. 같은 거짓말을 반복적으로 하다 보면 스스로 자신의 거짓말에 동화되어서 가짜를 진짜로 착각하게 된다.

여자는 항상 남편의 직업에 대해서 열등감을 가지고 있다. 그래서 자신의 남편이 잘나가는 검사나 의사였으면 얼마나 좋을까 하는 생각을 많이 하게 된다. 이런 생각에 집착하게 되면 누군가가 남편의 직업을 물으면 자신도 모르게 검사라고 말한다. 이런 거짓말이 반복되면 여자는 자신의 남편 직업이 검사라고 굳게 믿게 된다. 이것이 리플리증후군이다.

리플리증후군에 있는 사람들은 자신이 만든 가공의 세계를 진짜로 인식한다. 가공의 세계에서 내가 잘나가는 외교관이라면 현실세계에서도 자신을 외교관이라고 믿는다. 본인 스스로 가짜를 진짜로 믿기 때문에 주변사람들 역시도 내가 외교관이라는 것에 대해서 일말의 의심도 하지 않는다.

리플리증후군에 있는 남자의 정체를 우연히 알게 되었을 때 주변사람들은 선뜻 믿으려고 하지 않는다. 남자는 가짜를 사실보다 더 리얼하게 포장해서 행동했기 때문이다.

리플리증후군에 있는 남자가 목적을 가지고 타인에게 접근을 하면 진정성이 느껴져서 대부분 신뢰를 한다. 그래서 물질적, 정신적 피해를 입어서 홧병이나 우울증에 걸리는 경우도 많다.

리플리증후군에 있는 사람들은 자기과시가 심해서 대다수의 사람들이 부러워하는 법조인, 기업인, 의사, 교수에 대한 욕망이 강하다. 이런 욕구가 강하면 강할수록 그들처럼 되기 위해 모든 지식과 정보를 수집해서 자신의 신분을 위장한다. 이런 사람들은 타인을 속이면 속일수록 현실과 가상의 경계가 불분명해져서 리플리증후군이 나타난다.

인간은 미래행복을 위해 자아실현을 한다. 사람들은 소중한 사람들과 함께 행복한 인생을 살기 위해서 자신이 원하는 특정한 가치, 특정한 의미에 목표를 두고 그것을 이루기 위해서 열심히 노력한다. 그래서 결국에는 자신이 원하는 성공한 삶, 행복한 삶을 산다.

반면 리플리증후군을 가진 사람들은 자신이 원하는 욕망을 충족시키기 위해서 각고의 노력을 하는 것이 아니라 허상의 세계를 만들어서 편안하게 자신의 꿈을 실현시킨다. 즉, 수확을 위해서 씨를 뿌리고 밭을 갈기보다는 편안하게 누워서 달콤한 열매만 따 먹는 상상만 한다. 이런 상상이 진짜처럼 느껴지면 리플리증후군이다.

한 남자가 법원 경비원으로 일하면서 고급스러운 양복을 차려입고 법정을 들락거리는 변호사들을 보면서 자신의 직업이 변호사면 얼마나 좋을까라는 상상을 하게 된다.

서당 개 삼 년이면 풍월을 읊는다고 법원 경비원으로 오래 일하다 보니 여기저기서 주워들은 정보가 많아서 법 지식이 누구보다 해박했다. 그래서 법에 무지한 사람들에게 자신의 법 지식을 알려주면 "혹시 변호사세요?" 하고 묻는 사람들이 많았다. 그래서 어떨 결에 그렇다고 대답을 한다.

남자는 자신을 굳이 변호사라고 거짓말을 하지 않아도 주변사람들 모두가 변호사인 줄 안다. 그래서 남자는 자신의 직업이 변호사라는 것을 100% 확신하게 된다. 이런 증상이 바로 리플리증후군이다.

모임이나 동호회에 나가보면 남자가 소유한 가치가 많거나 우월한 지위에 있으면 먼저 접근해 오는 여자들이 많다. 리플리증후군이 있는 남자는 한 여자에게 자신을 검사 출신 변호사라고 말한다.

남자는 허황된 꿈을 가진 여자와 결혼을 전제로 교제한다. 오늘도 여자를 만나서 여전히 변호사로서의 바쁜 일과를 여자에게 속속들이 말한다.

"오늘 2심 재판에서 승소판결을 받아냈어. 검사가 대법원에 상고해봤자 기각될 것이 빤하기 때문에 아마도 상고를 하지 않을 거야. 의뢰인이 오늘 나에게 성공보수를 두둑이 챙겨줬어. 뭐, 필요한 거 없어? 오늘 내가 다 사줄게."

여자는 남자의 직업에 대해서 한 번도 의심을 해본 적이 없다. 말하는 것, 행동하는 것 하나하나가 변호사로서 손색이 없기 때문이다. 그래서 망설임 없이 남자와 결혼을 했다. 그러나 막상 살아보니 변변한 직업도, 기술도 없는 백수였다. 그럼에도 남자는 자신의 신분이 탄로났음에도 여전히 자신이 변호사라고 우긴다.

리플리증후군에 있는 사람과 사기꾼은 다르다. 리플리증후군에 있는 사람은 자신이 만들어놓은 허상의 세계에서 자신이 원하는 삶을 살아간다. 그러나 사기꾼은 처음부터 자신의 목적을 이루기 위해서 타인에게 접근한다.

사기꾼들은 자신의 먹잇감을 찾는 데 탁월한 능력을 가지고 있다. 초원에 잠복해 있던 사자가 순록 무리들이 지나갈 때 유독 병들고 유약한 사슴만을 골라서 집중 공격한다. 힘들이지 않고 쉽게 사냥을 할 수 있기 때문이다.

자신의 목적을 이루기 위해서 접근하는 남자들 역시도 초원의 사자와 다를 바 없다. 이왕이면 쉬운 사냥감을 찾아야 힘들이지 않고 조기에 자신의 목적을 달성할 수 있기 때문이다. 그래서 자존감이 낮은 여자들을 상대로 사기를 친다.

반면 자존감이 높은 여자들은 항상 마음을 바로 세우고 살기 때문에 상대가 아무리 돈이 많아도, 지위가 아무리 높아도 자신의 기준에 맞지 않으면 사귀지 않는다. 이런 여자들은 모르는 남자가 자신에게 관심을 주고 호의를 베풀면 상대의 의도가 무엇인지 금방 간파한다. 이런 여자들은 뒤늦은 후회로 가슴 칠 일을 아예 하지 않는다.

리플리증후군이 있는 남자는 처음부터 자신의 이익을 위해서 누군가를 속이지 않는다. 자신이 원하는 대상에 대한 욕망이 너무나 커서 마치 그 욕망을 이룬 것처럼 착각을 할 뿐이다.

어릴 때부터 의사가 되는 것이 꿈이었던 남자는 아무리 노력해도 자신의 실력으로는 의대에 들어갈 수 없다는 것을 안다. 그럼에도 남자는 의사에 대한 욕망을 떨쳐낼 수가 없었다.

전문대를 나와 취직을 해도 오래 다니지 못했다. 그 이유는 '의사가 되어서 환자를 진찰해야 될 내가 여기서 뭐하고 있는 거지?'라는 생각이 들어서이다. 이런 생각에 함몰되면 남자 스스로 자신이 의사라는 착각에 빠지게 된다. 그래서 때와 장소를 가리지 않고 의사처럼 말하고 행동한다. 누가 자신의 직업을 물으면 일말의 망설임도 없이 의사라는 대답이 그냥 나온다.

자신이 의사라고 생각하게 되면 열심히 의학서적을 들여다보면서 나름대로 소양을 쌓는다. 시간이 날 때마다 의사협회 사이트도 검색해 보고, 실시간으로 올라오는 의학정보도 놓치지 않는다. 그래서 진짜의사보다 더 해박하고 더 많은 정보를 가지고 있어서 가짜를 진짜라고 굳게 믿는다.

자신만의 확고한 기준이 없는 여자들은 남자의 직업이 의사라고 하면 신분에 현혹되어서 남자의 이면을 들여다보려고 하지 않는다. 이런 신분을 가진 남자가 자신에게 관심을 가지고 호의를 베풀면 마치 기적이 일어난 듯 선택받은 기분이 든다. 그래서 남자가 원하는 모든 것을 다 내어준다. 그러나 사귀면 사귈수록 남자의 정체가 모호해서 뒤늦게 의심을 하고 보니 리플리증후군에 걸린 남자였다.

리플리증후군에 있는 남자는 타인에 의해서 자신의 신분이 탄로가 나면 심리에 문제가 생긴다. 지금까지 진짜라고 믿고 살아왔던 자신의 인생이 가짜였다는 것이 드러나면서 남자의 가치에 혼란이 생겼기 때문이다. 이런 점에서 리플리증후군은 목적을 가지고 접근하는 사기꾼과는 다르다.

자신의 신분을 속여서 이익을 취하는 사기꾼은 자신의 정체가 탄로 나면 그냥 잠적을 해버린다. 그러고 나서 다른 곳에 가서 똑같은 수법으로 사기를 친다.

반면 리플리증후군이 있는 남자는 자신의 정체가 타인에 의해 드러나면 그 순간 자신의 모든 가치가 무너졌다고 착각한다. 이런 경우 자신이 추구하는 가짜가치가 진짜라고 믿기 때문이다. 그래서 더 이상 추구할 가치가 없다는 생각에 존재할 이유를 잃어버린다. 이런 점에서 리플리증후군은 사기꾼과 질이 다르다.

심리적 관점에서 볼 때 남자는 가치를 추구하고, 여자는 의미를 추구한다. 남자의 가치추구에는 경제적 가치, 사회적 가치, 관계적 가치가 있다. 남자라면 이 셋 중에 하나를 선택해서 자아실현을 해나간다.

반면 여자의 의미추구는 자신이 좋아하고 사랑하는 사람과 함께 미래행복을 위해서 자아실현을 해나간다.

자신에게 추구하는 가치와 의미가 사라졌음에도 자신은 여전히 가치와 의미를 추구한다고 착각하는 사람들이 있다. 이런 현상은 사별트라우마를 겪은 사람에게서 나타난다.

아끼고 사랑했던 아이가 갑자기 교통사고로 죽었다면 여자는 아이의 죽음을 인정할 수가 없어서 심리가 매우 불안정해진다. 어린이 놀이터 앞을 지나가다가 죽은 아이와 비슷한 또래의 아이들을 보면 갑자기 숨이 막히고, 심장박동이 빨라지면서 그대로 길바닥에 쓰러진다. 이런 현상은 사별트라우마로 인해서 자신도 모르게 급성 번아웃이 온 것이다.

아이를 잃은 부모의 심정이 어떤지는 본인이 아니면 알 수가 없다. 아이가 죽은 지 10년, 20년이 넘었다고 해서 상처가 희미해지거나 사라지는 것은 아니다. 여자의 상처는 반드시 치료를 해야만이 부정감정을 긍정감정으로 전환할 수가 있다.

사별트라우마를 겪은 여자들은 사랑하는 아이의 부재를 인정하고 싶어 하지 않는다. 그래서 어디를 가든지 아이에 대한 기억을 끌고 다닌다.

여행지의 선물가게에 들렸다가 어떤 특정한 인형을 보는 순간 죽은 아이의 모습이 떠올라 인형을 산다. 집에 돌아온 여자는 인형을 보면 볼수록 눈, 코, 입 모두가 자신의 아이를 닮았다고 생각한다. 그래서 여자는 모든 것을 제쳐두고 오로지 인형에만 집착한다. 이렇게 되면 인형이 여자에게 삶의 의미가 된다.

여자는 아침에 일어나자마자 자신의 아이에게 그러했듯이 인형의 머리를 빗기고, 옷을 갈아입히면서 아이를 잃은 상실감과 좌절감에서 벗어난다. 맛있는 음식을 만들면 인형의 코 밑에 음식을 들이대면서 아이에게 말을 걸 듯 인형에게 말을 건다. 사별트라우마도 가짜의미를 진짜의미로 착각해서 모든 애정을 쏟아붓는다.

이처럼 어떤 특정한 의미의 트라우마가 작용되어서 리플리증후군에 들어가는 여자들도 있다. 의미 자체가 감정이기 때문이다.

남자의 리플리증후군은 가치와 많이 연결되어 있다. 그래서 자신을 기업가, 의사, 판사라고 착각하면서 온갖 허세를 부리면서 산다.

고등학교를 중퇴한 남자는 늘 학력에 대해 열등감을 가지고 있다. 그래서 고질적인 열등감에서 벗어나고 싶어서 스스로 자신을 정치학박사라 생각하고 살아간다. 시간이 날 때마다 TV나 유튜브에서 정치평론가들의 논평과 시사프로를 열심히 본다. 나름대로 정치 감각이 생긴 남자는 어느 순간부터 자신이 정치학박사라고 생각한다. 그래서 시국모임이나 정치세미나가 있으면 적극적으로 참여해서 정치학박사다운 면모를 뽐낸다.

학력콤플렉스에 사로잡혀 있던 사람이 자신이 만든 가상의 세계에서 정치학박사로 군림하면 고질적인 열등감에서 해방되면서 자신감이 생긴다. 가짜를 진짜로 믿는 이런 심리상태가 바로 리플리증후군이다.

리플리증후군에 있는 사람들은 가짜를 진짜처럼 포장하기 위해서 그 분야에 대해 열심히 공부하고, 연구를 하기 때문에 특정한 대상에 대한 역할을 자연스럽게 소화시킨다. 그래서 남자가 가짜박사 행세를 해도 그 역할이 너무나 리얼해서 아무도 의심하지 않는다.

리플리증후군에 있는 사람들의 공통점은 거짓말이 기본이다. 그래서 이런 증상을 가지고 있는 사람들의 말과 행동에는 진실이 없다. 그러나 당사자는 자신의 말과 행동이 거짓이 아닌 진심이라고 믿기 때문에 심리에 장애가 있다고 봐야 한다.

남자들은 미래행복을 위해서 가치추구를 한다. 그러나 가치추구가 멈추거나 무너지면 남자들은 무조건 인생이 끝났다고 생각한다. 그래서 더 이상 존재할 이유가 없어서 극단적인 선택을 하게 된다.

리플리증후군을 갖고 있는 사람들은 끝이 좋지가 않다. 가짜인생을 진짜인생이라고 생각하고 살아가기 때문에 타인에 의해서 신분이 탄로나지 않는 이상 평생을 진짜처럼 살아가기도 한다. 그러나 인간은 사회적 동물이기 때문에 좋든 싫든 수많은 사람들과 인간관계를 맺을 수밖에 없다. 나만의 세계에서 내가 아무리 박사, 변호사로 활약해도 인간관계가 연줄로 이어지다 보면 언젠가는 남자의 정체가 탄로 나게 되어 있다. 그러나 자신의 신분이 탄로가 나도 남자는 자신이 추구하던 가치가 무너졌다고 생각할 뿐 가짜인생을 살아왔다고 생각하지는 않는다.

리플리증후군을 가진 사람이 타인에 의해서 자신의 문제를 인식하게 되면 더 이상 희망이 없다고 생각해 극단적인 선택을 하게 된다. 극단적인 선택이 여의치 않으면 모든 것을 다 버리고 낯선 곳으로 잠적해 버린다. 거기에서 다시 자신의 욕망을 충족시키기 위해서 여전히 자신이 변호사, 정치학박사라고 믿으면서 가치추구를 한다.

리플리증후군이 있는 사람들은 자신이 열망하던 지위를 가졌기 때문에 타인에 의해서 신분이 들통 나지 않는 이상 충분히 행복한 인생을 살아갈 수가 있다. 이런 사람들은 소중한 사람들과 함께하는 행복보다는 자신만의 행복을 위해서 살아가기 때문이다.

리플리증후군은 심리습관에 문제가 생긴 심리장애자이다. 이런 사람들은 자신의 재미와 즐거움을 위해서라면 상대가 파괴되거나 파멸되어도 전혀 개의치 않는다. 오로지 나만 행복하면 그만이기 때문이다.

인간관계는 서로 마음을 나누는 관계이다. 자신만의 기준이 없는 여자들은 리플리증후군의 남자를 만나면 상대의 잘 포장된 표면만 보고 그대로 현혹되는 경우가 많다. 포장이 화려하면 할수록 눈이 멀기 때문에 포장지에 감춰진 이면을 보려고 하지 않는다.

우리 주변에서 흔히 일어나는 사기사건의 가해자가 대부분 리플리증후군을 가지고 있는 사람들이다.

리플리증후군의 피해자는 평소 가해자를 그 누구보다도 신뢰했기 때문에 그가 무슨 말을 해도, 무슨 행동을 해도 액면 그대로 다 믿는다. 뒤늦게 그의 사기행각이 만천하에 드러나도 쉽게 믿으려고 하지 않는다. 자신보다 우월적 지위에 있는 사람이 자신에게 사기를 쳤다는 사실 자체가 거짓으로 생각하기 때문이다.

여자가 오랫동안 리플리증후군의 남자와 교제를 할 수 있었던 것은 가짜신분의 역할이 너무나 완벽했기 때문이다.

지금은 너 나 할 것 없이 미국으로 여행을 가고, 유학을 떠나고, 거기서 살다가 들어오는 사람들도 많다. 그러나 해외여행이 제한되었던 시절만 해도 한국여자와 결혼하기 위해서 직접 한국으로 들어오는 재미교포 남자들이 많았다. 그러나 대부분의 재미교포들은 리플리증후군이 있는 남자들이었다.

　필자가 아는 여자 중에 돌을 갓 넘긴 아이가 있는 미망인이 있었다. 건축업을 하던 남편이 갑자기 심장마비로 죽었다. 여자의 상처가 채 아물기도 전에 재혼자리가 끊임없이 들어왔다. 그러나 여자는 모두 거절했다.

　어느 날 아는 선배가 여자에게 재미교포를 소개했다. 미국에 이민 온 부모님이 한국 며느리를 보고 싶어 해서 신붓감을 구하러 한국에 들어온 사람이라고 했다. 미국 시민권자인 남자는 초혼이지만 사고방식이 개방적이어서 여자만 마음에 들면 초혼이든, 재혼이든 개의치 않는다고 했다. 특히 아이가 딸려도 상관없다고 했다. 여자는 귀가 솔깃했다. 안 그래도 남편이 죽고 나서 주변사람들이 '팔자가 세서 남편이 죽었다, 남편 잡아먹을 상이다'라는 식의 별의별 소리를 다 하는 바람에 한국을 뜨고 싶다는 생각을 하고 있던 참이었다.

　여자와 동갑인 재미교포는 직업이 회계사인 데다가 인물도 좋았다. 학구열이 높았던 부모님이 자녀교육을 위해서 그가 초등학교 3학년 때 이민을 갔다고 했다. 부모님의 높은 교육열 덕분에 세 명의 자녀들 모두 미국 명문대를 나와서 전문직으로 활동하고 있다고 했다.

　남자는 자신의 집에서 찍은 가족사진은 물론이고 대학졸업증명서, 회계사 자격증까지 보여줬다. 남자는 여자에게 백마를 탄 왕자나 다름없었다.

여자는 남자의 말만 믿고 모든 재산을 정리해서 남자의 계좌에 송금했다. 그리고 남자가 보내준 항공권으로 아이와 함께 미국에 들어갔다. 그러나 남자는 공항에 나타나지도 않았고, 전화도 받지 않았다. 교포사회를 통해 남자를 수소문한 결과 남자는 전형적인 리플리증후군의 남자였다.

리플리증후군을 갖고 있는 남자들은 아무런 노력 없이 자신이 원하는 것만 얻으려는 욕구가 강하다. 그래서 자신이 내세울 능력은 하나도 없으면서 마치 출세한 것처럼 허세를 부리고 자기과시를 한다.

남의 잘잘못을 가려주는 판사가 되고 싶다면 불철주야로 공부해서 자아실현을 하면 된다. 그러나 리플리증후군을 가지고 있는 남자들은 땅을 일구고, 씨를 뿌려서 수확을 얻는 자아실현의 과정에는 관심이 없고 그저 달콤한 열매만 따 먹으려고 한다.

자아실현을 위한 노력은 하지 않고 편하게 자신의 욕망을 채우려고 하면 심리습관에 문제가 생긴다. 심리습관에 문제가 생기면 생각이 왜곡되어서 가진 것이 없어도 많은 것을 가진 것처럼 착각을 한다.

자아실현을 위해서 노력하지 않는 사람들은 가치추구의 능력이 만들어지지 않는다. 능력이 없으면 제대로 된 직장도, 제대로 된 배우자도 만나지 못해서 자기 자신이 무가치하게 여겨진다. 이런 상황이 지속될수록 마음이 힘들고 답답해져서 자신도 모르게 현실세계가 아닌 가상세계로 들어가게 된다. 일단 가상세계로 들어가면 내가 가지고 싶었던 것, 하고 싶었던 것을 마음껏 할 수가 있어서 마음이 편안해진다. 이런 생각이 반복이 되면 자신도 모르게 리플리증후군에 들어가게 된다.

인간의 마음은 소중한 사람들과 함께 미래행복을 지향하기 때문에 현실이 힘들고 어려워도 자신의 역할에 최선을 다한다.

내가 부자로 살고 싶다면 열심히 경제적 가치를 추구해야 한다. 내가 높은 지위에 오르고 싶으면 열심히 관계적 가치를 추구해야 한다. 그러나 노력은 하기 싫고 달콤한 열매만 따 먹으려고 하면 심리습관에 문제가 생겨서 리플리증후군으로 들어간다.

남들은 노력해서 맛있는 열매를 수확하는데 자신은 노력을 하지 않았기 때문에 언제나 빈손이다. 이런 사람들은 자신의 잘못을 성찰할 생각은 하지 않고 열매를 가질 수 없는 상황에만 집착한다. 그러다가 스스로 열매를 가질 수 있는 상황을 만드는 것이 자신만의 가상세계이다.

가치추구를 해나가는 과정에서 일이 자신의 뜻대로 풀리지 않거나, 성과가 나지 않으면 스트레스와 상처를 받게 된다. 이때 문제의 원인이 무엇인지를 알고 잘 해결해 나가면 긍정에너지인 열정이 만들어진다. 그러나 문제를 해결할 생각은 않고 무조건 탓과 원망만 하게 되면 갈수록 불만이 쌓여서 자신도 모르게 반사회적인격장애자가 된다.

반사회적인격장애자들은 성공한 사람, 행복한 사람들을 보면 열등감이 느껴져서 마음이 불편하고 고통스럽다. 이런 상황에서 벗어나기 위해서 자신이 만든 가상의 세계 속으로 들어가는 것이 바로 리플리증후군이다.

가상의 세계에서 자신의 욕망을 마음껏 채우다 보면 자신의 엄청난 가치가 현실세계로 이어져서 우월의식을 가지게 된다. 이런 심리가 바로 리플리증후군이다.

리플리증후군은 가짜를 진짜로 인식하는 심리장애이다. 심리장애자들은 생각이 왜곡되어서 생성되는 감정과 처리하는 감정이 다르게 나타난다. 정상적인 것을 비정상적으로, 옳은 것을 그릇된 것으로 착각해서 인간관계에 문제가 생긴다.

인간의 자아실현은 행복하기 위해서이다. 성공하고 나서도 가치추구를 멈추지 않는 것은 소중한 사람들과 함께 행복해지기 위해서이다. 은퇴를 하고 나서도 자아실현을 하는 것은 죽을 때까지 행복한 인생, 보람된 인생을 살기 위해서이다.

반면 남들의 성공에 열등감을 느끼는 사람들은 자신의 문제가 무엇인지조차도 모르는 사람이다. 이런 사람들은 무조건 탓과 원망만 한다. 이런 심리가 반복되면 심리습관에 문제가 생겨서 자신밖에 모르는 반사회적인격장애가 나타난다.

가치추구를 하는 사람들은 아침에 눈 뜨기 무섭게 자신의 할 일을 찾아서 최선을 다한다. 그러나 추구할 가치가 없는 사람들은 자신이 무가치하게 여겨져서 인식되는 모든 것이 스트레스와 상처로 작용한다. 이런 부정인식이 습관화되면 자연히 사회에 대한 불만이 고조되어서 반사회적인격장애자가 된다.

이런 사람들은 모든 것이 자신의 뜻대로 되지 않으면 무차별적으로 사회를 비판하고 공격한다. 그러나 대상에 대한 공격이 여의치 않으면 바로 리플리증후군으로 들어간다. 자신만의 세계에 들어가면 자신이 원하는 모든 것을 할 수 있기 때문에 탓과 원망을 하지 않아도 되고, 열등감에 스스로 자신을 비하할 일도 없다.

나라는 인간은 어차피 현실사회에서는 존재가치가 없기 때문에 가상의 세계로 들어가서 스스로 자신에게 가치를 입히는 것이다. 그러나 이

가치는 가짜다. 그럼에도 리플리증후군에 들어간 사람들은 가짜가치를 진짜가치라고 착각해서 스스로 우월감을 느끼며 살아간다.

누군가에게 사기를 당하면 '인간쓰레기'라면서 무조건 사기꾼을 비난하고 혐오한다. 그러나 사기꾼에게 사기를 당한 사람에게는 죄가 없을까?

사기를 당한 사람은 분명한 피해자지만 어떤 의미에서는 사기꾼과 공범이라고 할 수 있다. 자신의 목적을 이루려는 사기꾼의 열망과 사기꾼을 통해서 한몫 챙기려는 한탕주의가 교묘하게 조화를 이루었기 때문에 쉽게 돈을 투자한 것이다.

사람은 평범한 회사원이라 하더라도 권력과 재력을 쥐게 되면 저절로 몸에 힘이 들어가게 되어있다. 그래서 전에 없던 자신감으로 자신보다 못한 사람들을 보면 무시하거나 허세를 부리게 된다.

그동안 추구할 가치가 없어서 삶 자체가 고통스러웠던 사람이 가상의 세계로 들어가면 살맛을 느낀다. 이런 살맛으로 인해 자신이 대단한 가치를 추구하고 있는 것처럼 착각을 일으킨다. 그래서 현실세계에서 오랫동안 백수로 떠돌던 남자가 가상세계에서는 제왕적으로 군림하면서 자신의 인생을 즐긴다. 그러다가 현실과 가상의 경계가 허물어지면 리플리증후군이 나타난다. 리플리증후군은 생각이 왜곡된 심리장애자이기 때문에 이런 사람을 만나면 무조건 피하는 것이 상책이다.

자신의 욕망을 채우려면 남들보다 더 열심히 노력해야 한다. 그러나 노력도 하지 않고 감나무 아래 누워서 감이 입속으로 떨어지기만을 기다린다면 제대로 된 인생을 살아갈 수가 없다.

리플리증후군은 노력해서 얻을 수 있는 진짜의 삶을 공짜로 누리고 싶어서 스스로 가짜 삶을 만들어낸다. 이런 사람들은 사회에 전혀 도움이 되지 않기 때문에 반사회적 인간이라고 할 수 있다.

반사회적 인간에는 두 가지 유형이 있다. 첫째 유형은 인간관계에서 발생하는 스트레스와 상처가 싫어서 스스로 대인관계를 회피하거나 단절하고 사는 사람이다. 은둔형 인간이 여기에 속한다.

두 번째 유형은 자신의 재미와 즐거움을 위해 타인에게 피해를 입히는 사람이다. 모든 것을 자기 뜻대로, 자기중심적으로 해야만 이 직성이 풀리기 때문에 상대에게 피해를 입히거나 파괴를 일삼는다. 이런 사람은 치료를 하지 않는 이상 인간적인 삶을 살아갈 수가 없다.

반사회적인격장애인 리플리증후군이 있는 사람과 인간관계를 맺으면 나를 중심으로 한 친구나 지인, 친인척들까지도 피해를 입게 된다.

남자에게 리플리증후군이 있다는 것도 모르고 친지들에게 엄청난 가치를 소유한 그를 소개한다. 이런 심리는 일종의 허세로 '나는 이런 거물급 사람과도 막역한 사이야!'라는 것을 은근히 알리고 싶어서이다. 그러나 상대가 아무리 능력 있고, 유명한 사람이라 하더라도 나와 오래 알고 지낸 사람이 아니라면 주변사람들에게 함부로 상대를 소개해서는 안 된다. 목적이 있는 사람들은 나를 패싱하고 내 주변의 사람들에게 은밀히 접근할 수도 있기 때문이다.

남자가 리플리증후군이라는 것도 모른 채 좋은 학벌, 좋은 직장에만 매몰되어서 결혼하는 여자들도 있다. 남자가 매달 충분한 생활비를 가져다주기 때문에 남편의 신분에 대해서 의심할 이유가 없다.

휴대폰이 없던 시절에는 남편과 통화할 일이 있으면 회사로 직접 전화를 했기 때문에 남편의 직업을 의심할 여지가 없었다. 그러나 지금은 특별한 일이 아니면 거의 다 휴대전화로 통화를 하기 때문에 회사로 전화를 걸 일이 없다. 특히 리플리증후군이 있는 남자들은 자신의 신분이 드러나지 않도록 매사에 신경을 쓰기 때문에 자신이 죽을 때까지 정체를 모르는 경우도 있다.

남녀가 교제를 할 때 대부분 친한 친구에게 연인을 소개한다. 그러나 한 번도 자신의 친구를 소개시켜 주지 않는 남자라면 리플리증후군을 의심해 봐야 한다.

"자기는 잘나가는 친구들이 많다고 하면서 왜 한 번도 나에게 소개시켜 주지 않는 거야? 나는 내 친구들은 거의 다 보여줬는데."

"다들 해외출장, 해외연수를 떠나서 그래. 올 연말에 가장 친한 친구 두 명이 유럽과 미국에서 들어오니깐 그때 소개시켜 줄게."

리플리증후군에 있는 사람들은 돌발 상황이 생겨도 능수능란하게 위기를 넘긴다. 오랫동안 가짜인생만 살아왔기 때문에 위기대처능력이 대단하다. 그래서 부부로 살면서 평생을 속고 사는 경우도 많다.

상대가 리플리증후군이 있는지, 없는지를 알아보려면 어떻게 해야 할까?

상대의 말만 믿지 말고 그의 주변을 둘러봐야 한다. 상대가 경제적 가치를 추구한다면 추구하는 것이 구체적으로 무엇인지를 물어보고 실체를 확인해야 한다.

상대가 자신의 학벌이나 지위를 내세운다면 그의 말에 현혹될 것이 아니라 졸업한 대학이나 근무지에 전화를 걸어서 존재를 확인해야 진짜인지, 가짜인지를 알 수가 있다.

"내가 강동원이랑 같은 과 동기잖아. 그 친구 학교 다닐 때 공부도 제법 잘해서 같이 유학을 가자고 했더니 무슨 바람이 들었는지 연예계로 빠지더라고."

리플리증후군에 있는 사람들의 특징은 자신을 내세울 때 유명 연예인이나 유명 기업인들과 연결 짓는 특징이 있다. 그 이유는 셀럽들의 어린 시절부터 지금까지의 이력을 인터넷으로 소상히 알 수 있어서 얼마든지 가짜추억을 만들어낼 수가 있어서이다. 연예인들과의 가짜추억을 진짜보다 더 리얼하게 만들어내면 많은 여자들은 의심을 하기보다 무조건 열광한다. 이것이 리플리증후군의 특징이다.

주변을 둘러보면 가짜 인생을 살아가는 사람들이 생각보다 많다. 자아실현을 위해서 노력할 생각은 하지 않고 자신이 만든 가짜 인생을 살아가기 위해서 갖은 수단과 방법에만 집착한다. 오랫동안 자신이 만든 허상에만 매달려 왔기 때문에 거짓을 실행에 옮겨도 사실처럼 완벽해서 의심하는 사람이 없다.

리플리증후군에 있는 사람들과 인간관계를 맺으면 무조건 피해를 입을 수밖에 없다. 남을 속이기 위해서 철저히 준비한 사람을 무방비상태에서 이길 수가 없기 때문이다. 이것이 리플리증후군의 위험성이다.

리플리증후군에 빠진 사람들은 무엇 때문에 이런 길로 가게 됐을까?

그들이 처음부터 허상의 세계에 빠진 것은 아니다. 문제가 생겼을 때 문제해결을 위해서 노력하기보다는 그때그때 편하고 쉬운 것만 찾다 보니 자신도 모르게 맹목적인 삶을 살게 된 것이다.

인생의 목표도 없이 현실에 안주하며 살면 발전이 없다. 그래서 나날이 나이는 들어가는데 변변한 직업도, 돈도, 내세울 만한 기술이나 능력도 없다 보니 자기 자신이 무가치하게 느껴지는 것이다.

자신을 신뢰하지 못하는 사람들은 자존감이 낮을 수밖에 없다. 이런 사람들은 인간관계를 맺어도 열등감에서 벗어나지 못하기 때문에 스트레스와 상처만 받는다. 그래서 스스로 인간관계를 단절하고 자신만의 세계에 빠져들게 된다.

  리플리증후군을 가진 인간이 가장 많은 곳이 바로 사이버세상이다. 내가 아무리 거짓말을 해도 나라는 존재를 사이버에서 확인할 수가 없기 때문이다. 그러나 아이러니한 것은 상대에 대한 정보를 확인할 수 없음에도 수많은 사람들은 상대가 하는 거짓말을 액면 그대로 믿는다는 사실이다. 상대가 자신의 직업이 의사라고 해도 믿고, 변호사라고 해도 그냥 믿는다. 이런 현상은 나도 상대처럼 가짜신분에 대한 열망을 갖고 있기 때문에 가짜가 진짜처럼 보이는 것이다.

  학생 때 노는 데 정신이 팔려서 여자는 전문대에 들어갔다. 졸업을 했지만 명문대 출신도 취업을 못하는 판국에 여자는 일찌감치 취업을 포기했다. 미래에 대한 뚜렷한 목표도 없어서 하루하루를 맹목적으로 살아가고 있다. 그러나 여자의 마음속에는 자신만의 목표가 있다. 우연히 의사나 검사, 변호사를 만나서 결혼을 하는 것이다. 자신이 우월한 지위에 있는 남자와 결혼을 하면 그동안 자신 앞에서 잘난 척하던 친구들의 코를 납작하게 해줄 수 있다. 이런 여자의 욕구를 가장 잘 아는 사람이 바로 리플리증후군의 남자이다.

  여자는 어떤 모임에서 자신이 수원지청에 근무하는 검사라고 하는 남자를 만났다. 순간 여자는 기적을 만난 듯 마음이 화사해졌다. 두 사람은 급속도로 가까워졌다. 여자는 여자대로 자신의 열망을 채워주는 남자를 만났고, 남자는 아무 의심 없이 자신의 신분을 그대로 믿어주는 여자를 만났기 때문이다.

리플리증후군에 있는 사람들은 사기꾼과는 달리 상대에게 먼저 도움을 요청하지 않는다. 대신 상대가 알아서 도울 수 있게 상황을 연출한다.

남자가 어제와는 달리 말도 잘하지 않고 표정도 어둡다. 여자가 무슨 일이 있냐고 물어도 그저 고개만 저을 뿐 침묵만 한다. 여자는 남자의 이런 모습이 불안해서 걱정거리가 있으면 자신에게 말해보라고 채근한다. 남자는 "자기에게 부담 주고 싶지 않아." 하면서 다시 침묵모드로 들어간다. 여자는 무엇이든 자신이 도울 수 있으면 힘껏 돕겠다고 남자를 설득한다. 그제야 남자는 힘들게 말문을 연다.

"내가 선망하던 로펌에 변호사자리가 하나 났는데 법무법인지분을 일정부분 취득해야 돼. 법무법인 쪽에서는 2, 3일 안에 지분을 인수하지 않으면 다른 사람에게 양도하겠다고 해서. 부모님이 땅을 급매로 내놓긴 했는데 날짜가 맞지 않아서 고민이 좀 많아."

이런 고민이 있음에도 지금까지 침묵한 남자가 여자는 믿음직스러웠다. 게다가 박봉의 검사로 재직하기보다는 수억대의 연봉을 받는 로펌 변호사가 백배 낫지 않은가.

지분을 사들이는 금액이 크기는 하지만 부모님 땅만 팔리면 다 해결될 문제다. 그래서 여자는 친인척은 물론이고 친구, 지인들까지 동원해서 돈을 마련해 줬다.

"내가 로펌에서 자리 잡는 대로 곧바로 결혼식을 올리자."

여자는 남자에게 거액의 돈을 넘겨주면서도 행복했다. 그러나 행복은 잠시, 그 이후부터 남자와 연락이 되지 않았다. 여자는 뒤늦게 남자가 근무했던 수원지청을 찾아가고, 이직할 로펌에 찾아갔지만 애초부터 남자의 존재는 어디에도 없었다.

리플리증후군에 있는 사람들은 상대에게 직접적으로 돈을 요구하지 않는다. 상대가 알아서 돈을 빌려주거나, 투자를 할 수 있도록 교묘하게 유도하는 것이 리플리증후군에 들어간 사람들의 수법이다.

여자를 쉽게 낚을 수 있는 환경을 찾아내서 미리 거미줄을 쳐놓고 기다리는 족속들이 리플리증후군의 인간들이다. 이런 점에서 리플리증후군은 범죄에 가깝다.

리플리증후군에 들어간 사람이 자신의 잘못을 깨닫고 거기서 벗어나려고 하지만 이미 거짓말에 중독되어서 벗어날 수가 없다. 리플리증후군에서 벗어나려면 자신의 인생이 거짓이라는 것을 인정해야 하기 때문이다.

자신이 추구하는 가치가 타인의 의해서 가짜라는 것이 들통 나도 그것을 인정하지 못하는 것은 인정하는 순간 자신의 인생이 다 무너진다는 것을 알기 때문이다. 그래서 자신의 인생이 가짜라는 것이 밝혀져도 죽기 살기로 자신을 옹립한다.

리플리증후군은 자신의 정체가 탄로 나면 자신을 알아보지 못하는 낯선 곳으로 종적을 감춘다. 종적을 감출 상황이 되지 않으면 극단적인 선택으로 생을 마감한다. 모든 것이 적나라하게 드러난 이상 가짜가치를 만들어낼 수 없기 때문이다.

자신이 만든 세계에서 진짜인생을 살아간다고 믿는 리플리증후군은 치료가 굉장히 어렵다. 현실자체를 부정해야 치료가 되기 때문이다. 그래서 리플리증후군은 치료보다 예방이 우선되어야 한다.

사기를 당하는 사람은 순수한 피해자가 아니다. 피해자의 마음속에는 자신의 능력으로는 절대 이룰 수 없는 과도한 욕망을 품고 있어서 사기꾼과 결합이 된 것이다.

리플리증후군에 빠진 남자에게 당하는 여자는 자신에게 찾아온 기적을 깨트리고 싶지 않아서 무조건 남자를 신뢰한다. 이런 여자의 심리를 잘 아는 남자는 여자에게 부당한 것, 무리한 것도 망설이지 않고 요구한다.

세상에는 공짜가 없다. 가짜인생을 살아가는 남자로 인해 기적이 일어났다면 내가 행복해진 것만큼 응분의 대가를 치러야 한다. 자신의 욕망을 채우기 위해서 소유한 가치가 많은 남자, 높은 학벌과 지위를 가진 남자만 찾다 보니 리플리증후군의 남자에게 쉽게 속아 넘어가는 것이다.

리플리증후군은 단순히 감언이설로 사람을 속이는 허언증에 있는 사람이라고 쉽게 생각한다. 그러나 일반적인 허언증 증상하고는 많이 다르다.

허언은 실속이 없는 빈말을 뜻한다. 즉 실제로는 없는데 있는 것처럼 말하는 것이 허언이다.

그때그때 필요에 의해서 하는 빈말은 본인도 허언이라는 것을 안다. 그러나 리플리증후군은 본인이 거짓말을 하고 있지만 거짓말이 진실이라고 생각한다. 이것이 허언증과 리플리증후군의 차이점이다.

심리병증으로 보면 리플리증후군이 허언증보다 훨씬 위험하다. 일반적으로 허언증은 단기로 가고, 리플리증후군은 장기로 간다. 그래서 허언증을 가진 사람은 그때그때 필요한 것만 상대에게서 빼먹고 잠적해 버린다. 그러나 리플리증후군은 자신의 거짓말을 진짜로 믿기 때문에 정체가 탄로 나지 않는 이상 10년도 가고, 20년도 간다.

리플리증후군은 대체적으로 허언증에서 시작한다고 봐야 한다. 빈말을 반복적으로 하다 보면 진짜로 믿게 된다.

리플리증후군에 있는 사람은 누군가가 작정을 하고 실체를 파악하지 않는 이상 그의 신분을 의심하지 않는다. 그가 하는 말과 행동이 그의 신분과 완벽하게 맞아 떨어지기 때문이다.

여자들 중에서도 리플리증후군에 빠진 사람들이 있다. 자신의 사리사욕을 위해서 자신의 의미를 가치에 이용하는 것이다. 특히 여자들은 자신의 아이를 가치의 도구로 많이 이용한다.

아이가 장애로 태어났다면 가짜스토리를 입혀서 유튜브나 블로그에 올려서 구독자수를 늘린다. 이런 행동도 리플리증후군에 속한다. 구독자 수가 늘면 여자는 의미를 버리고 가치에 중점을 두기 때문에 아이에게 문제가 생길 수밖에 없다. 이런 엄마 밑에서 자란 아이들은 관계적응기, 자아형성기를 건너뛰기 때문에 정상적인 심리발달이 이루어지지 않는다. 이런 아이가 성인이 되면 인간관계를 맺는 법도 모르고, 옳고 그름에 대한 자기 기준도 없어서 자아실현을 하기 어려워진다.

남자들이 반사회적인 리플리증후군으로 갈 때는 자신이 생각한 것을 진짜라고 믿는다. 즉, 자신을 가짜가 아닌 진짜라고 세뇌를 시키는 것이다. 그래서 열망과 열정으로 자신이 상상했던 세계를 완벽하게 만들어놓는다.

반면 리플리증후군에 들어간 여자들은 자신을 가짜가 아닌 진짜라고 세뇌시키는 것이 아니라 스스로 병들게 만든다.

욕망이 많은 여자들은 왜곡된 가치라도 자신이 원하면 수단과 방법을 가리지 않는다. 여자의 수단과 방법은 거짓된 말과 행동이다. 거짓된 말과 행동에 중독되면 감정은 죽어버리고 기분만 살아 움직인다. 이런 여자는 아이가 있어도 모성애가 생기지 않는다.

리플리증후군에 들어간 여자도 처음에는 허언증으로 시작한다. 거짓말도 처음에 하기가 힘들 뿐 반복되면 아무렇지 않게 된다.

중독증에 있는 사람들은 자신의 재미와 즐거움을 위해 거짓말을 밥 먹듯이 한다. 어느 범죄 심리학자가 말했듯이 사기꾼은 숨 쉬는 소리만 빼고 모든 것이 거짓이라고 했다. 금방 탄로 날 거짓말도 태연하게 하기 때문이다. 이런 현상은 이미 거짓말에 중독되었기 때문에 자신이 거짓말을 한다는 사실조차도 인식하지 못한다.

처음에는 상처를 회피하기 위해서 거짓말을 했는데 자신의 거짓말을 감추기 위해서 또 거짓말을 하다 보니 거짓말이 일상화된 것이다. 이것이 허언증의 시초이다.

거짓말을 반복적으로 하면 주변의 모든 사실을 거짓으로 만들어버리기 때문에 사람들을 완벽하게 속일 수가 있다. 그래서 거짓말을 밥 먹듯이 하는 여자들은 지금 자신이 하는 말이 거짓이라는 것을 안다.

자신이 한 거짓말에 중독이 된 여자는 심리가 악화되면서 리플리증후군으로 들어간다. 여자가 리플리증후군을 가지고 있으면 이미 거짓말에 중독되었기 때문에 자신이 한 거짓말을 100% 믿는다. 이런 여자들은 여러 사람에 의해서 사기죄로 경찰에 끌려와도 자신은 억울한 누명을 뒤집어썼다면서 결백을 주장한다. 경찰이 물증을 내밀어도 자신은 죄가 없다고 막무가내로 나온다. 이런 현상은 심리장애로 인해서 생각이 왜곡되었기 때문이다.

리플리증후군은 일반인들과 사는 세계가 다르기 때문에 치료법이 없다. 그렇기 때문에 이런 심리장애에 들어가지 않으려면 사전에 예방법을 만들어놓아야 한다.

자신의 리플리증후군을 굳이 치료하겠다면 영화 〈올드 보이〉의 주인공처럼 밀폐된 공간에 가둬놓고 현실세계와 가상세계를 조정해 줘야 한다. 이미 가짜가 진짜로 세뇌되었기 때문에 그것을 바꾸는 일이 쉽지가 않다.

불리한 상황을 모면하기 위해 습관적으로 거짓말을 하게 되면 자신도 모르게 리플리증후군으로 간다. 거짓말도 반복이 되면 중독되기 때문에 불리한 상황이라 하더라도 있는 그대로 표현하는 것이 좋다.

거짓말이라는 재미와 즐거움에 중독된 여자들은 상처가 많은 여자들이다. 상처해리로 인해 재미와 즐거움에 빠졌기 때문에 상황이 불리하면 그때그때 거짓말을 하면서 사는 것이 인생의 가치라고 믿는다.

리플리증후군에 있는 여자들은 사람을 홀리는 수단이 아주 뛰어나다. 이런 여자들은 자신의 목적을 위해서 주로 미장원, 헬스장, 사우나 등을 돌아다니면서 그럴듯한 밑밥을 깐다. 상대와 어느 정도 유대관계가 형성되면 온갖 감언이설로 자신이 하는 사업에 투자하게 만든다.

리플리증후군이 있는 여자들은 상대를 숙주로 해서 막대한 피해를 입히지만, 허영과 허세가 있는 여자들은 타인의 관심이 필요해서 거짓말을 하게 된다.

여자가 거짓말을 해서 많은 사람들의 관심을 받으면 점점 거짓말이 늘어나면서 자신도 모르게 거짓말에 중독이 된다. 이런 상태가 지속되면 리플리증후군으로 들어간다. 리플리증후군은 범죄에 가깝기 때문에 인간적인 삶을 살기 위해서는 평소 무엇이 옳고, 그른지 자신만의 기준을 세워놓아야 행복한 인생, 성공한 인생을 살아갈 수가 있다.

〈질문과 답변〉

〈질문〉 남자가 일정한 직업이 없어 인간관계에서 열등감을 느끼면 열등감을 만회하기 위해서 리플리증후군에 들어가는가?

〈답변〉 리플리증후군은 인간관계 속에서 만들어진다. 인간관계 없이 혼자 사는 사람들은 마음을 나눌 사람들이 없기 때문에 굳이 허세를 부릴 필요가 없다.

인간관계 속에서 자아실현을 하지 못하면 당연히 열등감을 느낄 수밖에 없다. 열등감은 스트레스와 상처를 유발하기 때문에 편해지고 싶어서 스스로 인간관계를 단절하고 사람으로 사는 경우도 많다. 그러나 리플리증후군은 사람으로 살면서도 인간관계 속에 머물기를 바라기 때문에 인간의 탈을 쓰고 있다고 봐야 한다.

인간은 소중한 사람들과 함께 행복해지는 것을 지향한다. 반면 인간이 아닌 사람으로 살고자 하는 사람들은 오로지 자신만 행복하면 되기 때문에 자아실현을 하려고 하지 않는다. 이런 사람들은 인간관계 속에 들어가기 위해서 자신을 그럴듯하게 포장한다. 사람이 인간의 탈을 쓰고 인간관계를 숙주로 삼아서 기생하는 인생이 리플리증후군이다.

리플리증후군은 남에게 피해를 입히는 범죄이기 때문에 인간관계에서 발생하는 스트레스 개념을 이런 사람들에게 집어넣으면 안 된다. 스트레스는 자아실현을 할 때 발생하는 것이기 때문이다.

〈질문〉 인간의 행복은 인간관계를 맺고 함께 자아실현을 해나가는 것이라고 했다. 리플리증후군에 있는 사람은 처음부터 자아실현을 할 생각이 없나?

〈답변〉 인간은 미래행복을 위해서 자아실현을 한다. 그러나 리플리증후군이 있는 사람들은 자아실현 없이 자신의 욕망만 채우려고 하기 때문에 기생충이나 다름없다.

　인간관계에서 발생하는 스트레스와 상처가 싫어서 인간관계를 단절하는 사람들은 혼자 고립된 삶을 산다. 그러나 리플리증후군은 사람으로 살면서 인간의 탈을 쓰고 다니기 때문에 인간관계에서의 고립은 없다. 이런 사람들은 상황이 아주 나빠도 절대 고립되지 않는다. 자신이 살기 위해서 끊임없이 숙주를 찾아다니기 때문이다.

　자신에게 원하는 것이 있으면 그것을 얻기 위해서 열심히 노력해야 한다. 노력하기는 싫고 원하는 것은 가지고 싶다면 리플리증후군에 빠질 수밖에 없다.

〈질문〉 리플리증후군의 남자가 A라는 인간으로 살다가 탄로가 나면 다른 곳에 가서 B라는 인간으로 산다. 자신의 욕망을 위해서 끊임없이 변신하다가 더는 변신할 수 없는 상황이 되면 스스로 인간의 탈을 벗고 사람으로 돌아갈 수도 있나?

〈답변〉 리플리증후군의 남자가 A라는 인간으로 살 때와 B라는 인간으로 살 때가 다르다. 인간관계의 숙주가 다르면 거기 맞춰서 변신을 하기 때문이다. 서울에서 만난 여자가 건강이 좋지 않으면 의사로 행세하고, 부산에서 만난 여자가 사업을 하면 자신의 직업이 회계사가 된다.

리플리증후군에 있는 남자들은 자신이 하는 거짓말에 자신을 세뇌시킨다. 자신을 의사로 세뇌시키면 어느 순간 자신이 의사라는 착각에 빠진다.

리플리증후군은 이미 자신만의 세계를 워낙 공고히 만들어놨기 때문에 스스로 빠져나올 구멍도 없을 뿐더러 치료도 안 된다. 그 이유는 오랫동안 가짜에 세뇌되어서 진짜를 받아들이지 못하기 때문이다. 이런 사람들은 죽을 때까지 인간의 탈을 쓴 채 사기를 치면서 산다.

자신에게 당한 피해자가 워낙 많아서 자신의 신분이 모든 언론에 공개적으로 밝혀지면 스스로 극단적 선택을 한다. 수치심이나 죄의식 때문에 생을 마감한 것이 아니라 더 이상 추구할 가치가 없다는 생각 때문이다.

리플리증후군에 있는 사람은 남을 속이는 것 자체가 자신이 추구하는 가치와 의미라고 생각한다. 그래서 타인에 의해서 인간의 탈이 벗겨지면 모든 것이 끝났다고 생각해 극단적인 선택을 한다. 이런 점으로 볼 때 리플리증후군에 들어간 사람들은 파멸의 인생을 살게 된다.

〈질문〉 한 여자가 자신을 대형증권사의 애널리스트라고 속이고 엘리트 남자와 결혼했다. 결혼하자마자 고객사의 비밀정보로 큰 수익을 보게 해주겠다면서 남자의 친인척은 물론이고 주변사람들의 돈까지 투자를 받았다. 엄청난 투자금을 오랫동안 돌려막기로 속인 여자가 어느 날 잠적을 했다. 경찰이 여자를 잡고 보니 주식투자 실패와 사치로 수십억대의 돈을 다 탕진한 상태였다. 경찰에서 여자의 신원을 조회해 보니 남자가 알고 있던 나이와 학력, 집안은 물론이고 직장조차 다닌 적이 없는 여자였다. 엘리트 남자가 이런 여자에게 속았다는 것이 잘 이해가 되지 않는다.

〈답변〉 여자는 전형적인 리플리증후군으로 인간관계를 맺은 사람들을 숙주로 삼는다. 여자의 인간관계는 가치보다 의미가 먼저다. 그래서 A라는 남자가 눈에 들어왔을 때 여자는 A라는 남자의 눈높이에 맞는 여자로 재빠르게 변신한다. 그런 다음 남자를 숙주로 자신의 가치를 추구하는 것이다. 그러다가 탄로가 나면 B라는 남자를 만나 B라는 남자의 눈높이에 맞는 여자가 되어서 자신의 가치를 추구한다.

여자가 추구하는 가치는 무궁무진하지만 의미는 하나다. 그래서 남자에게 의미를 두면서 가치를 추구하는 패턴으로 간다.

리플리증후군에 있는 남자나 여자나 상대를 속이기로 마음먹으면 상대가 100% 넘어올 수 있게 전략을 치밀하게 짠다. 이런 여자들은 상대를 속이면서도 빠져나갈 구멍을 미리 만들어놓는다. 백 명의 사람이 한 명의 도둑을 못 잡는 것은 피해자는 무방비 상태이고, 가해자는 오랫동안 치밀한 전략을 세워왔기 때문이다. 아무리 수준 높은 엘리트라고 하더라도 상대가 수단과 방법을 가리지 않고 속이려고 들면 그대로 당할 수밖에 없다.

〈질문〉 리플리증후군의 여자들은 새로운 남자를 만날 때마다 신분세탁을 하나?

〈답변〉 리플리증후군에 있는 여자는 거짓말에 중독된 여자다. 중독에 있는 여자는 상처해리로 재미와 즐거움에 빠져있을 때는 자신의 상처를 기억하지 못한다.

중독에 들어간 여자가 인간의 탈을 쓰고 A라는 남자와 한동안 살다가 헤어지고 나서 B라는 남자와 살게 되면 상처해리이기 때문에 지난 일을 기억하지 못한다. 이런 여자들은 어차피 상처를 기억하지 못하기 때문에 애써 자신의 과거를 지울 필요가 없다.

리플리증후군에 들어간 여자들은 아무리 좋은 남자를 만나도 인간의 탈을 쓰고 살기 때문에 오로지 자신의 재미와 즐거움만 추구한다. 이런 여자들은 신분세탁을 하지 않아도 A를 정리하고 B에서 새롭게 시작할 수가 있다.

〈질문〉 리플리증후군에 있는 여자는 결국 상처가 많아서 인간에서 사람으로 변신된 것인가?

〈답변〉 여자에게 엄청난 실연의 상처가 있으면 사소한 스트레스에도 상처가 작용한다. 상처가 작용하면 당연히 마음이 아파서 고통스러울 수밖에 없다. 그래서 자신의 상처를 치료하고 싶어서 다른 남자의 관심과 위로를 필요로 한다. 이때 남자의 관심과 위로가 순수하면 상처가 치료된다. 그러나 남자의 관심이 순수한 사랑이 아닌, 재미와 즐거움이라면 여자의 상처는 치료되지 않는다. 남자는 자신의 목적이 달성되면 뒤도 돌아보지 않고 사라지기 때문에 오히려 상처만 더 커질 뿐이다.

상처가 작용하면 여자는 많이 힘들고 아프다. 그래서 상처가 작용할 때마다 상처를 덮으려고 재미와 즐거움을 쫓는다. 이것이 상처해리이다.

상처해리에 있는 여자는 사람으로 살지만 인간관계에 머물기를 원한다. 그래서 인간의 탈을 쓰고 인간관계를 맺는다.

상처가 많은 여자들이 리플리증후군으로 빠지는 것은 남자의 관심을 끌기 위해서이다. 남자의 관심을 받으려면 무조건 남자의 눈높이에 자신을 맞춰야 하기 때문에 거짓말을 하는 것이다. 그렇기 때문에 리플리증후군으로 빠지지 않으려면 상처치료부터 해야 스스로 행복의 감정을 만들어낼 수가 있다.

〈질문〉 리플리증후군인 상태로 결혼을 해서 5년, 10년 사는 사람도 있다고 했다. 이런 결혼생활에도 남자는 무한책임, 여자는 모성애가 만들어지나?

〈답변〉 리플리증후군을 가지고 있는 사람들은 자신의 목적을 위해서 수단과 방법을 가리지 않는다. 이런 사람들은 모든 것을 다 가짜로 만들어놨기 때문에 무한책임도, 모성애도 안 생긴다. 특히 리플리증후군을 가진 여자는 감정이 없기 때문에 사랑이라는 개념 자체가 없다. 사랑의 감정을 못 느끼면 아이를 낳아도 당연히 모성애가 생기지 않는다. 이런 여자에게 남편이나 아이는 인간관계에서 숙주일 뿐이다. 즉, 자신만의 행복을 위해서 인간의 탈을 쓴 채 반사회적인격장애로 사는 것이다.

〈질문〉 리플리증후군과 같은 성향은 유전이 되나?

〈답변〉 부모님이 리플리증후군을 갖고 있다면 5~13세까지의 관계적응기 때 좋은 인간관계를 맺기보다는 나쁜 인간관계에 적응을 하면서 살아왔다고 보면 된다. 그러나 이런 아이도 자아형성기가 되면 자신의 경험을 통해서 무엇이 옳고 그른지 자신만의 생각기준을 만들어간다.

　부모님이 리플리증후군에 있다고 해서 100% 아이가 리플리증후군에 들어간다고 단정해서는 안 된다. 부모님의 나쁜 행동을 눈으로 보고 자랐기 때문에 오히려 그런 행동이 나쁘다는 것을 정확히 인식할 수도 있다. 그래서 자신만큼은 부모처럼 안 되려고 남들보다 더 열심히 자아실현을 해나가는 경우도 많다.

심리는 언제나 대칭을 이룬다. 그래서 이것은 옳고, 저것은 그르다는 식으로 구분지어서는 안 된다. 누군가의 단점이 누군가에게는 장점이 될 수도 있기 때문이다.

〈질문〉 리플리증후군이 있는 남자들은 머리회전이 빨라야 할 것 같다. 〈캐치 미 이프 유 캔〉이라는 영화를 보면 사기꾼들을 잡기 위해 리플리증후군이 있는 주인공을 FBI에서 활용을 한다. 머리가 나쁜 사람들은 거짓말을 만들어내기가 쉽지 않을 것 같다.

〈답변〉 리플리증후군에 있는 사람의 욕망이 판사라면 자신을 그쪽으로 세뇌시킨다. 판사가 되기 위해 기본적인 법조항을 스캔하고, 사법연수원 기수도 자신의 나이에 맞게 선택하고, 자신의 기수에 맞는 유명 법조인에는 누가 있는지를 다 검색해서 머릿속에 입력해 둔다.

가짜라고 해도 사람들과 인간관계를 맺어야 하기 때문에 직업에 걸맞는 지식과 인품을 갖추어야 적당한 숙주를 찾을 수 있다. 그래서 리플리증후군의 남자들은 아는 것이 많다.

사기꾼이라고 해서 머리가 좋을 필요는 없다. 자신의 목적을 이루기 위해서 목적에 맞는 지식과 정보를 찾아서 반복적으로 자신에게 세뇌시키면 되기 때문이다.

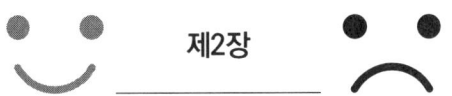

제2장

마음의 경계

1.
결정장애

뭔가 선택을 해야 하는 상황에서 쉽게 선택을 하지 못하고 장시간 망설이기만 하면 흔히들 결정장애라고 말한다. 쉽게 말해서 결정을 내려야 될 때 결정을 내리지 못하는 사람을 결정장애라고 말한다.

사람들의 성격은 천차만별이다. 무조건 지르고 나서 수습하는 사람이 있는가 하면 생각에 생각을 거듭하다가 기회를 놓치는 사람도 있다. 생각이 많은 사람들은 자신의 생각을 실천하기까지 많은 시간이 걸린다. 그래서 주변으로부터 우유부단하다는 말을 많이 듣는다. 이런 사람들은 자기만의 확신이 없기 때문에 선뜻 결정을 못 내리는 것이다.

어떤 것에 대해서 결정을 내릴 때 자신의 선택이 옳은지, 그른지에 대해서 많은 생각을 하게 된다. 그러나 생각이 필요 이상 길어지면 결정장애라고 말할 수 있다.

어떤 남자가 차 바꿀 때가 되어서 전기차를 알아보고 있다. 전기차에 대한 각종 정보를 수집하고 어느 차종에 어떤 배터리가 들어갔는지, 배터리의 주행거리는 얼마나 되는지, 충전하는 데 시간은 얼마나 걸리는지, 주행 시 화재위험은 없는지 서너 달이 넘게 비교하고 분석을 한다. 그의 아내는 남편의 비교분석이 끝나서 오늘이나 내일쯤 차를 계약할 거라고 생각했다. 그러나 분석이 끝난 남편은 각 차종에 대한 정부보조금을 비교하기 시작했다.

"마음에 드는 차가 있으면 그냥 사! 맨날 비교하고 고민만 하다가 세월 다 보내게 생겼어."

안 그래도 차를 고른다고 스트레스가 극에 달해있는데 아내까지 바가지를 긁으니 남자는 스트레스를 견딜 수가 없어서 버럭 소리를 지른다.

"자동차가 아이들 장난감인 줄 알아? 당신처럼 함부로 선택했다가 두고두고 후회하기 싫어서 그래!"

마음에 든다고 해서 앞뒤 따지지 않고 무조건 결정을 하는 사람도 문제가 있지만 내가 선택한 것에 대한 후회를 하지 않으려고 지나치게 앞뒤를 재는 사람도 문제가 있다.

선택을 하기까지 오랫동안 생각을 하는 사람들은 실천력이 없다. 충분히 생각했으면 결과에 상관없이 결정을 내려야 한다. 설령 결정이 잘못되었다고 해도 시행착오를 통해서 문제해결능력이 향상되기 때문에 실패를 두려워할 필요가 없다.

여자가 소개팅에 입고 나갈 옷을 사러 백화점에 갔다. 소개팅에 입고 나갈 마땅한 옷이 없었기 때문에 옷을 사야 된다는 결정은 쉽게 했다. 그러나 다양한 종류의 옷 중에서 마음에 드는 옷을 고른다는 것이 여자에게는 쉽지가 않다.

심플한 디자인의 A를 사는 것이 좋은지, 상큼하고 발랄해 보이는 B를 사는 것이 좋은지, 요즘 유행하는 C를 사는 것이 좋은지 선뜻 결정을 내리기가 힘들어서 여자는 생각이 많아졌다. 여자가 쉽게 결정을 못 내리는 것은 A를 입었을 때의 결과와 B를 입었을 때, C를 입었을 때의 결과가 다르기 때문이다. 그렇다고 해서 옷을 다 살 수 있는 형편은 아니다. 그래서 더욱 결정하기가 힘들어진다.

무엇이든 비교할 때 확연하게 차이가 나면 호불호가 명확해지기 때문에 선택하기가 쉽다. 그러나 차이가 미묘하면 미묘한 부분을 찾아서 비교를 해야 하기 때문에 선택이 어렵다.

어느 것 하나 선뜻 선택을 못하고 오래 망설이는 결정장애를 햄릿증후군이라고 한다.

햄릿은 안 좋은 상황에 처했을 때 과감하게 결단을 내리지 못하고 '죽느냐, 사느냐 그것이 문제로다'를 읊으면서 끊임없이 고뇌만 한다. 이처럼 상황판단을 빨리 하지 못하는 결정장애를 빗대서 만든 말이 바로 햄릿증후군이다.

인간의 심리는 언제나 대칭을 이루기 때문에 마음에 드는 것 같기도 하고, 마음에 안 드는 것 같기도 해서 쉽게 결정을 못 내린다. 인생이 힘든 것은 언제나 선택의 연속이기 때문이다.

지나치게 생각이 많은 사람들은 기회가 왔음에도 과감히 기회에 올라타지 못해서 큰 손실을 보는 경우가 많다.

"그때 매도자가 복비 정도는 깎아줄 수 있다고 할 때 그냥 계약을 했어야 했는데. 조금 더 싸게 사겠다고 저울질을 하는 사이에 집값이 이렇게 폭등할 줄 누가 알았겠어?"

뭔가를 선택할 때 결과에 대한 의심 때문에 요리 뜯어보고, 저리 뜯어보고 하다가 소중한 기회를 놓치는 경우가 많다. 일단 기회를 놓치면 지금보다 놓친 고기가 더 커보여서 늘 아쉬워한다.

결정의 주체는 온전히 나다. 그렇기 때문에 결정에 대한 책임 또한 내가 감당해야 한다. 오랫동안 생각에 생각을 거듭했다고 해서 그 결정이 다 옳은 것은 아니다. 그렇기 때문에 결정을 하는 데 있어서 모험과 용기도 필요하다.

손해 보기가 싫어서 안전한 것만 선택하다 보면 좋은 기회를 놓치는 경우가 많다. 특히 사업하는 사람들은 기회가 왔을 때 상황을 빨리 판단해서 신속하게 결정을 내려야 한다. 대신 자신의 판단에 자신이 서지 않으면 재빨리 단념할 줄도 알아야 한다.

큰 성공을 이룬 재벌들을 보면 기회가 왔을 때 망설임 없이 과감하게 투자한다. 자신이 선택한 길이 불확실한 모험이라 하더라도 자신의 판단을 믿고 도전하는 것이다.

기회를 잡았음에도 이 도전이 성공할지, 실패할지를 몰라서 오랜 시간 고민하고, 최신 정보를 뒤지고, 전문가들의 의견을 듣다 보면 기회는 이미 사라지고 없다.

찾아온 기회는 자신이 결정을 내릴 때까지 기다려주지 않는다. 절호의 기회라는 확신이 들었음에도 실패하면 어쩌나하는 생각에서 선뜻 결정을 내리지 못하고 망설이면 두 번 다시 기회는 오지 않는다.

인생을 살아가다 보면 언제나 크고 작은 문제에 부딪힌다. 이때 문제해결을 위해서 노력하는 사람은 시행착오를 통해서 옳고 그름을 판단할 수 있는 문제해결능력이 생긴다. 문제해결능력은 바로 자신만의 기준을 만들어가는 것이다.

자신만의 기준이 많이 만들어진 사람은 무엇이 옳고 그른지를 즉각 판단할 수 있기 때문에 결정을 하는 데 있어서 정확하고 신속하다. 반면 대상이나 사물에 대한 정확한 판단이 서지 않으면 빨리 단념하고 또 다른 기회를 찾으면 된다.

예를 들어 비슷한 유형1과 유형2가 있다. 남자는 망설임 없이 유형1을 선택했다. 어차피 비슷하기 때문에 유형2를 선택해도 상관없다. 그렇기 때문에 결정하는 데 있어서 시간을 낭비할 필요가 없다. 무엇을 고르든 결과는 비슷하게 나오기 때문이다.

앞서도 말했지만 선택에 대한 결과가 확연히 다르게 나오면 선택하기가 쉽다. 그러나 결과가 비슷하게 나온다면 비슷한 것 중에서 더 나은 것을 골라야 하기 때문에 선택에 시간이 더 걸린다. 그래서 사람들은 비슷비슷한 물건 중에서 하나를 고르라고 하면 결정을 하는 데 많은 시간이 걸린다.

"내가 볼 때 이 개구리 인형이나 저 개구리 인형이나 다 똑같아 보이는데 둘 중에 아무거나 사면되지 왜 그렇게 망설여?"

딸아이가 개구리 인형을 선뜻 선택하지 못한 채 이것도 들어보고, 저것도 들어보며 시간을 끄는 것이 못마땅해서 엄마가 잔소리를 한다. 그러나 아이는 두 개의 유형을 비교했을 때 차이점이 거의 없어서 조금 더 나은 것을 찾으려고 하다 보니 쉽게 선택을 못하는 것이다.

앞으로도 가지 못하고, 뒤로도 가지 못해서 옴짝달싹 못하는 상황을 딜레마라고 한다. 선택을 할 때 무엇을 골라야 할지 몰라서 딜레마에 빠지는 경우도 많다.

딜레마에 빠지면 비슷한 A유형, B유형, C유형 중 무엇을 선택해도 문제가 생긴다. 선택 자체에 경중이 없기 때문이다. 그래서 무엇을 선택해도 결과는 같기 때문에 더더욱 결정을 내리지 못한다. 이런 상황을 두고 딜레마에 빠졌다고 말을 한다.

선택을 할 때 무엇보다 결과를 예측해서 결정을 내려야 한다. 그러나 결과를 예단한다는 것은 쉽지가 않다. 이런 점에서 많은 사람들이 자신의 생각을 과감히 실천하지 못하는 것이다.

바둑기사들이 대국을 치를 때 바둑돌을 손가락에 끼우고 바둑돌을 어디에 놓는 것이 가장 유리한지를 치밀하게 계산한다. 이때 자신만의 생각에 잠기면 시간개념이 없기 때문에 대국시간이 한없이 길어진다. 이런 점을 감안해서 주최 측이 시간제한을 두는 것이다.

결정장애는 심리장애이다. 보통 사람들은 선택을 할 때 자신의 기준에 부합되면 쉽게 결정을 내린다. 그러나 자신만의 기준이 없는 사람들은 어떤 것이 자신에게 맞는지 몰라서 여러 가지 수를 적용하다 보니 결정을 내리지 못하는 것이다.

행복한 인생을 살아가려면 일단은 자신의 몸과 마음이 건강하고 편안해야 한다. 이것을 기본으로 인간관계를 형성하고 가치를 추구한다. 그러나 많은 사람들과 인간관계를 형성하고 살게 되면 크고 작은 문제들과 직면하게 된다. 이때 당연히 스트레스와 상처를 받을 수밖에 없다. 그러나 스트레스와 상처를 받았다고 해서 상대의 입장도 생각하지 않고 자신의 감정을 마구 쏟아내면 인간관계에 문제가 생기기 때문에 시행착오를 통해서 나름대로 처리방법을 강구해야 한다.

기분이 나쁘다고 해서, 감정이 상한다고 해서 직면한 문제를 해결하지 않고 외면하거나 덮어버리면 스트레스와 상처에 대한 자신만의 기준이 만들어지지 않는다.

결정장애가 생기는 것은 평소 스스로 결정을 내려본 경험이 적기 때문이다. 어떤 분야에든 경험을 많이 하면 할수록 무엇이 옳고 그른지, 무엇이 좋고 나쁜지를 금방 판단할 수 있다. 판단이 빠르면 결정하기가 쉬워진다.

현명한 판단과 재빠른 결정은 자신의 경험에서 나온다. 그렇기 때문에 어릴 때부터 자신의 문제는 자신이 해결할 수 있게 부모가 유도를 해야 한다. 자신의 노력으로 문제를 해결해 나가다 보면 무엇이 옳고 그른지 저절로 터득하게 된다. 이런 아이가 성인이 되면 자신만의 기준이 확고하기 때문에 누가 뭐라고 해도 마음이 흔들리지 않는다.

성격이 우유부단한 사람들은 쉽게 결정을 내리지 못한다. 모든 경우의 수를 다 대입하기 때문이다. 그러나 자신의 기준이 확고한 사람들은 자신의 성향을 누구보다 잘 알기 때문에 많은 제품이 진열되어 있어도 자신이 선택할 물건을 금방 결정한다. 이런 사람들은 판매자가 현란한 말솜씨로 다른 제품을 추천해도 자신이 내린 결정을 신뢰하기 때문에 번복하는 일이 없다.

결정은 나이가 어릴수록 더 빨리 내린다. 그 이유는 비교할 경험치가 없어서 그렇다. 그러나 나이가 들면 비교할 경험치가 너무 많아서 쉽게 결정하기가 어려워진다.

일이 복잡할수록 단순하게 생각하라는 말을 인문학자들이 많이 한다. 생각이 단순하면 그만큼 결정도 빨리 내릴 수 있기 때문이다.

주변을 돌아보면 지나치게 생각이 많은 사람들이 있다. 사고가 일어날 확률이 만분의 일에 불과한데도 거기에 집착해서 선뜻 결정을 못 내린다. 부정적인 생각을 가지고 사는 사람들 역시도 의심이 많아서 쉽게 결정을 내리지 못한다. 이런 사람들이 결정장애에 잘 걸린다.

요즘 어린 아이들도 친구가 물건을 살 때 바로 사지 않고 이것저것 훑어보고 비교를 하면 '너 결정장애야?'라며 놀린다. 아이가 이런 말을 쉽게 하는 것은 예전과 달리 경험이 많아졌다는 것을 의미한다.

아이들이 나이에 비해서 경험이 많아진 것은 방송이나 SNS를 통해서 많은 지식과 정보를 받아들였기 때문이다. 10대들에게도 결정장애가 많이 나타나는 중요 요인 중의 하나가 간접 경험치가 너무나 많아서이다.

 남자가 엊그제 개업한 소고기 요리전문점에 갔다. 종업원이 메뉴판을 가지고 왔는데 요리종류가 얼마나 많은지 10면을 다 채울 정도였다. 남자가 메뉴판을 반복해서 들여다봐도 마음에 드는 요리를 선뜻 고를 수가 없다. 아무리 결정력이 뛰어난 사람이라 하더라도 수십 종이나 되는 메뉴에서 마음에 드는 한 가지를 고르기란 쉽지가 않다.

 시간이 갈수록 메뉴 때문에 남자는 스트레스를 받는다. 남자는 더 이상 올라오는 스트레스를 견딜 수가 없어서 신경질적으로 메뉴판을 덮고 소리를 지른다.

 "여기요! 이 집에서 제일 많이 나가는 요리로 가져다주세요."

 이런 영업 전략은 바람직하지 않다. 음식점의 메뉴판은 단순할수록 손님들이 스트레스를 받지 않지 않을 뿐더러 회전율도 높다.

 결정장애가 없어도 지나치게 선택할 영역이 넓으면 쉽게 결정을 내릴 수가 없다. 특히 누구나 좋아하는 소고기로 수십 가지의 요리를 만들어놓으면 갑자기 머릿속이 복잡해져서 선뜻 결정을 내리지 못한다.

 사람은 가지고 싶은 것이 많을수록, 가고 싶은 곳이 많을수록 선택의 여지가 많아서 선뜻 선택을 하지 못한다.

 아내와 함께 백화점에 간 남자들이 유독 스트레스를 많이 받는 것은 여자들이 물건을 고를 때 엄청나게 비교를 하기 때문이다. 남자의 눈에는 옷과 구두가 다 비슷비슷해 보이는데도 여자들의 눈에는 달리 보이는지 매장마다 들려서 입어보고, 신어보고 하는 통에 반나절이 훌쩍 지나가 버린다. 그래서 참다못한 남편이 한마디 한다.

"당신 결정장애야? 충분히 봤으니 대충 사고 나가자고!"

장애는 뭔가가 고장이 나서 정상적이지 않다는 말이다. 어떤 것에 대해서 명쾌하게 결정을 못 내리는 것은 결과에 대한 후회를 하지 않기 위해서이다. 그렇기 때문에 농담이라고 해도 결정장애라는 말은 함부로 써서는 안 된다.

인간관계를 맺고 살아가는 사람들은 상대를 위해서 조화와 질서를 지킨다. 그래서 물건을 하나 사더라도 상대의 의견을 묻고 함께 결정하는 경우가 대부분이다. 그러나 혼자 사람으로 살아가는 사람은 함께 마음을 나눌 사람이 없기 때문에 결과에 상관없이 내 마음대로 결정하고, 내 마음대로 파기한다. 이런 인생은 자기 확증편향에 사로잡혀 살기 때문에 반사회적인격장애에 빠지기 쉽다.

인간은 사회적 동물이다. 그렇기 때문에 소중한 사람들과 함께 인간관계를 맺고 미래행복을 위해서 살아간다. 이때 남자는 가치를 추구하고, 여자는 의미를 추구한다. 그래서 뭔가를 선택할 때 남자는 가치를 앞세우고, 여자는 의미를 앞세우기 때문에 의견충돌이 일어난다.

남자는 기분이기 때문에 물건이나 대상이 자신의 마음에 들면 앞뒤 생각하지 않고 쉽게 선택한다. 그러나 여자는 항상 결과에 대해서 의미를 부여하기 때문에 쉽게 결정을 내리지 못한다.

남자들이 여자와 백화점에 가는 것을 꺼려하는 이유도 사소한 물건을 하나 사더라도 이것저것 재어보고, 비교하는 데 시간을 허비하기 때문이다.

남자들 입장에서는 필요한 물건만 후딱 사고 빨리 식당가로 가고 싶은데 여자들은 그렇지가 못하다. 그래서 쇼핑시간이 고무줄처럼 늘어나는 바람에 남자가 스트레스를 받는 것이다.

무슨 일을 함께해 나갈 때 항상 자신의 관점이 아닌, 상대의 관점에서 바라봐야 스트레스와 상처가 생기지 않는다. 상대의 관점에서 바라보면 상대의 입장을 이해하기 때문에 자연히 배려하게 된다. 이런 사람들은 인간관계가 좋을 수밖에 없다.

여자들이 물건이나 어떤 대상을 고를 때 시간이 많이 걸리는 것은 감정과 연결되어 있어서이다. 물건 하나를 사도 의미와 연결 짓기 때문에 쉽게 선택을 못하는 것이다.

여자들은 옷을 고를 때도, 신발을 고를 때도, 식재료를 고를 때도 수많은 생각을 한다. 지금 당장 내게 필요한 것보다 배우자나 아이에게 더 필요한 것이 없는지를 생각하기 때문에 선뜻 결정을 하지 못한다. 이처럼 정상적인 사람들은 자신의 것보다 의미나 가족관계에 있는 사람들을 먼저 생각하기 때문에 소소한 물건을 하나 고르더라도 시간이 많이 걸릴 수밖에 없다.

반면 심리장애에 들어가 있는 사람들은 아무런 고민 없이 쉽게 물건을 선택을 한다. 자신의 마음에 들면 그만이기 때문에 결정하는 데 아무런 장애가 없다.

심리가 건강한 사람들은 물건 하나를 고르더라도 모두가 함께 좋아할 만한 것을 고르기 때문에 시간이 많이 걸린다. 그러나 인식장애, 기억장애, 표현장애가 있는 사람들은 오로지 자신의 재미와 즐거움을 위해서 살기 때문에 내 마음에 들면 그만이다. 이런 사람들은 심리가 정상이 아니기 때문에 무언가를 선택할 때 가치나 의미를 추구할 일이 없다. 그래서 결정장애가 생기지 않는다.

심리장애가 있는 사람들은 정상적인 사람들이 물건을 고를 때 가치를 따지고, 의미를 따지는 것을 이해하지 못한다. 그래서 상대를 향해 함부로 '결정장애'라는 말을 쉽게 내뱉는다. 심리장애자는 모든 것을 거꾸로 생각하기 때문에 이런 사람들의 말에 상처받을 필요가 없다.

지금 여자 앞에 선택이 주어졌다. 행복을 잃고 100억을 가질 것이냐, 아니면 100억을 잃고 행복을 가질 것이냐?

심리장애가 있는 여자는 당연히 100억을 선택한다. 돈만 있으면 얼마든지 행복해질 수 있다고 생각하기 때문이다. 그러나 이런 생각은 어디까지나 중독에 빠진 여자의 기분일 뿐이다. 행복은 가치가 아닌 의미이여서 아무리 소유한 재산이 많아도 의미를 느끼지 못하면 불행할 뿐이다. 이런 여자들은 물건이든 대상이든 자신의 마음에 들면 그만이기 때문에 그 즉시 선택한다. 그래서 평생을 후회하는 삶을 산다.

반면 정상적인 여자는 감정을 가지고 살기 때문에 물건이나 대상이 자신의 마음에 든다고 해서 함부로 결정하지 않는다. 삶의 목적이 가치가 아닌, 행복에 있기 때문이다. 그렇기 때문에 즉흥적인 기분보다 많은 생각이 함축된 감정은 그만큼 복잡하고 미묘하다.

심리가 안정된 여자들은 남자를 사귈 때 경제력보다 성격이나 성품을 먼저 본다. 인성이 좋지 않으면 남자에 대한 신뢰가 떨어지기 때문이다. 여자의 이런 점은 함께 미래행복을 위해서 살아갈 수 있는지, 없는지 의미를 추구하기 때문이다.

이와 반대로 심리장애를 가지고 있는 여자는 심리가 안정된 여자와 반대로 간다. 함께하는 행복이 아닌, 자신만의 행복을 위해서 살아가기 때문에 인성이 아무리 좋아도 돈이 없으면 소용없다. 그래서 이런 여자들은 돈 많은 남자나 잘생긴 남자만 찾는다. 함께 행복하게 살아가는 인간적인 삶보다 재미와 즐거움이 있는 삶을 선호하기 때문에 감정은 무시하고 기분 위주의 삶을 살아간다. 이런 삶은 인생의 파멸만 부를 뿐이다.

일반적인 남자들은 가치를 추구한다. 이런 남자에게 '100억으로 혼자 살래, 사랑하는 여자와 살래?'라고 한다면 고민할 필요도 없이 당연히 돈을 선택한다. 남자들은 의미보다 가치를 중심에 두기 때문이다. 그러나 남자는 자신의 의미와 가치가 동일선상에 놓일 때, 여자도 자신의 가치와 의미가 동일선상에 놓일 때 바로 딜레마에 빠지게 되면서 결정장애에 들어간다. 이런 심리가 정상적인 심리이다.

반면 심리장애에 들어간 남자와 여자는 딜레마에 빠질 이유가 없다. 결과가 참담하든, 말든 자신의 기분에 따라 선택하기 때문이다.

선택을 한 결과가 어떨지 모르는 상태에서 결단을 내리는 것을 결정이라고 한다. 선택을 하기 전에 여자는 의미중심으로 생각하고, 남자는 가치중심으로 생각하면 보다 결정을 내리기가 수월해진다. 반면 가치와 의미가 동시에 진행되면 선택에서 자유롭지 못하다. 가치와 의미를 동시에 분석해야 되기 때문에 결단을 내리는 데 시간이 걸릴 수밖에 없다.

결정을 내릴 때 가장 큰 문제는 누군가에게 의존하고 있을 때이다. 모든 것을 특정대상에게 의존하고 있으면 사소한 것 하나라도 스스로 결정을 내리지 못한다. 본인의 권리인 결정권을 자신이 가지고 있는 것이 아니라, 특정대상이 가지고 있기 때문이다. 그래서 자신이 결정해야 되는 일임에도 불구하고 일일이 특정대상에게 물어본다.

"이 옷이 어울려, 저 옷이 어울려? 머리를 자르는 것이 좋아, 기르는 것이 좋아? 회사를 옮기는 것이 좋을까, 그냥 다니는 것이 좋을까?"

이런 경우 선택에 대한 결정은 특정대상이 하고 실행은 본인이 한다. 즉, 나의 권리인 선택의 자유를 상대가 대신 행사하는 것이다. 이것이 바로 상대에 대한 의존성이다. 그러나 선택은 상대가 했지만 실행은 본인이 했기 때문에 결과에 대한 책임은 본인이 당연히 져야 한다.

상대에게 의존하는 사람들은 나에게 필요한 모든 것을 상대가 알아서 선택해 주기 때문에 자신에게는 결정장애가 없다고 생각한다. 하지만 자신의 인생을 주체적으로 살아가지 못하고 상대에게 의존하면서 살아가는 자체가 결정장애이다. 자신의 인생에 권리는 없고 책임만 갖고 살아가기 때문이다.

인간이라면 권리와 책임은 함께 가져가야 인간다운 삶을 산다고 말할 수가 있다. 권리는 없고 책임만 지고 사는 기형적인 삶은 모든 것이 상처이고, 스트레스이다. 그래서 의존성이 있는 사람들의 공통점은 상처와 스트레스를 쌓아두고 산다고 보면 된다.

특히 상대에게 의존하는 여자들은 상처가 많다. 여자는 의미를 가지고 가기 때문에 누군가를 좋아하게 되면 그 사람을 믿고 따른다. 그래서 남자는 이런 여자의 권리를 남용하거나 이용을 해서 여자를 깊은 수렁으로 빠트린다.

자기중심은 없고 상대중심만 있는 여자는 자신의 권리를 남자에게 모두 이양했기 때문에 남자가 저지른 일을 여자가 책임져야 한다. 그래서 여자가 생활비를 책임져야 하고, 남자가 쓴 카드 빚과 사채 빚까지 갚아야 한다.

여자가 받는 고통은 남자에게 의존한 대가이다. 자기중심 없이 타인에게 의존하면 이용만 당할 뿐이다.

옛날에는 가부장적 사회여서 여자는 무조건 남자에게 복종하고 사는 것이 미덕이었다. 그래서 무엇을 하든 남자의 허락이 떨어져야 실천할 수가 있었다. 그러나 지금은 여자들도 능력과 권리가 많이 신장되어서 오히려 남자들이 여자한테 의존하는 경우도 많아졌다.

요즘 결혼문화를 보면 능력 있는 골드미스와 나이 차가 많이 나는 연하의 남자가 부부의 연을 맺는 경우가 빈번하다. 이런 경우 연하의 남자가 모든 것을 여자에게 의존한다.

골드미스는 연하의 남자에게 경제적인 책임을 지고, 연하의 남자는 연상의 여자를 즐겁고 재미있게 해줘야 결혼생활이 오래 유지된다. 이런 점에서 연하의 남자는 자신의 자유와 권리를 여자에게 저당 잡혔다고 봐야 한다.

남자나 여자나 상대에게 의존하는 사람은 스스로 판단을 할 수가 없기 때문에 결정장애에 들어갔다고 보면 된다.

선택하기에 앞서 결과에 대한 고민을 하는 사람들은 결정장애가 아니다. 좋은 결과를 도출해 내기 위한 노력이라고 봐야 한다.

인간에게는 행복할 권리가 있다. 많은 것 중에서 하나를 고르는 선택도 자신의 권리이자 행복이다.

결정 장애가 있는 사람들은 자신만의 기준이 없어서 어떤 것이 좋은 것인지, 나쁜 것인지를 판단하지 못한다. 그래서 상대의 기준에 의존해서 선택하게 된다.

"이 도자기 주전자 괜찮은 것 같은데 자기는 어때?"

"촌스럽잖아! 그 옆에 무늬 없는 백자로 사!"

상대의 한마디에 여자는 자신이 선택한 물건을 얼른 내려놓고 남자가 지정한 물건을 산다면 결정장애이다. 많은 생각 끝에 힘들게 내린 결론임에도 일일이 상대의 확인을 받는 사람들은 자기중심이 없는 결정장애자라고 말할 수 있다.

종류가 너무 많아서 무엇을 고를지 몰라 우왕좌왕하는 사람들을 보고 '결정장애'라는 말을 해서는 안 된다. 보다 나은 것을 고르기 위한 노력이기 때문에 자신의 역할에 최선을 다하고 있다고 봐야 한다.

남자는 결정을 내릴 때 가치를 먼저 생각하기 때문에 실패에 두려움이 있다. 그래서 돌다리라 하더라도 일일이 두들겨보면서 건너려 하다 보니 결정에 많은 시간이 걸린다.

여자는 결정을 내릴 때 가치보다 의미를 먼저 생각하기 때문에 남편이나 아이들도 좋아해야 된다는 전제가 붙어서 망설이게 된다. 이런 망설임은 결정장애가 아니다. 보다 나은 결과를 도출해 내기 위한 일종의 신중함이다. 하지만 신중함이 지나치면 좋은 기회도 잃게 된다. 그렇기 때문에 지나치게 신중한 결정도, 지나치게 성급한 결정도 경계해야 한다. 이럴 경우 자신만의 올바른 판단기준을 가지고 현명하게 결정하면 된다.

요즘 사람들은 결정장애라는 말을 너무 쉽게 남발한다. 음식점에 가서 친구가 메뉴판을 오래 들여다보면 "너, 혹시 결정장애 아니야?" 하면서 놀린다. 장애는 정상적인 기능이 고장 났다는 뜻이기 때문에 이런 단어를 함부로 쓴다면 자신의 인성에 문제가 있다고 봐야 한다. 친구가 메뉴판을 오래 들여다보는 것은 결과에 대한 후회를 하지 않기 위해서이지 결정장애가 있어서 그런 것은 아니다.

결정장애는 자기중심의 인생을 살지 못하고 상대중심의 인생을 살아가는 사람들에게 많이 나타나는 증상이다. 자신만의 기준이 없는 사람은 무엇이 옳고, 그른지를 모르기 때문에 무언가를 선택할 때 상대의 기준에 의해서 결정할 수밖에 없다.

자기 스스로 선택하지 못하고 무조건 타인에게 의존하는 사람은 자아형성기 때 자기만의 기준을 만들어놓지 못해서이다. 문제가 생겼을 때 죽이 되던, 밥이 되던 스스로 문제해결을 위해 노력했다면 시행착오를 통해서 무엇이 옳고, 그른지를 알게 된다. 이런 깨달음이 바로 자신만의 법칙인 자기기준이다.

자신만의 기준이 많다는 것은 그만큼 문제해결을 위해서 많은 경험을 했다는 뜻이다. 경험이 많은 사람들은 하나를 보면 열을 알 수 있는 문제해결능력을 가지고 있기 때문에 자존감이 높다.

반면 문제해결을 위해서 노력하지 않고 타인에게 의존한 사람들은 자신만의 경험이 만들어지지 않았기 때문에 무엇이 옳고 그른지 자신만의 판단기준이 없다. 그래서 문제가 생길 때마다 상대에게 기대게 된다. 이런 사람들은 자기 자신을 신뢰하지 못하기 때문에 자존감이 낮다.

자존감은 자아존중이다. 내가 나를 존중할 줄 모르면 상대도 나를 존중하지 않는다.

사소한 것 하나라도 스스로 결정하지 못하고 상대의 도움이 필요하다면 결정장애라고 봐야 한다. 이런 사람들은 자신의 권리는 상대에게 이양하고 책임만 지기 때문에 갈수록 인생이 불행해진다.

인간은 누구나 할 것 없이 행복하게 살 권리가 있다. 지금 현재 자신의 삶이 불행하다면 행복한 삶을 살기 위해서 노력해야 한다. 문제가 생길 때마다 편해지고 싶어서 상대에게 의존하려는 심리습관을 버리고 힘들어도 스스로 문제를 해결해 나가려고 노력해야만이 자기중심의 삶을 살아갈 수가 있다. 이런 노력이 모이고 모이면 자신만의 판단기준이 생겨서 남의 도움 없이 자신의 인생을 주체적으로 살아갈 수가 있다.

누구나 결정을 내릴 때에는 고민을 많이 하게 된다. 잘못 결정하게 되면 결과에 대한 책임을 져야 하기 때문에 행동 앞에 한 번 더 생각을 하는 것이다.

상대가 선뜻 결정하지 못하고 망설일 때 함부로 결정장애라는 말을 쓰지 말고 조용히 결정을 내릴 때까지 기다려주는 것이 상대에 대한 예의다.

〈질문과 답변〉

〈질문〉 정상인은 결과에 대한 후회를 하지 않기 위해서 빨리 결정을 못 내린다고 했다. 반면 결과에 상관없이 쉽게 결정을 내리는 사람은 심리장애라고 했다. 평소 자신만의 기준을 많이 가지고 있는 사람들은 그만큼 경험의 폭이 넓어서 재빠른 판단과 결정을 내릴 것 같다.

〈답변〉 그렇다. 심리장애인 남자 입장에서 A를 선택해도 재미있고, B를 선택을 해도 재미있다면 굳이 선택에 대해 고민할 필요가 없다. 그래서 앞뒤 생각하지 않고 쉽게 결정한다.

반면 정상적인 심리를 가지고 있는 사람들은 선택에 대한 후회를 하지 않기 위해서 많은 고민을 한다. 자신만의 기준점이 아무리 많다고 해도 지금의 가치를 중심에 두기 때문에 여러 가지 수를 생각하게 된다. 그러나 욕심이 지나쳐서 좋은 수가 나왔음에도 더 좋은 수를 찾기 위해 시간을 끌다 보면 모든 기회를 놓치게 된다.

여자들은 의미를 중심에 두기 때문에 A를 선택해도 행복하고, B를 선택해도 행복하다. 그럼에도 결정하기까지 시간이 많이 걸리는 것은 행복의 경중을 따지기 때문이다.

남자든 여자든 자신만의 기준이 확고한 상태에서 뭔가를 선택했다면 결과에 상관없이 결정을 내려야 한다. 설령 자신의 판단기준이 잘못되었다 해도 실패를 통해서 또 하나의 정확한 기준을 만들어간다고 생각하면 된다. 그래서 선택에는 모험과 용기도 필요하다.

〈질문〉 성급하게 결정해서 안 좋은 결과가 나온 것과 생각이 지나쳐서 좋은 기회를 놓치는 것 중 어느 쪽이 더 치명적인가?

〈답변〉 결과를 놓고 보면 둘 다 치명적이다. 심리장애자는 기분 내키는 대로 선택을 하기 때문에 무엇을 선택해도 후회하게 되어있다. 반면 햄릿증후군처럼 생각에만 빠져서 결정을 못 내리는 것도 불행을 자초한다. 한쪽은 선택을 해서 불행하고, 다른 한쪽은 선택을 못해서 불행하다.

불행의 경중을 따진다면 결정을 내린 사람이 더 불행하다. 결정을 못 내린 사람은 자신의 우유부단함에 대한 후회와 아쉬움은 크지만 결정을 하지 않았기 때문에 아무런 일도 일어나지 않았다.

필자가 늘 하는 말이 있다. A를 선택해도 불행하고, B를 선택해도 불행하다면 차라리 아무것도 선택하지 말라고 강조한다. 일단 결정을 내려버리면 예전으로 돌아가기가 어렵다.

A와 B의 결과가 행복이라면 아무거나 선택해도 상관이 없다. 그러나 불행이라면 차라리 선택하지 않는 것이 낫다.

〈질문〉 결혼한 여자가 싱글인 여자보다 뭔가를 선택할 때 더 많이 생각하고 망설인다. 가치보다 의미를 더 생각해서인가?

〈답변〉 그렇다. 여자는 결혼한 것과 안한 것의 차이가 크다. 미혼의 여자는 자신의 행복만 찾기 때문에 사랑이 우선이다. 그러나 결혼한 여자는 자신의 행복보다는 함께하는 행복에 더 의미를 두기 때문에 자연히 생각이 많을 수밖에 없다.

　심리는 항상 대칭을 이룬다. 장점이 있으면 단점이 있고, 단점이 있으면 장점이 있기 마련이다. 이런 점에서 미혼이라고 해서 유리하고, 기혼이라고 해서 불리한 것은 없다. 기혼과 미혼을 따지기 전에 인간으로 살아가느냐, 사람으로 살아가느냐에 따라서 선택의 결정 속도가 달라진다.

〈질문〉 결혼한 여자가 직장생활을 해나갈 때 가치와 의미가 충돌하는 경우가 있다. 예를 들어 해외발령을 받았다면 가치를 택할 것인지, 의미를 택할 것인지 선택의 기로에 놓일 것이다. 이런 고민을 장시간 한다면 결정장애인가?

〈답변〉 일반적으로 여자들은 항상 의미를 바탕에 깔고 가치를 추구한다. 남자의 경우 가치추구가 우선이지만 상황에 따라서 의미를 추구하기도 한다.

　여자가 해외발령을 받았다면 의미를 위해서 회사를 그만둘 것이 아니라 가치를 추구하는 남자와 어떤 선택이 자신들에게 유리한지 고민을 해야 한다. 여자가 해외근무를 하고, 남자가 의미추구를 할 수 있으면 이것 또한 가족 모두가 행복해지기 위한 자아실현이다. 옛날처럼 남자는 바깥일만 하고, 여자는 집안일만 해야 되는 관습은 이미 사라진 지 오래이다. 그렇기 때문에 가족 모두가 행복한 삶을 살기 위해서는 어떤 선택을 하는 것이 옳은지 가족들과 충분히 의논해서 결정하면 된다.

여자가 자신의 해외근무에 대해 장시간 결정을 못 내리는 것은 의미와 가치를 다 가져가야 한다고 생각하기 때문이다. 그래서 이러지도 못하고, 저러지도 못하는 딜레마에 빠지면 결정장애가 된다.

행복한 인생은 인간관계에 문제가 없어야 한다. 어떤 선택이 가족 모두를 만족시키는지 가족들과 함께 충분히 대화를 나누고 나서 결정을 하면 된다.

반면 여자가 가족들의 생각을 무시하고 해외발령을 무조건 환호한다면 이미 의미가 무너졌다고 봐야 한다. 여자의 경우 가치든, 의미든 서로 균형을 잡으면서 가야 인간관계에 문제가 생기지 않는다.

〈질문〉 결혼으로 인해서 자신의 꿈을 이루지 못한 엄마가 아이에게 자신의 꿈을 투영하려는 경우가 있다. 이런 엄마들은 아이를 자신의 기준에 맞춰 양육시키기 때문에 아이는 자연히 엄마에게 의존할 수밖에 없다. 이런 삶을 살지 않으려면 기준을 강요하는 엄마에게 반기를 들어야 하나?

〈답변〉 아이의 의사와 상관없이 모든 것을 엄마가 다 결정해 주는 사람을 헬리콥터맘이라고 한다. 이런 아이들은 관계적응기 때 친구 사귀는 것도 엄마가 결정하고, 자아형성기 때의 모든 기준도 엄마기준으로 형성이 된다. 그래서 자신의 기준은 없고 엄마의 기준만 있어서 의존형 인간이 된다.

아이에게 기준을 강요하는 엄마들은 평소 자신의 감정을 제대로 표현하지 못하고 억압하고 살았다고 봐야 한다. 그 보상으로 아이에게 모든 것을 거는 것이다.

오래전에 우리나라 최초로 세계적인 피아노콩쿠르에 나가 입상한 여학생이 있었다. 그러나 그 아이의 성공은 자신이 아니라 어머니였다. 어머니가 자신의 못 이룬 꿈을 아이가 이룰 수 있도록 어릴 때부터 자신의 기준에 맞춰 아이를 훈련시켰다.

세계적인 연주자로 주목을 받던 딸은 해외연주를 항상 엄마와 다녔다. 그러던 어느 날, 여성 피아니스트는 해외연주를 중단한다고 발표했다. 그 이유는 엄마가 연로해서 더 이상 해외연주를 함께 다닐 수가 없다는 것이었다. 이런 황당한 사실에 기자들이 송곳질문을 하기 시작했다. 그때 여자가 울면서 자신이 처한 상황을 말했다. 어릴 때부터 엄마의 강요에 의해서 피아노 연습만 하다 보니 성인이 되어도 인간관계를 맺을 줄도 모르고, 물건 하나도 스스로 살 줄 모른다고 했다. 지금까지 자신은 피아노 치는 것 외에 할 수 있는 것이 아무것도 없기 때문에 엄마가 곁에 없으면 그대로 바보가 될 수밖에 없다고 했다. 여자의 엄마는 아이를 세계적인 피아니스트로 성공시켰지만 주체적으로 인생을 살아가는 방법을 가르치지 못했다. 결국 엄마의 보상심리가 여자의 인생을 망쳤다고 봐야 한다.

아이가 성인이 될 때까지는 부모의 책임하에서 양육되기 때문에 부모의 기준이 불합리해도 반항하기가 쉽지 않다. 그렇기 때문에 부모 스스로 아이가 의존하지 않고 스스로 자신의 문제를 해결해 나갈 수 있도록 해줘야 한다. 아이만의 경험을 통해서 무엇이 옳고, 그른지 판단할 수 있도록 옆에서 도와줘야 성인이 되었을 때 자기중심의 인생을 살아갈 수가 있다.

〈질문〉 상대에게 너무 의존하면 결정장애를 넘어 관계중독으로 봐야 하지 않나?

〈답변〉 누군가에게 지나치게 의존을 하게 되면 의존성 강박증이 형성된다. 상대에게 의존을 하지 않으면 강박이 생겨서 불안해지고 초초해지는 것이다. 그러다가 상대를 만나 의존하게 되면 불안이 사라지면서 마음이 편해진다. 이것이 바로 관계중독이다.

사람이든, 대상이든 의존을 하게 되면 자신도 모르게 중독이 된다. SNS나 도박, 술도 마찬가지이다. 이런 것을 안 하면 불안하고 초조해져서 견디지를 못한다.

결정장애를 가지고 있는 사람은 상대에게 의존하고 있는 사람이다. 이런 사람들을 제외하면 통상적으로 결정장애가 없다고 봐도 무방하다.

2.
과잉근심

아무것도 아닌 일에도 지나치게 신경을 쓰거나 걱정을 하면 과잉근심이라고 한다. 이런 사람들은 항상 마음이 편치가 않아서 두통, 복통, 변비 등을 달고 다닌다.

사람의 몸과 마음은 심리작용에 의해서 연동된다. 과잉근심으로 심리가 불안정하면 평소 건강한 사람이라 하더라도 신체화증상이 나타날 수밖에 없다.

주변을 돌아보면 항상 고민거리를 달고 다니는 사람들이 있다. 대수롭지 않는 일인데도 지나치게 신경을 쓰거나 예민하게 반응해서 옆에 있는 사람들을 불편하게 한다. 이런 사람들은 아무것도 아닌 일에도 부정적으로 받아들이기 때문에 대인관계가 원만하지 않다.

친목모임이나 동창회에 나가면 지금까지의 모든 근심걱정 사그리 던져버리고 이 순간만큼은 모든 것을 잊고 즐겁게 논다. 그러나 친구들과는 달리 혼자만 안절부절못하면서 연신 시계를 들여다보고, 어딘가에 전화를 걸고, 주변 상황을 살피는 사람들이 있다. 이런 여자를 보고 옆에 있던 친구가 한마디 한다.

"괜히 분위기 깨지 말고 바쁜 일 있으면 조용히 나가!"

남자와 여자의 마음이 다르기 때문에 과잉근심에도 차이가 있다. 남자의 마음은 가치를 추구하기 때문에 현재보다 미래행복을 더 중요시한다. 반면 여자의 마음은 의미를 추구하기 때문에 미래보다 현재행복을 중요시한다. 이런 점으로 볼 때 남자의 근심은 미래행복과 연결되어 있다. 즉 미래가 불투명하거나, 희망이 좌절되면 남자들은 고민을 많이 한다. 이때를 슬기롭게 넘기지 못하면 폐인이 되기가 쉽다.

예를 들어 남자의 직업은 원자력회사의 원전설계사다. 이 남자는 원전설계의 최고가 되기 위해 지금까지 최선을 다해서 살았다. 열심히 노력해서 원전수출이라는 가시적인 성과가 나올 즈음에 정권이 바뀌면서 탈원전정책으로 돌아섰다.

탈원전정책이 가속화될수록 원자력에 종사하던 사람들도 하나둘 직장을 떠났고, 한때 인기상승이었던 원자력 학과나 원자력 고등학교도 폐쇄되었다. 시간이 갈수록 남자의 스트레스는 극에 달해서 식욕부진에 불면증, 불안장애, 공황장애까지 왔다.

남자는 자신의 가치가 멈추거나 중단될 처지에 놓이게 되면 과도할 정도로 걱정과 근심을 많이 하게 된다. 자아실현이 멈추면 미래행복에 대한 희망도 사라지기 때문이다.

남자는 경제적 가치, 관계적 가치, 사회적 가치에 목표를 두고 미래행복을 추구한다. 남자가 경제적 가치를 이루었다고 해도 지위가 없으면 열등감을 느낀다. 사람들을 만나도 떳떳하게 내밀 명함이 없기 때문이다.

반대로 지위가 높아도 돈이 없으면 위축되는 것이 남자다. 그래서 남자들은 부와 명예와 지위를 다 움켜쥐려고 한다. 하지만 욕심은 부리면 부릴수록 더 커지기 때문에 조금이라도 더 빨리 성공하려고 마음이 급해진다.

남자들은 현재의 삶이 힘들고 고단해도 미래에 대한 희망만 있으면 저절로 열정이 만들어진다. 그러나 자신의 미래가 불투명하면 필요 이상 근심과 걱정을 많이 하게 된다. 남자에게 아무리 힘든 시련과 역경이 닥쳐도 내일에 대한 희망만 있으면 최선을 다해서 난관을 뚫고 나간다.

반면 여자는 다가올 미래보다 지금 현재가 더 중요하다. 아무리 장밋빛 미래가 기다린다고 해도 지금 당장 갚아야 될 대출금에 관리비, 아이들 학원비, 생활비가 해결되지 않으면 마음이 불안해서 살 수가 없다. 남편이 아무리 여자에게 미래행복에 대해서 구체적인 안을 내놓아도 불안한 마음은 진정되지 않는다.

"올해만 참고 견디면 모든 것이 다 해결된다니깐!"
"오늘 당장 죽게 생겼는데 내일이 무슨 소용이 있어!"

남자는 현재에만 안주하려는 아내가 이해되지 않아 스트레스를 받고, 여자는 당장 굶어죽게 생긴 마당에 미래만 이야기하니 상처를 받을 수밖에 없다.

여자들은 현재 자신의 삶이 행복해야 의미를 추구하게 된다. 지금까지 근심걱정 없이 잘 살아오다가 갑자기 남편이 명예퇴직을 하게 되거나, 아이가 대학에 불합격하게 되면 의미추구에 문제가 생기게 된다. 이런 점에서 볼 때 여자는 항상 오늘을 걱정하고, 남자는 항상 내일을 걱정한다. 그래서 과잉근심은 남자보다 여자에게 더 많이 생길 수밖에 없다.

필요 이상 고민과 걱정을 많이 하게 되면 사소한 일에도 불안하고 초조해진다. 이런 불안감에서 벗어나기 위해 자신도 모르게 뭔가를 강박적으로 하게 된다. 뭔가에 집중하면 불안과 초조함이 사라지기 때문에 더욱 거기에 매달리게 된다. 이런 심리가 습관화되면 자신도 모르게 중독에 빠질 확률이 높다.

주변을 돌아보면 만에 하나라는 확률에 매달려서 공연한 근심과 걱정을 하는 사람들이 있다. 만에 하나라는 확률은 일상생활에서는 거의 일어나지 않는 확률이다. 그럼에도 만의 하나에 집착해서 자신을 불안과 공포 속으로 밀어넣는다면 과잉근심이다.

편안하고 여유로운 삶을 살려면 근심걱정이 없어야 한다. 아무 일도 일어나지 않았는데도 무슨 일이 일어날까 봐 노심초사한다면 스스로 안정된 삶을 파기하는 것이다.

근심걱정을 과도하게 끼고 사는 사람들은 불안감, 초조함에 두통, 흉통, 불면증, 거식증, 소화불량과 같은 신체화증상이 나타난다. 불안감, 초조함이 느껴질 때마다 자신도 모르게 계속해서 손을 씻거나, 서랍에 있는 물건들을 다 꺼냈다가 다시 집어넣는 행동을 반복적으로 하기도 한다. 이런 증상이 지속되면 강박증이 만들어진다.

불안감이 생길 때마다 그 상황에서 벗어나기 위해 어떤 특정한 행동을 반복적으로 하게 되면 주변의 사람들까지도 불편하고 불안해진다. 그렇기 때문에 불안감을 주는 원인이 무엇인지를 알고 문제해결을 위해서 노력해야 마음이 편안해진다.

TV를 보면 쓰레기를 강박적으로 저장하는 사람들이 있다. 겉에서 보면 여느 아파트나 다름없는데 집 안에 들어서면 쓰레기가 산더미처럼 쌓여서 제대로 몸을 누일 공간조차 없다. 쓰레기가 풍기는 지독한 냄새로 인해 아파트 주민들이 민원을 넣어보지만 강제할 수 없어서 코를 막고 살 수밖에 없다.

이런 사람들도 처음에는 정상적인 삶을 살았다. 그러나 인간관계에서 오는 스트레스와 상처로 근심걱정이 많아지면서 자신도 모르게 불안증세가 온 것이다. 가만히 있다가도 갑자기 불안감이 몰려오면 그 불안감을 견딜 수가 없어서 무조건 바깥에 나가서 눈에 띄는 생활쓰레기들을 줍는다. 쓰레기를 주울 때만큼은 마음이 편안해져서 자신도 모르게 강박증상이 나타나는 것이다.

남자는 가치를 추구하기 때문에 미래에 대한 희망만 있으면 현재의 삶이 바닥을 쳐도 자신의 일에 최선을 다한다. 오늘 당장 먹을 쌀이 없어도 미래의 가치를 추구할 수 있기 때문에 삶의 의욕이 생긴다. 반면 여자는 오늘 일용할 양식이 없으면 불안해져서 자꾸 남편을 들볶게 된다.

"조금만 기다려봐. 내게 다 생각이 있어."

여자는 지금의 상황이 너무나 처참해서 숨도 못 쉴 지경인데 남자는 너무나 태평해서 또 상처를 받는다. 그러나 여자들은 남자들과는 달리 미래가 불투명하다고 해서 불안장애, 강박장애를 갖지 않는다. 그 이유는 현재가 미래를 결정하기 때문이다.

지금 현재 모든 것이 풍요롭고 여유가 있음에도 남편이 삶의 의욕을 잃고 무기력해졌다면 미래에 대한 희망이 보이지 않아서이다. 이때 움직이지 않는다고 스트레스를 주기보다는 격려를 해줘야 새로운 가치를 찾기 위한 열정이 만들어진다.

남편은 지금까지 자동차 부품공장을 운영해서 큰돈을 벌었다. 그러나 지금은 내연자동차에서 전기차로 패러다임이 바뀌면서 부품공장들이 하나둘 문을 닫기 시작했다. 이때 남자는 고민을 하게 된다. 모험과 도전으로 새로운 가치에 뛰어들 것이냐, 아니면 벌어둔 돈으로 죽을 때까지 골프나 치면서 편한 생활을 할 것이냐에 대한 딜레마에 빠진다.

남자가 어느 길로 가야 할지를 몰라 생각에 생각을 거듭하다 보니 갈수록 스트레스가 쌓인다. 그래서 시간이 가면 갈수록 불안해지고 초조해져서 자신도 모르게 노이로제로 들어간다.

남자가 노이로제에 들어가면 가치추구는 멈추고 의미를 찾게 된다. 그러다가 어느 날, '내가 왜 살아야 되지?'라는 생각을 하게 된다. 가족들이 이런 상태의 남자에게 관심을 주지 않으면 남자는 존재할 이유가 없다는 생각에서 극단적인 선택을 하게 된다.

남자는 가치 중심으로 가기 때문에 더 이상 추구할 가치가 없으면 근심걱정이 많아진다. 반면 여자는 남자가 가치추구를 멈추면 현실적인 문제로 인해서 근심걱정이 산더미처럼 쌓인다. 그러다가 남편이 다시 가치추구를 하면 근심걱정이 저절로 사라진다.

여자는 현재가 행복하지 않으면 미래도 당연히 행복하지 않다고 생각한다. 그래서 현재의 불행과 미래의 불행까지 합쳐져서 걱정과 근심이 산더미처럼 쌓이는 것이다.

남자는 지금의 생활이 아무리 여유가 있고 풍요로워도 자신의 미래가 불확실하다고 생각하면 살아가는 불안감을 느낀다. 그래서 남자들은 이런 불안감을 사전에 없애기 위해 직장생활을 하면서 각종 자격증도 따고, 기술도 익힌다. 여자가 볼 때 이런 남자의 행동이 잘 이해되지 않는다. 향후 은행지점장으로 퇴직해도 충분히 먹고살 수 있는데도 직장생활을 하면서 힘들게 주택관리사 자격증을 따고, 보일러 기술을 익히는 것이 지나치다고 생각한다.

남자들은 가치추구가 멈추면 모든 것이 끝났다고 생각한다. 그래서 미래지향적인 남자들의 근심걱정과 현재만족을 지향하는 여자들의 근심걱정은 근본적으로 다르다.

과잉근심을 가지고 있는 사람은 대개 여자들이다. 현재가 불안하면 미래도 불안하다고 생각하기 때문이다.

여자들은 주로 의미에서 행복을 느낀다. 남편의 사업이 잘되고, 아이들이 잘 자라주면 여자는 더 이상 바라는 것이 없다. 그래서 현실에 만족하면서 산다.

의미는 감정이다. 남편의 가치추구가 멈추면 아내의 의미추구도 같이 멈추어버리는 것은 함께 미래행복을 위해서 자아실현을 해왔기 때문이다.

남자의 가치추구와 여자의 의미추구는 톱니바퀴처럼 맞물려서 돌아간다. 그래서 한쪽이 멈추면 다른 한쪽도 따라서 멈춘다.

여자는 남편의 가치추구가 멈추면 새로운 가치추구를 할 때까지 불안감에서 벗어나지 못한다. 한 달, 두 달이 지나도 남편이 움직일 생각을 하지 않으면 불안과 초조감 때문에 심리가 불안정해진다. 당장 필요한 생활비는 물론이고 시도 때도 없이 돌아오는 아이들의 등록금, 학원비, 대출금 등으로 머리가 터질 지경이다. 이런 자신의 마음도 모르고 남편은 맨날 새로운 가치를 추구한다는 핑계로 술만 먹고 다닌다. 이렇게 되면 여자의 의미추구에 문제가 생길 수밖에 없다.

시간이 많이 흘렀는데도 남편이 가치추구를 하지 않으면 여자는 과잉근심으로 늘 불안하고 초조함을 느낀다. 이런 기분에서 벗어나고 싶어서 친구들을 만나고, 모임에도 자주 나간다. 바깥에 나가서 사람들과 어울리면 그 시간만큼은 마음이 편안해진다. 이런 심리습관에 길들여지면 여자는 불안하고 초조해질 때마다 재미있고 즐거운 기분만 추구하게 된다.

기분으로 사는 여자는 자신의 놀이에 조금만 재미가 없어도 금방 싫증을 느낀다. 그래서 친구들과 온갖 맛집과 술집을 전전하고, 온갖 동호회에 가입해서 취미생활과 함께 다양한 인간관계를 맺는다. 그러다가 자신도 모르게 관계중독에 빠진다.

모든 중독의 끝은 관계중독이다. 관계중독에 빠진 여자들은 남자가 자신을 재미있게 해주지 않으면 싫증이 나서 다른 남자를 찾는다. 관계중독에 빠진 여자들은 하루하루를 기분으로만 살기 때문에 재미없고 지루한 것은 견딜 수가 없다.

기분으로 사는 여자들은 상처가 많다. 이런 여자들은 사는 재미가 없으면 잊어버리고 있었던 근심과 걱정이 올라와서 갑자기 불안해지고 초조해진다. 이런 심리가 강박적으로 작용하게 되면 누군가로부터 관심과 위로를 받아야 편안해진다.

관심을 주는 남자가 재미가 없으면 정리를 하고, 또 다른 누군가를 만나서 재미와 즐거움에 빠진다. 이런 행동들은 상처가 많이 쌓여서 심리가 불안정해졌기 때문이다. 심리가 불안정하면 모든 것을 부정적으로 받아들이기 때문에 아무것도 아닌 일에도 근심과 걱정을 하게 된다. 이런 불안정한 심리를 잠재우기 위해서 남자의 관심과 위로를 받으려고 하는 것이다.

마음은 태어나서 죽을 때까지 변하지 않는다. 그러나 남자의 마음과 여자의 마음은 다르다.

남자의 마음은 스트레스가 들어오면 무조건 제거한다. 반면 여자의 마음은 스트레스가 들어오면 무조건 수용해서 상처로 쌓아둔다. 남자의 마음과 여자의 마음이 근본적으로 다르다는 것을 인정하지 않으면 스트레스와 상처는 지속적으로 발생될 수밖에 없다.

남자가 엄청난 퇴직금을 받고 대기업 임원에서 은퇴를 했다. 여자는 이런 날을 예상하고 남편과 함께할 버킷리스트를 만들었다. 그런데 남편은 여자의 계획을 일축하고 미래에 대한 걱정만 한다. 이런 남편이 하도 답답해서 여자가 한마디 한다.

"현역에서 완전히 은퇴를 했는데 무슨 미래야? 공연히 일 벌리지 말고 시간 있을 때 여권이나 갱신해 놔!"

"아무리 돈이 있어도 백 살까지 어떻게 놀고먹어? 인간답게 살려면 뭔가를 추구해야지."

여자는 남자의 미래타령에 마음이 상하고, 남자는 여자의 좁은 안목에 기분이 상한다. 그러나 남자의 마음과 여자의 마음이 다르게 작용한다는 것만 인정을 해도 더 이상 스트레스와 상처가 발생하지 않는다. 서로의 마음이 다르다는 것을 알면 자신의 관점이 아닌, 상대의 관점에서 바라보기 때문에 상대의 입장을 이해할 수가 있다. 이해하면 자연히 배려하게 된다. 이런 마음을 가지고 인생을 살아가면 더 이상 생각 차이로 인한 스트레스와 상처를 받지 않는다.

인간은 죽을 때까지 자아실현을 하면서 산다. 자아실현은 바로 인간의 행복이기 때문이다.

은퇴한 남편이 편한 삶을 버리고 뭔가를 추구하려고 하는 것은 행복을 위한 자아실현이다. 자아실현이 없는 삶은 아무리 편하고 풍족해도 행복을 느낄 수가 없다.

가치추구를 하는 과정은 순탄하지가 않다. 그래서 힘들고 어려워지면 스트레스를 받기 마련이다. 그러나 그 스트레스를 잘 이겨내면 열정에너지가 만들어져서 가치추구에 성과가 난다. 이것이 남자가 느끼는 미래행복이다.

미래에 대해서 지나친 근심과 걱정을 하는 남자들은 욕심이 많아서이다. 이런 남자들은 새로운 일을 시작도 하기 전에 '실패하면 어떡하지?' 하고 근심걱정을 먼저 하게 된다.

새로운 가치를 추구하려면 반드시 모험과 도전정신이 동반되어야 한다. 그러나 성공은 하고 싶고 실패는 하기 싫어서 근심과 걱정이 쌓이는 것이다.

근심걱정이 많은 사람들은 새로운 가치에 손을 대면 무조건 실패한다. 가치전환을 하는 데 시간이 많이 걸렸지만 막상 전환하면 빨리 성공하고 싶어서 아무것에나 매달리기 때문이다.

어렵게 시작한 사업인데 실패를 했다면 실패를 한 원인을 분석해 봐야 한다. 그러나 대개의 사람들은 원인을 분석하면 강력한 스트레스를 받기 때문에 자기 편한 대로 판단을 해버린다. 이렇게 되면 실패를 반면교사 삼을 수가 없어서 같은 시행착오를 반복하게 된다.

실패의 원인을 제대로 분석하지 않고 자기합리화로 돌리는 사람은 평소 근심걱정이 지나치게 많은 사람이다. 과잉근심이 있는 사람은 모든 것을 부정적으로 받아들이기 때문에 일을 시작도 하기 전에 실패에 대한 염려로 마음이 불안해진다.

자신이 하는 일을 부정적으로 생각하면 마음에너지는 자연스레 부정적인 기류로 흘러가게 되어있다. 이런 사람들이 실패를 하게 되면 "어쩐지 내 느낌에 실패할 것 같더라." 하면서 자기합리화를 해버린다. 이런 사람들은 인식을 바꾸지 않으면 결코 성공하지 못한다.

일을 시작하기도 전에 근심걱정으로 불안해한다는 것은 일종의 열등콤플렉스이다. 지금 시작하는 일이 어떻게 전개될지 불안하다면 새로운 사업에 대한 본질을 정확하게 꿰뚫어 본 뒤에 시작을 하면 사업에 대한 믿음이 있어서 불안해지지 않는다.

새로운 사업에 대한 확고한 확신도, 신념도 없는 채 기류에 떠밀려 일을 벌이면 경쟁상대가 나를 쫓아올까 봐 늘 불안하고 초조하다. 그래서 돌다리도 두들겨보면서 건너야 할 길을 단숨에 뛰어넘다 보니 함정에 빠지고 장애물에 부딪쳐서 실패를 하는 것이다.

미래가 확정적이지 않고 불확실할 때는 한 템포 늦춰서 사업을 시작해야 한다. 그래야 불안하지 않고, 초조하지 않아서 강박적인 행동을 하지 않게 된다.

여자는 현재가 행복해야 의미 있는 삶을 살고 있다고 생각한다. 그래서 현재가 행복하면 미래도 행복할 것이라고 생각한다.

반면 현재가 불행하면 의미가 사라지기 때문에 미래도 당연히 불행할 거라고 생각한다. 이런 생각을 하는 여자들은 미래가 불안해서 과잉근심 속에서 살아간다.

과잉근심 속에서 살아가는 여자들은 대체적으로 상처가 많다. 그래서 바라보는 관점이 늘 부정적이고 어두워서 몸과 마음은 물론이고 인간관계에도 문제가 많다.

모든 일은 자신이 생각하는 대로 흘러가게 되어있다. 굳이 머피의 법칙이 아니라 하더라도 하는 일이 잘 안될 거라고 생각하면 무의식에 부정에너지가 만들어진다. 그러나 결과가 좋든 나쁘든 무조건 잘될 거라 생각하면 무의식에 긍정에너지가 만들어져서 일이 술술 잘 풀린다. 그렇기 때문에 아무리 어려운 일이 생겨도 내가 어떻게 마음을 먹느냐에 따라 결과도 달라진다는 것을 알아야 한다.

인생은 희로애락의 연속이다. 지금 사는 것이 아무리 행복하다고 해도 언제 위기가 닥칠지 알 수가 없다. 그럼에도 대다수의 사람들은 갑자기 닥칠 재난에 대해 고민하거나 걱정하면서 살지 않는다. 왜? 만에 하나의 확률이기 때문이다.

살면서 뜻하지 않는 걱정거리가 생겼다면 나에 관련된 것인지, 가족과 타인에 관련된 것인지를 파악해야 한다. 근심걱정이 내가 아니라 가족이라면 그들을 사랑하기 때문에 불안감이 생겨난 것이다. 사랑하는 관계는 사소한 일에도 감정이 만들어지기 때문에 다른 사람들보다 더 많은 걱정과 근심을 하게 된다.

가족은 말하지 않아도 서로에게 관심이 많다. 딸이 엄마에게 관심이 없으면 엄마가 무엇 때문에 잠을 못 이루는지, 무엇 때문에 입맛이 없는지 알 수가 없다. 이런 관계는 의미가 아니라 타인보다 못한 관계다. 그러나 딸이 엄마에 대한 관심이 많으면 엄마의 불면증, 거식증으로 인해서 과잉근심에 빠지게 된다.

과잉근심을 가진 남자들은 대체적으로 실패한 사람들이 많다. 실패한 남자는 미래가 불확실하기 때문에 필요 이상 고민과 걱정을 많이 한다. 이런 남자들은 주식을 해도 돈을 번다는 생각보다, 돈을 잃을까 봐 걱정이 많아진다. 어떤 일을 시작하기에 앞서 미리 근심걱정을 하게 되면 부정에너지가 만들어지기 때문에 잘될 일도 안 된다.

목표를 자신의 능력보다 높게 잡는 남자도 근심걱정이 많다. 자신의 가치능력을 제대로 계산하지 못하면 목표와 능력의 괴리로 인해 근심걱정이 많아지는 것이다.

지금 현재 내가 어떤 일에 대해서 지나치게 근심걱정을 많이 하고 있다면 근심걱정의 본질이 무엇인지를 알아야 한다. 문제의 본질도 모르고 무조건 스트레스와 상처를 받는다면 근심걱정에 대한 불안감은 더 커질 수밖에 없다.

인간관계에서 서로의 생각이 다르면 당연히 스트레스와 상처를 받게 된다. 가치추구를 해나가는 과정에서 일이 제대로 풀리지 않아도 스트레스와 상처를 받는다. 이런 스트레스와 상처가 누적이 되면 왠지 모를 불안감에 근심걱정이 늘어난다. 그렇기 때문에 스트레스와 상처가 발생했을 때 부정감정을 제때에 처리할 수 있는 나만의 힐링법을 만들어 놓아야 심리에 문제가 생기지 않는다. 심리가 안정되면 마음이 편안해져서 인식되는 모든 것을 긍정적으로 받아들이게 된다.

실패가 계속 반복되면 당연히 스트레스와 상처를 받을 수밖에 없다. 이렇게 되면 미래에 대한 불안감으로 걱정과 근심이 많아지면서 심리에 문제가 생긴다. 심리에 문제가 생겼다면 문제의 원인이 무엇인지 알고 문제해결을 위해 노력하면 심리가 안정된다. 걱정과 근심에서 벗어나려고 재미와 즐거움에 빠지게 되면 자신도 모르게 중독에 빠지게 된다. 한 번 중독에 빠지면 스스로 빠져나올 수가 없어서 결국에는 파멸의 인생을 살게 된다.

지금 내가 과잉근심을 갖고 있다면 문제의 본질이 무엇인지를 알아야 한다. 원인을 알면 쉽게 문제를 해결할 수가 있다.

문제가 생겼을 때 힘들고 귀찮다고 외면하거나 덮어버리면 갈수록 문제가 커지게 된다. 문제가 커지면 커질수록 거기에 따른 근심과 걱정이 쌓여서 마음이 더욱 불안해지고 초조해진다.

공부를 다 끝내지도 않았는데 시험이 코앞에 닥치면 불안감에 스트레스를 받게 된다. 스트레스에서 벗어나려고 게임에 몰두하면 그 시간만큼은 시험을 잊을 수 있어서 마음이 편안해진다. 그러나 게임에서 떨어져 나오는 순간 시험에 대한 과잉근심으로 불안감과 초조함은 더 커지기만 한다. 이럴 경우 집에 가서 밤을 새워 시험공부를 하면 저절로 불안감이 사라지고 마음이 편안해진다.

과잉근심이 결코 나쁜 것은 아니다. 나를 보호하기 위한 방어기제 역할을 해주기도 한다. 하지만 지나치면 불안감에 매몰되어서 한없이 나약한 존재로 전락하기 때문에 경계해야 된다.

인간은 나약해지면 자신을 보호할 차폐막이 없어진다. 차폐막이 없으면 해일처럼 밀려드는 근심과 걱정을 막지 못해 불안과 초조함 속에서 살아야 한다. 이렇게 되면 몸과 마음에 문제가 생겨서 인생의 위기를 맞을 수 있다.

지금 내가 지나치게 근심걱정에 사로잡혀 있다면 일단은 모든 생각을 멈추고 자신을 성찰해 봐야 한다. 과잉근심이 무엇으로 인해서 생긴 것인지 찬찬히 살펴보면 원인을 알 수 있다. 원인을 알았다면 거기에 대처할 방법을 찾으면 된다.

사람들은 뭔가에 실패하면 '아마 이것 때문일 거야.' 하고 쉽게 단정하는 경향이 있다. 그래서 나타나는 현상에 대한 해결책만 찾는다. 그러나 이것은 올바른 해결책이 아니다. 올바른 해결책을 찾으려면 문제의 본질을 알아야 한다.

커피숍이나 레스토랑이 위치가 좋은 곳에 있음에도 장사가 안 되면 대부분 낙후된 인테리어 때문이라고 생각한다.

"서비스업은 2년에 한 번씩 분위기를 바꿔줘야 장사가 돼."

남자는 장사가 안 되는 근본원인을 찾을 생각은 않고 일반적인 느낌을 가지고 쉽게 판단한다. 그래서 남자는 빚을 내서 인테리어를 새롭게 바꿨다. 그러나 여전히 장사가 되지 않았다. 이렇게 되면 과잉근심이 생기지 않을 수가 없다.

'음식 맛에 문제가 있는 걸까? 서비스에 문제가 있는 걸까? 아니면 메뉴 구성이 잘못되어서인가?'

남자는 장사가 안 될수록 오만가지 생각이 다 들어서 불안감만 쌓인다. 불안감이 쌓이면 불안장애가 온다. 불안장애가 지속되면 강박증까지 생겨서 정상적인 생활을 하기가 힘들어진다.

인생을 살아가다 보면 수많은 문제에 부딪히게 된다. 이때 문제의 본질은 보지 못하고 나타나는 현상에만 집착하면 문제는 커질 수밖에 없다.

문제가 생겼을 때 문제의 원인이 무엇인지를 정확히 알아서 거기에 맞는 확실한 해결책을 찾아야 문제가 봉합된다. 그렇지 않고 자기합리화를 시켜버리면 갈수록 문제가 커져서 과잉근심에서 벗어날 수가 없다.

아무리 생각해도 자신의 과잉근심의 문제가 무엇인지를 모를 때는 전문가에게 상담을 받아보는 것도 한 방법이다.

3.
허영과 허세

　허세와 허영은 비슷한 것 같지만 다르다. 허세는 실질적으로 가진 것이 없으면서도 가진 것처럼 포장을 하는 것을 말한다. 즉, 남을 속이기 위해 거짓말하는 것이다.
　허영은 자신이 가진 것을 감추고 실제보다 부풀려서 표현하는 것을 말한다. 상대를 속이는 것이 아니라 자신을 돋보이게 하고 싶어서 자신의 실체를 감추는 것이다.
　남들에 비해 특별히 가진 것도, 내세울 것도 없으면 열등의식을 느낀다. 모임에 나가보면 모두가 다 여유롭고 행복해 보이는데 유독 자신만 불행한 것 같아서 배우자를 탓하고, 부모를 원망하게 된다. 이런 심리가 지속되면 자신도 모르게 심리습관에 문제가 생긴다.
　심리습관에 문제가 생긴 사람들은 생각이 왜곡되어 생성되는 감정과 처리하는 감정이 달라진다. 자신이 소유한 가치도, 능력도 없으면서 마치 자신이 대단한 배경과 능력을 가진 것처럼 허영과 허세를 부린다. 여자의 경우 자신의 열등감을 감추기 위해 무분별한 사치와 허영심으로 자신을 포장한다.
　자신만의 기준이 없는 사람들은 상대의 겉모습이 화려하고 행복해 보이면 부러워한다. 그래서 자신의 보잘것없는 인생을 더욱 비관하고 비하한다. 그러나 상대의 포장지를 벗겨내고 그 이면을 들여다보면 자신보다 더 불행하고 비참한 삶을 살고 있다는 것을 알아야 한다.

자신만의 기준이 없는 사람들은 타인의 허영과 허세에 쉽게 속아 넘어간다. 그들이 우월감을 뽐낼수록 열등의식에 사로잡혀 자신이 더욱 비참하게 느껴진다. 이런 생각이 지속되면 심리습관에 문제가 생겨서 우울증에 빠지게 된다.

자신만의 기준을 가지고 살아가는 사람들은 상대가 아무리 우월해도 열등감을 느끼지 않는다. 대신 동기부여가 되어서 지금보다 더 열심히 가치추구를 하게 된다. 이런 사람들은 자신만의 가치관이 확고하기 때문에 상대가 아무리 허세를 부리고, 자기과시를 해도 전혀 흔들림이 없다. 이런 사람들은 항상 마음을 바로 세우고 살기 때문에 타인에 의한 비교심리도, 보상심리도 생기지 않아서 심리가 늘 안정적이다.

허영심이 많은 여자들은 스스로 상처를 만들기 때문에 쌓인 상처가 많다. 자신은 아직도 월세를 전전하는데 친구가 아파트를 장만하면 여자에게 상처가 된다.

친구 남편들은 하나같이 대기업에 다니는데 자신의 남편만 중소기업에 다니면 이 또한 상처가 된다. 이런 식으로 여자에게 상처가 쌓이고 쌓이다 보면 사소한 스트레스에도 상처가 작용해서 견디기가 힘들다.

상처가 작용하면 아프고 힘들다. 그래서 이런 감정에서 벗어나기 위해서 재미와 즐거움으로 기분전환을 하게 된다. 이런 상황이 반복이 되면 자신도 모르게 상처해리가 온다. 상처해리가 오면 감정은 사라지고 기분만 남기 때문에 인간관계에 문제가 생기면서 가정이 파탄 난다.

상처해리가 온 여자는 인생이 무조건 재미있고 즐거워야 마음이 편안해진다. 각종 모임에 나갈 때도 자신을 있는 대로 포장해야 마음이 놓인다. 그래서 명품 숍에서 옷과 구두, 핸드백을 렌트하고 미용실에 가서 있는 대로 외모를 꾸민다. 거울에 비친 자신의 모습을 본 여자는 자신이 마치 풍요롭고 여유 있는 삶을 살고 있다는 착각에 빠져서 자신감이 생긴다. 이런 여자들은 모임에 나가서도 자신을 과시하기에 바쁘다.

"이번 여름휴가 때 가족들과 함께 노르웨이로 크루즈여행을 다녀왔어요. 빙하가 얼마나 환상적이던지 지금도 눈에 선해요."

"너무 부럽네요. 저는 이번 휴가 때 아무 데도 못 갔는데."

사람들이 자신에게 관심을 가져주면 여자는 마치 상처가 치료된 듯 편안함을 느낀다. 이런 편안함 때문에 여자의 허영심은 시간이 갈수록 커진다.

자신의 처지에 비해 지나치게 사치가 심하거나, 과장된 말을 하는 여자는 허영심이 많다고 봐야 한다. 허영은 자신의 보잘 것 없는 실체를 감추기 위해 과대포장을 하는 것이다. 이런 과대포장에 속아서 스스로 자신을 비참하게 만드는 여자들도 있다.

허영심은 상처가 많은 여자들이 가지고 있다. 여기저기 생긴 상처를 가리려면 분을 바르고 그 위에 갖가지 색조를 입혀야 상처가 드러나지 않는다.

그럴듯한 포장지로 자신의 상처를 감추려면 사치와 소비를 많이 하게 된다. 게다가 재미와 즐거움을 추구하려면 돈도 많이 써야 한다. 그래서 자신의 처지에 맞지 않은 소비형태가 나타나는 것이 바로 허영심이다.

여자에게 상처가 작용하면 아프고, 힘들기 때문에 기분전환에 많이 매달린다. 기분전환을 하기 위해서 쇼핑을 하거나, 미장원에 가거나, 여행을 하게 된다. 이런 행동들은 상처를 잊기 위해서이다.

여자들은 상처가 작용할 때마다 마음의 위안을 얻고 싶어 한다. 마음의 위안을 받으면 상처가 치료된 듯 편안한 감정을 느끼기 때문이다.

위안을 해주는 것에는 무절제한 소비와 사치가 있다. 여기에 남자의 관심도 빠질 수가 없다. 어쨌든 여자의 허영심을 채우려면 돈이 있어야 한다. 그래서 남편 몰래 대출을 받고 카드 빚을 낸다. 사치를 부리면 부릴수록 자신감이 생겨서 마음은 편해지지만 빚은 갈수록 늘어만 간다.

상처가 많은 여자들은 일반적인 여자들에 비해서 지나치게 화장이 진하고 옷차림이 화려하다. 상처가 많으면 그만큼 가려야 할 곳이 많기 때문이다.

화려하면 할수록 많은 사람들은 자신에게 관심을 보인다. 그래서 사치스러운 여자들은 빚이 늘어나도 자신감이 생겨서 불안해하지 않는다. 그러나 이런 자신감은 오래가지 않는다. 자신감은 자존감과는 달리 감정이 아닌, 기분이기 때문이다.

기분은 타인의 시선이 사라지는 순간 없어진다. 그래서 돌아서면 덮어놓았던 상처가 그대로 드러나서 더 아프고, 더 고통스럽다. 그래서 상처를 잊으려고 전보다 더 사치에 집착하게 된다.

허영은 상처를 감추려고 하는 마음의 작용이고, 허세는 있는 척하는 생각의 작용이다. 허영은 마음이 작용하기 때문에 마음 심(心) 자가 붙는다. 반면 허세는 생각의 작용이기 때문에 마음 심(心) 자가 붙지 않는다.

허세는 허무맹랑한 소리나 행동을 하기 때문에 주로 기분인 남자들이 많이 부리고, 허영은 상처가 작용할 때마다 자신의 감정을 감춰야 하기 때문에 주로 여자들이 많이 부린다.

남자는 자신의 처지가 열등하게 느껴질 때 황당무계한 생각을 많이 한다. 실패에 실패를 거듭한 남자는 시 외곽에서 고물상을 운영하고 있다. 남자는 고물상을 하면서도 예전의 잘못을 뼈저리게 후회한다. 진즉에 자신의 잘못을 반면교사 했다면 지금쯤 성공했을 거라는 생각을 지울 수가 없다. 안타까운 후회로 일관하던 남자는 우연히 TV에서 자유자재로 움직이는 로봇을 봤다. 이때 남자는 자신도 뭔가를 발명할 수 있다는 생각을 한다. 그래서 로봇에 관련된 서적을 찾아서 읽고, 각종 로봇박람회에 참석해서 로봇의 움직임을 면밀히 관찰한다. 로봇에 대해 어느 정도 내공이 쌓인 남자는 고물상 한쪽에 쌓아둔 고철더미를 뒤져서 로봇제작에 돌입한다. 로봇을 연구하면 할수록 재미가 있어서 시간 가는 줄 모르고 로봇제작에 열정을 쏟는다.

남자는 이제 자신의 고물상 간판을 떼고 로봇연구소라는 새 간판을 단다. 자신의 직함도 자동적으로 로봇연구소장이다. 누가 직업을 물으면 자연스럽게 '로봇과학자'라는 말이 튀어나온다.

지금 당장 움직이는 로봇을 만들어내지 못해도 남자는 언젠가는 자신의 연구가 미래가치와 연결될 거라고 확신한다. 그래서 남자는 마치 로봇과학자라도 된 양 허세를 부린다. 남자의 이런 행동은 실패에 대한 열등감을 덮기 위한 일종의 자기과시이다.

허세가 심한 남자들은 자신의 신분을 속이고 상대에게 접근한다. 이런 남자들의 목적에는 두 가지가 있다. 하나는 여자를 유혹하기 위해서이고, 다른 하나는 금전적 이득을 취하기 위해서이다.

자본주의사회는 부와 지위와 명예를 가진 사람에게 관대하다. 사기꾼들은 상대의 이런 약점을 꿰뚫고 자신이 엄청난 지위를 가진 것처럼, 엄청난 부를 축적한 것처럼 허세를 부린다. 허세를 부리면 부릴수록 목적을 이루기가 쉽다.

가치에는 경제적 가치, 관계적 가치, 사회적 가치가 있다. 허세가 심한 사람들은 실질적으로 추구하는 것이 없어도 마치 가치를 추구하는 것처럼 보이려고 재벌의 흉내를 내고, 고위직에 있는 것처럼 신분을 속이고, 사회적 약자를 위해서 많은 봉사를 하는 것처럼 행동한다.

열등한 자신을 포장하려면 있는 대로 허세를 부려야 상대가 믿는다. 그래서 명품 옷에 고가의 외제차를 타고 다니면서 손쉬운 사냥감을 찾아다닌다. 이런 사람에게 당하는 피해자도 알고 보면 공범이나 마찬가지이다. 자신의 능력 밖인 욕망을 사기꾼에게 추구했기 때문이다.

욕망에 사로잡힌 사람들은 상대의 반짝거림이 진짜인지, 가짜인지를 구별하지 못한다. 자신의 처지가 늘 불만인 사람들에게는 허세가 심한 남자의 출현은 한몫 잡을 수 있는 절호의 기회라고 생각한다. 하지만 욕망에 가려진 선택은 언제나 치명적인 결과를 가지고 온다는 것을 잊으면 안 된다.

목표를 향한 미래적 가치를 추구하기 위해서 적당한 허세는 괜찮다. 그러나 허세가 과도하면 상대에게 자신의 허세를 증명해야 하기 때문에 어쩔 수 없이 사기를 치게 된다.

"요즘 전기차 배터리에 들어가는 양극제가 부족해서 셀업체마다 저희 회사를 찾아와서 공급량을 늘려달라고 난리지요. 공장증설에 필요한 시설자금을 대준다고 해도 안 받습니다. 지금 현재 제가 갑의 위치에 있는데 시설자금을 받으면 을의 위치로 바뀔 것 아닙니까? 그래서 소수의 일반인들의 투자만 받습니다."

남자가 이렇게 한마디만 던져도 너도나도 돈을 들고 온다. 이런 행동은 서로의 욕망이 맞아떨어진 결과라고 할 수 있다.

같은 수법으로 반복해서 사기를 치다 보면 자신이 만들어놓은 가짜 세계가 진짜세계처럼 여겨진다. 이렇게 되면 남자는 자신도 모르게 리플리증후군으로 들어간 것이다.

리플리증후군은 자신의 허세를 진짜로 만들기 위해서 아예 자신을 세뇌시켜 버리는 것이다. 그래서 허세가 심한 사람들 대부분은 리플리증후군에 들어갔다고 봐도 무방하다. 자신의 거짓말을 진짜로 믿는 남자를 의심할 사람은 아무도 없다. 이런 남자는 마음껏 허세를 부리면서도 자신의 실체가 탄로 나지 않기 위해서 나름대로 노력을 많이 한다.

허세를 부리는 사람들은 자신의 허위신분이 탄로 나지 않게 그 분야에 대한 지식과 정보를 꼼꼼하게 챙긴다. 허위신분으로 살다 보면 본인 스스로 진짜라고 믿는다. 그래서 리플리증후군이 있는 남자의 신분을 타인들은 100%로 믿게 된다.

'판매원이 백 명 있어도 도둑 한 명을 잡지 못한다'라는 말이 있다. 무방비에 있는 사람들을 사기꾼이 작정하고 덤비면 다 넘어가게 되어 있다.

명문대 음대를 졸업하고 미국 줄리아드에서 음악학 석사를 받은 여자가 있다. 유학 갈 때만 해도 아버지의 사업이 호황이었는데 학위를 받고 돌아와 보니 집안은 거의 파산상태에 놓여있었다.

여자는 지방대에 강사 자리를 얻어서 일주일에 세 번 출강하지만 교통비를 빼고 나면 손에 남는 것이 없어서 하루하루가 절망적이었다. 이런 여자에게 아는 지인이 벤처기업을 운영한다는 한 남자를 소개해 줬다.

평소 명품에 관심이 많았던 여자는 남자의 몸에 착용된 옷과 시계, 안경과 벨트, 구두와 가방을 보고 그의 재력이 어느 정도인지 가늠할 수가 있었다. 이런 남자가 자신을 마음에 들어하는 것을 보고 자신의 인생에 기적이 일어났다고 믿었다. 두 사람은 오래 사귄 연인처럼 대화가 잘 통해서 급속도로 가까워졌다.

대화가 잘 통하려면 일단 자신의 목적과 상대의 목적을 알아야 한다. 그런 다음 자신이 먼저 마음을 열면 상대도 자연스럽게 마음을 연다.

여자는 남자의 재력이 목적이었고, 남자는 여자의 학벌이 목적이었다. 이렇게 되면 서로의 목적에 부합되기 때문에 대화는 자연스럽게 이어질 수밖에 없다.

여자는 남자를 만난 지 얼마 되지 않아 임신을 하게 되어서 결혼을 서두르게 됐다. 여자의 부모가 사위가 될 남자를 만났다. 남자에 대한 신상은 오로지 딸이 전한 것밖에 모른다.

회사 일로 늘 바쁜 남자가 여자의 부모를 만나는 자리에 늦게 나왔다. 여자의 부모는 한눈에 봐도 귀티가 줄줄 흐르는 남자의 인상을 좋게 받아들였다. 그러나 그런 호감도 잠깐, 남자의 가벼운 태도에서 실망감을 감출수가 없었다.

"아침에 회의가 있어서 급하게 나오는 바람에 평상시처럼 브레게 시계를 차고 나와야 되는데 집에서 차는 몽크로스 시계를 차고 나왔네요."

남자의 조잡한 허세에 실망한 여자의 부모는 딸에게 남자의 주민번호를 알아내서 신상조사에 들어갔다.

딸이 말하던 남자의 출신 대학, 현재 운영하는 사업체와 남자가 사는 아파트, 수입 자동차, 남자 부모의 이력에 대해서도 모조리 알아봤다. 남자의 실체는 딸의 말과는 완전히 달랐다.

남자는 전문대 중퇴였고, 사업체는 논현동의 지하 호프집이었고, 자신의 소유라고 하던 강남의 아파트는 월세였다. 수입 자동차 역시도 렌

트였고, 대기업 중역으로 정년퇴직을 했다던 남자의 아버지는 수년간 주차장 경비로 근무했다.

드러난 사실에 충격을 받은 여자의 아버지는 남자와 헤어질 것을 강요했다. 그러나 딸은 남자와의 결혼을 고집했다.

"이런 쓰레기 같은 인간과 결혼하라고 너 유학 보낸 거 아니다!"

"우리 집 상황이 너무 절망적이어서 무조건 돈 있는 남자를 만나고 싶었어요. 하지만 그 사람 말이 다 거짓말이라고 해도 이미 그 사람을 사랑하기 때문에 죽어도 못 헤어져요."

결국 여자는 부모와 인연을 끊고 남자를 택했다. 그러나 여자는 스스로 선택한 결과에 대해 엄청난 대가를 치러야 했다.

사람마다 자신에게 없는 뭔가를 필요로 한다. 사기꾼은 상대가 무엇을 욕망하는지 귀신처럼 안다. 그래서 그 욕망을 충족시켜 주기 위해서 목적을 가지고 접근한다. 상대의 욕망이 돈이나 지위를 얻는 것이라면 자신의 신분을 성공한 기업가나 고위직 인사로 위장한다. 이런 사기꾼들은 카멜레온처럼 상황에 따라서 자신의 신분을 자유자재로 바꾸기 때문에 상대는 아무 의심 없이 그의 말을 믿게 된다.

많은 지식과 경험으로 무장된 사람들은 자신만의 확실한 기준을 가지고 산다. 자신의 능력을 뛰어넘는 욕망을 갈구하지도 않고, 내세우지도 않는다. 항상 자신만의 기준을 가지고 살기 때문에 상대가 아무리 그럴듯한 말과 행동을 해도 참과 거짓을 금방 구분한다. 사기꾼들은 이처럼 자존감이 높은 사람에게는 아예 접근을 하지 않는다.

이와 반대로 지식이 없거나 경험이 없는 사람들은 자신만의 기준이 없다. 그래서 옳고 그름을 판단할 수가 없어서 타인들의 말에 쉽게 흔들리기 쉽다. 이런 사람들은 참과 거짓의 경계를 알지 못해서 상대가 목적을 가지고 접근해도 불순한 의도를 읽지 못한다. 그래서 항상 뒤늦은 후회로 탓과 원망을 하면서 살아간다.

인간관계 속에서 자아실현을 하며 살아가다 보면 별의별 사람들을 다 만난다. 지나치게 솔직한 사람이 있는가 하면, 자신을 교묘하게 포장하는 사람도 있다. 자신을 포장하는 사람은 허세가 심한 사람이다. 상대가 원하는 욕망인 무엇인지를 알고 거기에 맞게 처신을 하기 때문에 자신의 목적을 쉽게 이룬다.

허세가 심한 남자에게 속아서 물질적, 정신적으로 피해를 입으면 그 고통이 워낙 커서 사람을 불신하게 된다. 잃어버린 물질은 노력해서 다시 채워넣으면 되지만 파괴된 마음은 쉽게 회복되지 않는다. 그래서 마음의 병으로 인해 인간적인 삶을 포기하기도 한다.

철저히 믿었던 사람이 목적을 가지고 접근한 사기꾼에 불과했다는 사실이 너무나 수치스럽고 후회스러워서 늘 마음이 힘들고 답답하면 쉽게 노이로제와 우울증에 빠지게 된다. 이때 빨리 치료를 하지 않으면 스트레스와 상처가 올라올 때마다 '내가 왜 살지?'라는 생각을 하게 된다. 이런 생각이 지속되면 더는 존재할 이유가 없어서 스스로 생을 마감하게 된다.

인간관계에서 배신을 크게 당하면 사소한 일에도 강력한 스트레스와 상처가 올라온다. 이럴 경우 자신의 감정을 다스리기가 힘들어서 번아웃이 오거나, 히스테리가 발생한다. 이때는 반드시 전문가의 치료를 받아야 예전의 심리상태로 회복된다.

누군가가 나에게 관심을 가지고 호의를 베풀면 표면적인 것만으로 상대를 평가해서는 안 된다. 상대의 포장이 아무리 마음에 들어도 포장 밑에 감춰진 이면까지도 들여다볼 줄 알아야 한다. 상대의 포장이 과대 포장인지, 있는 그대로의 실체인지를 알아야 인간관계에 문제가 생기지 않는다.

세상으로부터 나를 보호하려면 항상 마음을 바로 세우고 살아야 한다. 마음을 바로 세운다는 것은 자신만의 올바른 기준을 가지고 살아간다는 것이다. 올바른 기준은 나만의 법칙이자 습관이다.

남자는 스트레스가 발생하면 무조건 제거한다. 이때 무턱대고 화를 내는 사람도 있고, 폭언을 퍼붓는 사람도 있고, 인상을 쓰는 사람도 있다. 그러나 이런 처리방법은 상대에게 심리적인 피해를 주기 때문에 기존의 습관을 좋은 습관으로 전환해야 한다.

반면 여자는 스트레스가 발생하면 무조건 수용해서 상처로 쌓아둔다. 그러나 상처가 치료되지 않고 계속해서 쌓이기만 하면 사소한 스트레스에도 상처가 작용해서 자신도 모르게 짜증이 나고 신경질이 난다. 이런 경우도 상대에게 심리적인 피해를 주기 때문에 부정감정을 처리할 수 있는 나만의 좋은 습관을 만들어야 인간관계에 문제가 생기지 않는다.

허영심이 많은 여자들은 상처가 많다. 그래서 사소한 스트레스만 받아도 쌓인 상처가 한꺼번에 작용해서 히스테리가 발생한다. 자신은 인생을 늘 화려하고, 즐겁고, 재미있게 살아야 되는데 그렇지 못하면 견딜 수가 없어서 폭발한다. 이런 증상이 바로 여자의 히스테리이다.

히스테리는 자신의 분노를 통제하지 못해서 그 순간 이성을 잃어버리기 때문에 정신병이다. 이런 증상이 있는 여자들은 어딜 가든지 자신이 제일 돋보여야 마음이 편안해진다. 모임에 나갔는데 자신보다 더 돋보이는 여자가 있으면 시기와 질투로 견디지를 못한다.

　허영심이 많은 A가 여고 동창모임에 값비싼 명품 가방을 들고 나갔는데 한 친구가 한정판 명품 백을 들고 와서 모든 동창들의 관심이 여자의 가방에만 쏠렸다. 그 순간 시기와 질투로 히스테리가 발생한 A는 다짜고짜 여자의 가방을 빼앗아 멀리 집어 던지면서 소리를 지른다.

　"이딴 가방이 뭐라고 내가 들어와도 아는 척도 안하는 거야? 얘가 들고 다니는 가방은 모조리 짝퉁이야, 이 한심한 인간들아!"

　A의 말과 행동, 표정은 한눈에 봐도 정상적이지 않아서 동창들은 모두 그 자리를 피한다. 히스테리는 정신병이기 때문에 무조건 피하는 것이 상책이다.

　허영심은 상처가 작용되는 순간 그것을 덮으려고 할 때 나타나는 행동이다. 상대가 자신보다 더 우월한 위치에 있으면 자신도 모르게 상처가 작용하기 때문이다. 허영심은 상처가 많으면 많을수록 커지기 때문에 인생의 위기를 맞지 않으려면 상처치료부터 해야 허영심이 사라진다.

　남자의 허세는 상대의 물질과 마음을 파괴하고, 여자의 허영심은 자신의 물질과 자신의 마음을 파괴한다.

　허세로 인한 마음의 파괴는 기분이기 때문에 그만큼 회복도 빠르다. 그러나 허영심은 자신의 감정을 파괴하기 때문에 감정이 회복되기 까지 많은 시간이 걸린다.

　자신에게 지나친 허세가 몸에 배었다면, 자신에게 필요 이상 허영심이 있다면 치료를 해서 올바른 가치관을 정립해야 한다. 그렇지 않으면 갈수록 심리가 악화되어서 인간적인 삶을 살기가 힘들어진다.

남자의 허세와 여자의 허영을 치료할 때 치료방법이 다르다. 남자의 치료는 사실기억을 바꾸는 것이다.

A라고 생각하면서 살았던 과거의 사실기억을 B로 바꾸는 것이다. 기억된 사실을 바꾸는 것은 어렵기 때문에 A를 B라고 자신을 세뇌시켜야 한다. 처음에 A를 B로 인식하는 것이 쉽지 않다. 그러나 힘들어도 꾸준히 반복해서 A를 B라고 인식시키면 자신도 모르게 세뇌가 된다.

남자는 기억감정을 갖고 있지 않아서 사실을 세뇌시키기가 쉽다. 그러나 여자는 항상 사실과 감정을 함께 기억하기 때문에 사실이 아닌, 감정을 치료해야 상처가 치료된다.

남자가 허세를 부리는 이유는 자신이 가지지 못한 물질에 대한 욕구가 스트레스로 작용하기 때문이다. 남자는 스트레스가 작용하면 무조건 제거를 해야 되는데 제거를 하기 위해서는 자신의 욕구가 충족되어야 한다. 그러나 그럴 능력이 없기 때문에 아예 있는 척 허세를 부리는 것이다.

물질에 대한 스트레스가 강력하면 강력할수록 남자의 허세는 점점 더 심해진다. 허세가 있는 남자를 치료하려면 남자 스스로 만들어놓은 가짜기억을 진짜로 되돌려 놓으면 된다.

허세가 심한 사람들은 대개 자신이 가지지 않은 것을 커버하기 위해 가짜를 만들어서 진짜인 양 위장한다. 가짜에 오래 길들여지면 남자는 자신이 정말로 원하는 것을 가졌다고 착각하면서 살아간다. 치료를 해서 온전한 인간으로 살기 위해서는 과거의 가짜A를 현재의 B로 인식할 수 있도록 반복적으로 머릿속에 집어넣어야 한다. 세뇌가 되면 가짜를 떨쳐내고 정상적인 자신으로 돌아온다.

여자의 허영심을 치료하기 위해서는 상처를 치료해야 된다. 여자는 사실과 감정을 함께 기억한다. 그래서 치료를 할 때 사실은 그대로 두고 사실에 붙은 감정만 치료하면 된다.

히스테리가 극에 달한 여자도, 허영심이 많은 여자도 상처감정만 치료하면 된다.

여자의 상처치료는 일단 자신의 상처를 이해해야 한다. 자신에게 상처가 왜 생겼는지 이해한 상태에서 사랑하는 사람의 관심을 받으면 저절로 치료가 된다. 관심받을 사람이 없으면 내가 나에게 관심을 줘도 치료가 된다. 다만 자신의 상처를 이해해야만이 무의식이 상처를 치료한다.

이해는 이치를 아는 것이다. 보이는 것을 이해하는 것이 아니라 내 마음이 어떻게 작용되고 있는지에 대한 이치를 정확하게 아는 것이다.

자신에게 왜 허영심이 생겼는지를 정확하게 알면 쌓인 상처의 원인도 알게 된다. 상처의 원인을 알면 마음의 작용도 저절로 알게 된다.

자신에게 관심을 준다는 것은 처음에는 상당히 불편하다. 그러나 내가 나에게 관심을 줄수록 쌓인 상처가 치료되면서 힘들고 답답하던 마음이 서서히 편해지기 시작한다.

마음이 편해진다는 것은 감정이 치료되기 시작했다는 것이다. 상처치료가 되면 사랑의 감정, 행복의 감정이 저절로 만들어진다.

상처가 치료되면 상처가 작용할 이유가 없다. 그래서 굳이 예전처럼 상처를 덮으려고 무분별한 소비를 하고, 재미와 즐거움을 위해 사치를 하는 일도 없어진다.

상처가 치료되면 나만의 기준이 만들어지기 때문에 항상 마음을 바로 세우고 산다. 마음이 바로 서면 타인의 시선에 신경 쓰지 않고, 타인이 호의를 베풀어도 그의 표면과 이면을 정확히 읽을 수 있어서 후회하는 일이 생기지 않는다.

〈질문과 답변〉

〈질문〉 상처가 많은 여자들은 대개 우울증으로 빠진다고 알고 있다. 사치와 쾌락을 좇는 허영은 우울증에서 중독증으로 옮겨간 것인가?

〈답변〉 그렇다. 여자의 상처가 치료되지 않고 쌓이기만 하면 자신도 모르게 우울증에 걸린다. 우울증을 치료하기 위해서 마이너스감정을 플러스감정으로 전환하는 과정에 상처해리가 발생한다.

상처가 작용하면 힘들고 아프다. 부정감정에서 벗어나려고 재미와 즐거움을 쫓다 보면 자신도 모르게 습관이 되어서 중독으로 들어간다. 이것이 상처해리이다.

여자가 중독에 들어가면 자신의 재미와 즐거움을 위해서라면 무엇이든지 한다. 남자가 생기면 아낌없이 남자를 위해 돈을 쓰고, 우월감을 느끼기 위해서 온갖 사치를 일삼는다. 타인보다 자신이 우월하다는 생각도 일종의 즐거움이기 때문이다.

소비중독에 빠진 여자가 소비를 하지 못하면 자신도 모르게 히스테리가 발생한다. 관계중독에 들어간 여자가 남자를 만나지 못해도 히스테리가 발생한다. 히스테리는 그 순간의 감정을 통제하지 못해서 자신도 모르게 정신이 나가버리기 때문에 매우 위험하다.

허영심이 지나치게 많은 여자들은 상처치료부터 해야 한다. 그렇지 않으면 갈수록 심리가 악화되어서 호미로 막을 일을 가래로도 막지 못해서 파멸의 인생을 살게 된다.

〈질문〉 허세와 허영은 자신보다 못한 사람이 아닌, 잘난 사람들 앞에서 부릴 것 같다. 자신보다 더 우월한 가치를 가진 사람을 보면 열등감이 생겨서 그것을 커버하려는 표현이 바로 허세와 허영이라고 생각한다.

〈답변〉 사람의 심리는 양면성을 가지고 있기 때문에 허영과 허세는 나보다 우월한 사람 앞에서도 생기고, 나보다 열등한 사람 앞에서도 생긴다.

허세는 자신의 스트레스를 관리하지 못해서 나타나는 현상이고, 허영은 자신의 상처관리를 못해서 나타나는 현상이다.

평소 자신의 인생이 그런대로 괜찮다고 자부하면서 살았는데 어떤 모임에 나갔더니 모두가 잘나가는 사람들만 모였다면 열등감을 느낄 수밖에 없다. 이렇게 되면 스트레스가 심해지면서 심리가 불안정해질 수밖에 없다. 그러나 자신만의 분명한 기준을 가지고 사는 사람들은 비교심리가 작용하지 않는다. 자신이 가진 것만으로도 충분히 만족하기 때문이다. 그러나 자기합리화로 현상유지만 하고 살아가면 모험과 도전정신과 같은 열정이 생기지 않는다. 그렇기 때문에 적당한 허세와 허영은 가치와 의미를 추구하는 데 있어서 도움이 되기도 한다. 대신 지나치면 반드시 부작용이 생기기 때문에 스스로 자신의 마음을 관리하고 경계해야 중독으로 빠지지 않는다.

〈질문〉 지나친 허세나 허영이 있는 부모를 가진 자녀들은 관계적응이나 자아형성을 하는 데 문제가 없나?

〈답변〉 자녀의 성장과정에서 심리에 가장 큰 영향을 주는 사람은 아빠가 아닌 엄마다. 남자는 기분이어서 아이가 잘못을 저지르면 그 상황을 견디지 못하고 손이 먼저 올라간다. 그러나 돌아서면 자신의 행동을 까맣게 잊어버린다.

 반면 여자는 모성애라는 감정을 가지고 있기 때문에 남자의 폭력이 상처로 각인된다. 그래서 아이에게 더 많은 애정을 쏟으면서 자신의 상처를 치료한다.

 허영심이 강한 엄마는 이미 중독에 들어갔기 때문에 감정이 없다. 아이를 키울 때 필요한 모성애 대신 자신의 기분에 의해 아이를 양육한다. 이렇게 되면 아이의 심리는 불안정해질 수밖에 없다. 심리가 불안정하면 친구들과 관계적응도 잘하지 못하고, 올바른 자아형성도 안 된다. 이런 아이가 성인이 되면 자신만의 기준이 만들어지지 않아서 인간관계에 많은 문제가 생길 수밖에 없다.

 아이의 미래를 위해서라도 기분으로만 살아가는 엄마는 반드시 상처치료를 받아야 한다. 엄마의 상처가 치료되면 사라졌던 감정이 되살아나면서 아이에 대한 사랑의 감정, 행복의 감정이 만들어진다. 이렇게 되면 불안정하던 아이의 심리는 자연히 안정을 찾게 된다.

〈질문〉 자아형성기에 있는 아이가 공부도 잘하고, 봉사활동도 많이 해서 학교장 상은 물론이고 대외적인 상도 받았다. 이런 아이의 엄마는 SNS에서 자식이 상 받은 자랑을 도배하다시피 한다. 이런 엄마를 바라보는 아이의 심리는 어떻게 작용하나?

〈답변〉 자녀가 상을 받아서 기분이 좋은 엄마는 계속 SNS에 자녀자랑을 한다. 아이는 자신의 상에 열광하는 엄마를 보면 덩달아 기분이 좋아진다. 그래서 엄마를 위해 더 열심히 공부하고 봉사활동에 참여해서 학기마다 상을 받는다. 그러다가 아이가 상을 받지 못하면 엄마의 감정은 그대로 폭발한다.

인생은 자신이 원하는 대로 흘러가지 않는다. 노력해서 성과가 날 때도 있고, 그렇지 않을 때도 있다. 그러나 항상 잘된다고 믿는 사람들은 자신의 뜻대로 되지 않으면 그 상황을 받아들이지 못해서 심리에 문제를 일으킨다.

시행착오 없이 살아가는 아이는 실패에 대한 경험치가 없어서 자신이 원하는 대로 되지 않으면 탓과 원망을 하게 된다. 이런 심리가 습관이 되면 문제가 생길 때마다 자기합리화만 하기 때문에 문제해결능력이 만들어지지 않는다.

자아형성기 때 아이가 늘 일등만 하기를 바라는 것보다는 성적이 오르락내리락하는 경험을 해야 이번 시험에 무엇이 부족했는지, 무엇이 잘못되었는지를 알 수가 있다. 이런 시행착오를 겪어야만 실수에 대한 회복력이 키워진다.

부모가 되어서 아이가 무조건 공부를 잘하기만을 바란다면 아이의 자아형성에 도움이 되지 않는다.

〈질문〉 허세가 심한 남자는 과거의 가짜인식을 버리고 올바른 방향으로 세뇌를 시켜야 치료가 된다고 했다. 잘못된 인식을 스스로 올바른 인식으로 바꾸기가 쉽지 않을 것 같다. 어른들이 항상 하는 말이 물건은 고쳐서 쓸 수가 있지만 사람은 고쳐 쓸 수가 없다고 하지 않나?

〈답변〉 허세가 심한 사람은 스트레스를 잘 관리하지 못해서 생긴 결과물이다. 자신의 기준이 올바르지 않으면 정상적인 것을 잘못되었다고 생각하고, 비정상적인 것을 옳다고 생각한다. 이처럼 생각이 왜곡되면 자신에게 없는 것을 있는 것처럼 표현한다. 이것이 허세이다.

청소년기에 자아가 올바로 형성되지 않으면 무엇이 옳고, 그른지 판단능력이 떨어진다. 판단능력이 떨어지면 올바른 자아실현을 하지 못한다.

청소년기에 올바른 자아형성을 하기 위해서는 무엇보다도 학교교육이 바로 서야 올바른 가치기준을 세울 수가 있다. 이 시기에 가치가 왜곡되면 성인이 되었을 때 심각한 사회문제를 일으키게 된다.

습관은 하루아침에 만들어지지 않는다. 그렇기 때문에 부모들은 아이들이 어릴 때부터 올바른 습관을 만들 수 있도록 양육을 잘해야 한다. 왜곡된 인식습관을 올바른 인식습관으로 전환하려면 많은 시간과 노력을 투자해야 하기 때문에 쉽지가 않다.

인식습관에 문제가 있는 허세는 심리장애이다. 심리문제는 문제만 해결하면 저절로 회복이 되지만 심리장애는 이미 심리 하나가 고장이 났기 때문에 전문가의 치료를 받아야만 회복이 된다.

정상적인 사람들은 네모를 네모라고 말한다. 반면 심리장애자들은 인식습관에 문제가 생겼기 때문에 네모를 원이나 세모라고 말한다.

인간관계에서 서로의 생각이 다르면 스트레스와 상처가 발생할 수밖에 없다. 그래서 사람들은 가급적 스트레스와 상처를 받지 않으려고 자신과 생각이 같은 사람들과 어울리려고 한다. 정상인들은 정상인들끼리, 심리장애자들은 심리장애자들끼리 어울려야 서로의 생각이 잘 통해서 마음이 편안해지고 즐겁다.

이미 고착화된 인식습관을 스스로 바꾼다는 것은 하늘에 있는 별을 따는 것처럼 어렵다. 그렇기 때문에 심리에 장애가 생겼다면 반드시 전문가의 도움을 받아야 심리습관의 문제가 해결된다.

〈질문〉 허영과 허세를 부리는 사람들은 근거 없는 자신감에 사로잡혀서 일방적으로 일을 추진하기 때문에 많은 사람들이 여기에 현혹되는 것 같다. 그러나 상대가 아무리 감언이설로 뭔가를 보여줘도 자존감이 높은 사람들은 가짜와 진짜를 쉽게 구분하는 것 같다.

〈답변〉 자존감은 감정이고 자신감은 기분이다. 자존심은 자신감과 연결되어 있기 때문에 대체적으로 기분에 의해서 좌지우지된다. 그러나 자존감은 기분이 아닌, 감정에 의해 좌지우지되기 때문에 자존감은 남자가 아닌, 여자에게만 있다.

남자들은 기분이기 때문에 평소 자존심을 굉장히 내세운다. 상처해리가 온 여자들도 감정은 없고 기분만 살아있어서 자존심을 내세운다. 이런 여자들은 기분이 조금이라도 나쁘면 '자존심이 상한다'라는 말을 자주한다. 허세가 있는 남자들은 이런 여자의 자존심을 의도적으로 건드려서 자신의 목적을 쉽게 달성한다.

자신감과 자존감의 차이점은 바로 기분과 감정이다. 자신감인 기분은 타인의 반응에 의해서 만들어진다. 자존감은 타인이 아닌, 나를 중심으로 만들어지기 때문에 타인의 반응에는 관심이 없다. 오로지 나를 중심으로 생각하고 판단한다. 즉, 자신을 신뢰하기 때문에 타인의 영향을 받지 않는다.

문제가 생겼을 때 문제해결을 위해서 항상 노력하다 보면 자신만의 옳고, 그름의 기준이 분명히 선다. 이 기준이 많으면 많을수록 문제해결능력이 향상되어서 자존감 역시 높아진다.

〈질문〉 인생을 살아가면서 내가 어느 위치에 서있는지 자연히 타인과 비교하게 된다. 이때 내가 상대보다 못하면 무시당할까 봐 자연히 허세나 허영을 부리게 된다. 이처럼 자신을 보호하려는 심리가 인간의 본능이라고 생각한다.

〈답변〉 허세는 어제와 다른 나를 상상하는 것과 마찬가지이다. 나보다 우월한 상대를 만나서 스트레스를 받았다면 그것을 제거하기 위해서는 상대보다 내가 더 많이 가진 것처럼 허세를 부려야 마음이 편안해진다. 그러나 이런 심리가 반복되면 자신도 모르게 잘못된 인식습관이 만들어져서 돈이 없어도 있는 척, 능력이 없어도 많은 척하게 된다. 이런 심리습관은 올바르지 않기 때문에 인간관계에 많은 문제가 생길 수밖에 없다.

 자존감이 있는 사람들은 자기 자신을 존중하기 때문에 상대가 나를 어떻게 생각하든 말든 전혀 개의치 않는다. 이와 반대로 자존감이 없는 사람들은 항상 상대의 시선을 의식하기 때문에 무시당하지 않으려고 거짓을 만들어낸다.

 인생은 타인에게 잘 보이기 위해 사는 것이 아니다. 그러나 자아실현의 추진력을 위해서 적당한 허세와 허영이 필요한 것은 사실이다. 인간의 심리는 항상 대칭을 이루기 때문에 장점이 단점이 될 수도 있고, 단점이 장점이 될 수도 있다는 것을 항상 염두에 두고 살아야 한다.

〈질문〉 동물들은 포식자에게 먹히지 않기 위해서 위기에 처했을 때 자신의 몸을 최대한으로 부풀린다. 이런 점에서 허세는 필요하다고 생각한다.

〈답변〉 적당한 허세와 허영은 자아실현을 추구하는 데 있어서 좋은 에너지가 될 수도 있다. 그러나 지나치면 중독이 되어서 본인은 물론 타인에게까지 피해를 입힌다.

　열등감에 빠진 남자들이 허세를 부리는 것은 일종의 스트레스를 제거하는 수단이다. 동물들이 위기에 처했을 때 몸을 빵빵하게 만드는 것도 포식자에 대한 불안감을 제거하기 위한 수단이다. 어차피 상대에 비해 내가 열등하기 때문에 될 수 있는 한 강한 척, 있는 척해야 마음이 편안해진다.

　나보다 잘나가는 상대에게 스트레스와 상처를 받았다면 제때에 부정감정을 처리할 수 있는 능력을 만들어놓아야 한다. 스트레스와 상처가 힐링되지 않은 채 지속되면 왜곡된 인식으로 인해 자신도 모르게 가짜인생을 살게 된다.

〈질문〉 백화점 수입 아동복 코너에 이틀이 멀다 하고 신상품을 사러 오는 여자가 있었다. 매장 직원으로부터 정보를 얻은 한 TV기자가 여자를 잠복취재를 해보니 생각과는 달리 연립주택 지하층에 살고 있었다. 여자에게 쇼핑중독에 대해서 이유를 물으니 신상 아동복을 구입할 때 판매원이 자신을 우월한 존재로 봐줘서 자주 가게 되었다고 한다. 이런 행동도 허영과 허세로 봐야 하나?

〈답변〉 허영은 자기 처지와는 달리 필요 이상의 겉치레를 할 때를 말한다. 이 여자는 자신을 과시하기보다는 자신에게 위안을 주기 위해 백화점을 찾은 것 같다. 자세히는 모르지만 늘 무시만 당하고 살다가 옷을 구입할 때 판매원으로부터 받는 대접과 관심에 중독이 된 것 같다.

여자들은 현재가 만족스럽지가 않으면 미래도 부정적으로 생각한다. 그래서 여자는 미래를 위해서 살아가기보다는 현재의 만족을 위해서 뭔가 과감하게 저지르고 싶은 충동을 느낀다. 그 충동이 여자에게는 아이에게 입힐 명품 옷이다. 평상시에는 꿈도 못 꾸던 쇼핑이지만 과감하게 지르고 나니 그동안의 불만이 해소되면서 행복감을 느낀다. 이런 감정을 느끼기 위해서 여자는 반복적으로 수입 아동복 코너를 찾게 된다.

사람은 크고 작은 불만이 쌓이면 어떻게든 자신만의 탈출구를 찾게 된다. 그래서 마음이 힘들고 답답할 때마다 쇼핑을 하거나, 여행을 떠나거나, 술을 마시거나 도박에 손대게 된다. 이런 행동들은 자신의 상처를 덮기 위한 허영심이 아니라 욕구불만이 억압되어서 나타나는 행동으로 봐야 한다.

4.
공감능력

 공감은 감정을 상대와 함께 느끼는 것이다. 그렇기 때문에 인간관계에서의 공감능력은 굉장히 중요하다. 상대와 공감을 못한다는 것은 상대의 마음을 읽지 못하기 때문에 지금의 상황이 슬픈지, 힘든지, 즐거운지를 알지 못해서 상처를 주기도 한다.
 사이코패스, 소시오패스와 같은 범죄자는 일반인에 비해 공감능력이 상당히 떨어진다. 상대가 살려달라고 울부짖을 때 고통에 공감하는 것이 아니라 오히려 상대의 불안과 공포에서 희열을 느낀다. 이런 희열을 느끼기 위해서 사이코패스, 소시오패스는 살인의 강박을 느끼기도 한다.
 상대의 감정은 기분에 의해서 만들어진다. 기분을 한 장의 사진이라고 보면, 감정은 사진첩이다. 이처럼 기분은 일시적이고 즉흥적인 반면 감정은 지속적이고 오래간다. 그러나 감정이 아무리 오래간다고 해도 감정의 원천은 기분이다.
 인간은 몸과 마음을 가지고 있다. 몸은 5개의 감각기관을 가지고 있는데 이것을 통하여 인식된 것을 느낄 때 기분이 만들어진다. 기분은 자극이 없으면 만들어지지 않는다. 대신 자극이 사라지면 기분도 따라서 사라진다.

반면 감정은 자극이 사라졌음에도 불구하고 자극이 계속 지속되는 것처럼 느껴지기 때문에 오래간다. 이처럼 5개 감각기관을 통해 인식된 것을 직접 느낄 때는 기분이고, 직접 느끼지 않았는데도 사실처럼 느껴지는 것을 감정이라고 표현한다.

남자들은 술을 마시다가 친구가 옆자리의 손님과 시비가 붙으면 함께 싸우는 경우가 많다. 이런 현상은 친구의 기분에 공감하기 때문이다. 기분에 공감한다는 것은 친구와 똑같이 기분 나쁜 자극을 받고 있다는 말이 된다. 즉, 5개 감각기관으로 들어오는 자극을 친구와 같이 느끼면 공감한다고 말한다.

사람들은 야구장에서, 축구장에서, 농구장에서 친구들끼리 기분을 공유한다. 자기편이 한 골을 넣으면 운동장이 떠나갈 듯 환호성을 지르고, 상대편이 한 골을 넣으면 실책한 선수에게 화를 내거나 욕설을 퍼붓는다. 이 시간만큼은 친구들과 동심일체가 된다. 그러나 경기가 끝나면 함께 느꼈던 즐거운 기분도 사라진다.

남자는 기분에 좌지우지되지만 감정은 못 느낀다. 남자에게 감정이 없다고 하면 의아해하는 사람들이 많다. 남자에게 감정이 있다고 느껴지는 것은 기분이 지속될 때이다.

기분은 자극이 들어오면 느끼고, 사라지면 못 느낀다. 지금 친구와 함께 경기를 보면서 환호성을 지르고 열광하는 것은 같은 자극을 받고 있다는 것이다. 이것이 기분이 주는 공감이다.

여자는 기분도 느끼고, 감정도 느낀다. 여자가 상대에게 공감할 때는 기분이 아닌, 감정에 공감한다.

헤어진 남자친구와 자주 갔던 카페에서 여자 혼자 커피를 마실 때 마치 옆에 남자친구가 앉아 있는 것처럼 느껴지는 것이 여자의 감정이다.

남자는 지극에 의한 기분은 공감은 하지만 오래 지속되는 감정을 공감할 수 있는 능력은 없다.

여자의 상처감정에 공감한다는 남자들은 목적이 있는 사람들이다. 자신의 목적을 위해서 스트레스가 올라와도 여자의 상처이야기에 공감하는 척 아파하고, 슬퍼하고, 고통스러워한다. 그러면서 중간중간 여자를 위로해 주고 배려까지 해준다. 이때 여자는 남자의 감정공감으로 마치 자신의 상처가 치료된 듯 편안함을 느낀다. 그러나 남자의 감정공감은 목적을 위한 수단일 뿐이다.

감정공감을 해주는 남자를 여자들은 속이 깊고 이해심이 많다고 좋아한다. 그러나 속을 들여다보면 여자의 상처표현이 만들어내는 스트레스를 무던히 참고 있을 뿐이다. 이처럼 상대의 마음을 자기기준으로 해석해서 항상 뒤늦은 후회를 하게 된다.

기분을 공감하려면 상대와 서로 재미와 즐거움의 자극을 주고받아야 된다. 자극이 없으면 기분을 느끼지 못하기 때문에 상대가 지루하고 권태로워진다. 그래서 또 다른 재미와 즐거움을 위해서 새로운 상대를 찾게 된다.

남자는 5개 감각기관 중에서 시각에서 가장 많은 자극을 받는다. 그 다음이 청각이다. 낯선 여자가 지나가면 1~2초안에 스캔을 끝낸다.

"방금 지나간 여자 매력적으로 생겼지?"

남자의 시선이 지나가는 여자에게 멈춘 것을 보고 여자가 넌지시 묻는다.

"코끝이 지나치게 높은데다가 골반이 작아서 내 스타일이 아니야!"

여자는 남자의 빠른 시각정보에 감탄을 한다. 자신은 고작해야 여자의 화려하고 세련된 이미지만 눈에 들어왔을 뿐인데 남자는 여자의 신체를 다 들여다본 것이다. 그만큼 남자들은 시각정보가 빨라서 직관력이 뛰어나다.

여자는 시각보다 청각에 가장 많은 자극을 받는다. 그다음이 시각이다. 아무리 잘생긴 남자라도 목소리가 탁하거나, 유머가 없으면 무조건 아웃이다.

대학 시절부터 뛰어난 외모로 모든 남학생의 로망이던 여학생이 있었다. 당연히 여학생의 남자친구는 자신들과 급이 다를 거라는 생각에서 근처에도 가지 못했다. 그러나 생각과는 달리 여자는 의외의 남자를 사귀고 있었다. 그래서 친구가 여자에게 물었다.

"너 수준에 왜 저런 남자랑 사귀지? 키도 작고, 얼굴도 그렇고. 정말 의외야!"

"저 남자 목소리 한번 들어봐. 목소리가 얼마나 다정다감한지. 특히 전화 목소리를 들으면 눈물이 나올 정도로 행복해져."

이처럼 여자는 시각보다 청각이 발달되었다. 그래서 여자들은 빗소리, 바람소리, 파도소리에 민감하게 반응한다.

인간은 자극에 따라서 즐거움을 느끼기도 하고 슬픔을 느끼기도 한다. 시각과 청각이 아니더라도 사람은 상대와 함께 있을 때 끊임없이 자극을 원한다. 영화를 보면서도 서로 손을 만지거나 어깨를 감싸 안기도 하고, 포옹으로 서로의 체취를 맡는다. 이런 자극은 기분을 좋게 한다. 그러나 자극이 사라지면 기분도 사라지기 때문에 끊임없이 자극을 원하는 것이다.

여자의 경우 공감능력이 있으려면 일단 상대와 함께 마음을 주고받을 수 있는 능력이 있어야 한다. 이것이 감정공감이다.

남자의 경우 공감능력이 있으려면 상대와 함께 자극을 주고받을 수 있는 능력이 있어야 된다. 이것이 기분공감이다.

남자는 스트레스가 들어오면 무조건 제거를 하기 때문에 상처에 대한 기억이 없다. 그래서 남자에게는 우울증이 발생하지 않는다.

반면 여자는 스트레스가 들어오면 무조건 수용해서 상처로 쌓아두기 때문에 자신도 모르게 우울증이 생긴다.

우울증의 근원이 되는 여자의 상처감정은 그때그때의 기분이 쌓인 것이다. 그래서 감정공감능력은 여자에게만 존재한다.

인간관계에서 공감능력이라고 하면 감정공감이 아닌, 기분공감을 말하는 것이다. 그러나 대부분의 사람들은 기분공감을 감정공감으로 착각한다. 함께 있을 때는 직접적인 자극을 받기 때문에 무조건 기분공감이다.

남녀가 만나면 좋은 감정을 느낀다. 그러나 이때의 좋은 감정은 좋은 기분을 느꼈다는 것이다. 그렇다면 기분공감과 감정공감은 어떻게 다를까?

남자와 기분 좋게 헤어진 여자는 지하철을 타고 집으로 가는 내내 남자와 함께 보낸 시간을 떠올려본다. 남자의 환한 표정을 생각하고, 주문한 커피를 가지고 와서 자신 앞에 조심스럽게 놓아주던 남자의 길고 흰 손가락을 기억한다. 그 손으로 자신의 손을 살포시 잡아줬을 때 마치 하늘을 나는 듯 묘한 기분을 느꼈다.

여자는 남자와 보낸 시간들 머릿속에서 그대로 재현하다 보니 어느새 내릴 때가 됐다. 전 같으면 긴 시간 지하철 타는 것이 스트레스였는

데 오늘만큼은 하나도 지루하지 않았다. 오히려 남자를 더 생각할 수 있게 집이 좀 더 멀었으면 하는 생각이 들 정도였다. 이처럼 좋은 기분이 오래 지속되는 것이 여자의 감정이다.

반면 남자는 어떨까?

여자와 헤어진 남자는 지하철을 타고 가면서 휴대폰으로 예능프로를 보며 연신 웃음을 터트린다. 그러다가 옆자리에 누군가가 앉으면 '내릴 때가 아닌가?' 하고 주변을 둘러본다.

지하철역에서 내려 집으로 걸어가는 도중 젊은 남녀가 손을 잡고 가는 것이 보이면 '아, 나도 조금 전까지 저렇게 했었지.' 하고 생각한다. 그리곤 이내 여자의 생각이 사라진다.

남자는 집에 가서 맥주를 마시면서 TV를 보다가 그냥 잠이 든다. 이처럼 남자가 여자를 생각할 때는 여자와 관련된 뭔가가 들어와야 한다. 즉, 남자는 여자와 관련된 자극이 없으면 절대 여자를 떠올리지 않는다. 그래서 남자에게는 기분공감능력만 있고, 감정공감능력은 없다.

사람의 마음은 태어나서 죽을 때까지 변하지 않는다. 다만 남자의 마음과 여자의 마음작용은 다르다.

남자는 스트레스가 들어오면 무조건 제거하고, 여자는 스트레스가 들어오면 무조건 수용해서 상처로 쌓아둔다. 그래서 남자는 일시적이고 즉흥적인 기분에 좌지우지되고, 여자는 지속적이고 여운이 남는 감정에 좌지우지된다.

이처럼 남자의 마음과 여자의 마음이 근본적으로 다른데도 여자들 대부분이 남자의 마음도 자신과 같다고 생각해서 멋대로 오해하고 오해가 빚어내는 가짜상처로 또 힘들어한다.

감정은 누가 만들어주는 것이 아니라 내가 만들어낸다. 그렇기 때문에 내 감정은 오로지 나만이 느낄 수가 있다.

상대가 자신의 아픔이나 슬픔에 대해서 관심을 가져주고, 위로를 해주면 공감능력이 뛰어나다고 생각한다. 그러나 이런 관심과 위로는 감정이 아닌, 기분의 공감능력이라고 봐야 한다.

기분공감능력은 함께 있을 수 있는 능력과 서로 자극을 주고받을 수 있는 능력이 있어야 한다. 자극을 주고받으려면 일단 함께 있어야 된다.

혼자서는 아무리 노력해도 자극을 주고받을 수가 없다. 그래서 기분공감의 최우선 능력은 함께 있는 것이다. 그런 다음 서로 자극을 주고받을 수가 있다.

함께 있을 수 있는 능력은 무엇인가?

남자가 됐든, 여자가 됐든 함께 있으려면 뭔가 목적이 있어야 한다. 재미와 즐거움이 필요하든지, 경제적으로, 정신적으로 상대에게 어떤 도움을 받을 수 있을 때 곁에 머물게 된다. 자신에게 아무 도움이 되지 않는 사람은 시간낭비라고 생각해서 아예 만나지를 않는다.

반면 아무 목적이 없어도 함께 있으면 그냥 좋은 사람들이 있다. 바로 가족관계이다.

가족관계는 이미 공감능력을 무조건 가지고 있는 사람들이다. 부모님, 자녀, 형제자매들은 혈연관계여서 서로의 마음을 누구보다도 잘 안다. 서로의 마음을 잘 알면 친밀하고 가까워질 수밖에 없다.

부부는 혈연관계가 아니면서도 목적이 없는 관계이다. 부부는 남자와 여자가 생물학적으로 합쳐진 것이 아니라 믿음과 신뢰를 바탕으로 마음이 하나로 합쳐진 가족이다.

가족끼리는 아무리 격렬하게 싸우더라도 서로가 공감할 수 있는 능력을 가지고 있다. 그러나 가족끼리도 재산문제, 상속문제, 부모봉양문제가 불거지면 자신의 입장만 내세우기 때문에 이때는 남보다 못한 사이가 된다.

남은 타인이다. 가족이 타인으로 느껴지려면 이유가 필요하다. 내 입장에서 가족이 남으로 느껴진다면 가족 역시도 나를 남으로 느낀다고 봐야 한다.

상대와 함께 있고 싶으면 상대의 기분을 좋게 만드는 능력을 가지고 있어야 한다. 내가 상대를 만났을 때, 상대가 나를 만났을 때 좋은 기분을 느껴야 함께하고 싶어진다. 이때 느끼는 것은 감정이 아니라 기분이다.

상대로 인해 기분이 좋아지면 함께하는 시간이 재미있고, 즐거워진다. 그래서 시간가는 줄도 모르고 마냥 웃고 떠들게 된다.

사람들은 대체적으로 유머와 재치가 있으면서 잘 웃는 사람을 좋아한다. 상대가 아무리 진실하고 믿음직해도 매사에 부정적이면 좋던 기분도 나빠진다. 아무리 좋아하는 사람이라 하더라도 만날 때마다 기분이 안 좋으면 더 이상 만나기가 싫어진다.

테니스 동호회에 새 회원이 들어왔다. 키도 크고 인물이 수려한 데다가 테니스 실력이 아주 뛰어나서 기존 회원들의 관심을 한 몸에 받았다. 그러나 이 남자의 성격에 문제가 있다는 것을 아는 데는 시간이 별로 걸리지 않았다. 운동이 끝나고 뒤풀이할 때마다 남자의 불평불만은 커져만 갔다.

"이렇게 맛없는 음식은 처음이네. 종업원들이 왜 이렇게 불친절하지? 이 집은 인테리어가 후져서인지 커피 맛도 영 엉망이네."

끊임없이 이어지는 남자의 불평불만에 회원들은 서서히 남자를 멀리하기 시작했다. 남자는 회원들의 싸늘한 기류도 못 느꼈는지 여전히 가는 곳마다 단점만 찾아내는 데 혈안이 되었다. 보다 못한 총무가 남자에게 한마디 했다.

"이왕 먹으러 왔으면 맛이 없어도 기분 좋게 먹읍시다. 괜히 분위기 흐려놓지 말고요."

총무의 지적이 기분 나빴는지 그 이후부터 남자는 동호회에 나오지 않았다. 불평불만만 쏟아내는 남자에게는 기분공감능력이 없다고 봐야 한다. 함께 있을 때 모든 사람들과 같은 기분을 공유해야 되는데 혼자만 독불장군 같은 행동을 하면 당연히 사람들로부터 격리된다.

이런 남자와 반대로 상황이 좋든 나쁘든 항상 기분 좋은 말만 하는 사람도 있다. 상대가 들으면 기분이 좋아지는 말과 행동만 골라서 하는 사람은 기분공감능력이 탁월하다고 말할 수 있다. 그러나 상황이 좋지 않음에도 상대가 무조건 나에게 좋은 말과 행동을 한다면 거기에는 분명한 목적이 있다.

인간관계를 맺고 살아가면서 지나치게 나를 비난하는 사람도 경계해야 하지만 지나치게 나를 칭찬하는 사람도 경계해야 한다.

주변을 돌아보면 상대의 비위를 지나치게 잘 맞추는 사람들이 있다. 이런 사람을 곁에 두면 일단 기분이 좋기 때문에 지속적인 인간관계를 가진다. 그러나 기분공감능력을 가진 사람들은 목적이 있기 때문에 항상 경계해야 위험에 빠지지 않는다.

목적이 있는 사람들은 자신이 필요로 하는 것을 얻어낼 때까지 자신의 기분과 감정을 죽이고 상대의 비위를 맞춘다. 이런 사람들은 상대의 기분을 맞춰주는 공감능력이 탁월하다. 하지만 이런 능력은 목적이 있기 때문에 가능한 것이다.

실제로 공감능력을 키우는 것은 아주 단순하고 쉽다. 상대의 기분만 좋게 해주면 된다. 상대가 하는 말에 무조건 웃어주고, 상대가 듣고 싶어 하는 말만 하고, 항상 상대를 생각해 주는 척 행동만 하면 기분공감능력이 완성된다. 이렇게 되면 상대는 언제나 나를 찾게 된다.

반면 상대의 말과 행동이 자신의 눈에 거슬리면 직설적으로 말하는 사람도 있다. 상대의 판단착오로 일이 잘못되었을 때 곧바로 상대에게 "너는 무엇 하나 제대로 하는 것이 없어!" 하고 쏘아붙이면 상대는 기분이 상할 수밖에 없다. 이럴 경우 직언하는 사람과 상대는 기분공감능력이 없는 것이 된다.

상대와 공감능력을 가지려면 잘 웃어주고, 기분 좋은 말만 많이 해주면 된다. 상대 때문에 속에서 열불이 터져도 꾹 참고 좋은 말만 해주면 상대는 항상 나와 함께 있고 싶어 한다. 그러나 자신을 억압하면서까지 상대의 비위를 맞춰준다면 자신의 목적을 위한 수단이라고 봐야 한다. 이런 점에서 기분공감능력은 나쁜 용도로 쓰이는 경우가 더 많다.

기분공감능력을 가지고 상대의 돈에 관심을 가지면 사기꾼이 되고, 상대의 육체를 탐하면 파렴치한이 된다. 나에게 목적을 위한 공감능력이 만들어지면 상대는 본의 아니게 피해자가 된다.

사기꾼이나 바람둥이들은 상대의 마음을 휘어잡을 만큼 공감능력이 뛰어나다. 달콤하면서도 그럴듯한 말로 상대의 기분을 극에 올려놓으면 사기꾼과 바람둥이가 하는 말과 행동이 진실인지, 거짓인지를 판단하고 싶어 하지 않는다. 그 이유는 좋은 기분을 오래 지속하고 싶어서이다. 그러나 좋은 기분이 사라지고 나면 뒤늦은 후회로 가슴을 치게 된다.

함께하는 인간관계에서는 목적 없이 그냥 가는 관계가 순수하고 진실하다. 남자가 처음 보는 여자에게 웃음을 던질 때는 명백한 목적이 있다는 것을 알아야 한다.

인간이 성공하려면 공감능력은 필수이다. 사기를 치거나 상대를 유혹하는 공감능력은 지양되어야 하지만 가치추구를 해나가는 과정에서의 공감능력은 사업상 많은 도움이 된다. 자신의 공감능력을 극대화시켜서 거래처를 뚫을 수도 있고, 판매실적을 높일 수도 있다.

공감능력이 생기면 인맥은 저절로 만들어지게 되어있다. 그렇기 때문에 영업을 하는 사람에게는 공감능력이 무엇보다도 필요하다. 인맥을 넓히려면 상대의 말을 잘 경청하고 잘 웃어주면 된다. 대신 내가 말을 할 때는 상대에게 기분 좋은 말만 골라서 하면 된다. 상대의 말이 논리에 맞지 않아도 무조건 맞장구를 쳐줘야 기분공감능력이 만들어진다. 서로의 기분이 잘 맞으면 다른 사람들을 제쳐두고 나를 우선적으로 만나려고 한다.

상대의 말이 논리에 맞지 않으면 비판을 하거나 자신의 논리를 펴는 사람은 공감능력이 떨어지는 사람이다. 지나치게 솔직해서 손해를 입는 부류가 바로 이런 사람들이다.

상대 앞에서 직언을 못하고 돌아서서 뒷담화를 하는 사람들도 있다. 이런 사람들은 을의 입장이기 때문에 스트레스를 곧바로 해소하지 못하고 돌아서서 뒷담화로 부정감정을 처리하는 것이다.

뒷담화 듣는 것을 유독 좋아하는 사람들도 있다. 자신의 일이 아니어서 자리에 없는 제3자를 재미와 즐거움으로 마구 난도질할 수가 있다. 이런 경우 뒷담화를 하는 사람과 뒷담화를 듣는 사람은 서로 맞장구를 쳐가면서 제3자를 비난하고 험담하지만 두 사람 사이에 공감능력은 없다. 직접적인 인간관계가 아니기 때문이다.

공감능력은 내가 직접 상대와 함께 있을 때 만들어진다. 내 주변에 함께 이야기를 나눌 사람이 없다면 인간관계에서 공감능력이 없다고 봐야 한다. 공감능력이 있으면 나를 찾는 사람들이 많아서 집에 붙어있을 시간도 없다.

주변에서 성격이 좋다는 사람들을 보면 기분공감능력이 뛰어난 사람들이다. 상대의 말에 무조건 맞장구를 쳐주면서 기분을 맞춰주기 때문이다.

상대에게 공감능력이 있다, 없다는 자기 기준으로 보는 것이다. 그래서 공감능력은 가족이 아닌 이상 반드시 목적의식을 갖고 있어야 한다.

내세울 것이 별로 없는 여자가 화려한 인맥을 가지고 있다면 상대와의 기분공감능력이 뛰어나다고 볼 수가 있다. 이런 여자가 어떤 모임에 나갔을 때 재력가로 소문난 남자와 마주쳤다.

"멀리서도 광채가 나서 누군가 했더니 바로 당신이군요."

여자가 활짝 웃으면서 말을 건네면 남자는 기분이 좋아져서 여자에게 관심을 가지게 된다. 남자는 시각에 민감하기 때문에 일단 여자가 웃는 표정으로 자신을 반기면 기분이 좋아져서 경계를 풀어버린다.

상대와 공감하는 능력을 알고 있는 여자 주변에는 남자뿐만 아니라 여자들도 많이 모여든다. 상처를 공감하는 능력이 뛰어나서 마음이 힘들고 답답해지면 모두가 이 여자를 만나려고 한다.

보통의 여자들은 남자들이 접근하면 자신의 가치를 높이기 위해 내숭을 떤다. 이렇게 되면 보통의 남자들은 여자와 공감할 수 있는 공간이 없다. 그러나 공감능력이 뛰어난 여자는 남자가 접근하면 일단 잘 웃고, 남자의 말에 맞장구를 치면서 공감을 해준다.

여자가 남자의 말에 공감한다는 것은 남자의 관심에 반응하는 것이다. 남자들은 여자가 아무리 예쁘고 날씬해도 자신의 관심에 반응하지 않으면 끝이다. 여자의 반응은 남자에게 재미와 즐거움을 주기 때문이다.

그렇다면 이 여자는 왜 모르는 남자의 관심에 반응을 하는 걸까?

목적이 있기 때문이다. 특히 남자의 관심에 반응하는 여자들은 대부분 상처를 많이 갖고 있다. 반응을 하는 것은 남자의 관심과 위로로 자신의 상처를 치료하기 위함이다. 이때의 반응은 기분공감능력과 같다.

남자나 여자나 공감능력을 가지려면 잘 웃어주고, 기분 좋은 말만 해주면 된다. 그러나 공감능력이 없는 사람들은 상대의 관심을 끌기 위해 허세를 부리거나 허영심을 내세운다. 자신을 그럴듯하게 포장해서 상대를 유혹하는 것이다.

상대가 자신의 말에 지나치게 반응하거나 자신에게 기분 좋은 말만 하면 일단은 경계를 해야 한다. 상대가 나에게 목적이 있어서이다.

타인과 인간관계를 맺을 때 상대의 마음을 알아야 상대의 생각을 읽을 수가 있다. 왜 나에게 호의를 베푸는지, 왜 나의 비위를 맞추려고 하는지를 알면 인간관계에 문제가 생기지 않는다. 상대의 말과 행동이 기분을 좋게 해준다고 해서 경계를 풀어버리면 뒤늦은 후회를 하게 된다.

함께하는 사람이 생겼다면 당연히 자극을 주고받는 공감능력을 키워야 한다. 상대가 재미있는 말을 하면 즐겁게 웃어주고, 논리적이지 않은 말을 할 때는 적당히 맞장구를 쳐주면서 함께 기분 공감을 해야 인간관계가 오래 유지된다.

기분공감능력이 없으면서도 주변에 사람들이 많이 몰리는 사람도 있다. 이런 사람은 실속 없는 기분파일 확률이 높다.

술 마시고 싶을 때 친구들은 어김없이 기분파를 불러내서 술값을 내게 하고, 어딘가로 놀러가고 싶으면 기분파의 차를 이용하려고 항상 멤버에 포함시킨다. 이런 기분파는 자신이 친구들에게 이용당하는 것도 모르고 즐거워한다.

공감능력이 뛰어난 사람들은 경험과 지식, 정보가 많아서 유머와 재치가 남다르다. 상황에 맞는 유머를 구사해서 모두를 즐겁게 해주고, 불리한 상황에서는 재치를 발휘해 쉽게 모면한다. 이처럼 공감능력이 뛰어나면 많은 사람들로부터 인기가 높다.

무지한 사람들은 대부분 공감능력이 없다. 재치도 없고, 안목도 없어서 상대의 마음상태는 물론이고 취향조차도 몰라서 대화의 물꼬를 틀 수가 없다. 이처럼 공감능력이 없는 사람들은 누군가와 함께 있어도 어색하고 겉돌 뿐이다.

경험이 적고 책을 안 읽는 사람들 대부분은 상대가 하는 말의 핵심을 몰라서 삼천포로 빠지는 경우가 많다. 이런 사람들은 상대에게 호감을 주지 못한다.

공감능력이 있는 사람들 대부분은 독서량이 상당하다. 그래서 상대가 하는 말을 금방 이해하기 때문에 그 즉시 웃을 수가 있다.

지식이 없으면 상대가 무슨 말을 하는지 금방 이해가 되지 않아서 되묻게 된다. 반면 공감능력이 있는 사람은 그만큼 이해력도 빨라서 상대와 대화를 나누는 것이 재미있고 즐겁게 느껴진다. 이것이 기분공감능력이다.

공감능력을 '좋다, 나쁘다'의 관점에서만 바라볼 것이 아니라 공감능력의 실체가 무엇인지를 정확하게 알면 불리한 인간관계를 맺지 않는다.

공감능력은 좋은 목적에 활용해야 건강하고 올바른 삶을 살아갈 수가 있다. 자신의 이익을 위해서 공감능력을 발휘하면 본인은 가해자가 되고 상대는 피해자가 될 수밖에 없다.

〈질문과 답변〉

〈질문〉 남자들은 기분공감능력만 있을 뿐 감정공감능력이 없다고 했다. 사랑하는 여자와 헤어진 남자가 실연의 아픔으로 많은 날을 괴로워하는 것을 봤다. 이것은 기분이 아닌 감정이라고 생각한다.

〈답변〉 남자가 헤어진 여자 때문에 괴로워하는 것은 감정이 아니다. 뭔가 여자와 관련된 자극을 받았기 때문에 순간적으로 괴로워하는 것이다. 자극이 사라지면 여자에 대한 괴로움도 따라서 사라진다.

사랑하는 여자 사진을 지갑에 꽂고 다니는 남자들도 있다. 지갑을 열었을 때는 여자가 보고 싶다고 느끼지만 지갑을 닫는 순간 여자의 존재를 잊어버리는 것이 남자의 기분이다. 그렇기 때문에 남자의 공감은 감정이 아닌 기분공감이다.

〈질문〉 요즘 사람들은 모든 것에 즉흥적이다. 보고 싶을 때 당장 봐야 하고, 목소리가 듣고 싶을 때 당장 들어야 한다. 그래서 보고 싶다는 생각이 들면 한밤중이라도 달려가고, 목소리가 듣고 싶으면 새벽이라 하더라도 망설이지 않고 전화를 건다. 이런 행동도 공감능력으로 볼 수 있나?

〈답변〉 요즘 사람들은 기다림의 미학이 없다. 보고 싶으면 즉각 봐야 하고, 목소리가 듣고 싶으면 그 즉시 들어야 마음이 편안해진다. 직접 보고 느끼지 못할 상황이 되면 동영상 전화를 하거나, 카톡이나 문자를 통해서 상대가 옆에 있다는 기분을 느끼려고 한다. 그러나 공감능력은 함께하면서 서로 자극을 주고받을 때 나타나기 때문에 지금 당장 자극을 받고 싶다는 생각이 들면 밤낮을 가리지 않는다.

반면 감정은 쉽게 드러나지 않는다. 여자는 남자친구가 보고 싶으면 그 즉시 자신의 감정을 표현하기보다 함께한 순간들을 떠올리면서 행복에 젖는다. 이때 상대로부터 전화가 걸려오면 무한한 행복에 빠진다.

기분이 여름날의 소나기라면, 감정은 소리 없이 내리는 가랑비 같은 것이다.

기분은 상대와 함께 있을 때는 자극을 통해서 공감할 뿐 감정은 공감하지 못한다. 그러나 혼자 있을 때 상대에 대한 자신만의 감정을 느끼게 된다.

〈질문〉 입양아 정인이 사건에서 양엄마가 공감능력이 없는 사이코패스라는 진단이 나왔다. 가족 간에는 무조건 공감능력이 있다고 했는데, 친자식이 아니라서 그런가?

〈답변〉 가족은 무조건 공감능력을 갖고 있다. 함께 살면서 서로 자극을 주고받기 때문이다. 하지만 공감능력은 있는데 쓸 줄을 모르면 무용지물이 된다.
공감능력은 함께 있는 것도 중요하지만 서로 자극을 주고받는 기법도 필요하다. 상대의 말에 웃어주고, 칭찬해 주고, 좋은 말을 해주면 자연스럽게 공감능력이 배양된다.
공감능력은 누구와 사는 것이 중요하지 않다. 입양이든, 친자식이든 함께 살면서 서로 자극을 주고받아야 기분공감능력이 만들어진다.
화목한 가정을 들여다보면 가족들 모두가 웃는 얼굴이다. 상대가 늘 웃는 얼굴로 나를 대하면 기분이 저절로 좋아진다.
웃는 얼굴에 침 못 뱉는다는 속담이 있다. 공감능력은 상대를 향해서 늘 밝게 웃고, 칭찬해 주면 끝이다.

〈질문〉 공감능력도 일종의 습관으로 봐도 무방한가?

〈답변〉 그렇다. 공감능력이라는 것은 감정공감이 아닌, 기분과 연결된 공감능력이기 때문에 어릴 때부터 습관으로 만들어놓아야 한다.
주변사람들 중에 잘 웃지도 않고, 칭찬할 줄 모르고, 안 좋은 말만 하는 사람들이 있다. 이런 사람들을 자세히 관찰해 보면 인간관계가 별로 없거나 거의 단절된 상태이다.

공감능력이 없는 사람들을 만나면 항상 기분이 나쁘기 때문에 대부분의 사람들이 인간관계를 회피한다. 이런 사람들은 자신의 주변에 왜 사람들이 없는지 본질을 깨닫고 지금이라도 기분공감능력을 만들어야 한다. 능력은 습관이기 때문에 꾸준히 노력해야 만들어진다.

가족인데도 잘 웃지도 않고 데면데면하게 지내는 사람들도 많다. 가족과 얼굴이 마주쳤다면 그냥 웃어주기만 해도 상대의 마음이 편해진다. 가족 중 누군가가 나에게 스트레스를 많이 준다고 해서 마냥 인상을 쓰고 다니면 집 안의 분위기는 험악해진다. 상대가 나에게 스트레스를 줘도 웃는 얼굴로 대하면 가족관계는 개선이 된다. 가족들 중 누군가가 잘한 일이 있으면 칭찬을 해주고, 힘들게 뭔가를 하고 있으면 격려를 해주는 습관을 만들면 저절로 기분공감능력이 만들어진다. 이런 능력을 가지고 있으면 냉랭하던 가족 분위기가 자연스럽게 화목해진다.

서로에게 무심한 가족관계라도 누군가의 말에 그냥 잘 웃고, 칭찬을 아끼지 않으면 저절로 친밀한 관계가 된다. 이런 태도도 반복적으로 해야 습관이 되어서 공감능력이 향상된다.

〈질문〉 학교폭력을 자행하는 아이들을 보면 공감능력이 없는 것 같다. 피해자가 고통을 토로하면 오히려 재미를 느껴서 더욱 폭력적이 된다. 공감능력이 없는 것은 부모가 잘못 양육한 탓인가?

〈답변〉 학교폭력의 가해자는 피해자와 함께 있지만 모든 것이 일방적이어서 서로 자극을 주고받지 않는다. 보통 가해자들은 공감능력이 없기 때문에 무조건 자신의 입장만 생각한다. 그래서 상대의 표정이 조금이라도 자신의 마음에 들지 않으면 그냥 주먹이 날아간다. 이런 경우 상대가 비명을 지르거나 코피가 나면 기분이 더 나빠져서 또 때리기 시작한다. 공감능력이 없는 사람들은 자신의 입장만 생각하기 때문에 상대가 피해를 입어도 전혀 개의치 않는다. 내 기분만 좋아지면 그만이다.

학교폭력을 자행하는 아이들은 어릴 때부터 부모와의 공감능력을 기르지 못했기 때문에 상대의 입장을 전혀 고려하지 못한다. 성폭력범이나 폭행범 대부분이 공감능력을 가지고 있지 않다. 공감능력이 있으면 상대에게 피해를 입힐 일이 없다.

아이가 착한 일을 하면 부모가 칭찬을 해주고, 아이가 학교에서 일어난 일을 이야기하면 끝까지 잘 들어주고, 아이가 말할 때마다 항상 웃는 얼굴로 대하면 아이도 부모의 행동을 거울삼는다. 공감능력은 어릴 때부터 부모의 좋은 습관이 대물림된다고 보면 된다.

〈질문〉 군중심리를 이용해서 많은 사람들을 하나로 움직이게 하는 정치인, 종교인, 시민단체장들이 있다. 개인과의 공감능력과 대중과의 공감능력은 다른가?

〈답변〉 한 사람이 수많은 군중을 이끈다면 공감능력이 굉장히 뛰어난 사람이다. 이런 사람은 군중들과 함께 있으면서 잘 웃고 모두에게 친절하다. 특히 군중들이 듣고 싶어 하는 이야기만 하기 때문에 모두가 환호한다. 만약 이런 사람이 목적을 갖고 있다면 그 목적을 이루기 위해서 군중들과의 공감능력이 극대화된다.

모든 사람들은 자신에게 필요한 이야기, 좋은 이야기만 갈구한다. 정치인이라면 표를 얻기 위해서 자신의 지역에 최우선적으로 필요한 것이 무엇인지를 먼저 간파한다. 그리고 나서 수많은 지역민 앞에서 중앙정부에서 예산을 따와 공항이나 철도를 놓겠다고 선언한다. 낙후된 교통으로 인해 불편을 겪던 지역민들 입장에 이 정치인에게 열광하지 않을 수 없다.

 종교인도, 단체장도 마찬가지이다. 군중들에게 필요한 것, 좋은 것만 이야기해야 군중들이 그에게 공감을 한다.

 군중심리로 갈 때는 그들이 원하는 것에 집중하면 된다. 개인심리로 갈 때는 상대가 원하는 것만 정확히 꿰뚫고 있으면 쉽게 공감할 수 있다.

〈질문〉 산악동호회에 나가보면 유독 유통업이나 요식업에 종사하는 회원들이 많다. 목적을 위해서 동호회에 가입한 것 같아서 기분이 안 좋다.

〈답변〉 내가 판매업이나 요식업을 하고 있는데 장사가 잘되지 않는다. 그래서 손님을 끌어오기 위해서 동호회, 강연회, 조기축구회 등에서 열심히 활동하는 사람들이 많다. 이런 사람들은 목적을 가지고 있기 때문에 회원들과 만나면 무조건 잘 웃고, 기분 좋은 말만 한다. 일종의 인맥관리인 셈이다.

 요식업 회원과 공감능력이 생긴 사람들은 그가 무엇을 하는 사람인지, 어디에 사는지, 아이가 몇인지를 물어보면서 친밀감을 나타내면 남자는 얼른 자신의 식당이 박힌 명함을 준다. 이렇게 되면 요식업 회원은 나름대로 목적을 달성한 것이다. 이런 식당 주인은 인맥을 관리하는 능력이 탁월한 사람이다.

마음의 외침

1.
은퇴의 심리

젊은 사람들 은퇴를 먼 미래라고 생각하기 때문에 크게 관심을 두지 않는다. 그러나 은퇴는 나이가 들었기 때문에 하는 것이 아니다. 젊은 사람이라 하더라도 자신이 추구하던 가치가 멈추거나 중단이 되면 지금까지 살아온 인생의 패러다임이 바뀌기 때문에 은퇴의 개념이 들어간다.

인간은 성인이 되면 소중한 사람들과 함께 미래행복을 추구하기 위해서 자아실현을 한다. 자아실현을 해나가는 과정에 힘든 일도 생기고, 기쁜 일도 생긴다. 이런 삶의 희로애락이 인간의 행복이다. 그래서 여자는 열심히 삶의 의미를 추구하고, 남자는 최선을 다해서 가치를 추구한다.

남자가 사람으로 살 때는 죽는 날까지 혼자 인생을 즐겁고 재미있게 살면 되고, 여자도 혼자 죽는 날까지 좋은 감정만 느끼면서 살면 된다.

이런 남녀가 만나서 연애를 하게 되면 남자는 자신의 행복을 위해서 열정이 만들어지고, 여자는 사랑의 감정이 만들어진다. 그러다가 더 이상 상대에게서 재미와 즐거움을 못 느끼면 그냥 헤어진다. 서로에게 책임질 일이 없기 때문에 헤어지는 것에 대해 전혀 부담이 없다. 그러나 결혼을 해서 함께 살아갈 때는 각자 자신의 역할이 있기 때문에 반드시 권리와 책임이 따른다.

인간관계를 맺지 않고 혼자 사람으로 살면 내 뜻대로, 내 기분대로 살기 때문에 마음이 편안하고 즐겁다. 마음을 나눌 상대가 없기 때문에 인간관계에서 지켜야 될 조화와 질서도 무시한다. 이런 사람은 자기밖에 모르기 때문에 반사회적인격장애자가 되기 쉽다.

반면 인간관계를 맺고 살면 함께 미래행복을 추구하기 때문에 내가 힘들고 귀찮아도 조화와 질서를 지키려고 노력한다. 각자 자신의 역할이 무엇인지를 분명히 알고 그 역할을 위해서 최선을 다한다.

자신의 역할에 최선을 다하는 사람은 자신의 권리와 책임이 무엇인지를 분명히 알기 때문에 인간관계에 문제가 생기지 않는다. 인간관계가 좋으면 몸과 마음이 건강하고 안정이 되어서 의미와 가치추구에 많은 성과가 난다.

인생은 내가 선택하고 나 스스로 만들어가는 것이다. 그렇기 때문에 인생의 결과에 대한 책임도 내가 짊어져야 한다.

연애할 때는 나만의 행복이 무엇보다도 중요하다. 그러나 마음에 드는 상대를 만나서 서로 마음을 나누다 보면 자연히 좋은 감정이 생기면서 신뢰하게 된다.

남녀 간에 신뢰가 쌓이면 자연스럽게 결혼해서 부부관계를 맺게 된다. 부부관계는 인간관계의 일환으로 함께 미래행복을 위해 자아실현을 해나가게 된다. 그러나 결혼을 했음에도 남자나 여자나 자신의 재미와 즐거움만 추구한다면 심리장애이다. 심리장애자들은 오로지 자신의 행복만 추구하기 때문에 함께하는 개념이 없다.

결혼은 서로의 마음과 마음이 하나로 결합되었기 때문에 모든 것을 함께해야 한다. 남자는 미래행복을 위해서 가치를 추구하고, 여자는 현재행복을 위해서 의미를 추구한다. 결혼을 했음에도 열정과 사랑을 추구한다면 인간이 아닌 사람으로 사는 것이다.

반대로 인간이 아닌 사람으로 살고 있는데 열정과 사랑이 아닌, 가치와 의미의 자아실현을 하고 있다면 이것도 심리장애이다.

심리는 현 상황에 맞게 작용해야 몸과 마음에 문제가 생기지 않는다.

부부관계를 맺고 살면서도 사람의 마음으로 살게 되면 자신의 역할이 무엇인지도 모른 채 자신의 권리만 누리려고 한다. 이렇게 되면 한쪽이 자신의 권리를 포기하고 희생을 해야 한다. 이런 인간관계는 균형이 맞지 않아서 파괴될 수밖에 없다.

사람은 누구나 할 것 없이 행복할 권리가 있다. 내가 행복해지고 싶으면 상대의 권리도 인정해 줘야 인간적인 삶을 살아갈 수 있다.

사람으로 살아갈 때 남자는 재미와 즐거움의 열정을 추구하고, 여자는 좋아하는 감정인 사랑을 추구한다. 이런 사람들도 결혼을 해서 인간관계를 맺게 되면 자신의 행복이 아닌, 함께하는 행복을 추구한다. 이때 남자는 미래행복을 위해서 가치를 추구하고, 여자는 현재행복을 위해서 의미를 추구한다. 이것이 인간의 자아실현이다.

인간이 자아실현을 하는 것은 행복해지기 위해서다. 자아실현을 중단하거나 멈추는 것은 더 이상 미래행복을 위해서 살지 않겠다는 것이다. 이런 삶은 죽음을 앞두고 있을 때뿐이다.

소중한 사람들과 함께 행복한 인생을 살아가기 위해서는 죽을 때까지 자아실현을 해야 한다. 여기에는 젊든, 나이가 들었든 은퇴의 개념이 없다.

남녀가 결혼을 해서 인간관계를 맺고 살아갈 때 서로 미래행복이라는 한 방향을 바라봐야 문제가 생기지 않는다. 그렇기 때문에 부부는 톱니바퀴처럼 서로 맞물려서 한 방향으로 돌아가야 자신들이 원하는 삶을 살아갈 수가 있다.

아무 문제없이 한 방향으로 잘 돌아가다가 어느 한쪽이 궤도에서 이탈하면 더 이상 함께 가치나 의미를 추구할 수가 없다. 그렇기 때문에 어느 한쪽에 문제가 생겼다면 모든 것을 멈추고 문제해결을 위해 노력해야 한다. 그렇지 않으면 갈수록 문제가 커져서 인간관계에 국한된 문제가 몸과 마음, 가치추구에까지 영향을 미쳐서 인생의 위기를 맞게 된다.

인간은 항상 뭔가를 추구해야만 살아갈 에너지를 얻는다. 가치나 의미가 중단되면 더 이상 희망에너지가 만들어지지 않아서 삶에 대한 의욕을 잃어버린다. 이렇게 되면 갈수록 무기력증에 빠져서 어느 날 문득 '내가 왜 살아야 되지?'라는 회의감이 밀려온다.

사람으로 살아가는 사람이 자살을 하는 이유는 더 이상 자신이 누릴 재미와 즐거움이 없다고 생각해서이다.

반면 인간으로 살아가는 사람이 자살을 하는 이유는 더 이상 추구할 가치가 없다고 생각해서이다. 인간은 미래에 대한 희망이 없으면 존재할 이유가 없다고 생각하기 때문에 극단적인 선택을 하는 것이다.

사람은 태어날 때부터 행복을 추구하는 존재이기 때문에 죽을 때까지 자아실현을 해야 인생의 보람을 느낀다. 자아실현이 멈추면 스스로 자신이 무가치하게 느껴져서 생을 마감하게 된다. 그러나 사방이 꽉 막힌 동굴 안에서 죽을 날만 기다리던 사람도 어디선가 한 줄기 빛이 보이면 갑자기 온몸에 희망의 열정이 솟아오른다. 그래서 동굴 밖으로 나갈 수 있다는 희망 하나로 죽기 살기로 돌을 파낸다. 이것이 자아실현이 만들어내는 가치추구이다.

사람과 인간으로 살아가면서 열정과 사랑, 의미와 가치가 얼마만큼 큰지, 작은지는 중요하지 않다. 대신 시련과 역경이 닥쳤을 때 포기하지 않고 끊임없이 노력을 지속해 나가는 것이 무엇보다 중요하다.

자신의 행복을 위해서 뭔가를 꾸준히 추구해 온 사람은 나름대로 최선을 다해 살아왔기 때문에 자존감이 높다. 이런 사람들은 목표에 대한 결과가 좋든 나쁘든 크게 개의치 않는다. 이미 자신은 문제해결능력을 가지고 있어서 얼마든지 인생을 주체적으로 살 수가 있기 때문이다. 이처럼 자신을 신뢰하는 사람들이 성공한 인생, 행복한 인생을 살아간다.

반면 자신의 행복을 위해서 자신의 역할에 최선을 다하지 않은 사람일수록 안 좋은 결과에 대한 탓과 원망을 많이 한다. 이런 사람들은 자존감이 없기 때문에 쉽게 마음이 흔들려서 스스로 마음을 불편하게 한다. 특히 자신보다 우월한 가치를 지닌 사람들을 보면 '저 사람은 저렇게 많은 것을 이루었는데 나는 왜 이것밖에 못 이루었을까?'라며 자책을 하게 된다. 자책은 자괴감과 열등감을 증폭시키기 때문에 지양해야 한다.

불만과 불평은 누군가로 인해 만들어진 것이 아니라 나 스스로 만든 부정감정이다. 그럼에도 인생이 내가 원하는 대로 흘러가지 않는다고 해서 무조건 탓과 원망, 자책을 하게 되면 자신도 모르게 심리습관에 문제가 생긴다.

인생이 내 뜻대로 흘러가지 않을 때 모든 것을 멈추고 일단은 자신부터 성찰해 봐야 한다. 자신을 되돌아보면 무엇 때문에 불평과 불만이 쌓이는지 알 수 있다. 문제의 원인을 알았다면 문제해결을 위해 노력하면 자연스럽게 불평불만이 사라진다.

자신의 인생을 남들과 비교해서 자신을 스스로 불행 속으로 밀어넣는 것처럼 어리석은 일은 없다. 그렇기 때문에 행복한 인생을 살고 싶다면 평소 올바른 생각기준을 만들어놓아야 흔들림 없이 자신의 인생을 주체적으로 살아갈 수 있다.

자신의 생각기준이 명확한 사람은 문제가 생겼을 때 자기합리화를 하지 않는다. 오로지 문제해결을 위해서 노력할 뿐이다. 이런 노력이 모이고 모이다 보면 갈수록 문제해결능력이 향상되어 스스로 자신을 신뢰하게 된다.

자신을 신뢰하는 사람은 자존감이 높은 사람이다. 상대가 나보다 월등한 위치에 있어도 탓과 원망, 자책을 하지 않고 내 기준에 맞게 자신의 인생에 최선을 다할 뿐이다.

삶과 인생을 제대로 성찰한다면 자아실현을 위해 쉬지 않고 꾸준히 노력해 온 자신을 스스로 격려해 줘야 한다. 자아실현은 크게 성공하고, 크게 이루는 것이 중요한 것이 아니다. 작은 가치라 하더라도 멈추지 않고 지금까지 추구해 온 것이 중요한 것이다.

인간의 삶과 인생에는 높낮이가 없다. 잘 살고, 못 살고도 없다. 추구하는 것을 끝까지 가지고 가는 사람만이 '인간으로서 잘 살았구나, 사람으로서 참 잘 살았구나.' 하고 보람을 느끼는 것이다.

심리는 대칭이기 때문에 인생은 희로애락의 연속이다. 무미건조한 삶이 지루하고 지겨워지면 삶에 뭔가 활력을 주고 싶어서 재미와 즐거움을 찾게 된다. 이때 자신을 통제하지 못하면 중독에 빠지기가 쉽다.

가치를 추구해 나가는 과정에서 시련과 역경을 만나면 극복해 나가는 것이 힘들어서 모든 것을 포기하고 싶어진다. 그러나 소중한 사람들과 함께 행복한 인생을 살아가기 위해서 자신이 나약해질 때마다 의지를 가지고 자신을 설득해 나간다. 그러다가 무사히 난관을 통과하게 되면 말할 수 없는 행복과 보람을 느끼게 된다. 이런 성취감 때문에 인간은 죽을 때까지 자아실현을 하면서 살아간다. 그래서 인생에는 은퇴가 없다.

태어날 때부터 오아시스에서 살았다면 편안함과 여유로움은 느껴도 행복의 감정은 느끼지 못한다. 왜? 처음부터 모든 것이 갖춰져 있어서 자아실현을 할 이유가 없기 때문이다.

반면 사막에서 오로지 나침판 하나로 오아시스를 찾는 사람들은 자신의 희망을 위해서 혹독하고 절망적인 상황을 견디고 또 견딜 수밖에 없다. 온갖 힘든 난관과 역경을 이겨내고 드디어 눈앞에 오아시스를 발견했을 때 그 감동은 이루 말할 수가 없다. 이것이 바로 자아실현이 주는 행복이다. 아무리 돈이 많아도, 지위가 높아도 자아실현을 하지 않으면 인생의 보람과 행복을 느낄 수가 없기 때문에 불행할 수밖에 없다.

미꾸라지를 운송할 때 수족관에 반드시 메기 한 마리를 집어넣는 것은 미꾸라지에게 활력을 주기 위함이다. 미꾸라지에게 스트레스를 주는 존재가 없으면 힘들게 움직일 필요가 없다. 미꾸라지가 무기력해지면 신선도는 자연히 떨어지게 된다.

사람도 마찬가지이다. 편안한 삶이 지속되면 뭔가를 추구하려는 열정에너지가 만들어지지 않는다. 열정에너지가 없으면 어제도, 오늘도 아무런 변화가 없어서 사는 것이 지루하고 재미가 없다.

인간관계에서 서로의 생각이 다르면 스트레스와 상처가 발생한다. 이때 자신의 의견을 관철시키려고 상대를 설득하기도 하고, 화를 내기도 한다. 그래도 타협이 되지 않으면 스트레스와 상처로 인해서 마음이 불편하고 답답해진다. 이런 상태에서 상대가 먼저 나에게 사과를 하거나, 자신의 생각을 양보하게 되면 그동안 쌓인 앙금이 눈 녹듯이 사라지면서 마음이 편안해진다. 이런 기복 있는 삶이 건강한 삶이고, 행복한 삶이다. 그렇기 때문에 인간관계가 아무런 갈등 없이 마냥 좋게만 흘러간다고 해서 무조건 좋아할 것이 아니다.

　인생은 '좋다, 나쁘다'의 개념이 중요한 것이 아니다. 함께 희로애락을 느끼면서 사는 것이 중요하다. 인간에게 희로애락은 그 자체가 행복이기 때문이다.

　인생은 스스로 선택하고 스스로 책임지면서 살아간다. 행복한 인생, 불행한 인생은 내가 어떤 가치를 추구했느냐에 따라서 결과가 달라진다.

　상대가 불행한 인생을 살아간다고 해서 그 인생이 잘못되었다고 함부로 평가해서는 안 된다. 자신이 선택한 일에 최선을 다했다면 결과가 좋지 않아도 본인 스스로 보람된 인생을 살았다고 생각하기 때문이다.

　심리에서의 은퇴는 정년이 되어서 현직에서 물러나는 것을 의미하지 않는다. 자신이 추구하던 의미나 가치를 차단하거나 멈추면 은퇴로 본다.

　나이가 80~90이 넘어도 가치를 추구하는 사람이 있고, 20대에서 가치추구를 멈춘 사람도 있다. 마음의 관점에서 볼 때 가치추구를 멈춘 20대는 은퇴를 한 것이나 다름없다. 그렇기 때문에 마음의 관점에서의 은퇴는 가치추구를 멈춘 것을 의미한다.

　인간의 자아실현은 각자 살아온 경험이 다르기 때문에 추구하는 것도 다르다. 어떤 사람은 자아실현을 빨리 이루기 위해서 고속도로로 가기도 하고, 어떤 사람은 비포장도로로 가기도 하고, 어떤 사람은 스스로 길을 만들면서 가기도 한다.

비포장도로로 가는 사람은 고속도로로 가는 사람을 보고 '왜 저렇게 정신없이 살까?' 하면서 안타까워한다.

반면 고속도로로 가는 사람은 비포장도로로 가는 사람을 보고 '지금이 어떤 세상인데 저렇게 답답하게 살아갈까?' 한다. 그러나 인생은 지금까지 내가 살아온 경험과 지식을 토대로 만들어가는 것이기 때문에 각자 살아가는 방식이 다를 수밖에 없다.

내 관점에서 볼 때 상대의 인생이 안타깝거나 답답해 보여도 상대의 입장에서는 나름대로 의미가 있고, 가치가 있기 때문에 그렇게 살아가는 것이다. 그렇기 때문에 상대의 인생이 자신의 마음에 들지 않아도 존중해 줄 필요가 있다. 그렇지 않으면 인간관계에서 끊임이 스트레스와 상처를 받을 수밖에 없다.

은퇴는 무엇일까?

사람은 생산적인 일을 하면서 살아간다. 지금까지 살아온 '생'은 하루하루 생산적인 일을 하면서 살아온 삶을 말한다. 생산적 삶이란 인간으로서 추구했던 의미와 가치이고, 사람으로서의 열정과 사랑이다.

나이 들어서의 은퇴는 지금까지 생산적인 일을 추구해 오다가 멈춘 상태를 의미한다. 이때는 지금까지 해왔던 일에서 벗어나 자신만의 휴식과 풍요를 누리는 기간이다. 이것이 바로 일반적인 은퇴의 개념이라고 생각하면 된다.

반면에 퇴직은 직장을 그만두는 것이다. 그러나 직장을 그만뒀더라도 의미와 가치, 열정과 사랑을 끊임없이 추구한다면 일에서 벗어난 것이 아니다. 지금까지 해왔던 일을 그만두고 새로운 것을 찾기 위한 전환점이라고 보면 된다. 그래서 퇴직을 해도 새로운 목표를 세우고 열심히 가치추구를 해나가야 인생의 보람과 행복을 느낄 수가 있다.

원래 인간의 삶과 인생에서 의미추구나 가치추구가 멈춰서는 안 된다. 자아실현을 하지 않으면 인간의 권리인 행복을 느낄 수가 없기 때문이다.

인간이 은퇴의 개념을 만들어놓은 것은 지금까지 열심히 살아왔기 때문에 노년에는 가치추구를 멈추고 인생의 여유와 풍요를 누리라는 의도에서다.

은퇴는 인간의 나이와 신체로 볼 때 좋은 제도이다. 그러나 심리적인 관점에서 바라볼 때는 죽음의 경계에 와 있다는 의미이다. 그 이유는 자아실현을 멈춰야 하기 때문이다.

은퇴로 인해 자아실현이 멈추는 것과 퇴직처럼 추구하는 가치가 바뀌는 것은 다르다.

인간은 살아가면서 자신이 추구하는 것을 계속 실현해 나갈 때 보람과 행복을 느끼게 되어 있다. 이런 의미에서 은퇴는 지금까지 추구해왔던 것을 멈추고 그냥 사람처럼 사는 것이다. 그러나 자아실현이 멈추면 인간의 삶이 아닌, 사람의 삶이 된다. 자아실현은 미래행복이었지만 자아실현이 멈추면 미래행복 없이 현실에 안주하면서 살아간다는 얘기이다.

인간에게 있어서 은퇴는 자아실현이 멈추는 때를 의미한다. 법으로 정해놓은 정년으로 인해 자신의 의사와는 무관하게 가치추구를 멈춘 것이다. 그러나 인간은 죽기 전까지 자아실현을 하면서 살아야 하기 때문에 은퇴를 했더라도 계속 의미를 찾아야 되고, 가치를 찾아야 된다. 이런 의미에서 은퇴는 인생의 전환점이 될 수 있다. 즉, 기존의 의미와 가치를 버리고 새로운 의미와 가치 또는 새로운 열정과 사랑을 찾아서 자아실현을 해나갈 수 있는 삶이 바로 은퇴이다. 이런 의미에서 은퇴는 제2의 삶을 살아갈 수 있는 관문이 되기도 한다.

　은퇴라는 말을 할 때 은퇴의 개념자체를 정확하게 알아야 한다. 은퇴를 했을 때 시간적인 여유와 경제적인 풍요는 필수다. 여유와 풍요는 인간에게 성취감과 행복감을 주기 때문에 나이가 들면 은퇴는 반드시 필요하다. 하지만 은퇴를 하게 되면 지금까지 해왔던 가치추구가 멈추기 때문에 더 이상 자아실현을 할 수가 없는 것이 현실이다. 그래서 은퇴는 양면성을 가지고 있다.

　희로애락의 기복 없이 늘 편안하고 안정된 삶만 살면 인생이 무미건조해진다. 은퇴했다고 해서 자아실현을 멈추면 사는 것이 지루하고 권태로워서 금방 무기력해진다. 그렇기 때문에 은퇴를 했다고 편하고 여유로운 삶에만 집착할 것이 아니라 제2의 인생을 살기 위해서라도 새로운 가치를 찾아야 한다.

　은퇴를 했다고 은퇴한 삶을 누리려 해서는 안 된다. 인간은 자아실현을 하지 않으면 더 이상 행복을 느낄 수 없기 때문이다. 은퇴를 하기 전까지 경제적 가치만 추구했다면 자신의 경험을 살려서 사회적 가치나 관계적 가치를 추구하는 것도 본인은 물론이고 국가나 사회에도 도움이 된다. 인간의 행복은 모두가 함께할 때 더 커지기 때문이다.

　은퇴라는 개념 자체는 현재행복을 추구하는 여자에게 긍정적으로 작용하지만, 미래행복을 추구하는 남자에게 있어서는 고통이나 다름없다. 은퇴를 하면 자신의 가치추구가 멈추기 때문에 더 이상 희망이 없다는 생각을 많이 한다. 그래서 은퇴를 앞둔 남자들의 심리는 매우 불안정하다.

남자는 자신이 좋아하는 대상에 열정적으로 몰입할 때 에너지가 만들어진다. 여자는 누군가에게 좋은 감정이 생겨서 그 사람을 사랑하게 되면 행복해진다. 그래서 남자의 열정과 여자의 사랑으로 결혼을 하면 함께 행복해지기 위해서 여자는 삶에서 의미를 찾고, 남자는 인생에서 가치를 찾으면서 함께 자아실현을 해나간다.

자아실현을 해나가는 과정에서 함께 희로애락을 겪으며 자신들의 미래행복을 위해 최선을 다한다. 이 과정에서 수많은 문제로 인해 시련과 역경을 겪어도 미래행복을 위해서 노력하고 또 노력한다. 그래서 자신들이 원하는 삶을 살게 되었을 때 형언할 수 없을 만큼의 성취감과 행복감을 맛본다. 이것이 바로 함께하는 행복이다.

인간의 행복은 많은 가치를 소유했다고 해서 느끼는 것이 아니다. 함께 희로애락을 겪으면서 자아실현을 이루어낼 때 행복의 감정을 느낀다. 그렇기 때문에 소유한 것이 아무리 많다고 해도 자아실현을 하지 않으면 행복의 감정이 만들어지지 않는다.

은퇴를 하고 나서 시골의 전원주택에서 제2의 인생을 살려고 하는 사람들이 많다. 이런 사람들은 행복한 삶을 지향하는 것이 아니라 편안한 삶을 지향한다고 보면 된다. 편안한 삶은 스트레스가 발생하지 않기 때문에 인생의 희로애락이 만들어지지 않는다. 희로애락이 없는 인생은 변화가 없기 때문에 편하기는 하지만 무미건조할 수밖에 없다.

인생의 성공여부는 자신의 능력으로 만들어가는 것이다. 자신의 성공을 위해 열심히 앞만 보고 가다가 뜻하지 않은 장애물이나 함정을 만나면 '어차피 건너지 못할 거 애쓸 필요가 없지.' 하면서 도전조차 하지 않는 사람들이 있다. 이런 사람들은 자신의 삶에서 은퇴한 거나 마찬가지다. 추구할 가치를 스스로 파기했기 때문이다.

열악한 상황과 자신의 능력은 항상 변한다. 잦은 실패와 좌절을 경험했다고 해서 스스로 성공에 대한 기대치를 낮추면 자신의 일에서 은퇴하기가 쉽다.

가치추구는 이루는 것이 아니라 이루려고 노력하는 것이다. 실패를 했다고 해서 가치추구를 멈추면 인생에서 은퇴를 한 것이나 다름없다. 은퇴를 하게 되면 인생의 보람과 행복을 느낄 수가 없어서 인식되는 모든 것이 스트레스로 작용한다. 그래서 모든 것이 자신의 뜻대로 되지 않으면 무조건 탓과 원망을 하게 된다. 이런 자기합리화는 은퇴를 포장하는 것이다. 일이 자신의 뜻대로 되지 않으면 탓과 원망을 하기보다 무엇이 잘못되었는지, 무엇이 부족한지 문제의 본질부터 알아야 한다. 문제의 본질을 알려면 자신부터 성찰해 봐야 답이 나온다.

자신의 능력에 비해 성공할 확률이 매우 낮은 상황임에도 허세와 허영으로 목표치를 높게 잡는 사람도 있다.

"방송국 아나운서시험에 지원했는데 최종심에서 떨어졌어."

이 남자는 아무것도 추구하지 않으면서도 방송국 아나운서시험에 떨어진 것을 자랑으로 여긴다. 마치 자신의 눈이 너무 높아서 스스로 자아실현을 포기한 것처럼 자기합리화를 하는 사람이다. 이런 사람은 자신의 인생에서 진즉에 은퇴한 것이나 마찬가지이다.

사람들은 자신이 추구하는 것이 힘들거나 잘 안 될 때 편안해지기 위해 은퇴라는 개념을 생각하게 된다. 일단 은퇴라는 것이 머릿속에 들어오면, 무의식의 작용인 기억도, 표현도 필요 없다. 오직 살기 위해 인식하는 것만이 중요하다. 그래서 인식은 내가 살기 위해서 좋은 것이든, 나쁜 것이든 다 받아들인다.

은퇴한 사람들의 공통점은 놀랍게도 인식에 굉장히 민감하다. 즉, 5개 감각기관인 오감에 굉장히 민감하게 반응한다. 그래서 생존의 필수인 의식주만 있으면 더 이상 존재의 의미를 찾지 않는다.

60세 된 남자가 곧 은퇴를 한다고 생각하면 그동안 자신이 경험하면서 쌓아왔던 수많은 기술과 능력은 서서히 도태되기 시작한다. 은퇴를 하면 더 이상 이런 기술과 능력이 필요 없다고 생각하기 때문에 오직 인식과 기억에 관련된 것에만 집중하게 된다. 그러다가 막상 은퇴를 하게 되면 굳이 표현할 필요성을 못 느낀다. 대신 들어오는 인식과 생존에 필요한 기억만 하려고 한다.

은퇴한 사람에게는 자신의 기억에 들어맞는 인식이 들어오는 것이 중요하다. 그래서 은퇴에 관련된 마음과 심리는 보통 때의 1/3로 줄어들게 된다. 그래서 존재의 의미와 가치는 필요 없고 생존본능에 초점이 맞춰진다.

사람은 태어나면 일단 생존해 있는 것이 중요하다. 생존기에 있는 아기들은 배가 고프다고 인식되면 젖 달라고 울고, 기저귀가 젖으면 갈아 달라고 칭얼댄다. 이런 아기의 표현은 생존하기 위한 본능이다. 즉, 자신에게 필요한 것을 얻기 위해 보호자인 엄마에게 자신을 표현하는 것이다.

은퇴도 자신의 생존을 위해 필요한 것만 가동시킨다. 불필요한 표현도, 수많은 기억 데이터도 제거하고 자신에게 꼭 필요한 것만 남겨놓는다. 그래서 은퇴를 하면 마음과 심리는 인식으로만 작용한다.

사람들이 마트에 가서 물건을 고를 때 이것저것 많은 것을 따져가며 산다. 나트륨은 얼마나 들었는지, 열량은 얼마나 높은지, 재료가 신선한지, 물건에 대한 가성비는 어떤지를 꼼꼼하게 따진 다음 카트에 집어넣는다. 생존본능에 의해 사는 것보다 균형 잡힌 식단으로 행복하게, 건강하게 사는 것이 무엇보다 중요하기 때문이다. 그러나 은퇴를 생각하는 사람들은 자신도 모르게 존재의 의미보다는 자신을 생존체계로 바꿔간다.

요즘은 옛날과 달리 백세시대이다. 그래서 은퇴 후에 무엇을 하고 살아야 될지 막막해하는 사람들이 많다.

인간은 자아실현을 하고 살아야 보람된 인생을 산다고 했다. 은퇴를 하기 전에 은퇴 후의 삶에 대해 미리 고민을 해서 제2의 인생을 준비해야 한다.

한참 일할 수 있는 나이임에도 정년에 걸려서 은퇴한 인력을 활용할 수 있는 방법을 국가나 시민단체가 앞서서 연구하고 있다. 평생을 닦아온 그들의 경험과 지식을 은퇴와 함께 사장시킨다는 것은 개인은 물론이고 국가적으로도 손해라는 것을 잘 알고 있기 때문이다.

뉴스를 보니 무역회사에서 은퇴한 사람들이 사회봉사단체를 만들어서 수출입 경험이 없는 중소기업에 자신들의 축적된 지식과 경험을 알려준다고 했다. 이런 사람들은 경제적 가치를 추구하다가 은퇴를 하고 나서 사회적 가치를 추구한다고 보면 된다. 그러나 일자리가 없어서, 편하게 살고 싶어서 자아실현을 멈추게 되면 은퇴심리에서 기억과 표현은 사라지고 인식만 남게 된다.

경제가 호황기면 은퇴한 사람이라도 자신의 경험과 지식을 활용할 곳이 많다. 그러나 불황기면 노인들의 일자리는 뒤로 밀린다. 이렇게 되면 본의 아니게 자아실현이 멈추어서 갈수록 먹고사는 것에만 초점을 맞추게 된다.

초등학교 교장으로 은퇴한 사람이 지하철 택배를 하고, 은행 지점장으로 은퇴한 사람이 아파트 경비를 하고, 고위관직에 있던 사람이 공공시설의 주차요원으로 일한다. 이들의 목적이 경제적 가치를 추구하는 것이 아니다. 죽을 때까지 행복한 삶을 살고 싶어서 자아실현을 하는 것이다.

은퇴를 한 사람들이 이구동성으로 하는 소리가 있다. "눈 뜨자마자 출근할 곳이 있는 사람들이 제일 부러워." 예전에는 상상조차 못했던 생각이었다.

남의 시선을 의식하고 사는 사람들은 은퇴를 하고 나서도 자아실현을 하지 못한다. 한때 잘나갔기 때문에 거기에 상응하는 직장이나 일만 찾기 때문이다.

"명색이 내가 교장까지 했는데 어떻게 회사경비를 서나!"

은퇴 후 무료해하는 지인을 위해서 일자리를 알선해 줬는데 오히려 핀잔만 들었다. 이런 사람들은 자아실현보다는 자신의 체면, 위신을 지키는 것이 더 중요하다. 남자의 이런 허세가 은퇴 후의 인생을 갉아먹는다.

평생을 가치추구에만 매진한 사람이 은퇴 후에 자아실현을 하지 않으면 곧바로 무력감에 빠진다. 이렇게 되면 자신이 무가치하게 느껴져서 아무것도 아닌 일에도 스트레스와 상처를 받는다.

누구도 따라올 수 없는 자신만의 경험과 지식을 가지고 있어도 쓰일 곳이 없으면 사장될 수밖에 없다. 이런 자괴감 때문에 은퇴 후에 노이로제나 우울증으로 고생을 하는 은퇴자들도 많다.

열심히 자아실현을 하다가 나이가 들어서 자신의 의지와는 상관없이 은퇴한 사람은 나름대로 열심히 살아온 사람이다.

반면 한참 일할 나이임에도 인간관계에서 오는 스트레스와 상처를 견디지 못해 툭하면 이직하는 사람들도 있다. 이런 사람들은 스트레스와 상처를 처리할 수 있는 능력이 없기 때문에 다른 직장에 들어가도 결과는 마찬가지다.

취직과 이직을 반복한다는 것은 스트레스와 상처가 힐링되지 않고 쌓이고 있다는 증거다. 그러다가 더는 견딜 수가 없으면 아예 인간관계를 단절하고 자아실현을 멈춘다. 자아실현이 멈추면 더 이상 추구할 가치가 없기 때문에 자신의 인생에서 은퇴했다고 봐야 한다.

한참 일할 나이임에도 스트레스와 상처를 극복하지 못해 자신의 인생에서 은퇴를 하면 인간이 아닌, 사람으로 살아갈 수밖에 없다. 스스로 미래행복을 포기했기 때문에 더 이상 자신의 역할에 매진하지 않는다. 이렇게 되면 인간으로서 지켜야 될 조화와 질서가 깨져 인간관계에 많은 문제가 생기게 된다.

인간관계에 문제가 생기면 심리가 불안정해지면서 신체화증상이 나타난다. 이런 상태가 지속되면 심리가 악화되어서 더 이상 소중한 사람들과 함께 인간적인 삶을 영위하기가 힘들어진다.

심리가 불안정한 사람들은 자신의 상황이 조금이라도 안 좋으면 문제의 본질은 보려고 하지 않고 무조건 사회 탓, 환경 탓이라고 원망만 한다. 이런 사람들은 평생을 불평불만만 하고 살아가기 때문에 인간관계가 파괴될 수밖에 없다. 인간관계가 파괴되면 오로지 자신밖에 모르기 때문에 타인에 대한 공감능력이 떨어진다. 그래서 반사회적인격장애자가 되어서 파멸의 인생을 살아가게 된다.

이런 사람이 많아지면 사회는 무질서해지고 혼탁해져서 병이 들 수밖에 없다. 병든 사회는 모든 사람들에게 불안과 공포를 심어주기 때문에 무엇보다도 심리장애자들이 양산되지 않게 하는 것이 급선무이다.

건강한 심리를 가진 사람들이 많은 사회는 건강한 사회다. 그렇기 때문에 나부터라도 인간관계에서 오는 스트레스와 상처를 잘 힐링할 수 있는 능력을 만들어놓아야 자아실현도 원활히 해나갈 수가 있다.

지금 나라에서 정년퇴직자나 구직자를 위한 취업프로그램을 많이 운영하고 있다. 그러나 이미 머릿속에 은퇴란 개념이 들어가 있으면 일이 조금만 힘들고 어려워도 극복하기보다는 편해지고 싶어서 그냥 포기한다. 이런 사람들은 취직을 해도 스트레스와 상처를 처리하지 못해서 하루 만에 그만두기도 한다. 자신의 능력으로 얼마든지 문제를 해결해 나갈 수 있음에도 이미 머릿속에 은퇴란 개념이 들어가 있어서 스스로 자신의 행복을 파괴한다.

경제가 침체되면 은퇴한 노인들이 가치추구를 하기가 힘들어진다. 노인들의 영역이던 환경미화원자리도, 아파트경비원자리도 고용한파로 인해 젊은이들로 대체된다. 그래서 경험과 지식이 아무리 많이 축적되어도 활용하지 못해서 자연스럽게 생존모드로 전환될 수밖에 없다.

노인복지혜택이 늘어나는 것은 좋은 일이다. 없는 사람들에게 다시 의미와 가치를, 열정과 사랑을 추구해 갈 수 있도록 만들어주기 때문이다. 먹고살기만 하는 무의미한 삶이 아닌, 생산적인 삶으로 전환시켜 주기 때문에 자존감도 올라간다.

은퇴자들이 제일 먼저 해야 될 것은, 경험과 지식을 든든한 자산으로 생각해서 자아실현을 할 수 있는 일을 찾아봐야 한다. 이때 은퇴의 개념이 머릿속에 들어가서는 안 된다. 일단 은퇴개념이 들어가면 자신의 일이 조금만 힘들어도 쉽게 포기하려는 심리가 작용하기 때문이다.

 스스로 인생에서 은퇴했다고 생각하면 신체와 마음이 원활하게 작용하지 않는다. 의식과 무의식이 은퇴를 받아들여서 최소한의 인식만 작용하게 만든다.

 사람이 절망에 처했을 때 이 상황에서 벗어나려고 최선을 다하는 사람이 있는 반면 노력하는 것이 싫어서 주어진 대로 살아가는 사람이 있다. 이런 사람들의 차이는 머릿속에 은퇴의 개념이 들어있느냐, 없느냐이다. 은퇴의 개념이 들어있으면 자아실현은 뒷전으로 밀어놓고 생존본능만 가동하려고 한다.

 사람은 마음먹기에 따라서 행복한 인생을 살 수도 있고, 불행한 인생을 살 수도 있다. 내가 은퇴자라고 생각하면 내 의지와는 상관없이 마음은 그저 쉽고 편안한 것만 추구하려고 한다.

 편안한 삶이 제일 위험한 것은 문제가 생겨도 극복할 생각은 않고 현실에만 안주하려고 하기 때문이다. 현실에 안주하면 문제해결능력이 만들어지지 않는다. 문제해결능력이 없으면 인생을 주체적으로 살아갈 수 없어서 늘 탓과 원망, 자책, 의존만 하게 된다. 이런 인생은 충분히 행복할 권리가 있음에도 불구하고 스스로 자신에게 자상을 입히는 것이다.

 남자든, 여자든, 젊은이든, 노인네든 자아실현을 하면서 살아야 인생에 보람을 느낀다. 그렇지 않으면 자신이 무가치하게 여겨져서 자존감이 낮아지고, 자신감도 잃는다. 그래서 '왜 살아야 되지?' 하는 생각에서 극단적인 선택을 하게 된다.

나이가 많아서 은퇴한 사람이나, 상황이 좋지 않아서 자아실현을 멈춘 젊은이나 지금의 삶이 은퇴의 개념 속에 들어왔더라도 '난 미래행복을 위해 오늘도 열심히 살아가야 해!'라는 마인드를 가지고 살아야 한다. 이런 마인드가 있으면 가치추구를 하기 위해서 열심히 새로운 기술을 익히거나 자격증도 따게 된다.

반면 기력이 쇠약해져서 더 이상 일을 할 수가 없다는 생각이 들면 이때가 진정한 은퇴다.

은퇴란 개념은 '내가 살만큼 살았으니 이제는 좀 쉬어야겠다.'라고 생각할 때이다. 즉, 노쇠해져서 활동을 할 수 없을 때가 되어야 진정한 은퇴라고 말할 수가 있다.

은퇴할 나이가 아님에도 회사의 구조조정으로 인해 명예퇴직을 하는 사람들도 많다. 이때 명예퇴직을 은퇴의 개념으로 생각해서는 안 된다. 은퇴의 개념으로 생각하는 순간 심리가 생존모드로 바뀌기 때문에 자아실현을 하지 않으려고 한다. 심리는 마음의 작용이기 때문에 본인이 어떤 마음을 먹느냐에 따라서 인식, 기억, 표현이 작용한다.

은퇴라는 개념은 인간의 자아실현과 사람의 자기행복추구를 끝내는 것이다. 이런 개념을 가진 사람이 새로운 인생을 살려고 할 때 무엇보다 자신만의 용기와 모험이 필요하다. 즉, 처음부터 자아실현에 대한 열망을 가지고 무수한 시행착오를 겪어야 다시 시작할 수 있다는 말이다. 왜? 기존의 가치가 아닌 새로운 가치를 추구해야 하기 때문이다.

은퇴를 하기 전에 은퇴 후의 인생에 대해 고민하고 통찰을 하게 되면 제2의 인생을 준비할 수가 있다. 즉, 지금까지 일관되게 살아온 자기 인생을 새롭게 바꿀 수 있는 기회가 은퇴라는 것을 알고 제2의 인생을 차근차근 준비를 해야 자아실현이 멈추지 않는다.

평생 내 인생의 의미와 가치, 사람으로서 열정과 사랑을 추구해 오다가 자신의 의사가 아닌, 사회적 환경과 상황에 따라 자아실현을 멈추면 좌절하거나 절망하게 된다. 이런 마인드는 은퇴의 개념이다.

본인의 뜻이든, 환경적인 상황이든 일단 가치를 멈추었다면 나름대로 노력해서 새로운 가치를 찾으면 된다. 즉, 은퇴가 아닌, 이직개념으로 받아들인다면 다시 심기일전해서 새로운 자아실현을 해나갈 수가 있다.

은퇴는 끝이 아니라 새로운 시작이다. 그러나 새로운 것을 추구할 때 모든 것이 낯설고 서툴러서 스스로 포기하는 경우도 많다. 그러나 새로운 인생에 도전할 용기가 부족해서 스스로 모험 속에 뛰어들지 않으면 죽을 때까지 인생을 무가치하게, 무미건조하게 살아야 한다.

가까운 곳이나 가까운 사람은 언제나 편하고 익숙하다. 그러나 가까운 곳에서 조금이라도 멀리가게 되면 낯선 환경에 불안해져서 가급적 자신의 경계를 넘으려고 하지 않는다. 이런 사람은 이미 머릿속에 은퇴의 개념이 들어있다고 봐야 한다.

인간은 사회적 동물이기 때문에 어디를 가든지 적응력이 뛰어나다. 이곳이 아니면 저곳에서 새롭게 시작해 볼 수 있는 모험과 용기는 누구나 가지고 있다. 다만 무엇을 추구해야 될지 모를 뿐이다.

은퇴를 하고 난 뒤 새롭게 시작할 자아실현에는 무엇이 있을까?

가치추구에는 경제적 가치, 관계적 가치, 사회적 가치가 있다. 그리고 거기에서 오는 삶의 의미도 있다.

인간은 항상 행복을 지향하기 때문에 의식주가 해결되었다고 해서 행복한 인생을 사는 것이 아니다. 인생은 뭔가 보람된 일을 해야만 성취감에 행복의 감정을 느끼게 된다.

지금까지 먹고살기 위해서 인생의 모든 것을 돈에 포커스를 맞췄다면 이 사람은 경제적 가치를 추구하는 사람이다. 그러나 경제적 가치를 중심에 두고 열심히 살아왔는데도 형편이 풀리지 않는다면 한 템포 멈추고 자신이 달려온 궤적을 한번 뒤돌아볼 필요가 있다.

자신의 능력에 비해 지나치게 목표를 높게 잡았다면 욕심이 과한 것이다. 욕심이 지나치면 문제가 생겼을 때 정확한 판단을 내리기가 힘들다. 잘살고 싶다는 엄청난 힘이 현재의 상황을 왜곡하기 때문에 투자를 해서는 안 되는 곳에 투자를 하게 되고, 잘되는 사업이 있으면 앞뒤 가리지 않고 달려들기 때문에 실패에 실패를 거듭하는 것이다.

자신이 달려온 궤적을 보고 무엇이 잘못되었는지를 성찰했다면 목표를 낮추고 그 목표만을 향해서 가야 한다. 작은 목표라도 이루고 나면 성취감이 생긴다. 작은 목표를 이루고 나면 자신감이 생겨서 한 단계 더 높이 오르고 싶다는 열정이 생긴다. 이런 식으로 목표를 한 단계, 한 단계 올려잡으면 결국에는 자신이 바라던 꿈을 이루게 된다.

성공은 하루아침에 이루어지는 것이 아니다. 한 계단, 한 계단 꾸준히 올라가는 사람만이 정상에 설 수가 있다.

반면 빨리 성공하고 싶은 사람들은 궤도에서 이탈했음에도 불구하고 상황을 제대로 점검하지 않고 무작정 달리기만 한다. 이렇게 되면 가치추구에 문제가 생겨서 인간관계는 물론이고 몸과 마음에도 문제가 생겨서 자아실현이 멈춰버린다. 자아실현이 멈추면 인생에서 은퇴한 거나 다름없다.

은퇴자의 기억에는 지금까지 살아왔던 경험과 지식이 훌륭한 자산이 되어서 고스란히 보관되어 있다. 이런 경험과 지식을 바탕에 두고, 새로운 시작을 위해 준비를 하는 것이다. 기존 경험을 없애고 싶다면 스스로 은퇴의 개념을 머릿속에 집어넣으면 된다. 하지만 머릿속에 은퇴의 개념이 들어가면 더 이상 자아실현을 할 의지가 없어지기 때문에 심리적으로 죽은 것이나 마찬가지다.

나이가 들어서 은퇴를 하는 사람이나, 자신의 의지와는 상관없이 자아실현이 멈춘 사람이나 자신의 분야에서 은퇴를 한다는 생각보다 일시적으로 퇴직을 한다고 생각해야 심리적으로 안정이 된다.

인생에는 세 번의 기회가 있다고 말한다. 가치추구나 의미추구에 실패를 하더라도 좌절하지 말고 예고 없이 찾아올 기회를 잡기 위해서 항상 자신이 추구할 가치를 위해 준비하고 살아야 한다. 준비된 자만이 기회에 올라탈 수가 있기 때문이다.

세계적으로 유명한 오페라 가수나 지휘자, 연극배우들을 보면 신인 시절부터 언제 찾아올지 모를 기회를 위해 밤낮으로 자신의 실력을 갈고닦았다. 누가 알아주지 않아도 자신의 목표를 위해 노력하고 또 노력하다 보면 기회가 기적처럼 찾아온다.

오페라 주인공이 불의의 사고로 출연하지 못하면 어쩔 수 없이 단원들 중에서 주인공 역을 준비한 사람이 무대에 올라가게 된다. 이때 단원이 완벽하게 주인공역을 소화해 내면 그는 곧바로 주인공급으로 신분이 상승한다. 지휘자도, 연극배우도 마찬가지이다. 세상에는 공짜가 없다. 기적은 준비된 자에게만 나타나는 속성이 있다.

대학총장으로 있다가 은퇴한 분이 있다. 연세가 많아서 자식들은 이제 모든 것을 내려놓고 편안하게 여행이나 다니면서 여생을 보내라고 권유했다. 그러나 총장은 놀랍게도 방송통신대학 중문과에 입학했다. 평소 자신이 좋아하던 공자나 맹자, 노자나 장자의 사상을 원문으로 읽고 싶어서였다고 했다. 그 연세에 새로운 것을 추구하는 용기와 결심에 저절로 머리가 숙여진다.

자의든, 타의든 모든 것이 멈추고 차단되었다고 해도 인생에는 아직 세 번의 기회가 남아있다고 생각해야 한다. 기회는 희망이자 미래행복이다.

사업에 실패했다고 해서 모든 것이 끝났다고 생각해서는 안 된다. 실패를 반면교사 삼으면 앞으로 더 잘할 수 있다. 열심히 노력했는데도 또 실패를 했다면 좌절하지 말고 돌다리도 두들겨가며 건너는 심정으로 철저히 준비해서 세 번째 기회를 기다려야 한다.

사람은 시행착오를 많이 겪을수록 더욱 단단해진다. 단단해지는 이유는 그동안 축적된 경험과 지식이 많이 쌓였기 때문에 자신만의 기준을 분명히 세울 수가 있어서이다.

열심히 준비한 상태에서 우연히 기회가 주어졌을 때 그것을 잡는 것은 각자의 판단이고 각자의 선택이다. 실패가 두려워서 신중에 신중을 기하다 보면 기회는 연기처럼 사라진다. 그렇기 때문에 정확한 판단, 재빠른 결정이 무엇보다도 필요하다.

인생에서의 은퇴도 본인이 하는 것이고, 기회도 본인이 잡는 것이다. 자아실현의 시작도 내가 선택하는 것이고, 자아실현을 멈추는 것도 내가 하는 것이다. 이처럼 인생은 누가 만들어주는 것이 아니라 나 스스로 개척해서 만들어가는 것이다.

은퇴에 관한 정확한 개념이 없으면 힘든 난관에 봉착했을 때 쉽게 포기한다. 문제가 생길 때마다 포기하다 보면 자연히 실패의 습관이 만들어져서 늘 탓과 원망, 자책을 하게 된다. 그래서 '아무 희망도 없는데 더 이상 살아서 뭐 해?'라는 생각에 극단적 선택을 하게 된다.

자아실현은 미래의 행복이자 미래의 희망이다. 자아실현을 한다는 것은 꿈과 희망이 있다는 것이다. 그래서 인간은 자아실현을 추구하는 한 죽을 이유가 없다.

기존의 가치만 고집하면서 살 필요는 없다. 은퇴를 생각할 때가 왔다면 기존의 가치를 바탕에 두고 새로운 가치로 전환하면 새로운 인생이 열린다.

은퇴를 준비하는 것은 끝을 의미하는 것이 아니라 새로운 시작을 의미하는 것이다. 그렇기 때문에 머릿속에 은퇴의 개념이 들어가서는 안 된다.

머릿속에 은퇴의 개념이 들어가면 끝이라는 생각에서 자아실현을 하려고 하지 않는다. 그렇기 때문에 내가 은퇴를 했다고 하더라도 퇴직의 개념으로 받아들여야 심리가 건강하게 작용한다.

가치에는 경제적 가치, 관계적 가치, 사회적 가치가 있다. 평생을 경제적 가치를 추구했다면 은퇴를 하고 난 뒤 사회적 가치나 관계적 가치에 목표를 두고 자아실현을 하면 된다.

TV에서 은퇴한 남자의 삶을 다룬 다큐멘터리를 봤다. 이 남자는 워낙 능력과 카리스마가 뛰어나서 회사든, 가정이든 제왕적으로 군림했다. 그러다가 나이가 들어 현역에서 은퇴한 뒤 집에서 편안하고 여유로운 시간을 보내고 있다.

남자는 아내가 집안일을 할 때도 혼자 바둑을 두거나 책만 읽었다. 어느 날부터 아내가 집안일을 할 때 여전히 바둑을 두거나 책을 읽으면서도 자신도 모르게 아내의 눈치를 살핀다는 것을 알게 되었다. 그래서 아내가 외출하고 없을 때 자진해서 집안일을 하기 시작했다. 막상 집안일을 하다 보니 의외로 재미도 있고 보람도 있었다. 그래서 남자는 아내가 시키지 않아도 스스로 열심히 집안일을 찾아서 하게 되었다.

이 남자는 정말 은퇴를 한 것일까? 아니다. 세 번의 기회 중에서 이제 막 한 장의 인생카드를 쓰는 것이다.

평생 경제적 가치를 추구하던 사람이 집안일에서 의미를 찾기 시작한 것이다. 남자가 스스로 집안일을 한다는 것은 나름대로 재미와 즐거움이 있어서 열정이 생긴 것이다. 이때 남자에게 필요한 것은 여자의 반응이다.

"어쩜 거실마루를 이렇게 깨끗하게 닦아놓았어? 팔 힘이 워낙 좋아서인가?"

아내의 칭찬에 남자는 더 열심히 열정을 추구한다. 그래서 남자는 베란다 바닥까지 경계를 넓히면서 최선을 다해 자아실현을 한다.

은퇴를 했다고 해서 자신의 인생이 끝났다고 생각하면 안 된다. 은퇴라는 개념 자체가 패배의식을 느끼게 하기 때문에 되도록 부정적인 단어를 쓰지 않는 것이 좋다.

사람의 감정은 생각하는 대로 생성되기 때문에 가급적 긍정적인 마인드를 가지고 살아야 행복감정을 느낄 수가 있다.

죽는 날까지는 최소한 사람답게, 인간답게 살고 싶은 것이 인간의 기본 욕구이다. 그렇기 때문에 하는 일이 힘들고, 어렵다고 해서 은퇴라는 개념을 떠올리면 인식의 심리만 작용하고 기억, 표현의 심리는 죽어버린다. 그렇기 때문에 은퇴는 끝이 아닌 시작임을 알고 기존의 가치를 바탕으로 새로운 가치를 만들어갈 준비를 해야 한다.

은퇴 전에 제2의 인생을 미래 설계해 놓은 사람은 은퇴 후에 곧바로 새로운 삶을 살 수가 있다. 이것이 바로 진정한 은퇴이다.

〈질문과 답변〉

〈질문〉 자식이 은퇴한 부모님을 부양한다고 했을 때 부모님의 심리가 궁금하다.

〈답변〉 부모님이 노쇠했다고 해서 자식이 아무 일도 못하게 한다면 부모님의 입장에서는 자신들의 인생이 끝났다고 생각한다. 그러나 자식들 입장에서는 평생 일만 하고 살아오셨는데 이제는 자신들이 돌봐야 한다는 생각이 지배적이다.

자식들 입장에서는 부모님이 자신들을 뒷바라지한다고 평생 고생만 하셨기 때문에 노후에 부모님을 편히 모시는 것이 자식의 도리라고 생각하지만 아니다. 인간은 무조건 자아실현을 해야 삶의 보람을 느낀다.

부모님이 가치추구를 하려고 할 때 무조건 반대만 하지 말고 적극적으로 도와줘야 무미건조한 삶을 살지 않는다. 부모님이 그 연세에 가치추구를 하려는 것은 돈 때문만이 아니다. 인간은 자아실현을 해야만이 보람과 행복을 느낀다. 그렇지 않으면 자존감이 낮아져서 자신이 무가치한 존재라는 생각에 노이로제나 우울증에 빠지게 된다.

〈질문〉 요즘 맞벌이로 인해 자식들이 부모님께 아이들 양육을 맡기는 경우가 많다. 이럴 경우 부모님이 자아실현을 하는 것이 되나?

〈답변〉 자식들이 맞벌이를 하는 이유는 자신들의 미래행복을 위해 자아실현을 하기 위함이다. 문제는 부모님의 자아실현이다.

자녀를 맡길 때 부모님이 현재 자아실현을 하고 있는지, 아닌지를 알아야 한다. 부모님이 현재 자신들의 자아실현을 위해 의미나 가치를 추구한다면 자녀를 맡기는 것은 큰 불효이다. 그래서 일방적으로 자녀를 맡기기보다는 부모님의 현재 상황을 고려해서 결정을 내리는 것이 중요하다.

부모님이 은퇴를 해서 하는 일이 없다면 손자손녀의 양육은 부모님이 자아실현을 하는 데 도움을 준다. 손자손녀를 돌봄으로써 의미를 추구할 수 있기 때문이다.

〈질문〉 부모님이 "내가 너희를 이만큼 키워놨으니 이제부터 너희들이 우리를 부양해라."라고 하면 부모님의 자아실현은 끝인가?

〈답변〉 부모의 부양은 아이의 양육과 반대이다. 아이를 양육하는 것은 미래행복을 위한 부모들의 자아실현이다. 그러나 부모의 부양은 자신들의 자아실현이 아닌, 부모님께 도움을 주는 것이다.

부모님이 자신들을 부양하라는 소리는 자신들의 자아실현은 이제 끝났으니 생존에 필요한 만큼 도와달라는 이야기이다. 그러나 반대로 "내가 무엇을 해보려고 하는데 좀 도와주라."라고 한다면 자아실현을 하려는 것이다.

자식은 부모님이 돌아가실 때까지 생활비를 드리는 것도 중요하지만 자아실현을 할 수 있도록 도와야 한다. 탁구나 게이트볼을 배우게 한다든지, 복지관의 프로그램을 가지고 와서 노래교실이나 하모니카 반에 들어가시게 해서 무미건조한 삶에 활력을 불어넣어 드리는 것도 큰 도움이 된다.

은퇴 후의 자아실현은 거창한 것이 아니다. 나이가 드셔도 스스로 뭔가 하는 것이 있으면 자신을 뒷방 늙은이라고 생각하지 않는다. 이런 자존감이 살아가는 데 긍정적인 에너지를 만들어낸다.

〈질문〉 시어머니가 오래전부터 남편과 사별하고 혼자 사신다. 성격이 폐쇄적이어서 친구도 없고 바깥출입도 거의 하지 않아서 며느리로서 걱정이 많다. 시어머니에게 자아실현을 할 기회를 주고 싶은데 방법을 모르겠다.

〈답변〉 이런 시어머니는 자신의 인생이 끝났다고 생각하시는 분이다. 그래서 죽는 날만 기다리면서 사는 것이다. 이런 마인드로 살면 모든 것이 부정적이어서 삶에서 즐거움을 전혀 못 느낀다. 이때 자녀가 있다면 일정부분 시어머니에게 양육을 맡기고 양육비를 지불하게 되면 어머니는 경제적 가치와 삶의 의미를 동시에 느낄 수가 있다. 이렇게 되면 시어머니는 자연스럽게 자아실현을 하는 것이다.

사람이 자아실현을 하게 되면 무가치하게 여기던 자신을 가치 있는 존재로 인식하게 된다. 이렇게 되면 자신감이 생기면서 인간관계의 폭도 넓어진다. 그렇기 때문에 인간의 자아실현은 삶의 의욕과 행복을 동시에 느끼게 해준다.

〈질문〉 보통 은퇴라고 하면 사회활동을 접고 한가롭게 지내는 것이라고 생각한다. 하지만 생산 활동은 멈췄지만 소비생활은 지속적으로 해야 한다. 은퇴한 사람들을 보면 경제적으로도 어렵지만 하는 일이 없어서 더 무기력하게 보인다. 행복한 은퇴는 없는 것인가?

〈답변〉 아무리 동안이라 하더라도 은퇴를 하고 나면 바싹 늙어버리는 사람들이 많다. 은퇴를 해도 앞으로 30~40년은 더 살아야 하기 때문에 경제적으로, 신체적으로 걱정이 많을 수밖에 없다.

인생의 가장 큰 적은 할 일이 없는 삶이다. 행복한 은퇴생활을 영위하려면 젊었을 때 미리 은퇴계획을 세워서 착실하게 준비를 해놓아야 한다.

대개의 은퇴자들은 은퇴 후의 생활에 대해 아무런 계획을 세우지 않는다. 늘 바쁘게 살아왔기 때문에 그저 막연하게 은퇴 후에 자신이 좋아하는 책이나 읽고 등산이나 낚시를 다니면서 살면 된다고 생각한다. 그러나 이런 생활도 며칠만 지나면 싫증이 난다.

은퇴 후, 아침에 눈을 떴을 때 직장에 출근하던 시절이 자신에게 얼마나 행복했던지를 깨닫게 된다. 인간에게 추구할 자아실현이 없으면 삶이 불행하게 느껴진다. 은퇴 후에 돈이 되지 않아도 추구할 뭔가가 있어야 인생에 보람을 느낀다.

필자가 사는 아파트 관리소장은 예전에 은행지점장으로 근무하다가 은퇴를 했다. 그는 50대에 들어서면서 은퇴 후를 생각하고 시간이 날 때마다 공부도 하고 기술도 익혀서 주택관리사, 보일러 기술자 자격증을 따놓았다. 그의 친구들은 엘리트가 그런 자격증을 딴다고 비웃었지만 은퇴 후에 제2의 인생을 시작한 사람은 자신뿐이라고 했다.

은퇴 후의 자아실현은 돈이 중요한 것이 아니다. 자아실현을 멈추지 않고 이어가는 것이 무엇보다 중요하다.

〈질문〉 요즘 부동산 광풍에 주식광풍까지 불어서 젊은이들이 조기은퇴하는 경우가 많다. 특히 30대 중반에서 40대 초반이 대부분이다. 이들은 은퇴자금을 모으려고 소비를 극도로 억제한다. 종잣돈이 모이면 그들은 과감하게 직장을 던지고 경매나 주식에 올인한다. 이들의 자아실현이 옳다고 할 수 있나?

〈답변〉 말 그대로 요즘 유행하는 파이어족이다. 집값이 너무 올라서 월급쟁이로 평생 일해봤자 서울에 집 한 칸 마련할 수 없다는 생각에 조기은퇴를 한다. 경제적 가치추구에 대한 이들의 열망이 워낙 커서 아무도 조기은퇴를 말리지 못한다.

조기은퇴를 한다고 해도 새로운 가치를 위해 철저히 준비하는 사람은 살아남는다. 그렇지 않고 포모현상에 휘말리면 실패할 확률이 높다.

인생에 세 번의 기회가 있다. 실패를 반면교사 삼아 더욱 단단하게 자기중심을 잡는 사람은 기회가 왔을 때 과감히 기회를 잡아서 성공한다. 그러나 기회를 놓칠 때마다 자기합리화를 하는 사람은 인생의 기회카드를 함부로 쓴다. 이런 사람들의 조기은퇴는 시작이 아닌 끝이 되어버린다.

인생의 기회카드는 여러 가지 수를 취합해서 확실하다는 판단이 설 때 과감히 던져야 성공할 수 있다.

〈질문〉 은퇴는 직업이나 일에서 완전히 떨어져 나오는 것이다. 은퇴 후에 시간제 일을 가지는 것도 자아실현으로 볼 수 있나?

〈답변〉 뭔가를 하려고 하는 것 자체가 자아실현이다. 노년기의 삶을 풍요롭고 활동적으로 이끌기 위해서는 은퇴 후 일에 집중했던 노력과 시간을 여가활동에 많이 쓰는 것도 자아실현이다.

　은퇴는 끝이 아니다. 은퇴하고 나서 자신이 추구하던 자아실현을 바탕으로 새로운 가치를 추구하면 금상첨화다.

　은퇴했다고 해서 집에 들어앉아 먹고사는 일에만 집착하면 자신이 무가치하게 여겨진다. 이렇게 되면 열등감, 불안감, 자괴감이 들어 인간관계를 맺는 것 자체가 스트레스와 상처로 작용한다. 경제적 가치를 위해 편의점에서 시간제 일을 하는 것도, 노숙자 쉼터에서 밥 퍼주는 봉사활동도 자아실현이다. 자아실현은 인간의 행복이기 때문에 죽기 전까지 추구해야 인생의 보람을 느낀다.

2.
졸혼의 심리

졸혼은 말 그대로 결혼생활에서 졸업을 한다는 뜻이다. 이것과 비슷한 말은 별거다. 별거는 분리를 의미하기 때문에 졸혼과 같은 맥락에서 본다. 그러나 별거와 졸혼에는 차이가 있다. 별거는 배우자와 서로 떨어져 살지만 심리적으로는 결혼을 유지하고 있어서 마음이 편하지가 않다.

대부분의 사람들은 이혼을 하기 전에 별거부터 한다. 서로 떨어져 살면서 문제가 많은 결혼생활을 계속 유지하는 것이 좋은지, 아닌지를 객관적으로 생각할 수 있기 때문이다.

반면 졸혼은 별거와는 다르다. 이혼은 하지 않았지만 결혼생활에서 졸업하는 것이다.

졸업은 또 다른 시작을 의미한다. 결혼생활을 끝내고 새로운 인생을 살려면 이혼을 해야 한다. 그러나 이혼을 하려면 그 과정이 복잡하고 지난해서 졸혼을 하는 것이다. 즉, 이혼은 하지 않은 채 결혼생활을 끝내겠다는 말이다. 이런 결정은 지금부터라도 결혼생활에 얽매이지 않고 혼자 자유롭게 살겠다는 것이다.

결혼은 배우자와 인간관계를 맺고 미래행복을 위해서 함께 자아실현을 하며 살아간다. 결혼생활이 힘들고 어렵다고 해서 졸혼을 생각한다면 인간적인 삶을 포기하고 자신만의 행복을 위해 살아가겠다는 것이다. 이렇게 되면 자신만의 재미와 즐거움을 위해 인간관계에서 지켜야 될 조화와 질서를 스스로 파괴한다고 봐야 한다.

졸혼이라는 말은 남자들이 자신의 인생을 즐기기 위해서 만들어놓은 용어다. 부부가 졸혼을 하면 그 즉시 남편과 아내라는 개념이 사라진다. 이혼은 하지 않았지만 일단은 결혼에서 졸업을 했기 때문에 함께 미래행복을 위해 최선을 다하지 않아도 된다. 그래서 졸혼한 사람들은 자신의 권리를 마음껏 누리면서 아무 부담 없이 살아간다.

졸혼을 했다고 해서 인생이 늘 재미있고 즐거운 것은 아니다. 생각지도 않는 질병에 걸릴 수도 있고, 혼자 사는 남자만 골라서 유혹하는 꽃뱀에게 당할 수도 있고, 허세를 부리다가 뜻하지 않은 송사에 휘말릴 수도 있다. 이렇게 되면 인생은 파멸된다.

졸혼을 해도 다양한 사람들과 인간관계를 맺고 살아가다 보면 크고 작은 문제에 부딪히게 된다. 배우자와 함께 결혼생활을 해나갈 때는 예기치 않은 실수를 해도 배우자라는 안전장치가 있어서 위험에 빠질 일이 거의 없다. 그러나 졸혼을 하면 자신을 지켜주던 안전장치가 없어 위험에 빠질 확률이 높다. 특히 혼자 살면 목적을 가진 사람들이 수시로 접근해 온다. 이때 마음을 바로 세우고 살지 않으면 그대로 파멸한다.

졸혼을 한 남자들은 스트레스가 쌓여도 힐링할 데가 없다. 예전 같으면 바깥에서 아무리 스트레스를 받아도 집에만 오면 저절로 힐링이 되었다. 그러나 졸혼을 하면 힐링할 공간도, 가족도 없어서 스트레스를 받을 때마다 술을 마시거나, 게임을 하거나, 여자에게 빠지게 된다. 이런 생활이 지속되면 자신도 모르게 중독에 빠져서 파멸의 인생을 살게 된다.

졸혼한 여자의 경우 재미만 추구하는 남자들과는 생활방식이 다르다. 여자들은 재미와 즐거움보다는 편안한 것에 포커스를 맞추기 때문에 자신의 몸을 생각해서 건강식을 하고, 반려견과 함께 산책을 하면서 여유롭게 살아간다. 여자는 자신만의 시간이 너무 좋아서 졸혼에 크게 만족한다.

졸혼한 남자가 혼자 사는 것이 불편해서 여자에게 다시 합치자고 하면 여자는 절대 합치지 않는다. 모처럼 찾은 자신만의 행복을 포기하고 싶지 않아서이다. 여자가 예전으로 돌아가지 않는 것은 전과는 달리 감정이 편안해졌기 때문이다.

여자는 결혼을 하면 자신이 사랑하는 사람에게서 의미를 추구한다. 반면 남자는 미래행복을 위해서 가치를 추구한다.

가치추구는 쉽지가 않다. 경쟁에서 뒤처지면 안 되기 때문에 열심히 자기계발을 해야 한다. 그래서 가치를 추구하는 남자들은 여유도 없이 앞만 보고 달린다. 이런 힘든 과정을 견딜 수 있는 것은 가정이라는 편안한 안식처가 있기 때문이다. 에너지가 방전되면 집에 와서 충전하면 되기 때문에 삶이 균형을 잡을 수가 없다. 그러나 남자에게 집이라는 안식처가 없으면 기분 내키는 대로 살기 때문에 삶의 균형이 무너질 수밖에 없다.

졸혼은 남자와 여자가 결혼생활에서 완전히 분리되면서 각자 재미와 즐거움을 찾아서 산다. 한마디로 어디에 구속받지 않고 편하게 살려고 하는 것이 졸혼이다.

남자나 여자나 혼자 재미와 즐거움에 빠지면 중독이라는 심리장애에 들어간다. 심리장애에 들어가면 생각이 왜곡되기 때문에 생성하는 감정과 처리하는 감정이 달라진다. 남들이 좋다고 하는 것은 무조건 싫어하고, 남들이 잘못되었다고 하는 것은 무조건 옳다고 우겨서 정상적인 인간관계를 맺지 못한다. 이렇게 되면 몸과 마음에 문제가 생길 뿐만 아니라 가치추구에도 문제가 생겨서 스스로 파멸의 인생을 살게 된다.

소중한 사람들과 함께 미래행복을 위해 자아실현을 하는 사람들은 자신의 역할이 무엇인지를 알고 그 역할에 최선을 다한다. 한 집안의 가장인 남자는 여유롭고 풍요로운 삶을 위해서 열심히 가치추구를 하고, 여자는 남편이 벌어온 돈을 아껴 쓰면서 열심히 남편과 자녀들을 뒷바라지한다. 아이들은 이런 부모의 모습에서 자신만의 올바른 기준을 만들어나간다.

엄마와 아빠가 함께 사는 것이 불편하고 지루하다고 해서 쉽게 졸혼해 버리면 아이도 인생을 쉽게 살려고만 한다.

여자와 결혼을 해서 살다가 서로의 기준이 맞지 않아 스트레스와 상처가 발생하면 극복할 생각은 않고 자신의 부모가 그러했던 것처럼 쉽게 별거를 하거나 졸혼하려고 한다. 이런 방식을 택하는 것은 내 뜻대로 편하게 살고 싶어서이다. 그렇기 때문에 아이를 올바로 키우기 위해서라도 자신의 역할에 최선을 다하는 부모의 생활태도가 무엇보다 중요하다.

졸혼은 심리장애로 가는 지름길이다. 이혼을 안했기 때문에 타인의 시선에서 자유로워서 마음껏 허세를 부리면서 산다.

"집사람과는 이혼 안했어요. 각자 따로 살면서 서로의 영역을 존중해 주는 거지요."

자기합리화를 시키는 사람은 중독증에 빠진 심리장애자이다. 남자든 여자든 졸혼을 하게 되면 제일 먼저 나타나는 현상이 재미와 즐거움의 중독에 빠지는 것이다.

남자들은 평생을 전쟁터에서 돈 벌어온다고 언제나 녹초가 된 삶을 살았고, 여자들은 아이들을 양육한다고 언제나 피곤에 절어 살았다. 그러다가 아이들이 결혼해서 분가를 하고 나면 남편과 둘만 남게 된다.

아이들이 분가를 하기까지 오랜 시간동안 남편과 단둘이 편하게 있어본 적이 없어서 한 공간에 둘만 있으면 마음이 어색하고 불편해진다. 게다가 남편은 아내가 하는 일에 사사건건 간섭을 하고, 자신의 기준을 강요하는 바람에 지옥이 따로 없다.

남편이 은퇴하기 전까지만 해도 아침에 나갔다가 저녁에 들어왔기 때문에 별 불편함을 몰랐다. 그러나 아이들도 없는 상황에서 취향도 다르고, 생각하는 것도 달라서 매일 스트레스와 상처를 받는다. 마음 같아서는 이혼을 하고 싶지만 아이들은 물론이고 주변사람들의 시선에서도 자유롭지 않아서 생각해 낸 것이 졸혼이다.

졸혼은 결혼생활을 지속하기 싫은 사람들에게는 구원과도 같은 생활방식이어서 빠르게 확산되는 추세다.

사람들은 처음에는 졸혼이 무슨 뜻인지도 몰랐다. 그러다가 TV나 신문에서 유명 인사나 연예인들이 졸혼을 하는 것을 보고 유행이 되었다.

졸혼은 한번 입고 버리는 패스트 패션이 아니다. 이혼을 하지 않았는데도 이혼을 한 것처럼 살아간다면 자신을 속이는 것과 같다. 졸혼의 심리는 생활에서 오는 스트레스와 상처에서 자유로워지고 싶어서 선택하는 하나의 방법에 불과하다.

스트레스와 상처를 제대로 관리하지 못해 남편의 심리에 문제가 생기면 아내가 고쳐줄 수 있고, 아내의 심리에 문제가 생기면 남편이 고쳐줄 수 있다. 이런 점에서 배우자는 인생의 안전장치나 다름없다. 그러나 졸혼을 하면 배우자가 곁에 없어서 스트레스나 상처를 힐링할 수가 없다. 그래서 남자나 여자나 중독증이라는 심리장애로 들어간다.

심리장애는 인식, 기억, 표현의 심리에 장애가 생긴 것이다. 하지만 심리장애가 무조건 '좋다, 나쁘다'라고 단정할 수가 없다. 심리는 대칭을 이루기 때문에 장점이 단점이 되기도 하고, 단점이 장점이 되기도 한다.

심리장애가 있는 사람들은 일반인들보다 집중도가 높아서 예술가나 운동선수인 경우 엄청난 성과를 낼 수 있다. 이런 면에서 심리장애는 긍정적이다.

내가 심리장애를 가지고 있어도 살아가는 데 큰 불편함이 없다면 심리장애는 굳이 치료를 하지 않아도 된다. 그러나 자신의 심리장애로 인해 주변사람들이 물질적, 정신적으로 피해를 입었다면 하루라도 빨리 심리장애를 치료해야 인간적인 삶을 살 수가 있다.

재미와 즐거움만 쫓는 중독은 표현장애이다. 보통 5개 감각기관을 오감이라고 한다. 재미와 즐거움은 오감을 통해 들어오는 자극으로 인해서 느낀다. 대신 자극이 사라지면 재미와 즐거움도 사라진다.

중독에 들어간 사람들은 자극적인 기분이 사라지면 세상 살맛이 나지 않아 '왜 살지?'를 끊임없이 반문한다. 그러다가 자신이 무가치하게 여겨지면 극단적인 선택을 하게 된다.

이런 사람이 극단적인 선택을 하지 않으려면 5개 감각기관에 계속해서 자극이 들어와야 된다. 그래서 끊임없이 맛집을 찾아다니고, 클럽을 전전하고, 사람들과 어울려서 술을 마시고, 카지노에서 살다시피 한다. 이런 인생의 끝은 파멸뿐이다.

졸혼을 하면 가정만 깨지는 것이 아니라 사회질서가 혼탁해진다. 인간관계에서의 조화와 질서는 무시하고 자신의 권리와 자유만 누리려고 하기 때문이다.

졸혼을 하게 되면 심리가 고장 난다. 심리가 고장 나면 생각이 왜곡되어서 모든 것을 거꾸로 받아들인다. 이런 사람들은 정상적인 사람들을 만나면 자신과 생각기준이 달라서 스트레스와 상처를 받는다. 그래서 가급적 자신과 생각기준이 같은 비정상적인 사람들하고만 어울린다. 이렇게 되면 갈수록 심리가 악화되어서 중증심리장애로 들어가게 된다.

졸혼은 심리장애로 들어가는 지름길이다. 그래서 별거보다 더 무서운 것이 바로 졸혼이다. 별거는 비록 몸은 분리되어 있지만 혼인관계를 유지하고 있기 때문에 심리가 안정적이다. 그러나 졸혼은 혼자 사는 순간 심리가 불안정해져서 몸과 마음에 문제가 생긴다.

졸혼은 이혼과 다르다. 졸혼은 자신만의 재미와 즐거움을 누리기 위해서 하는 것이기 때문에 경제적인 여유가 있어야 한다. 그래서 졸혼을 하는 사람들은 대부분 넉넉한 경제력을 가지고 있다. 이런 경제력이 없으면 자유와 권리를 만끽할 수가 없어서 졸혼은 꿈에도 생각하지 못한다. 그래서 돈 있는 사람은 졸혼을 하고, 돈 없는 사람은 이혼을 한다.

돈 있는 사람이 이혼을 하게 되면 재산분할부터 아이들 문제까지 부딪히는 난관이 한둘이 아니다. 더군다나 남들의 시선도 부담스러워서 졸혼이라는 형식을 빌려 결혼생활을 마감하는 것이다. 이런 사람들은 자존감은 없고 자신감만 있다. 자신감은 기분이다. 기분은 상대를 통해서 만들어진다. 그래서 인생을 자기중심으로 살아가지 못하고 타인중심으로 살아간다. 마음 같아서는 깔끔하게 이혼하고 싶지만 타인중심으로 살아가다 보니 그들의 시선이 두려워서 졸혼을 하는 것이다.

살아가는 데 있어서 졸혼보다는 차라리 이혼이 낫다. 이혼을 하면 새 출발을 할 수가 있다. 기존의 의미와 가치를 버리고 새로운 가치와 의미를 추구하면 된다. 가치와 의미추구는 자아실현을 하기 위해서이다. 즉, 인간답게 살기 위해서 자아실현을 하는 것이다.

졸혼은 말 그대로 결혼생활에서 졸업하는 것이다. 겉은 이혼을 안 해서 멀쩡해 보이지만 속은 이미 결혼생활을 청산했기 때문에 심리가 불안정하다. 즉 자신을 위장하고 살기 때문에 이런 이중적인 상태로 가다 보면 자신도 모르게 심리습관에 문제가 생겨서 심리장애가 발생한다.

인간답게 살아가기 위해서는 별거도, 졸혼도, 이혼도 해서는 안 된다. 믿고 신뢰할 수 있는 사람과 결혼을 했으면 시련과 역경이 닥쳐도 미래행복을 위해 자신의 역할에 최선을 다해야 한다. 최선을 다하다 보면 자신이 원하는 삶을 살아갈 수가 있다. 이것이 바로 인간의 자아실현이다.

졸혼을 하게 되면 다시는 원래의 자리인 결혼생활로 돌아가지 못한다. 설령 돌아간다고 해도 이미 심리가 고장 났기 때문에 주변사람들을 다 망가뜨려 놓는다. 그렇기 때문에 졸혼을 하기 전에 자신부터 성찰해서 어떤 인생이 보람된 인생인지, 가치가 있는 인생인지를 깊이 생각해

봐야 한다. 그렇지 않고 감정에 휩싸여서 졸혼을 하게 되면 뒤늦은 후회를 하게 된다.

졸혼은 자신의 권리만 누리고 책임은 지기 싫어서 선택하는 것이다. 자신만의 재미와 즐거움을 위해서 졸혼을 한다면 위기에 빠졌을 때 안전장치가 없어서 파멸로 빠진다는 것을 명심해야 한다.

기분은 순간적인 즐거움이기 때문에 돌아서면 공허하고 부질없다. 그래서 힘들어도 함께 희로애락을 느끼면서 살아야 인생이 보람되고 행복하다.

졸혼은 스스로 인간이기를 포기하는 사람들이 하는 선택이다. 졸혼을 할 것 같으면 차라리 모든 것을 오픈하고 이혼을 하는 것이 더 현명한 방법이다.

이혼은 새로운 출발을 의미하지만 졸혼은 진실을 포장하기 때문에 갈수록 심리가 불안정해진다. 심리가 불안정하면 마음이 힘들고 답답해져서 자신도 모르게 심리장애가 온다.

이혼은 인간답게 살기 위해 선택한 길이다. 별거 역시도 인간답게 살고 싶어서 자신을 성찰하는 단계를 밟는 것이다. 그러나 졸혼은 스스로 인간이기를 포기하고 자신만의 행복을 찾기 위한 이기심의 발로이다.

인간답지 않다는 것은 소중한 사람들과 함께 행복을 찾지 않는다는 뜻이다. 그래서 졸혼에는 애초부터 행복이 없다. 대신 재미와 즐거움의 기분만 있을 뿐이다.

재미있고 즐겁기만 하면 슬픔이나 아픔의 고통을 느끼지 못한다. 고통을 모르면 마음의 통증도 못 느낀다. 그래서 자신의 심리가 고장 나는지도 모르고 오로지 재미와 즐거움에 몰입한다. 그러나 뒤늦게 정신

차리고 재미와 즐거움에서 떨어져 나왔을 때는 빈털터리에 초라한 육신만이 남아있을 뿐이다.

중독에 빠진 사람을 심리장애라고 하는 것은 무통증환자처럼 자신의 행복이 무너지는 것도 모르고, 자신의 심리가 고장 나는 것도 느끼지 못하기 때문이다. 자신의 중독바이러스로 타인의 행복을 무너뜨리거나 파괴를 해도 그것이 재미와 즐거움이라고 착각한다.

인생의 가치를 쾌락에만 두면 재미와 즐거움에 중독이 되어서 자신의 팔다리가 잘려나가도 전혀 느끼지 못한다. 이런 인생은 스스로 파멸의 길로 걸어 들어가는 것과 마찬가지다.

졸혼은 잘못된 선택이다. 평소 타인의 시선이 두려워 이혼을 못하고 있다가 뒤늦게라도 혼자 즐기고 싶어서 선택하는 것이 졸혼이다. 졸혼을 할 바에 차라리 황혼이혼을 하는 것이 낫다. 자기합리화를 위해 이혼을 졸혼으로 위장하면 스스로 인간적인 삶을 포기하는 것과 같다.

인간은 소중한 사람들과 함께 희로애락을 느끼면서 살아야 인생이 보람되고 행복하다. 자신만의 행복을 위해서 졸혼을 감행한다면 졸혼을 하는 순간 인생의 나락으로 떨어진다는 것을 명심해야 한다. 졸혼의 끝은 파멸이기 때문이다.

〈질문과 답변〉

〈질문〉 배우자와 함께 미래행복을 위해서 살아가다가 배우자의 가치나 의미가 멈추면 이혼을 하게 된다고 했다. 반면 졸혼은 의미나 가치에 상관없이 혼자 행복해지고 싶어서 하는 것이라고 했다. 그렇다면 이혼은 잘 살아보려고 애를 쓰다가 더 이상 희망이 없을 때 하게 되는 것이고, 졸혼은 자신의 재미와 즐거움을 위한 명분을 세우기 위해서 하는 것이라고 생각해도 되나?

〈답변〉 이혼은 서로의 가치와 의미가 맞지 않아서 끊임없이 스트레스와 상처로 힘들어하다가 더는 희망이 보이지 않을 때 새로운 출발을 위해서 하게 된다. 그러나 졸혼은 자신이 추구하던 의미나 가치에 지쳤을 때 혼자 편안해지고 싶어서 하는 것이다.

　인간으로 열심히 살다가 나이가 들면 자신만의 행복을 누리고 싶어서 졸혼을 선택하는 사람들이 많다. 마음 같아서는 깔끔하게 이혼하고 내 인생을 살고 싶지만 타인과 자녀들의 시선이 불편해서 졸혼을 핑계로 결혼생활을 끝내는 것이다.

　졸혼은 자기합리화를 위한 지극히 이기적인 명분이다. 그렇기 때문에 졸혼을 하는 사람들은 그 즉시 심리장애자가 된다.

〈질문〉 졸혼을 했다가 더 이상 혼자 사는 것이 불편하고 재미가 없으면 예전으로 돌아올 수도 있나?

〈답변〉 남자가 결혼을 하면 소중한 가족들과 함께 미래행복을 위해서 평생을 가치추구만 하고 살아간다. 이런 남자가 정년퇴직을 하고 나면 더 늙기 전에 자신이 하고 싶었던 것을 하면서 자유롭게 인생을 한번 살아보고 싶다는 생각에 졸혼을 한다. 그러나 졸혼을 하면 그 즉시 인간적인 삶을 버리고 혼자만의 재미와 즐거움을 추구하는 사람의 삶으로 돌아가게 된다.

여자도 마찬가지다. 가족들을 뒷바라지한다고 한순간도 자신을 위한 삶을 살아본 적이 없었다. 그래서 아이들이 모두 독립해서 나가면 이제라도 혼자 좀 편하게 살아보자는 생각에 졸혼을 선택한다. 졸혼은 좋게 보면 휴식의 개념도 내포되어 있다.

남자와 여자가 일단 졸혼을 하면 예전으로 돌아가는 것은 불가능하다. 졸혼을 하고 나서 오랫동안 남자와 여자는 그 누구의 간섭도 받지 않고 혼자만의 행복을 추구하면서 살아왔다. 이런 삶을 포기하고 다시 스트레스와 상처가 만들어지는 결혼생활로 돌아간다는 것은 상상조차 하기 싫다. 즉, 살맛 나는 세상을 버리고 스스로 지옥에 들어가는 사람은 없다. 그렇기 때문에 졸혼을 하는 순간 심리장애자가 되어서 비정상적인 삶을 살아간다는 것을 알아야 함부로 졸혼을 선언하지 않는다.

졸혼을 하고 나서 예전의 삶으로 돌아가고 싶다면 심리장애부터 치료해야 한다. 심리장애를 치료해서 왜곡된 심리습관을 정상적인 심리습관으로 전환시켜야 예전의 삶으로 돌아갈 수 있다. 그러나 습관을 바꾸려면 많은 시간과 노력이 들어가기 때문에 회복에 대한 확고한 의지가 없으면 불가능하다.

〈질문〉 별거와 졸혼의 공통점은 부부가 일단 분리되는 것이다. 이럴 경우 심리적 차이는 무엇인가?

〈답변〉 별거를 오래해도 혼인관계는 여전히 유지된다. 이혼을 할지, 아니면 새로운 마음으로 다시 합칠지 생각하고 결정을 내리는 데 시간이 걸릴 뿐이다. 어떻게 보면 결정장애라고 말할 수도 있다.

이혼은 그동안 자신이 추구하던 가치와 의미를 멈추고 당당하게 새로운 미래를 향해 출발하는 것이다. 졸혼은 이혼만 안 했을 뿐 말 그대로 결혼생활을 끝내는 것이다. 그러나 졸혼은 주변의 시선과 자녀들의 반대가 두려워서 감히 이혼을 하지 못하고 자기합리화를 하는 것이기 때문에 당연히 심리습관에 문제가 생길 수밖에 없다.

별거는 자신의 인생에 대한 숙고의 시간이라면, 졸혼은 혼자만의 재미와 즐거움을 위해 인간이기를 포기하고 스스로 사람으로 돌아가는 것이다.

졸혼의 심리는 자신의 재미와 즐거움을 위해서 자신은 물론이고 주변사람들까지 파괴시키는 표현장애이다. 그래서 지금까지 잘 살아온 사람이라 하더라도 졸혼을 하면 무조건 심리장애에 들어간다.

반면 별거의 심리는 내가 무엇을 하느냐에 따라서 심리장애에 들어가기도 하고, 안 들어가기도 한다. 즉, 별거는 이혼을 할지, 다시 합칠지를 내가 선택을 할 수 있다. 그러나 졸혼은 이 용어가 자신의 입에서 나오는 순간 심리장애로 들어간다.

졸혼은 선택의 여지가 없지만, 별거는 선택의 여지가 있는 것이 차이점이다.

〈질문〉 졸혼은 주로 경제권을 쥐고 있는 사람이 요구하는 경우가 많다고 했다. 더 늙기 전에 자신의 인생을 살겠다고 너도나도 졸혼을 한다면 언젠가는 결혼이라는 제도 자체가 없어질 것 같다.

〈답변〉 경제력을 아내가 가졌느냐, 남편이 가졌느냐가 중요한 것이 아니다. 가정을 누가 주도해 나가는지에 따라서 자신의 결혼을 바라보는 관점이 다르다.

경제력을 가지고 있다고 해서 모든 것을 자기중심적으로 끌고 가는 사람도 있고, 배우자에게 의존해서 가는 사람도 있다. 이것은 개인의 특성이기 때문에 '좋다, 나쁘다'로 구분할 수는 없다.

결혼생활을 바라보는 관점도 남자와 여자가 다르다. 남자는 여자가 전적으로 집안일을 처리하기 때문에 결혼생활이 편하지만, 여자는 집안일에 전혀 관심이 없는 남자가 불만일수도 있다. 이런 불평과 불만이 쌓이면 결혼생활을 유지해 나가는 것이 힘들어진다. 그래서 편해지고 싶어서 선택하는 것이 별거, 이혼, 졸혼이다.

졸혼은 대개 경제권을 쥐고 있는 사람이 먼저 요구한다. 남자나 여자나 경제력이 없으면 독립할 수가 없기 때문에 졸혼은 엄두도 못 낸다.

지금까지 결혼생활을 잘 유지해 오다가 자신만의 행복을 찾기 위해 졸혼을 한다면 인간관계에서의 조화와 질서를 깨트리는 것이다. 결혼은 소중한 사람들과 함께 미래행복을 위해서 동고동락하는 하는 것이기 때문에 의미가 크다.

자신의 재미와 즐거움을 위해서 사람으로 살겠다고 졸혼을 선택한다면 애초에 결혼을 하지 않는 것이 낫다. 졸혼을 해서 심리장애자가 되면 주변사람들은 물론이고 사회에도 해악만 끼칠 뿐이다.

〈질문〉 남편이 졸혼을 하고 싶어 하는데 아내가 반대한다. 어느 날, 남편이 일방적으로 졸혼을 선언하고 집을 나가버렸다면 어떻게 처신해야 하나?

〈답변〉 졸혼은 한마디로 혼자 재미있게 살고 싶다는 것이다. 남편이 아내에게 졸혼을 요구했지만 아내가 들어주지 않는다고 일방적으로 졸혼을 선포하고 집을 나가버렸다면 남편에게 이미 여자가 생긴 것이다. 남자는 자신의 외도를 졸혼으로 그럴 듯하게 포장해서 자신을 합리화시키는 경우가 많다.

 졸혼을 요구하는 남자는 이미 재미와 즐거움에 빠진 심리장애이다. 여자가 있으면 관계중독, 어떤 대상에 미쳤다면 도박중독, 게임중독, 알코올중독이다.

 졸혼을 머릿속에 떠올리는 순간부터 심리장애에 들어간다는 것을 알아야 한다. 여건상 차마 이혼은 하지 못하고 졸혼으로 자기합리화를 하기 때문에 심리습관에 문제가 생긴 것이다. 여자가 이런 남편과 계속 결혼생활을 유지하고 싶다면 남편의 심리장애부터 치료해야 정상적인 심리로 돌아온다. 치료하지 않으면 갈수록 심리가 악화되어서 결국에는 파멸의 인생을 살게 된다.

〈질문〉 결국 졸혼을 요구하는 남편이나 아내가 혼자만의 행복을 위해 일방적으로 결혼생활에서 졸업한다면 지금까지 함께 희로애락을 느끼면서 살아온 인생은 뭔가?

〈답변〉 미혼의 남자와 여자가 사람으로 살다가 결혼을 하게 되면 서로 인간관계를 맺고 행복을 위한 자아실현을 추구한다. 이것이 보람되게 사는 인간의 삶이다.

인간으로 살 때는 소중한 사람들과 함께 보다 나은 내일을 위해서 많은 생각과 선택을 하게 된다. 그러나 잠이 들면 생각을 하지 않기 때문에 사람으로 돌아간다. 이때 활동하면서 받은 스트레스가 저절로 힐링되고, 쌓인 상처가 저절로 치료된다. 생각을 하지 않으면 무의식이 작용하기 때문이다.

스트레스와 상처는 자신의 기준과 타인의 기준이 맞지 않을 때 발생한다. 스트레스와 상처가 힐링되지 않으면 심리가 불안정해져서 인간관계에 문제가 생긴다. 특히 부부사이에 갈등의 골이 깊어지면 마음이 힘들고 답답해져서 혼자만 편하게 살겠다는 심리가 작용한다. 그래서 선택하는 것이 바로 졸혼이다.

부부관계에 문제가 생기면 일단은 마음이 불편하고 힘들어진다. 이때 문제의 본질이 무엇인지를 알아내서 문제해결을 위해 노력해야 한다. 문제해결을 위해 노력하기 싫고 편하게만 살려고 하면 탓과 원망, 자책, 의존으로 자기합리화를 하게 된다. 이렇게 되면 심리습관에 문제가 생겨서 심리장애가 발생한다.

졸혼은 부부사이에서 발생하는 스트레스와 상처를 회피하려는 수단에 불과하다. 행복한 인생, 보람된 인생을 살기 위해서 나에게 문제가 생겼을 때 현실에 안주하기보다는 힘들어도 문제해결을 위해서 노력해야 인간의 행복인 희로애락을 느낄 수가 있다. 그렇지 않으면 파멸의 인생을 살아가게 된다.

〈질문〉 부부가 별거를 오래 하다 보면 자연스럽게 졸혼으로 가지 않나?

〈답변〉 별거를 오래 하는 사람은 혼인 관계를 계속 유지할 것이냐, 아니면 이혼을 할 것이냐를 선뜻 결정하지 못해서 질질 끄는 것뿐이다. 일종의 결정장애로 보면 된다.

졸혼은 혼인관계를 유지하되 "너하고는 더 이상 같이 안 살 거야!"를 선언하는 것이다. 이렇게 말하는 사람은 머릿속에 졸혼이 이미 정해졌기 때문에 선택의 여지가 없다.

별거는 선택의 여지가 있기 때문에 이러지도 못하고, 저러지도 못해서 지금까지 망설이는 것이다. 결정을 내리는 순간 결혼생활을 유지하던지, 이혼을 하던지 둘 중의 하나를 선택하게 된다.

〈질문〉 *사실 졸혼은 이혼과는 달리 좋게 받아들이는 경향이 많다. 오늘날까지 자신의 가치와 의미를 위해 열심히 살았기 때문에 이제라도 졸혼을 해서 자신의 인생을 살아보는 것도 괜찮다고 생각해서이다. 그러다가 혼자 사는 것이 힘들어지고 불편해지면 다시 합칠 수 있다는 안일한 생각 때문에 졸혼에 대한 두려움이 없는 것 같다.*

〈답변〉 남자는 평생 일만 했고, 여자는 평생 가정만 돌보고 살았다. 어느 날 문득, 평생 짐이 되었던 가장과 엄마의 직책을 내려놓고 온전히 자신으로 돌아가서 한번 쉬어보고 싶다는 생각을 하게 된다. 일종의 부부 안식년을 얻고 싶은 것이다. 그래서 남자는 모든 것을 다 내려놓고 친구들과 낚시여행을 떠나고, 여자도 친구들과 해외여행을 떠난다. 이렇게 되면 남자나 여자나 재미와 즐거움에 빠질 확률이 굉장히 높다. 이런 심리습관이 만들어지면 자신도 모르게 생각이 왜곡된 심리장애가 발생한다.

안식년을 얻은 부부들은 이미 바깥에서 재미와 즐거움을 알았기 때문에 결혼생활에서 스트레스와 상처가 발생할 때마다 자신의 방식대로 재미를 즐기게 된다. 이렇게 되다 보니 별거, 졸혼, 이혼과 같은 절차를 밟게 되는 것이다. 이 중에서 제일 나쁜 것이 자기합리화만 하는 졸혼이다. 일단 부부가 졸혼을 하면 두 번 다시 합치지 않는다. 이미 각자의 재미와 편안함에 길들여졌기 때문이다.

〈질문〉 *부부가 졸혼을 했다면 삶의 방식이 어떻게 달라지나?*

〈답변〉 남자는 기분이기 때문에 졸혼을 하고 나서 혼자 살아도 외로움을 못 느낀다. 대신 지금의 생활이 재미있거나, 스트레스를 받거나 둘 중에 하나다.
　남자가 스트레스를 받게 되면 예전처럼 편안하게 쉴 수 있는 가정이 없어서 허전함을 느끼게 된다. 그러나 재미있을 때는 자신이 결혼을 했는지조차도 잊어버린다. 그래서 자신도 모르게 중독에 빠져 심리장애자가 된다.
　여자는 모성애라는 감정을 갖고 있기 때문에 자녀들과 사이가 좋으면 상처가 저절로 힐링된다. 그러나 좋지 않으면 상처만 쌓여서 자신도 모르게 상처해리가 온다. 상처해리도 중독에 빠진 심리장애자다.
　결국 졸혼은 여자나 남자나 자신을 파괴할 뿐만 아니라 주변의 사람들까지 다 파괴한다. 이럴 바에 차라리 이혼을 하는 것이 낫다. 이혼은 남의 시선을 의식하지 않고 새롭게 출발할 수 있기 때문이다.

〈질문〉 *여자나 남자나 주말부부로 사는 것이 편하고 행복하다고 말하는 사람들이 많다. 이런 점으로 볼 때 주말부부로 오래 살아온 부부들이 졸혼으로 갈 확률이 높을 것 같다.*

〈답변〉 주말부부는 말 그대로 주말에만 만난다. 이때 자녀들을 누가 데리고 있느냐에 따라서 중독의 위험도가 다르다.

자녀를 데리고 있는 것보다 데리고 있지 않는 쪽이 재미와 즐거움의 위험에 노출될 확률이 높다. 이렇게 되면 자녀를 데리고 있는 쪽이 스트레스와 상처를 많이 받는다. 부부 한 명은 자녀양육의 독박을 쓰고, 한 명은 자유로워서 자신만의 편하고 재미있는 시간을 보낸다.

주말부부로 오래 지내다 보면 양육독박을 쓴 사람이 그렇지 않은 상대에게 그동안 쌓인 스트레스와 상처를 마구 풀게 된다.

주중에 편안하게 지내던 사람이 주말에 집에만 오면 스트레스와 상처를 받게 된다. 그래서 일주일에 한 번씩 오는 것을 회사 핑계를 대고 보름에 한 번, 한 달에 한 번 오게 된다. 서로 떨어져 있는 기간이 길다 보면 좋아하는 사람이 생긴 배우자가 먼저 졸혼을 요구하게 된다.

〈질문〉 자녀를 데리고 있는 쪽에서 보면 자녀들이 자신의 안전장치가 되어줄 것 같다.

〈답변〉 자녀가 있다고 해서 재미와 즐거움에 안 빠지는 것이 아니다. 아이는 어른들의 안전장치 역할을 하는 존재가 아니다. 아이는 오로지 부모에게 삶의 가치와 의미가 되어야 한다.

재미와 즐거움의 유혹에 빠지는 것은 주말부부라서가 아니다. 내 마음이 중심을 잡지 못하면 자녀가 있어도, 남편이 곁에 있어도 쉽게 흔들린다. 결국 모든 문제는 내 마음에서 출발하는 것이다.

3.
황혼이혼

황혼이혼이라는 말이 처음 만들어진 것은 1990년대의 일본에서였다. 황혼이란 저물어간다는 뜻이다. 그래서 인생의 황혼이라고 하면 사람들은 언제나 노년을 생각한다. 그러나 심리에서의 황혼은 나이에 상관없이 자아실현이 멈추었을 때를 말한다.

사람은 인간관계를 맺지 않고 혼자 살 때는 책임질 사람이 없기 때문에 자기 행복만을 추구한다. 그러나 사람과 사람이 서로 만나 마음을 나누는 인간관계가 되면 보다 나은 내일을 위해서 자아실현을 하게 된다. 그러나 내일에 대한 희망이 없으면 자아실현을 멈추거나 아예 포기한다.

요즘 젊은 사람들이 인생의 황혼을 맞이하는 것은 함께하는 행복보다 자신만의 행복을 추구할 때 나타난다. 서로 미래행복을 위해 열심히 살아가다가 힘든 문제에 부딪히면 극복하기보다 편해지고 싶어서 무조건 자기합리화를 한다. 문제에 대한 도전의식 없이 편한 것만 찾으면 가치추구의 열정이 만들어지지 않는다. 열정이 없으면 인생의 황혼을 맞이한 거나 다름없다. 이런 점에서 인생의 황혼은 노년, 중년, 장년을 가리지 않는다.

요즘 젊은 사람들도 이혼을 많이 하지만 황혼기에 접어든 노부부들도 이혼을 많이 한다. 평생의 희로애락을 함께하면서 미래행복을 위해 살아왔는데 인생의 황혼기에 이혼을 선택하는 이유는 무엇일까?

이혼은 혼인관계를 깨는 것이다. 인생의 끝자락에서 황혼이혼을 하는 사람들은 그동안 누적된 스트레스와 상처가 너무 많이 쌓였기 때문이다.

남녀가 연애할 때 남자는 열정이 작용하고, 여자는 사랑이 작용한다. 이때 남자는 재미와 즐거움의 열정만 있으면 되고, 여자는 남자로부터 관심과 사랑만 받으면 된다. 그러나 서로의 신뢰를 바탕으로 결혼을 하면 남자는 남편으로 바뀌고, 여자는 아내로 바뀌면서 함께 미래행복을 위해 자아실현을 해나간다. 이때 남자는 열정을 가치추구로, 여자는 사랑을 의미추구로 전환한다.

결혼식은 많은 사람들 앞에서 배우자와 함께 잘 살아가겠다는 약속을 하는 것이다. 혼인신고는 법적으로, 사회적으로 결혼을 인정받는 것이다. 그래서 결혼식과 혼인신고는 부부에게 아주 중요한 의미를 가진다.

이런 믿음과 약속으로 결혼을 했는데 왜 이혼을 하는 걸까? 이혼을 하는 이유는 아주 간단하다. 자아실현을 해나가던 남편의 가치가 중단되면 여자가 추구하는 삶의 의미에 문제가 생긴다. 이와 반대로 여자가 추구하던 의미가 중단되면 남자의 가치에 문제가 생긴다.

남편이 가치추구를 하는 것은 가족들의 미래행복을 위해서이다. 가치추구를 해나가는 과정에 시련과 역경이 닥쳐도 가족들의 미래행복을 위해서 강한 의지로 난관을 헤쳐나간다. 이런 사람은 결국 자신이 원하는 인생을 살아간다.

반면 시련과 역경을 극복하지 못해서 피하거나 주저앉아 버리면 남자의 자아실현은 멈추게 된다. 자아실현이 멈춘 남자는 실패한 인생을 살아갈 수밖에 없다.

남편의 자아실현이 멈추면 여자는 삶의 의미를 잃어버린다. 그렇기 때문에 실패를 했다고 해서 자아실현을 중단하기보다는 실패를 반면교사 삼아 새로운 가치를 추구하면 여자도 열심히 의미추구를 한다. 여자와 남자는 미래행복이라는 한 방향만 바라보고 살기 때문에 한쪽이 멈추면 따라서 멈출 수밖에 없다.

의미는 행복의 감정이라고 했다. 함께 의미를 추구하는 아내에게는 남편만 있는 것이 아니라 자녀도 있다. 남자는 미래행복을 위해서 살아가지만 여자는 현재가 행복해야 미래도 행복하다고 생각한다. 그렇기 때문에 남편이 가치추구를 멈추면 여자는 더 이상 행복을 느끼지 못해서 삶의 의미를 잃어버린다.

남자는 스트레스가 들어오면 무조건 제거하기 때문에 기억을 하지 못한다. 반면 여자는 스트레스가 들어오면 무조건 수용해서 상처로 쌓아두기 때문에 나이가 들수록 쌓인 상처가 많다.

여자들에게 상처가 많이 쌓여도 행복하게 살아갈 수 있는 것은 남편의 관심과 위로로 상처를 치료하기 때문이다. 상처가 치료되면 여자는 스스로 사랑의 감정, 행복의 감정을 만들어낸다.

여자가 남편으로부터 관심과 위로를 받지 못하면 상처가 치료되지 않아서 갈수록 마음이 힘들고 답답해진다. 이럴 경우 자신의 아프고 힘든 상처를 잊기 위해 자녀양육에 몰입하게 된다. 이렇게 되면 여자의 살아가는 의미가 남편이 아닌, 자녀가 되는 것이다. 남편의 관심을 못

받는 여자는 자녀에게 자신의 애정을 쏟아부을수록 행복을 느낀다. 하지만 자녀가 성인이 되어서 독립을 하거나 결혼을 하면 여자는 삶의 의미를 잃어버린다. 대신 여자 곁에는 늘 자신에게 무관심하던 남편만 남게 된다. 이렇게 되면 남편만 봐도 상처가 작용해서 자신도 모르게 신경질을 부리고 짜증을 내게 된다.

지금까지 남편이 만들어놓은 상처를 여자는 아이를 키우면서 억지로 눌러놓고 살았다. 그동안 상처의 차폐막이 되어주었던 아이들이 곁을 떠나면 억압되어 있던 상처가 남편을 보는 순간 올라온다. 그래서 여자는 자신도 모르게 남편에게 끊임없이 상처표현을 하고, 남편은 아내로 인해 끊임없이 스트레스를 받게 된다.

남편이 은퇴를 하기 전에는 아침에 출근해서 저녁에 들어왔기 때문에 서로 부딪칠 일이 별로 없었다. 그러나 이제는 남편이 하루 종일 집에만 있다 보니 사소한 스트레스에도 상처가 작용해 마음이 힘들고 답답해진다. 이때 무조건 남편에게 상처표현만 할 것이 아니라 남편과 함께 차를 마시면서 자신이 받은 상처에 대해서 웃는 얼굴로 이야기하는 것이 좋다. 이때 여자는 자신의 상처가 무엇 때문에 생겼는지 정확히 알고 있어야 한다.

남편이 아내의 상처이야기를 들으면 미처 알지 못했던 아내의 상처에 대해서 이해하게 된다.

"그동안 나 때문에 많이 힘들었구나. 지금부터라도 당신에게 잘할게." 하고 위로와 배려를 해주면 아내의 상처는 저절로 치료된다. 상처가 치료되면 부정감정이 긍정감정으로 전환되기 때문에 심리가 안정된다. 심리가 안정되면 부정적인 것도 긍정적으로 받아들여서 부부관계가 좋아진다.

남자는 스트레스를 받으면 그 즉시 제거를 하기 때문에 상처의 기억이 없다. 하지만 여자는 스트레스가 들어오면 무조건 수용해서 상처로 쌓아두기 때문에 사랑하는 사람의 관심과 위로로 상쇄를 해야 마음이 편안해진다. 그러나 상처가 계속 쌓이는데도 남편이 상처를 치료해 주지 않으면 갈수록 마음이 힘들고 답답해져서 황혼이혼을 결심하게 된다.

여자의 남편은 정년퇴직을 하기 전까지 대학교수였다. 남편의 사회적 지위 덕에 여자의 자존감도 저절로 높아졌다.

새해가 되면 남편의 제자들이 줄지어 인사를 온다. 제자들 모두가 자신에게 깍듯이 대해줘서 그동안 쌓인 상처가 치료되는 듯 편안함을 느낀 적도 많았다. 그러나 이제는 아니다. 남편이 은퇴를 하고 난 뒤 하루 종일 둘이 붙어있다 보니 그동안 보이지 않았던 남편의 단점들이 보이기 시작하며 여자의 상처는 나날이 커져만 갔다. 하루 세끼 꼬박꼬박 밥 차려주는 것도 짜증이 나는데 남편은 여자가 싫어하는 짓만 골라서 했다.

TV를 보면서 까먹는 땅콩껍질이 집 안 구석구석 돌아다니는 것까지는 참을 만하지만 사용한 일회용 이쑤시개를 곧바로 버리지 않고 여기저기에 놓아두는 바람에 자신도 모르게 상처표현을 하게 된다.

"이빨 쑤셨으면 곧바로 버려야지 이게 뭐야! 정말 더러워서 같이 못 살겠네!"

매사 이런 식으로 여자가 상처표현을 하면 남편은 스트레스를 받을 수밖에 없다. 그래서 늘그막에 편해지고 싶어서 황혼이혼을 생각하게 된다.

남편이 은퇴를 해서 사회적 관계가 단절되면 아내도 인간관계가 단절된다. 남편이 높은 지위에서 은퇴를 했기 때문에 마땅히 내세울 것이 없어 친구도 잘 만나지 않고, 모임에도 잘 나가지 않는다. 이렇게 되면 인간관계가 소원해질 수밖에 없다.

여자의 상처는 사랑하는 관계, 친밀한 관계에 있는 사람들에 의해 만들어진 것이다. 그렇기 때문에 아내의 상처는 남편이 치료해 줘야 회복이 된다.

문제는 남편이 아내의 상처를 치료해 주고 싶어도 어떻게 치료해야 되는지 몰라 오히려 상처를 더 키워놓는 경우가 많다. 그렇기 때문에 아내의 상처를 치료해 주려면 아내의 상처가 무엇인지 알아야 이해와 배려를 해줄 수 있다.

남자는 기분이라서 모든 것에 재미와 즐거움이 있어야 한다. 남자가 모처럼 아내와 현 정부의 노인복지정책에 대해서 이야기를 좀 나누려고 하는데 아내는 온통 자신의 상처이야기만 한다. 그래서 남자는 스트레스를 제거하기 위해 혼자 공원으로 산책을 나온다. 그 이후 남자는 가급적 아내와 마주앉는 상황을 만들지 않으려고 애를 쓴다. 이렇게 되면 아내는 자신의 마음속에 있는 이야기를 남편과 나눌 수가 없다. 부부간에 속 깊은 대화가 오고가지 않으면 여자의 상처는 치료되지 않는다.

황혼이혼을 하지 않으려면 부부가 대화를 많이 나누어야 한다. 노년이 되면 활동량이 줄어들기 때문에 자연스럽게 인간관계가 떨어져 나간다. 그렇기 때문에 인생의 황혼기를 맞이한 부부는 전보다 더 많은 대화를 나누면서 서로에게 관심을 가져야 한다.

부부간에 이것저것 대화를 나누다 보면 예전에 받았던 스트레스나 상처의 원인이 무엇이었는지를 자연스럽게 알게 된다. 이때 중요한 것은 자신의 기준으로 모든 것을 재단하려고 하면 대화가 아닌 불화가 일어난다. 이렇게 되면 인간관계에 문제가 생길 수밖에 없다.

부부가 좋은 관계를 유지하려면 대화법에 대해서 알아야 한다. 여자는 대화를 긍정적으로 생각하지만 남자는 대화를 스트레스로 인식한다. 그래서 아내가 남편에게 "오늘 나와 얘기 좀 해."라고 하면 남편은 도망부터 간다.

반대로 여자는 대화를 스트레스가 아니라, 관심으로 인식한다. 남녀의 이런 인식 차이 때문에 대화가 안 되는 것이다.

대화법을 모르면 부부는 대화를 나눌수록 갈등만 깊어진다. 그래서 황혼에 접어든 부부일수록 대화법을 알아야 한다. 대화법의 가장 큰 덕목은 상대의 이야기를 잘 들어주는 것이다. 말을 잘하는 것보다 상대의 말을 경청해 주는 것이 인간관계를 더욱 돈독히 한다는 것을 알아야 한다.

황혼이혼을 하는 여자들 대부분은 쌓인 상처가 치료되지 않아서이다. 상처가 많이 쌓이면 사소한 스트레스에도 상처가 작용하기 때문에 수시로 상처표현을 하게 된다.

남편이 신발을 아무렇게 벗어놓아도 신경질을 내고, 겉옷을 식탁의자에 걸쳐만 놓아도 벼락같이 화를 낸다.

남자들 대부분은 아무것도 아닌 일에 아내가 왜 저렇게 화를 내는지 문제의 본질에는 관심이 없고 자신이 받은 스트레스를 제거하기 위해서 "잔소리 좀 그만해!"라며 소리부터 지른다. 이렇게 되면 여자는 남편의 말과 행동, 표정에서 또 상처를 받는다.

여자는 상처가 치료되지 않으면 자신도 모르게 상처표현을 하기 때문에 부부관계는 스트레스와 상처가 악순환이 된다. 황혼이 되어서도 좋은 부부관계를 유지하려면 무엇보다도 스트레스와 상처를 힐링할 수 있는 자신만의 힐링법을 만들어놓아야 함께 편안한 여생을 보낼 수가 있다.

여자는 스트레스가 들어오면 무조건 수용해서 상처로 쌓아두기 때문에 결혼생활이 길면 길수록 쌓인 상처가 많다. 그래서 결혼생활 10년차 여자와 30년 차 여자가 가지고 있는 상처 무게는 엄청날 수밖에 없다. 그럼에도 여자가 무난하게 결혼생활을 유지하는 것은 남편이나 아이가 좋은 감정을 만들어주면 그 크기만큼 상처가 치료되기 때문이다.

여자에게 있어서 가장 큰 상처는 외상후스트레스이다. 특히 남편에게 외도가 발생하면 여자는 무조건 외상후스트레스를 받는다. 남편의 외도로 인해 삶의 의미가 한꺼번에 무너졌기 때문이다.

여자가 남편 외도를 알게 되었다면 최우선으로 상처치료부터 받아야 된다. 그렇지 않으면 외상후스트레스장애로 들어가서 우울증, 중독증으로 진행된다.

여자가 남편외도를 알았다고 해도 선뜻 이혼을 하지 못한다. 아이의 양육문제, 경제적 독립, 주변의 평판이 두렵기 때문이다. 그래서 이혼을 하고 싶어도 여건이 되지 않아 매일매일 자신의 상처를 쌓아가게 된다.

여자가 남편외도라는 크나큰 상처를 견디면서 살아갈 수 있는 것은 아이가 있기 때문이다. 그래서 자신의 모든 것을 아이에게 쏟아붓는다. 즉, 아이에 대한 무조건적 헌신과 희생으로 자신의 상처를 견디어내는 것이다. 그러나 아이들이 성인이 되면서 더 이상 엄마의 헌신과 희생이 필요가 없게 된다. 특히 아이가 결혼을 하거나 독립을 하게 되면 더 이상 마음 둘 곳이 없어서 그동안 억압해 놓았던 상처가 뒤늦게 작용하기 시작한다. 그래서 남편의 말과 행동, 표정만 봐도 상처가 올라와 자신도 모르게 상처표현을 하게 된다.

반면 남자는 자신의 외도사실을 기억하지 못한다. 남자는 기분이기 때문에 외도사실이 있다고 해도 돌아서면 다 잊어버린다.

아이들을 다 독립시키고 나서 아내와 단둘이 생활하게 되면 아내는 수시로 자신의 상처에 대해 말한다. 특히 20년 전에 남편이 외도한 사실을 상기시킬 때는 남자는 아내의 어이없는 말에 기가 막힐 뿐이다.

"이 사람이, 치매에 걸렸나. 웬 헛소리를 하고 그래?"

남편이 지난날의 잘못에 대해 사과할 줄 알고 자신의 상처를 끄집어냈는데 남편이 필요 이상 화를 내는 바람에 여자의 분노가 폭발해 버렸다.

강력한 스트레스로 인해 억압된 상처가 한꺼번에 폭발하면 여자에게는 히스테리가 발생한다. 히스테리가 발생하면 그 순간만큼은 정신을 놓아버리기 때문에 자신이 무슨 짓을 하는지 알지 못한다.

정신이 돌아왔을 때 집 안은 자신이 휘두른 야구방망이에 완전히 초토화되어 있었다. 이럴 경우 아무리 후회를 해도 소용없다.

히스테리는 자신의 감정을 통제하지 못하기 때문에 정신병증이다. 그렇기 때문에 나에게 이런 증상이 있다면 무조건 치료부터 해야 주변 사람들이 피해를 입지 않는다.

여자는 외도상처를 치료하지 않으면 죽을 때까지 상처가 작용한다. 상처치료를 하지 않은 채 남편과 단둘이 사는 여자의 삶은 지옥이나 마찬가지다. 외도와 관련된 것만 들어와도 상처의 기억이 되살아나기 때문이다. 그렇기 때문에 남편이 외도했다면 반드시 상처치료를 해야 부정감정에서 벗어날 수가 있다.

　남편외도를 겪은 여자들의 공통점은 외도사실을 알고도 자신의 상처를 억압하고 산다. 마음 같아서는 당장 이혼하고 싶지만 아이가 너무 어려서 대학생이 될 때까지 참고 살겠다는 생각을 한다. 그러다가 아이가 대학생이 되면 아이들을 결혼시키고 나서 이혼을 하겠다고 다짐한다. 부모가 이혼을 했다고 하면 아이의 결혼에 지장이 있을까 봐 미리 걱정하는 것이다.
　아이들 결혼을 다 시키고 나니 남편의 은퇴가 목전에 있고, 자신의 몸도 예전처럼 건강하지 않아서 생각이 많아진다. 그래서 이번에는 남편의 연금이 개시될 때까지 기다리기로 한다. 이런 식으로 항상 이혼을 마음에 품고 살면 인생을 바라보는 시선이 부정적일 수밖에 없다. 이런 부정적인 생각을 가지고 살면 아무것도 아닌 일에도 탓과 원망, 자책을 하게 된다. 이런 자기합리화는 여자의 삶을 더욱 비참하고 불행하게 만들 뿐이다.
　남편외도로 인해서 마음이 힘들고 답답한 여자는 이혼을 하면 더 이상 상처를 주는 남편과 완전히 분리되기 때문에 마음이 편할 거라고 생각한다. 그래서 여자는 남자가 왜 외도를 하게 되었는지 문제의 본질을 알려고도, 이해하려고도 하지 않고 자신에게 상처를 준 것만 생각한다. 즉, 나타나는 현상에만 집착을 하는 바람에 앞뒤 생각하지 않고 이혼을 단행한다.

이혼을 했다고 해서 외도의 상처가 사라지는 것이 아니다. 외도의 상처는 외상트라우마이기 때문에 치료를 하지 않는 이상 아물지 않는다. 외도의 상처는 이미 감정기억으로 남아있기 때문에 이혼을 하더라도 반드시 상처치료를 해야 부정감정을 긍정감정으로 전환할 수 있는 능력이 생긴다.

상처치료를 하지 않고 홧김에 이혼을 해버리면 사소한 스트레스에도 상처가 작용하기 때문에 사는 것이 고통스럽다. 이렇게 되면 편해지고 싶어서 탓과 원망, 자책만 하다가 자신도 모르게 생각이 왜곡된다.

자신에게 상처를 준 남편은 즐겁게 사는데 아무 잘못도 없는 자신은 왜 고통을 받아야 하는지 새삼 억울하고 분한 생각이 든다. 그래서 억울함을 보상받기 위해서 뒤늦게 재미와 즐거움에 빠지게 된다. 이런 생활이 반복되면 자신도 모르게 상처해리가 온다.

상처해리가 온 여자는 이혼을 했기 때문에 더 이상 추구할 의미도 없어서 기분 내키는 대로 즐기면서 산다. 이런 여자에게는 감정이 만들어지지 않아서 모성애도 없다. 모성애 없이 성장한 아이들은 제대로 된 양육을 받지 못해서 무엇이 옳고 그른지 자신만의 기준이 없다. 그래서 문제아가 된다.

이혼을 하더라도 상처를 치료한 다음에 이혼을 해야 되다는 것은 감정을 잃어버리지 않기 위해서이다. 상처가 치료되면 스스로 사랑의 감정, 행복의 감정을 만들어갈 수가 있지만 상처를 치료하지 않고 이혼을 하면 상처가 작용할 때마다 아프고 힘들어서 사는 것이 고통스럽다. 그래서 아픈 상처를 덮으려고 재미와 즐거움을 쫓게 된다. 상처가 작용할 때마다 재미와 즐거움의 중독에 빠지면 감정은 사라지고 기분만 느낀다.

반면 이혼한 남편의 상태는 아내보다 더 심각하다. 아내의 상처표현으로 늘 스트레스를 받던 남자가 이혼을 하면 얼마간은 편하고 자유로워서 살맛을 느낀다. 그러나 어느 정도 시간이 지나고 나면 자신도 모르게 급격하게 무너지기 시작한다. 자신의 외도로 인해서 가치도 중단됐고, 의미도 사라졌기 때문이다. 그래서 살아갈수록 자신이 무가치하게 여겨지면서 존재할 이유가 없다고 생각한다. 어느 날, '내가 왜 살아야 되지?'라고 의미를 찾게 되면 남자는 위험에 빠진다.

여자가 황혼이혼을 하는 이유는 뭘까?

남편이 은퇴를 함으로써 가치추구가 중단되면 여자도 의미추구가 중단된다. 여기에 아이들까지 독립해 나가면 더 이상 추구할 의미가 없어서 새삼 억압해 놓았던 외상후스트레스가 작용하게 된다. 이렇게 되면 부부는 스트레스와 상처의 악순환으로 인해 황혼이혼을 생각하게 된다.

여자에게 생기는 외상후스트레스는 남편외도가 아니면 사별트라우마다. 남편외도로 여자가 이혼을 하는 것은 외상후스트레스로 인한 상처의 작용 때문이다. 인식되는 모든 것이 아프고, 힘들고, 답답하게 느껴지면 더는 이 상황에서 살아갈 수가 없다. 이런 상태에서 상처치료를 하지 않고 이혼을 해버리면 상처는 더욱 커져서 자신도 모르게 우울증, 중독증으로 들어가게 된다.

여자들에게 이혼사유를 물어보면 하나같이 성격차이라고 말하지만 이것은 어디까지나 자기합리화다.

연애할 때 남자는 재미와 즐거움을 위해 열정을 추구한다. 여자는 남자의 관심으로 사랑을 느껴야 행복해진다.

남자는 다양한 재미를 추구하기 때문에 자신과 같은 성격을 가진 여자는 지루해서 못 견딘다. 그래서 여자를 만나도 자신의 성격과 다른 여자를 만나야 재미와 매력을 느낀다.

반면 여자는 남자가 아무리 잘생기고 매력적이라도 자신에게 관심을 주지 않으면 사랑의 감정을 느끼지 못한다. 여자들이 외모를 가꾸고 애교를 부리는 것도 남자의 관심을 받기 위함이다.

남자는 재미만 추구하고, 여자는 관심만 받으려고 하는 것 자체가 성격차이다. 성격이 맞지 않아서 이혼을 한다면 애초에 결혼 자체가 성립될 수 없다. 결혼하기 전에 둘 다 재미만 추구하거나, 둘 다 사랑만 받으려고 했다면 진즉에 헤어졌을 것이다.

성격차이로 이혼을 한다는 것은 명분에 불과하다. 여자의 이혼사유는 남편이 준 상처 때문이지 성격 때문은 결코 아니다.

여자들은 남자들과는 달리 촉이 발달했다. 그래서 남편이 외도를 하는지, 안 하는지를 느낌으로 안다. 그래서 남편이 흘리고 다니는 외도의 증거를 하나하나 모아갈 때 상처도 함께 쌓여간다. 어느 날, 친구를 통해서 남편의 명백한 외도증거를 확보해도 여자는 남편에게 내색을 하지 않다. 마음은 견딜 수 없이 아프지만 남편의 외도를 오픈하는 순간 모든 것이 엉망진창이 되기 때문이다. 아이는 엄마의 손길이 필요한 만큼 어리고, 주택 대출금은 아직도 많이 남아있는 상태고, 병원에 입원해 있는 친정아버지가 받을 충격도 고려하면 애써 침묵할 수밖에 없다. 그래서 여자는 남편의 외도사실을 알아도 자신에게 이혼할 수 있는 상황이 만들어질 때까지 되도록 상처를 억압하고 산다.

여자가 뒤늦게 황혼이혼을 감행하는 이유는 어마어마한 상처가 작용하기도 하지만 자신의 이혼으로 인해 피해를 입을 아이나 가족들이 없기 때문이다. 그래서 황혼이혼을 하면 재결합을 하는 경우는 거의 없다.

젊을 때 이혼을 하면 쌓인 상처가 적어서 상처치료하기가 쉽다. 상처가 치료되면 부정감정을 곧바로 긍정감정으로 전환할 수 있는 능력이 있기 때문에 파괴된 인간관계도 쉽게 회복이 된다. 그래서 이혼을 하고 난 뒤 상처치료를 받은 사람들 중에 재결합하는 경우도 많다. 그러나 황혼이혼은 결코 재결합을 하지 않는다. 쌓인 상처가 워낙 많아서 남편 얼굴을 보는 것 자체가 스트레스이기 때문이다. 그래서 황혼이혼은 돌아서는 순간 끝이다.

부부가 함께 동고동락하며 살다가 이혼을 하게 되면 자연히 사람으로 돌아간다. 미래행복을 위해서 함께할 사람이 없기 때문에 자아실현을 할 필요가 없다. 이럴 경우 남자는 재미만 있으면 되고, 여자는 관심만 받으면 된다. 그러나 혼자만의 행복을 위해서 살아가는 사람들은 권리만 누리고 책임은지지 않기 때문에 결국에는 파멸의 인생을 살아가게 된다.

상처가 치료되고 나서 이혼을 하면 스스로 사랑의 감정, 행복의 감정을 만들어갈 수 있는 능력이 있기 때문에 자존감이 높아진다. 그래서 부정감정이 들어와도 이내 긍정감정으로 전환하기 때문에 인간관계도 좋아지고, 가치추구에도 많은 성과가 나서 자신감도 생긴다. 그러나 이혼을 하기 전에 상처치료를 하지 않았다면 인식되는 모든 것이 부정적이어서 사는 것이 고통스럽다. 이런 상태로 이혼을 했다면 잘 살아왔던 날까지도 상처화하기 때문에 심리가 갈수록 악화될 수밖에 없다. 심리가 악화되면 우울증이나 중독증으로 빠져서 더 이상 인간적인 삶을 살아가지 못한다.

남편외도로 인해 만들어진 상처는 가짜상처다. 상처치료는 가짜상처가 아닌, 진짜상처를 치료해야 부정감정이 긍정감정으로 전환된다.

남편의 외도가 발생하기 전에는 사는 것이 즐겁고 행복했다. 그러나 남편의 외도를 아는 순간 즐겁고 행복했던 시간들이 모두 상처가 되었다면 이때의 상처는 내가 만든 가짜상처다.

남편이 내게 준 외도의 상처가 한 개 임에도 자신의 생각이 만들어낸 가짜상처는 만 개도 더 된다. 그래서 한 개만 느껴야 될 상처를 만 개나 느껴서 자신의 상황을 더욱 힘들고 고통스럽게 만든다.

상처를 치료할 때 가짜상처를 벗겨내야 진짜상처 한 개만 남는다. 이때 진짜상처를 치료하면 원래의 심리상태로 회복된다.

진짜상처가 치료되었다면 이혼을 해도 된다. 여자는 상처치료가 되면 스스로 사랑의 감정, 행복의 감정을 만들어내기 때문에 혼자 살아도 행복하다.

황혼이혼을 하는 사람들 중에 대부분이 자신이 만들어낸 가짜상처를 진짜상처라고 믿기 때문에 늘 아프고 힘든 것이다.

외도로 인한 황혼이혼은 가짜상처만 걷어내도 90%는 예방할 수 있다. 남편이 외도를 한 것은 분명 잘못되었지만 다양한 인간관계를 맺고 사회생활을 하다 보면 피할 수 없는 재미와 유혹에 빠지는 경우도 많다.

직장상사가 준 스트레스를 풀기 위해서 동료들과 퇴근 후에 술 한잔하다 보면 자연스럽게 2차, 3차로 가게 된다.

자의든, 타의든 남편이 외도를 했다면 남편의 행동은 분명 잘못된 것이다. 그러나 이런 하나의 잘못된 행동을 문제 삼아서 인생 전체를 판단해서는 안 된다. 남편이 왜 외도를 했는지 원인을 알려고도 하지 않고 나타나는 현상에만 집착하게 되면 지금까지 잘 살아온 날들이 모두 상처가 되어버린다. 이렇게 되면 가짜상처는 기하급수적으로 늘어나서 감당하기가 힘들어진다.

  남자들은 여자에게 만들어진 외도의 상처가 여자의 삶 전체를 다 무너뜨린다는 것을 모른다. 여자는 스트레스가 들어오면 무조건 상처로 쌓아두기 때문에 남편의 외도상처는 10년, 20년이 지나도 어제 일어난 것처럼 생생하게 기억한다. 그래서 여자는 상처가 올라오면 힘들고, 아프고 고통스러워서 자신도 모르게 상처표현을 하게 된다.

  반면 남자는 스트레스가 들어오면 무조건 제거하기 때문에 자신이 한 일을 돌아서면 잊어버린다. 이런 기억의 차이로 인해 여자와 남자는 끊임없이 스트레스와 상처를 주고받는다.

  황혼이혼을 하지 않으려면 상처치료를 해야 한다. 그동안 자신이 만들어놓았던 가짜상처를 걷어내고 진짜상처만 치료하면 된다.

  남편외도 사실은 한 개다. 사실이 만들어낸 진짜상처 역시도 한 개다. 그러나 진짜상처 한 개를 멋대로 확대해석하면 가짜상처는 기하급수적으로 늘어난다. 이렇게 되면 상처가 쌓이고 쌓여서 어느 순간 우울증, 중독증이라는 심리장애로 들어간다.

  황혼이혼을 하지 않으려면 자신을 힘들게 하는 가짜상처를 걷어내야 된다. 가짜상처를 걷어내기 위해서는 남편과 잘 살아온 날들을 부정하지 말고 인정해야 한다. 잘 살아온 날들은 인정만 해도 황혼이혼의 90%는 예방할 수 있다.

  황혼기에 접어든 여자들의 이혼율이 높아지는 것은 사소한 스트레스에도 상처가 작용해서다. 상처가 많이 쌓이면 생각하는 모든 것이 부정적이기 때문에 남편의 말과 행동, 표정이 다 마음에 들지 않는다. 그래서 남편만 봐도 스트레스가 올라와서 남편이 더 싫어지는 것이다.

남편의 외도문제가 아니더라도 일상의 크고 작은 상처가 많이 쌓여서 늘 마음이 힘들고 답답한 사람들도 있다. 이런 사람들은 이혼하고 나서 상처치료를 해도 된다. 일상에서 오는 상처는 가짜상처가 아닌 진짜상처이기 때문에 상처만 치료해도 부정감정을 곧바로 긍정감정으로 전환할 수가 있다. 생각하는 것이 긍정적이면 내가 하는 말과 행동, 표정도 편안하고 호의적이다.

생각은 자신이 지금까지 살아온 경험과 축적된 지식을 바탕으로 형성된다. 그렇기 때문에 나와 생각이 같은 사람은 지구상에 단 한 사람도 없다. 그럼에도 불구하고 내 생각과 상대의 생각이 맞지 않으면 스트레스와 상처를 받게 된다. 인간관계에서 스트레스와 상처를 받지 않으려면 서로의 생각기준이 다르다는 것을 인정해야 한다.

어떤 현안을 놓고 서로의 생각이 다를 때는 무조건 스트레스와 상처를 받을 것이 아니라 서로의 생각을 조금씩 양보해서 합리적인 결과를 만들어내면 된다. 자신의 기준만 옳다고 끝까지 고집 피우면 인간관계에 균열이 생기면서 갈등의 골이 깊어진다.

주변에 황혼이혼을 하려고 하는 사람이 있다면 남편의 외도가 직접적인 요인이 아니라 외도이전의 잘 살아온 날까지도 상처화했기 때문에 더욱 힘들고 아프다는 것을 알려줘야 한다. 가짜상처만 벗겨내도 90% 이상 황혼이혼을 막을 수 있다.

남편의 외도로 인한 황혼이혼이 아닌, 성격차이로 헤어진다면 매사 자신의 기준을 상대에게 강요했기 때문이다.

기준은 자신만의 법칙이다. 나만의 법칙이 있으면 상대도 본인만의 법칙이 있다는 것을 인정해 줘야 한다. 이것만 인정해도 상대에게 자신의 기준을 강요하지 않는다.

부부가 자신의 입장만 생각하지 않고 상대의 입장도 생각할 줄 알면 상대를 이해하게 되고, 배려하게 된다. 이런 마음가짐으로 살아가면 황혼이혼은 먼 나라 이야기로 들린다.

〈질문과 답변〉

〈질문〉 황혼이혼에도 전조증상이 있나?

〈답변〉 여자들은 삶의 의미를 추구하기 때문에 남편이 사업에 실패를 했다고 해서 이혼을 하지 않는다. 대신 남편의 외도로 인해 삶의 의미가 무너졌을 때 이혼을 많이 선택한다.

여자는 남편이 외도를 한 것을 알아도 아이들의 앞날을 위해 참고 살았다. 그러나 아이가 결혼을 해서 분가를 하고 나면 삶의 의미를 잃어버린다. 대신 은퇴한 남편과 단둘이 남게 되면서 사소한 스트레스에도 상처가 작용한다.

여자의 상처는 남자의 관심과 위로로 치료가 된다. 여자는 자신의 상처를 치료하기 위해서 남편에게 수시로 상처표현을 하지만 남편은 아내의 상처표현을 스트레스로 인식해서 부부사이는 점점 더 멀어진다. 이렇게 되면 아내는 황혼이혼을 생각하게 된다.

여자가 황혼이혼을 하려고 마음먹는 것은 남편에 대한 의미와 가치가 다 무너졌다고 생각하기 때문이다.

⟨질문⟩ 남편의 사업이 잘될 때 여자는 삶의 의미를 열심히 추구했다. 그러나 남편의 사업이 부도 나자 여자는 냉혹한 현실을 견디지 못하고 이혼을 했다. 여자는 경제적인 이유로는 이혼을 하지 않는다고 했는데 이런 여자의 경우는 뭔가?

⟨답변⟩ 남녀가 결혼을 하게 되면 남자는 가치를 추구하게 되고, 여자는 의미를 추구하게 된다. 남편의 가치추구에 문제가 발생하게 되면 여자의 의미도 흔들린다. 함께 미래행복을 위해서 살아가기 때문이다.

　삶의 의미를 돈에 두는 여자는 남편과 자식보다 돈이 더 소중해서 가족을 위해 헌신하지 않는다. 이런 여자의 경우 남편의 가치에 문제가 생기면 곧바로 이혼한다.

　남편이 돈을 잘 벌어올 때 온갖 사치를 다 누릴 수 있어서 남편의 능력이 소중한 의미로 존재했다. 그러나 남편의 가치가 중단되거나 멈추는 순간 모든 것이 상처가 된다. 자신이 응당 누려야 할 것을 못 누리기 때문에 사는 것이 힘들고 답답해서 이혼을 감행한다.

　여자들은 삶의 의미를 어디에 두느냐에 따라서 행동이 달라진다. 가치중심으로 가는 여자들은 남편의 경제적 가치가 무너지면 더 이상 곁에 있을 이유가 없기 때문에 이혼은 필수적이다.

　남편과 자식에게 삶의 의미를 못 느끼는 여자는 자신의 재미와 즐거움만 쫓는 여자다. 이런 여자들은 중독에 빠진 심리장애자다. 사랑의 감정, 행복의 감정은 만들지 못하고 오로지 좋은 기분만 추구하는 여자라고 보면 된다. 이런 여자들은 대개 상처해리가 온 여자들이다.

　반면 사랑하는 사람에게 의미를 두는 여자는 남편의 사업이 부도가 나거나 실직을 해도 미래행복을 위해서 남편과 함께 시련과 역경을 극복해 나간다.

⟨질문⟩ 요즘 여자들은 남자를 만날 때 사랑보다는 경제력이 우선이다. 남자의 경제적 능력이 대단해서 결혼을 했는데 갈수록 능력이 떨어지면 여자가 먼저 이혼을 요구하는 경우도 있다. 이럴 경우 남편은 부부관계가 아닌 목적관계인가?

⟨답변⟩ 그렇다. 연애할 때 남자는 재미와 즐거움의 열정을, 여자는 남자의 관심과 사랑을 원한다. 그러다가 서로에게 신뢰가 생기면 함께 자아실현을 하기 위해서 결혼을 한다. 그러나 요즘의 여자들은 남자의 열정보다 돈을 잘 버느냐, 못 버느냐로 남자를 선택한다. 안락하고 행복한 가정을 유지하려면 돈이 삶의 에너지가 되기 때문이다.

남자는 결혼을 하면 당연히 경제적 가치를 추구하지만 돈을 밝히는 여자는 남자에게 의미를 두는 것이 아니라, 남자의 능력에 의미를 두게 된다. 이렇게 되면 남자는 여자에게 있어서 한낱 돈 버는 기계일 뿐이다. 이런 여자는 돈 버는 기계가 고장 나면 당연히 새로운 기계로 교체해서 자신의 목적을 이룬다.

결혼할 때 상대가 나를 순수한 관계로 생각하는지, 목적관계로 생각하는지를 잘 알아야 후회 없는 결혼생활을 해나갈 수가 있다.

⟨질문⟩ 나이가 있어서 재혼할 것도 아닌데 산전수전 다 겪고 나서 황혼이혼을 하는 이유가 뭔가? 남편이나 아내가 그토록 싫다면 한집에서 남남처럼 살아도 되지 않나?

⟨답변⟩ 인생의 황혼기에 접어들면 남자는 좋든 싫든 현직에서 은퇴를 해야 한다. 은퇴를 하면 더 이상 자아실현을 할 수 없어서 가치추구를 멈추게 된다. 남자가 가치추구를 멈추면 여자도 의미가 멈춘다.

남자와 여자가 나이가 들면 그만큼 고집이 강해진다. 살아온 세월만큼 경험도 많아서 무조건 자신의 기준이 옳다고 생각하기 때문이다. 그래서 상대가 하는 일마다 자신의 기준을 강요하기 때문에 서로 스트레스와 상처를 받는다.

스트레스와 상처는 서로의 기준이 다르면 발생한다. 한집에서 투명인간처럼 산다고 해서 스트레스와 상처가 안 만들어지는 것은 아니다. 말 한마디 하지 않고 살아도 상대의 말과 행동, 표정이 눈에 거슬리면 스트레스와 상처가 올라오게 되어있다. 그렇기 때문에 혼자 사는 것과 함께 사는 것은 확연히 다르다.

황혼이혼을 하는 것은 지속되는 부정감정, 부정기분에서 벗어나고 싶어서이다. 뒤늦게라도 이혼을 해서 자신의 권리와 자유를 마음껏 누리고자 한다.

혼자 살면 나에게 기준을 강요하는 사람도 없고, 남을 의식할 필요도 없다. 황혼이혼을 하는 것은 스트레스와 상처를 주는 인간관계에서 벗어나 혼자 편하게 살고 싶다는 욕망 때문이다. 그러나 행복은 나만의 편안함이 아닌, 인간관계에서 만들어지는 희로애락에서 느끼는 것이다.

〈질문〉 여자가 20년, 30년을 고통을 받으면서 지금까지 살아온 것은 오늘보다 나은 내일을 원했기 때문이라고 생각한다. 여자가 현재행복만 추구한다면 쉽게 좌절할 것 같다.

〈답변〉 인간은 행복해지기 위해서 태어난 것이다. 결혼을 하면 남자는 미래행복을 추구하고, 여자는 현재행복을 추구한다. 그러나 지금 현재 여자가 행복하지 않으면 상처가 된다. 그러다가 좋은 일이 생겨서 행복을 느끼면 행복의 감정으로 상처를 치료한다.

여자는 상처로 고통을 받아도 순간순간 행복을 느끼면 상처가 치료되기 때문에 그런대로 잘 살아간다. 결국 남편과 황혼기를 맞았다는 것은 20~30년 이상 생긴 상처를 행복으로 치료하고, 또 상처가 생기면 행복으로 치료하면서 잘 살아온 것이다. 즉, 남편과 희로애락을 느끼면서 잘 살아왔다는 증거이다.

여자의 상처는 사랑하는 사람들한테서만 받는다. 여자의 관심밖에 있는 사람이 아무리 상처를 줘도 여자는 전혀 영향을 받지 않는다.

반면 남자도 사랑하는 사람한테서만 스트레스를 받는다. 친밀한 관계가 아닌 이상 신경 쓸 일이 없기 때문이다. 이런 점에서 볼 때 인간관계에서의 상처와 스트레스는 사랑하는 사람끼리만 주고받는다.

여자가 현재 행복을 추구하는 것은 현재가 행복하면 미래도 행복할 거라고 생각하기 때문이다. 반대로 현재의 삶이 불행하면 미래도 불행하다고 생각해서 모든 것을 부정적으로 받아들인다.

현재가 불행해도 삶의 의미를 잃지 않으면 작은 일에도 행복해지기 때문에 인생을 건강하게 살아갈 수가 있다.

〈질문〉 남편이 은퇴를 하면 남편의 가치가 멈추면서 아내의 의미도 멈춘다고 했다. 여자의 의미가 사라지면 과거의 상처들이 올라와서 남편이 더욱 싫어진다고 했는데 남편이 아내의 상처를 이해하고 공감해 주면 사랑의 감정이 생기나?

〈답변〉 여자들은 살아온 세월만큼 상처가 많이 쌓인다. 그래서 상처가 작용할 때마다 여자들은 아프고 힘들어서 자신도 모르게 남편에게 상처표현을 한다. 이때 남편은 아내의 상처표현에 스트레스를 받을 것이 아니라 왜 화가 나고 짜증이 나는지를 물어봐야 한다. 그래서 아내의 상처가 이해되면 "당신이 나 때문에 그렇게 힘들어했을 줄 정말 몰랐어. 미안해. 앞으로 당신한테 정말 잘할게."라고 위로의 말만 해줘도 여자의 상처는 치료된다.

 여자는 상처가 치료되면 스스로 행복의 감정, 사랑의 감정을 만들어낸다. 남편의 관심으로 아내의 상처가 치료되면 여자는 다시 의미를 추구한다.

 황혼부부가 이혼을 하지 않으려면 내 입장보다 상대입장을 먼저 생각해 줘야 한다. 상대의 마음을 알고 이해하면 자연히 배려하게 된다. 내가 배려하면 상대도 배려하게 된다. 이런 마인드로 살면 황혼부부는 언제나 긍정기분, 긍정감정을 가지고 행복하게 산다.

〈질문〉 *여자가 남편과 20~30년 동안 희로애락을 겪으면서 잘 살아왔다. 여자는 상처를 받았다가, 좋은 일이 생기면 상처가 치료되는 메커니즘이 있다고 했는데 황혼이혼은 외상후스트레스를 극복하지 못해서 하게 되는 것인가?*

〈답변〉 그렇다. 여자는 상처를 치료하면 행복의 감정이 만들어진다. 어제 내가 상처를 받았지만 오늘은 행복하다면 상처의 마이너스감정을 행복의 플러스감정이 상쇄하기 때문에 0인 무감정이 된다.

 여자들이 행복의 감정을 기억 못하는 것은 부정감정을 상쇄하는 데 쓰이기 때문이다.

 여자는 인생을 살아가면서 크고 작은 부정감정이 쌓여도 좋은 감정이 만들어지면 그 크기만큼 상처가 치료되기 때문에 그런대로 편안하게 삶을 살아갈 수 있다. 이런 식으로 자신의 상처를 무감정으로 만들어놓은 것이 삼십만 개쯤 되면 웬만한 상처가 들어와도 무의식이 알아서 처리해 준다. 그러나 남편의 외도로 인해 외상후스트레스를 겪으면 애써 만들어놓은 무감정을 외도의 가짜상처가 모두 부정감정으로 바꿔놓는다. 그래서 사소한 스트레스에도 쌓인 상처가 작용해서 아프고, 힘들고, 답답해진다.

　남편 외도의 상처는 1개인데 자신이 만든 가짜상처는 어마어마하다. 이 상처가 무너지면 자신도 모르게 히스테리증상이 나타나서 주변사람들에게 피해를 입힌다. 그렇기 때문에 황혼이혼을 하든, 안 하든 행복한 삶을 살기 위해서는 상처치료가 우선이다. 상처치료를 하면 스스로 사랑의 감정, 행복의 감정을 만들어내기 때문에 남편과 함께 살아도 행복하고, 혼자 살아도 행복하다.

〈질문〉 외상후스트레스가 아니라도 천방지축 남편 때문에 지금까지 살아온 날이 전부 상처화된 여자들도 있다. 그동안 남편과 사는 것이 지옥이었지만 자녀들에게 희망을 걸고 살았기 때문에 그런대로 잘 살아왔다. 나이가 들어 아이들이 분가했을 때 자신만의 가치를 추구하게 되면 황혼이혼을 생각하지 않을 것 같다.

〈답변〉 이런 여자의 경우 자녀에게 두었던 삶의 의미를 가치추구로 바꿔버리면 황혼이혼을 하지 않는다. 어차피 속 썩이는 남편에게 관심이 없기 때문이다. 이런 점에서 노년일자리가 굉장히 중요하다.

　여자가 의미를 상실하면 제대로 된 삶을 이어나가기가 무척 힘들다. 그러나 가치를 추구하게 되면 새로운 자아실현을 할 수 있어서 자신만의 행복을 찾을 수가 있다. 이렇게 되면 굳이 황혼이혼을 하지 않고도 독립적으로 살아갈 수 있다.

〈질문〉 은퇴를 한 남자가 집안일을 열심히 돕는다. 집안일을 하다 보니 의외로 재미가 있다. 이런 남자가 집안일을 가치추구로 생각한다면 멈췄던 여자의 의미도 다시 살아나나?

〈답변〉 은퇴한 남자들은 자신의 의사와 상관없이 타의에 의해서 가치추구가 멈추었다. 집에만 있다 보니 자연스럽게 집 청소도 하게 되고, 여자가 없을 때 라면이나 김치찌개도 끓여먹게 된다. 이런 일이 생각지도 않게 남자에게 재미와 즐거움을 준다. 그래서 여자보다 더 열심히 거실마루를 닦고 주방 청소도 꼼꼼히 한다. 자연스럽게 여자의 얼굴에 만족의 웃음이 피어난다.

남자들이 은퇴를 하고 나서 집에 있으면서 자연스럽게 여자와 많이 싸우게 된다. 서로 자신의 기준을 강요하기 때문이다.

남자가 집안일을 하는 것에 의미를 둘 필요가 없다. 집안일을 함으로써 자신의 스트레스를 풀고 있을 뿐이다.

남자가 집안일에 재미를 붙였다면 여자는 바깥에 나가 가치구를 하면 된다. 자아실현을 위해 파트타임 일을 해도 되고, 주민센터에 나가서 라인댄스나 하모니카를 배우면서 취미생활을 하면 된다.

황혼부부라 하더라도 가치와 의미를 바꿔서 살면 황혼에 이혼할 확률이 거의 없다. 소소한 의미와 가치라 하더라도 뭔가를 추구하면 자아실현을 하는 것이다. 자아실현은 인간의 행복이자 보람이다.

4.
저출산

요즘 젊은이들 사이에 아이를 낳지 않는 것이 대세일 뿐만 아니라 아예 결혼을 하지 않고 나홀로족으로 살아가는 사람들이 많다. 이런 흐름은 나만 행복하면 된다는 기류가 강해서이다.

나홀로족의 기본은 인간관계를 맺지 않는다. 인간관계를 맺고 살다 보면 여러 가지 책임과 제약이 따르기 때문에 거기에 구속되는 것이 싫어서 스스로 사람으로 사는 것이다.

내가 사람으로 살든, 인간으로 살든 선택은 자유다. 하지만 나홀로족으로 살겠다고 마음먹었다면 자신이 자유롭게 살아왔던 것처럼 마지막도 주변사람들에게 폐를 끼치지 않게 완벽한 장례준비까지 해놓아야 한다.

나홀로족은 인간관계에 관심이 없기 때문에 부모와 엮이는 것도 싫어한다. 괜찮은 여자가 자신에게 관심을 보여도 엮이는 것이 싫어서 처음부터 외면한다. 대신 누구의 간섭도 받지 않고 자신이 하고 싶은 것을 마음껏 하면서 산다. 이런 사람들은 제한적인 가치추구만 한다. 성공에 대한 열정 없이 자신의 취미활동에 지장 없을 정도의 월급만 받아도 만족한다.

나홀로족은 애초부터 혼자만의 인생을 즐기는 사람이기 때문에 저출산문제와는 전혀 상관이 없다. 대신 딩크족으로 살아가는 사람들이 문제이다.

딩크족은 결혼은 했지만 부부가 아이를 가지지 않은 채 맞벌이를 하면서 인생을 여유롭게 즐기는 부류이다.

부부가 맞벌이를 하면 수입이 두 배가 되어서 풍족한 삶을 산다. 게다가 아이가 없어서 자신들이 하고 싶은 걸 마음껏 하면서 자유롭게 산다.

딩크족의 반대말은 듀크족이다. 듀크족은 맞벌이를 하면서 아이를 키우는 부부이다. 그러나 부부의 한쪽 수입은 아이 키우는 데 거의 다 들어가서 시간과 돈의 여유가 없다.

전 세계적으로 나홀로족, 딩크족이 확산되면서 국가마다 저출산문제에 비상이 걸렸다. 우리나라도 저출산정책에 수십조 원의 돈을 쏟아붓고 있지만 아직까지 저출산문제가 해결되지 않고 있다.

저출산문제의 가장 큰 난제는 경제력과 연결되어 있다. 경제력은 생존과 연결되어 있어서 모든 사람들은 경제적 가치에 올인한다. 그러나 경제적 가치를 추구한다고 해서 누구나 쉽게 돈을 버는 것은 아니다. 그래서 나라마다 빈부의 격차가 커서 선진국으로 밀입국하는 난민의 숫자가 갈수록 늘어나고 있는 추세이다.

저출산문제로 골머리를 앓고 있는 상황에서 코로나까지 발생했다. 사회적 거리두기로 사회활동이 봉쇄되면서 자영업자는 물론이고 여행사, 항공사, 숙박업, 요식업들이 직격탄을 맞았다. 이런 상황에서 젊은 이들이 큰 피해를 입었다. 취직은커녕 대량해고에 아르바이트 자리도 하늘의 별 따기다. 거기다 하늘 높은 줄 모르고 치솟는 집값과 물가로 인해 도시에 살던 사람들은 집값이 싼 변방으로 밀려날 수밖에 없다. 이런 상태가 지속되면 혼자 살아가는 것도 힘들다.

의식주를 해결 못하는 상황이 되면 결혼은 젊은이들에게 있어서 신기루나 마찬가지다. 좋은 사람이 있어도 직장문제, 집문제가 해결되지 않으면 결혼을 하고 싶어도 할 수가 없다. 설령 힘들게 결혼해도 현재의 상황에서 아이를 가지는 것은 큰 모험이 아닐 수 없다. 그래서 저출산문제는 해가 갈수록 해결되기는커녕 난제만 쌓일 뿐이다.

옛날에는 대가족이어서 아이를 낳으면 돌봐줄 사람들이 많았다. 그래서 아무 부담 없이 아이를 낳았다. 넉넉지 않은 살림에 아이가 또 들어서서 여자가 걱정을 하면 어른들은 "아이들은 다 제 먹을 것을 가지고 태어나니 괜한 걱정 안 해도 돼!"하며 격려를 해줬다. 그래서 한 집에 보통 아이들이 2명 이상은 기본이었다. 그러나 지금은 핵가족화가 되어서 맞벌이를 하게 되면 아이를 돌봐줄 사람이 없다. 그래서 아이를 낳지 못하는 경우도 허다하다.

맞벌이 수입이 아무리 많다고 해도 베이비시터를 들이게 되면 일단 집의 규모가 어느 정도 있어야 한다. 거기다가 인건비가 워낙 비싸서 한 사람의 급여가 아이양육에 다 들어간다. 부부가 아무리 능력 있어도 한쪽이 직장을 그만둘 수밖에 없다. 이런 점을 감안해서 젊은 부부들은 가급적 아이를 가지지 않으려고 한다. 그래서 정부의 저출산정책은 밑 빠진 독에 물 붓기가 되고 만다.

결혼이란 서로 믿음과 신뢰를 가지고 함께 미래행복을 위해 혼인관계를 맺는 것이다. 이때의 미래행복은 자녀도 포함된다. 그러나 딩크족, 나홀로족이 많아질수록 저출산문제는 더욱 해결하기가 힘들어진다.

인간사회는 자신의 권리와 자유를 일정부분 양보해서 조화와 질서를 만들어나간다. 이런 사람들은 소중한 사람과 함께 미래행복을 위해서 결혼을 하고, 자신의 역할에 최선을 다한다. 이것이 자아실현이다.

인간의 행복은 자아실현을 해나갈 때 만들어지는 희로애락의 감정이다. 슬픔도 함께 나누고, 기쁨도 함께 나누면서 공감하고, 위로하고, 배려할 때 행복의 감정이 만들어진다.

반면 인간관계를 맺지 않고 혼자 사는 사람들은 오로지 자신의 행복만을 위해서 살아간다. 그래서 자신의 재미와 즐거움을 위해 결혼도 하지 않고 기분 내키는 대로 살아간다.

혼자 사람으로 사는 삶 속에는 공감 자체가 없다. 상대와 마음을 나눌 일이 없기 때문에 기쁨도 혼자 누려야 하고, 슬픔도 혼자 겪어야 한다. 이런 생활이 지속되면 자신도 모르게 반사회적인격장애자가 된다.

인터넷이 발달하면서 인간관계를 맺지 않고 사람으로 사는 사람들이 많아지고 있다. 굳이 사람을 만나지 않아도 인터넷공간 안에 내가 원하는 정보는 물론이고, 재미와 즐거움도 지천에 깔렸다. 그래서 요즘 젊은이들은 결혼은 물론 연애도 하지 않고 혼자만의 공간에서 재미와 즐거움에 빠져 산다.

오랫동안 사람들과의 교류 없이 자신만의 세계에 빠져 살면 인간관계에 적응하기가 힘들어진다. 오로지 혼자만의 세계에서 살았기 때문에 타인과의 조화와 질서는 물론이고 타인들의 기준에 자신을 맞추는 것이 힘들고 어려워진다.

이런 사람들은 인간관계 속에 있으면 모든 것이 자신의 기준과 맞지 않아서 스트레스와 상처를 받게 된다. 이런 힘들고 불편한 상황이 더는 견딜 수 없을 때 자신도 모르게 분노가 폭발해서 주변사람들에게 피해를 입힌다. 이것이 분노장애이다.

혼자 있는 시간이 많아지면 사람들과 어울리는 것이 불편할 수밖에 없다. 이런 심리로 인해 나홀로족, 비혼이 늘어나는 추세이다. 상황이 이렇다 보니 저출산문제는 전 세계적으로 뜨거운 감자가 되고 말았다.

예전에는 혼자 고립되면 사회로부터 단절되는 것 같아서 부지런히 친구도 만나고, 모임이나 강연회에도 빠짐없이 참석했다. 그러나 이제는 SNS만 해도 오감을 만족시키는 것들이 너무나 많아 구태여 누군가를 만나는 것이 스트레스로 작용한다. 이런 시대의 흐름으로 볼 때 저출산은 당연한 귀결이라고 생각한다.

주요 선진국들의 출산율 급감은 어제오늘의 이야기가 아니다. 사랑하는 사람과 결혼을 하면 함께하는 행복보다 거기에 따르는 책임이 더 부각되어서 비혼을 고집하는 사람들도 많다. 그래서 결혼 대신 동거를 하고, 아이를 낳아서 기르는 재미보다 자신만의 행복에 더욱 집착하게 된다. 이런 안 좋은 상황에 코로나까지 발생해서 출산율은 더욱 급감할 수밖에 없다.

인구대국인 중국도 자녀를 안 낳는 문화가 팽배하면서 지난날 한 자녀 낳기 운동을 실시한 것을 후회하고 있다.

출산율 감소가 장기화되면 사회적으로 많은 문제를 일으킨다. 생산인구는 줄어들고 고령인구만 늘어나면 국가경제에 엄청난 부담을 주는 것도 큰일이지만 무엇보다 사회전반에 활력에너지가 사라져서 나라 자체가 무기력해진다. 이렇게 되면 사회 곳곳이 붕괴되어 공권력의 도움도 받을 수가 없다.

저출산은 국가에 위기를 가져오기 때문에 모든 수단과 방법을 동원해서라도 인구절벽을 막아야 한다.

출산율 감소를 막기 위해 젊은이들의 책임부담을 국가가 줄여줘야 한다. 젊은이들이 결혼할 수 있도록 질 높은 일자리와 공공주택에 입주할 수 있는 문턱을 낮추고, 맞벌이 부부가 아이의 양육 때문에 고민하지 않게 어린이집, 유치원, 초등학교의 방과 후 교실을 확대해야 한다. 아이를 키울 수 있는 여건만 조성되면 젊은이들도 결혼을 하게 된다.

함께하는 행복보다 혼자만의 행복을 추구하는 사람들도 단절된 주변 환경을 인간중심으로 바꾸면 자연스럽게 옆 사람과 마음을 나누게 된다.

인간은 사회적 동물이기 때문에 누군가가 나에게 마음을 열면 나 역시도 자연스럽게 마음을 열게 된다. 이렇게 되면 자연히 함께 있고 싶은 생각에서 결혼을 결심하고 미래행복을 위해서 열심히 자아실현을 하게 된다.

사람마다 살아온 환경과 생활양식이 다르기 때문에 생각이 같은 사람은 이 세상에 아무도 없다. 내 생각이 소중하면 상대의 생각도 소중하다는 것을 인정해야 인간관계에서 스트레스와 상처를 받지 않는다.

상대의 의견이 나보다 더 낫다고 생각되면 받아들이고, 자신의 의견이 더 낫다고 생각이 들면 상대가 이해할 수 있도록 설득하면 된다. 상대의 생각이 내 기준에 맞지 않는다고 해서 무조건 화를 내거나 무시하면 상대도 나와 똑같은 행동을 하게 된다. 그렇기 때문에 내 생각이 옳다고 생각하면 상대의 생각도 옳다고 생각해서 서로 의견을 조율하고 타협해야 인간관계에 문제가 생기지 않는다.

인간관계에서 발생하는 스트레스와 상처를 힐링하지 못하면 마음이 불편하고 답답해서 상대와 거리를 두게 된다. 이렇게 되면 갈수록 인간관계가 단절되어 혼자 고립된다. 혼자 고립되면 마음을 나눌 사람이 없어서 자신만의 행복을 추구하게 된다. 이렇게 되면 연애는 물론이고 결혼도 하지 못해서 더 이상 인간적인 삶을 살아갈 수가 없다. 인간의 행복은 함께할 때 느낄 수 있는 감정이다.

인간적인 삶을 살기 위해서는 스트레스와 상처가 발생했을 때 무조건 억압하거나 피하지 말고 문제의 원인이 무엇인지를 알고 문제해결을 위해서 노력해야 한다. 이런 노력이 모이고 모이면 자신에게 스트레스와 상처를 힐링할 수 있는 능력이 만들어진다.

인간관계에서 발생하는 스트레스와 상처를 힐링할 수 있으면 심리가 안정이 되어서 부정적인 것이 들어와도 긍정적으로 받아들인다. 이런 사람은 기쁜 일이 생기면 함께 기뻐하고, 안 좋은 일이 생기면 함께 노력해서 위기를 극복해 나간다.

인간이든 사람이든 누구나 행복할 권리가 있다. 그러나 같은 행복이라도 소중한 사람들과 함께 자아실현을 해나가면서 희로애락을 느낄 때가 진정한 행복이다. 그러나 혼자 사람으로 살아가는 사람은 희로애락을 나눌 사람이 없기 때문에 진정한 행복을 느낄 수가 없다.

지금 내 앞에 흙먼지만 폴폴 날리는 메마른 땅이 있다. 물이 없으면 생존할 수가 없어서 죽기 살기로 땅을 파서 물을 얻어야 된다. 중장비를 동원해서 물이 나올 만한 땅을 골라 파내려간다. 아무리 깊이 파도 물은 나오지 않는다. 다른 장소로 이동해 땅을 파보지만 이곳 역시도 물이 안 나오기는 마찬가지다. 모든 일에는 삼세번이 적용된다는 생각에서 심사

숙고 끝에 땅을 골라서 땅을 파내려간다. 기대를 걸고 전보다 더 깊이 땅을 파지만 결국 허탕이다. 그래서 땅을 버리고 그곳을 떠난다.

땅을 파기 전에 지질검사를 먼저 했다면 물을 찾기가 쉬웠을 것이다. 지질검사 결과 수맥이 지나가지 않는 땅이라고 판정을 받았다면 맹목적인 노력을 하지 않았을 것이다.

사람들은 노력하면 무엇이든 다 얻을 수 있다고 생각한다. 특히 땅을 깊이 파면 무조건 지하수가 나온다고 생각하는 사람들이 많다. 그러나 이런 생각은 왜곡된 것이다. 수맥이 지나가지 않는 땅을 아무리 깊이 판다고 해서 물이 나올 리가 없다.

물을 얻기 위해서 사전 정보를 무시하고 무조건 땅을 열심히 파는 사람은 욕심이 앞섰기 때문이다. 욕심이 앞서면 판단력이 흐려질 수밖에 없다. 무엇이든 본질을 알아야 문제가 생겼을 때 문제를 해결할 수가 있다. 근본을 모르면 나타나는 현상에만 집착해서 문제를 키운다.

사람은 나만의 행복을 추구하고, 인간은 함께하는 행복을 추구한다. 딩크족의 기본은 오로지 단둘이서만 재미있고 즐겁게 살면 된다고 생각한다. 이런 부부는 아이를 가진다는 것 자체가 자신들의 행복을 방해하는 장애물이라고 생각한다. 그래서 결혼과 동시에 무자식을 공표한다.

인간다운 삶을 살기 위해서 부부는 아이를 낳고 키우면서 함께 희로애락을 같이하는 것이다. 그 아이가 커서 다시 아이를 낳고 살아야 사회가 새 생명으로 순환되며 더 건강하고, 더 좋은 세상을 만들어간다.

나홀로족, 딩크족이 되기 전에 자연의 섭리를 생각해 봐야 한다. 나무가 비바람을 견디면서도 열심히 꽃을 피우고 열매를 맺는 것은 생명의 순환을 위해서다. 새 생명이 태어나면 자연은 더욱 많은 산소를 공급하고 주변을 정화시킨다. 인간의 역할도 이와 마찬가지다. 자신들의 재미와 즐거움을 누리기 위해 아이 낳는 것을 포기한다면 인간사회는 생명이 순환되지 않아서 종국에 멸망하고 말 것이다.

　세상 전체를 바꿀 때 필요한 것이 교육이다. 특히 사람에서 인간으로 살아가기 위해서는 무엇보다 마음교육이 필요하다. 나만의 행복이 아닌, 인류 모두의 행복을 위해 살아가는 마음교육이야말로 그 어떤 것보다 중요하다고 할 수가 있다.
　마음교육만 잘 받아도 굳이 저출산 캠페인이나 이벤트에 돈을 낭비하지 않아도 된다. 마음의 원리를 알면 저절로 함께하는 사회를 지향하기 때문이다.
　자신들만의 재미와 즐거움을 영위하려고 아이를 가지지 않는 딩크족은 서로에 대한 열정과 사랑을 언제까지 가지고 살까?
　딩크족은 그들만의 행복을 위해서 살아가기 때문에 인간사회에서 지켜야 될 조화와 질서에 동참하지 않는다. 이런 사람들은 처음부터 자신들의 재미와 즐거움을 위해서 살아가기 때문에 타인들을 위한 배려는 없다. 이런 마음을 가지고 살아가는 사람들에게는 순수한 열정과 사랑이 없다. 그저 재미와 즐거움에 빠진 중독만 있을 뿐이다. 그래서 딩크족에게는 행복의 요소가 되는 희로애락이 없다.
　딩크족의 이점은 헤어지는 데 있어서 아주 편하다. 아이가 없는 데다가 서로 직업을 가지고 있어서 상대가 자신의 기준에 맞지 않으면 오늘이라도 쿨하게 헤어질 수 있다. 이런 점에서 딩크족은 상대와 함께 미래행복을 지향하기보다 자신의 행복이 우선이다.
　자신의 행복만 추구하는 사람은 인간으로 사는 것이 아니라 사람으로 산다. 세상이 사람으로만 채워진다면 배가 산으로 올라가는 것과 마찬가지다. 모든 것을 자기 뜻대로, 자기 기분대로만 하려고 하기 때문에 사회는 혼란과 범죄로 뒤덮일 수밖에 없다.

　자신만의 행복을 추구하는 사람들에게는 공감능력이 없다. 상대와 마음을 나눠본 적이 없기 때문에 상대의 마음을 읽을 줄 몰라서이다. 이런 사람들은 상대의 말과 행동이 자신의 기준에 맞지 않으면 불편하고 짜증이 나서 더 이상 만나지 않는다. 이렇게 되면 평생을 혼자 사람으로 살아가야 한다.

　만남과 헤어짐이 빈번하면 순수한 열정과 순수한 사랑은 사라지고 없다. 재미와 즐거움의 중독에 빠진 사람들은 자신이 추구하는 것이 열정인 것처럼, 사랑인 것처럼 착각을 한다.

　왜곡된 열정과 왜곡된 사랑은 심리장애이다. 즉, 비정상의 심리를 갖고 사는 사람들이다. 이런 사람들은 순수하게 사람을 만나지 못하고 항상 목적을 가지고 만난다. 이런 사람은 마음이 병들었기 때문에 상대가 피해를 입든, 파괴되든 자신의 목적만 달성하면 그만이다. 이런 인생의 끝은 파멸뿐이다. 왜? 마음이 무너졌기 때문에 더 이상 인간으로 살지 못하고 사람으로 살아가서다. 저출산문제를 해결하려면 무엇보다 인간의 마음으로 살아갈 수 있는 마음교육이 필요하다.

　사람의 마음으로 살아가면 오로지 자신만의 행복을 추구하기 때문에 나홀로족, 비혼을 선호하게 된다. 그러나 인간의 마음으로 살아가면 자연히 함께하는 행복을 지향하기 때문에 경제적 여건만 마련되면 결혼도 하고, 자녀도 낳고 싶어 한다. 그렇기 때문에 경제적 환경도 중요하지만 심리적 환경도 저출산에 매우 중요한 역할을 한다.

요즘 고령화문제로 골치를 앓고 있는 일본의 사회 현상을 보여주는 다큐멘터리가 심심찮게 방영된다. 지방의 소도시에 출생 인구도, 유입되는 인구도 없어서 한 도시가 통째로 사라지는 경우가 늘어나고 있는 실정이라고 한다.

일본의 지자제마다 인구절벽을 겪지 않으려고 온갖 선심행정을 쓰고 있지만 별 효과를 못 보고 있다. 어떤 도시에서는 노인들이 죽은 빈집을 사들여 살기 편하게 리모델링을 한 후 외부사람들이 도시로 이사오면 공짜로 살게 해준다. 거기다 전출하지 않고 10년 이상을 그 집에서 살면 그 집의 명의를 공짜로 넘겨준다고 했다. 이런 정책 덕분에 유입인구가 늘어나는 곳도 있다고 했다.

반면 아이의 교육도 지자제가 책임지고, 학부모의 취업도 지자제가 해결해 주는 곳도 있다. 이런 행정전략으로 인해 사라질 위기에 놓였던 소도시에 유입인구가 늘면서 출생아 수도 크게 늘어나는 추세라고 한다. 저출산정책 방향을 조금만 전환했을 뿐인데도 성과는 기대 이상이다.

지금 우리가 겪고 있는 저출산의 문제를 취업, 주택난, 양육부담 등 나타나는 현상에만 매달릴 것이 아니라 내적인 문제에도 관심을 가져야 한다.

타인들에게 신경 쓰지 않고 내 뜻대로, 내 기분대로 편하게 살고 싶어서 인간의 마음이 아닌, 사람의 마음으로 살아가는 나홀로족에게 마음의 원리를 알려주는 마음교육도 반드시 필요하다. 마음이 작용하는 원리를 알면 자신만의 행복보다는 소중한 사람들과 함께하는 행복이 얼마나 보람되고 행복한지를 깨닫게 된다.

상대의 마음을 알면 이해하게 되고, 이해하면 자연히 배려하게 된다. 저출산문제도 마음의 관점에서 접근해야 나홀로족, 딩크족 같은 삶을 지양하게 된다.

〈질문과 답변〉

〈질문〉 유럽 국가들을 보면 혼외 출산율이 굉장히 높다. 여자 혼자서 아이를 낳고 키워도 양육수당이 다 나온다. 우리나라도 출산율을 높이려면 혼외 출산도 제도권 안으로 끌고 와야 하지 않을까?

〈답변〉 좋은 의견이다. 출산율을 높이기 위해 조 단위의 돈을 풀어도 감소세는 여전하다. 젊은이들이 결혼을 기피한다면 동거를 활성화시킬 필요가 있다. 최선책이 없을 때는 차선책이라도 내놓아야 인구절벽을 막을 수 있다.
  혼외출산이라도 국가가 출산에서부터 양육까지 제도적으로 뒷받침을 해주면 저출산문제도 자연스럽게 해결될 것이라고 본다.

〈질문〉 출산장려정책을 펴기 위해 지자제마다 현금성 복지가 봇물을 이룬다. 이런 선심성 정책보다 스스로 아이를 가지려는 마음이 더 중요한 것이 아닌가?

〈답변〉 그렇다. 아이를 낳으면 돈을 준다는 발상부터가 인간을 기만하는 것이다. 하지만 지자제마다 출산율 감소를 손 놓고 있으면 인구감소로 이어져서 존폐의 위기를 맞게 된다.
  가정을 이루는 기본단위는 부부관계이다. 즉, 결혼을 하면 사람에서 인간관계로 넘어간다.

부부사이에 자녀가 탄생하면 가족관계가 형성된다. 이런 작은 단위가 모여서 하나의 사회가 구성되고, 이런 사회가 모여서 국가가 형성이 되는 것이다.

인간관계는 함께 행복을 만들어가는 관계이다. 그 행복을 위해서 정부가 뒷바라지를 해준다는 것 자체가 모순이기도 하지만 저출산의 성과를 내려면 반드시 필요한 덕목이기도 하다. 하지만 저출산 해결을 위한 선심성 정책도 중요하지만 무엇보다 가정의 소중함을 일깨워 주는 정책이 더 중요하다. 특히 사람이 아닌, 인간으로 살 수 있는 마음교육이 확산되면 혼자만의 행복이 아닌, 함께하는 행복을 위해서 자아실현을 해나가게 된다. 여기에 자녀출산도 포함된다.

〈질문〉 자녀가 없어서 입양하는 경우와 자녀가 있는데도 입양을 하는 경우 아이에게 미치는 영향이 어떻게 다른지 말해 달라.

〈답변〉 자녀가 생기지 않아서 입양을 했을 때와 자녀가 있음에도 입양을 하는 경우는 분명히 다르다. 자녀가 없어서 입양을 하면 아이에 대한 편견은 없다. 부부에게 새로운 가족이 생겼다는 사실 하나만으로도 충분히 행복해질 수가 있다.

반면 자녀가 있는 상태에서 입양을 했다면 입양한 부모는 아무 편견 없이 아이들을 대했는데 받아들이는 입양아의 반응은 다를 수가 있다. 그래서 자녀가 있는 상태에서의 입양은 부모도, 아이도 많이 힘들다.

입양아가 뭔가 잘못을 했을 때 무조건 체벌하기보다는 예전에 친자녀들에게 어떻게 체벌했는지 소상히 말해주어야 한다. 이런 식으로 하나하나 이해를 시키고 교육을 해나가면 양부모에 대한 서운함이나 괴리감이 없어진다.

입양아에게 무엇보다 중요한 것은 가족 간에 서로 마음을 나누어야 한식구가 된다는 것을 이해시킬 필요가 있다. 가족들이 입양자녀와 동화되기 위해 늘 웃어주고, 이야기를 귀담아들어 주고, 잘한 일은 아낌없이 칭찬해 주면 입양아 스스로 마음을 활짝 열어놓는다. 이렇게 되면 친자녀, 입양자녀의 구분이 없어진다.

〈질문〉 딩크족처럼 결혼해서 자녀를 갖지 않고 살 것 같으면 굳이 결혼할 필요가 있나? 나홀로족으로 살면서 자신의 즐거움과 재미를 누리면 될 것 같은데?

〈답변〉 신체적 질병으로 아이가 생기지 않는 부부는 딩크족이 아니다. 아이를 가지는 데 아무런 문제가 없는데도 안 가지는 것이 딩크족이다.

사랑하는 사이에서 꼭 아이가 있어야 의미가 있는 것은 아니다. 부부가 함께 가치와 의미를 추구하면서 자아실현을 해나가도 충분히 사랑의 감정, 행복의 감정을 느낄 수가 있다.

딩크족은 혼자보다 함께 재미와 즐거움을 누리는 것이 훨씬 행복하기 때문에 결혼을 하는 것이다.

〈질문〉 요즘 뉴스를 보면 어린 남녀가 동거를 하다가 아이가 생기면 그냥 출산을 한다. 그러나 서로 놀러 다니기 바빠서 아이를 방임하거나 폭행을 해서 사망하는 경우가 많다. 이런 젊은이들을 교화시킬 방법은 없나?

〈답변〉 내가 당연히 누려야 할 것을 누리는 것을 권리라고 한다. 청소년들은 미성년자이기 때문에 권리만 있고 책임은 없다. 그러나 20세가 넘으면 성인이기 때문에 자신들의 행동에 반드시 책임이 따라야 한다.

놀기 좋아하는 어린 남녀가 만나서 동거를 하다가 아이가 생기면 아이는 이들에게 장애물이 된다. 각자 게임방이나 PC방에 가서 재미를 느껴야 하는데 아이 때문에 재미와 즐거움이 차단되면 강력한 스트레스를 받게 된다. 여기에 더해서 아이가 울음을 그치지 않으면 그 순간 분노가 폭발해서 아이를 집어 던지거나 이불을 뒤집어씌워서 울음을 차단시킨다. 그리고 나서 태연하게 게임방이나 PC방으로 가 밤을 새운다.

이런 젊은 남녀는 성장과정에 문제가 있어서 자아형성이 제대로 안 됐다고 봐야 한다. 자아형성이 제대로 되지 않으면 자아실현을 할 수가 없다. 그래서 쉽게 만나 동거를 하고 아무런 준비도 없이 아이를 낳는 것이다. 이런 사람들을 교화시키려면 자아형성기로 돌아가서 '이렇게 하는 것은 잘못된 것이고, 저렇게 하는 것은 올바른 것이다.'라는 기준을 하나하나 똑바로 세워줘야 한다. 그래서 스스로 옳고 그름을 판단할 수 있는 능력을 길러줘야 올바른 자아실현을 해나갈 수가 있다.

자아형성이 제대로 되지 않으면 어떤 것이 옳고, 그른지를 몰라 자아실현을 할 수가 없다. 그래서 자신의 인생을 주체적으로 살지 못하고 상대중심의 삶을 살게 된다. 이런 사람들은 사냥꾼들의 쉬운 먹잇감이 되기 쉽다.

제대로 된 인생을 살기 위해서는 지금부터라도 올바른 자아형성을 위해서 노력해야 인생을 무책임하게 살지 않는다.

〈질문〉 어느 대권주자가 저출산 해결의 돌파구는 경제성장이라고 했다. 경제가 좋아져야 안정된 일자리를 구해서 결혼도 하고 아이도 낳을 것이라고 했다. 동의하시는지?

〈답변〉 서울 인구가 32년 만에 1,000만 명 밑으로 떨어졌다. 0~4세까지의 인구는 10% 이상 감소했다. 이런 현상의 중심에는 집값 폭등과 취업난이 한몫했다.

주거환경이 불안정하면 젊은 사람들은 결혼도 하지 않고, 아이도 낳지 않는다. 고용문제, 주택문제, 양육문제가 해결되지 않으면 저출산문제를 극복할 수가 없다. 이런 점이 해결되려면 경제성장이 중요한 것은 사실이다. 그러나 저출산을 막기 위해 막대한 재정을 무분별하게 투입하기보다는 사회적 구조 변화를 직시해서 보다 효율적인 정책을 만들어 내놓는 것이 필요하다고 본다.

〈질문〉 저출산의 주된 이유가 경제적인 것도 크지만 사람으로서 자기 행복만 추구하기 때문이라고 했다. 자신만의 행복을 추구하는 사람에게 함께하는 행복을 추구하게 하려면 무엇보다도 전인교육이 필요할 것 같다.

〈답변〉 그렇다. 전인교육이란 지덕체(智德體)를 고르게 성장시켜서 건전한 인격을 갖추게 하는 것이다. 인간에게는 지식교육도 필요하지만 무엇보다도 마음교육이 필요하다. 그 사람의 정서, 성격, 행동, 가치관은 모두 자신의 경험에 의해 마음에서 만들어지는 것이다.

인간관계를 맺고 함께 자아실현을 하면서 살아가는 것이 바로 인간이 지향하는 인간의 행복이자 삶의 보람이다.

사람으로 사는 사람들은 자아형성이 바르게 되지 않아서 제대로 된 자아실현을 못하는 사람들이다. 이런 사람에게는 지식교육이 아닌, 마음교육이 필요하다. 마음이 작용하는 원리를 알면 사람의 마음이 아닌, 인간의 마음으로 살아가게 된다.

〈질문〉 정부의 저출산대책을 보면 모든 것이 돈과 연결되어 있다. 아이 한 명을 낳으면 출산장려금은 얼마, 양육수당은 얼마 하는 식이다. 이제는 이런 경제적 담론에서 벗어나 삶의 질에 대해서 논의할 때가 되었다고 본다.

〈답변〉 출산정책의 목표가 출산 자체에 집중되어 있어서 그렇다. 즉, 결혼한 여성이라면 당연히 출산을 해야 한다는 전제에서 정책이 출발되었기 때문이다.

 이제는 저출산정책의 패러다임을 바꿀 때가 왔다. 여자들에게 왜 아이를 낳지 않느냐고 물어보면 대다수가 '셋집을 전전해서, 사교육비 부담이 너무 커서, 경력이 단절될까 봐, 아이를 마음 놓고 맡길 데가 없어서'란 답이 나온다. 이런 여성들의 불만을 토대로 정책을 다시 짠다면 출산율 감소는 멈출 것 같다.

 발등에 떨어진 저출산문제가 해결되고 나면 자연히 인간적인 삶으로 관심이 옮겨갈 것이다.

제4장

마음의 모든 것

1.
관심법

 관광은 아름다운 풍경이나 유적지, 명승지 등을 둘러보는 것이다. 이런 광경을 보기 위해 사람들은 먼 길을 떠난다. 유채꽃을 보러 제주도로 가는 사람도 있고, 맑고 푸른 바다를 보기 위해서 동해안으로 가는 사람도 있다. 이처럼 멀리까지 가는 것은 아름다운 풍경을 눈으로 직접 보고 기억에 저장하고 싶기 때문이다.
 "용머리 해안에 있는 유채꽃밭이 멀리서 볼 때는 마치 노란 바다처럼 보여서 깜짝 놀랐어!"
 사실정보인 유채꽃을 인식하고 기억해서 노란 바다로 표현하는 것이 바로 사람의 심리이다. 이때 인식, 기억, 표현의 세 가지 심리가 균형을 잡지 못하면 심리에 문제가 생긴다.
 관심은 마음을 본다는 말이다. 관심법은 말 그대로 마음을 보는 방법을 말한다.
 보통 사람들이 마음을 표현할 때 '마음을 본다'라는 표현보다 '마음을 읽는다'라는 표현을 더 많이 한다. 그 이유는 상대의 마음을 보려면 상대의 마음을 읽을 줄 알아야 된다고 생각하기 때문이다. 그러나 상대의 마음을 보는 관심법과 상대의 마음을 읽는 독심술은 다르다.

마음을 읽는 것을 한자로 독심술(讀心術)이라고 한다. 한때 남자의 마음을 궁금해하는 여자들 상대로 독심술을 가르쳐주는 학원이 성행한 적이 있었다. 지금으로 치면 연애 코칭법을 가르쳐주는 학원이다.

상대의 마음을 알기 위해서 일단은 상대의 마음을 들여다봐야 한다. 이것을 관심이라고 한다. 마음을 보는 것과 마음을 읽는 것은 다르다. 그러나 대부분 같은 표현으로 받아들인다.

마음을 보거나, 마음을 읽는 것은 궁극적으로 마음을 알아가는 과정이다. 그러나 관심법이나 독심술을 익히는 것은 내 마음을 알기 위해서가 아닌, 상대의 마음을 알기 위해서이다. 그래서 관심법과 독심술은 자기중심으로 살아가는 사람에게는 필요치가 않고, 상대중심으로 가는 사람들에게 필요한 것이다.

인생을 살아가는 사람들의 유형을 보면 자기중심으로 가는 사람이 있고, 상대중심으로 가는 사람이 있다. 지나치게 자기중심으로 가는 사람을 우리는 흔히 독불장군이라고 표현한다. 이런 남자의 경우 타인의 입장은 전혀 고려하지 않고 자기 멋대로, 자기 기분 내키는 대로 행동해서 인간관계가 원만하지가 않다.

지나치게 자기중심으로 가는 여자들도 마찬가지이다. 지금 자신의 삶이 즐겁고 행복하면 타인에게 전혀 신경 쓰지 않는다. 오로지 자신에게만 몰입하기 때문에 타인이 비집고 들어올 공간이 없다. 이런 여자 역시 자기밖에 모르기 때문에 인간관계가 제한적이다.

이와 달리 자신보다 상대중심으로 살아가는 사람도 많다. 그래서 상대가 무슨 생각을 하는지, 나에 대해서 어떤 마음을 가지고 있는지가 늘 궁금해 관심법과 독심술에 매달리기도 한다.

상대중심으로 살아가는 사람들은 무엇이 옳고, 그른지 스스로 판단하지 못해서 상대에게 의존하는 경향이 크다. 물건 하나 사도 상대의 눈치를 보고, 상대의 마음을 읽으려고 한다.

내가 머리를 자르면 상대가 좋아할지 싫어할지 궁금하고, 내가 공원에 놀러가자고 하면 상대가 어떤 반응을 보일지 몰라서 전전긍긍한다.

타인의 마음에 신경 쓰는 사람들은 대체적으로 자신만의 기준이 없어서 눈치를 보는 것이다. 이런 사람들은 자존감이 낮아서 상대가 자신에게 목적을 가지고 접근하는지, 순수한 마음을 가지고 접근하는지를 판단하지 못한다. 그래서 사기를 당하거나, 좋은 기회를 놓치기도 한다.

남자들은 대체적으로 여자에게 관심이 많아서 관심법을 쓰고, 여자들은 남자들의 관심을 받기 위해 독심술을 쓴다. 이런 차이는 보는 것과 읽는 것의 차이다.

남자들은 5개 감각기관을 통해 들어오는 것 중에서 시각적인 것에 제일 많이 자극을 받는다. 그래서 남자들은 직관이 발달해 상대를 보는 순간 해석이 되는 것이다.

반면 여자는 5개 감각기관을 통해 들어오는 것 중에서 청각적인 것에 제일 민감하다. 그래서 들은 것을 해석하기 위해 기억을 끌고 와서 좋은 감정인지, 나쁜 감정인지를 판단하는 이해의 과정을 거친다.

남자의 마음은 기분이기 때문에 인식되는 모든 것이 일시적이고 즉흥적이다. 반면 여자는 인식된 것을 이해해야 하기 때문에 지속적인 기분이 필요하다. 이런 지속적인 기분이 감정을 만들어낸다.

여자가 독심술에 관심이 많은 것은 인식한 것을 해석하고, 이해하는 과정이 필요해서이다. 반면 관심법은 이해가 필요 없다. 보는 순간 해석이 되기 때문에 '좋다, 싫다'라는 결론을 금방 내릴 수가 있다.

관심에 법이 붙은 것은 보는 순간 'A=B'라는 단순한 법칙을 가지고 있기 때문이다. 반면 독심술은 인식한 것을 이해해서 분석을 해야 하기 때문에 기술이 필요하다. 그래서 독심술이라고 표현하는 것이다.

관심법은 인식한 것이 직관적으로 나타나는 것이고, 독심술은 인식한 것을 해석하는 능력을 필요로 한다. 그래서 관심법은 간단명료한 반면, 독심술은 다양한 지식을 필요로 한다.

관심법은 나를 중심으로 상대를 보는 법이고, 독심술은 상대를 중심으로 상대의 마음을 재해석해 내는 것이다.

관심법은 대상을 내 기준으로 보는 것이기 때문에 최소한 내 생각에 맞아야 한다. 반면 독심술은 상대의 기준으로 상대를 해석하기 때문에 잘못 이해할 확률이 굉장히 높다. 그래서 독심술은 믿을 것이 못된다.

관심법은 나를 중심으로 간다. 보는 순간 내 생각, 내 판단으로 좋고 나쁜 것을 가린다. 이때 타인의 생각은 고려의 대상이 아니다. 내가 보고 좋은지, 싫은지 직접 느끼면 그만이다. 이때 대상을 보는 자신만의 법칙인 기준을 가지고 있어야 된다.

예를 들어 지방으로 출장을 가는데 길 가득히 심어놓은 국화꽃이 눈에 들어온다. 꽃을 보는 순간 남자의 입에서 "아, 예쁘다."라는 탄성이 저절로 흘러나온다. 이것이 남자의 직관이다. 그러나 국화꽃을 봐도 아무런 느낌이 없다면 꽃은 남자에게 아무런 가치를 만들어내지 못한 것이다.

관심법은 대상이 내게 큰 의미를 가질 때 저절로 만들어지는 법이다. 대상에 대해 내가 하나의 의미를 부여하면 그것에 대해서 나만의 기준이 만들어진다. 그래서 같은 대상을 볼 때마다 앞뒤 재지 않고 "아, 예쁘다."라는 말이 저절로 튀어나온다.

무엇이든 대상에 의미를 부여하기 시작하면 자신도 모르게 빠져든다. 그러나 이것은 내 중심에서 보는 나만의 기준이지, 세상의 기준은 아니다. 나에게 좋은 것이 타인에게는 혐오스러울 수가 있다.

"오늘 복날이니깐 보신탕 먹으러 가자."

"야만스럽게 그런 음식을 어떻게 먹어? 난 싫어!"

관심법은 타인과 관계없는, 오로지 나만의 것이다. 그래서 관심법은 독단주의로 빠질 확률이 굉장히 높다.

날씨가 화창한 날 바다에 가면 수평선 너머 바다와 하늘의 경계가 모호할 때가 있다. 그래서 바다가 하늘인지, 하늘이 바다인지 구분하기가 힘들다. 그러나 자세히 들여다보면 그 경계를 분간할 수가 있다.

친구들이 수평선 너머의 파란색을 하늘이라고 하는데 유독 자신만 바다라고 박박 우기는 사람이 있다. 모두가 하늘이라고 논리적으로 설명을 해도 자신의 기준에 바다로 보이면 바다인 것이다. 이런 사람들이 바로 독단주의자다.

독단주의자들은 상대가 자신의 기준에 동조하지 않으면 강력한 스트레스와 상처가 작용해서 분노가 치밀고, 히스테리가 발생한다. 모든 것이 자기 생각대로, 자기 뜻대로 되지 않으면 힘들고 고통스러워서 발광을 하거나 발작을 일으킨다. 마치 어린아이가 갖고 싶은 장난감을 엄마가 사주지 않으면 백화점 바닥에 뒹굴면서 악을 쓰고 우는 것과 같다. 이런 아이를 달래기 위해 부모가 아이 원하는 대로 해주면 자기밖에 모르는 독불장군, 독단주의자가 된다.

독불장군들은 스트레스와 상처를 받는 것이 싫어서 스스로 인간관계를 끊고 사람으로 사는 경우가 많다. 사람으로 살면 타인의 기준에 내

기준을 맞출 필요가 없어서 편하다. 죽이 되든, 밥이 되든 내가 하고 싶은 대로 하면 그만이다. 이런 사람들은 옳든 그르든 자신 뜻대로만 하기 때문에 반사회적인격장애자가 되기가 쉽다.

인간이라면 누구나 다 관심법에 적용을 받는다. 사람들은 단 하루를 살아도 자신만의 법칙에 따라서 움직인다. 자신만의 법칙이 바로 관심법이다. 자신만의 법칙인 자기기준은 자신의 기억 속에 들어있다.

기억은 지금까지 살아오면서 자신이 경험한 것으로 이루어져 있다. 지식, 정보는 물론이고, 시행착오를 겪은 것까지 모두 모여서 자신만의 기준인 법칙을 만드는 것이다. 그래서 내가 판단하는 모든 것은 내 기준에 의해서 내려진다. 이것이 바로 나만의 확신이다.

인간은 관심법이 없으면 인간으로 살아갈 수가 없다. 그 사람의 관심법은 바로 그 사람의 정체성이다. 그래서 관심법은 바로 그 사람의 생각의 기준을 의미한다.

살아가면서 유독 자신의 기준을 강요하는 사람들이 있다. "맛있지? 예쁘지? 좋지? 마음에 들지?" 하면서 상대가 자신의 기준에 동조하기를 바란다. 이때 상대가 "뭐가 예뻐? 내 눈에는 하나도 안 예쁜데." 하면 그 즉시 스트레스와 상처를 받게 된다. 그렇기 때문에 아무리 친밀한 관계라고 해도 자신의 기준을 강요하면 안 된다. 각자 살아온 경험이 다르기 때문에 생각의 기준도 다를 수밖에 없다. 이것을 인정하지 않고 내 기준만 강요한다면 인간관계에서의 갈등은 불가피하다.

내 생각이 맞아서 성공하고, 내 생각이 틀려서 실패하는 것은 아니다. 모든 것을 자기기준으로만 바라보면 옳고 그름을 객관적으로 판단할 수가 없다. 그렇기 때문에 상대의 생각도 존중할 줄 알아야 생각이 한쪽으로 치우치지 않고 균형을 잡는다.

올바른 생각기준을 알려면 인간의 마음이 심리와 어떻게 작용되는지 원리만 알면 된다. 인간으로 살아가는 마음의 원리를 알면 무엇이 좋고, 무엇이 나쁜지를 저절로 알게 된다. 즉 이치를 알면 마음이 보인다. 그래서 내 생각이 마음의 원리에 맞으면 '아, 내가 나름대로 잘 살고 있구나.' 하는 생각이 들고, 마음의 원리에 맞지 않으면 '지금 내가 잘못 살아가고 있구나.'를 판단할 수가 있다.

내가 아무리 돈을 많이 벌어도, 내가 아무리 능력이 뛰어나도 마음의 원리를 모르면 난관에 봉착했을 때 무엇이 문제인지를 알 수가 없다. 문제를 모르면 아무것도 해결할 수가 없다. 즉, 문제의 본질을 알아야 해결책을 세울 수가 있다.

혼자 사람으로 살지 않는 이상 인간관계를 원활히 유지하려면 나만의 기준이 아닌, 보편적인 생각기준을 가지고 살아야 한다. 보편적 생각기준은 많은 사람들의 마음에서 만들어진 올바른 기준이기 때문에 필히 마음교육이 필요한 것이다.

무슨 일을 하든지 간에 기준이 되는 표준점이 있다. 표준점은 과하지도 않고, 부족하지도 않게 균형을 잡는 것이다. 이 표준과 기준은 마음의 원리를 알고 본인이 만들어서 가지고 있어야 된다. 그렇지 않으면 귀가 얇은 사람이 되고, 심지가 얕은 사람이 된다.

자신만의 기준과 표준이 있으면 누가 남을 비난해도 거기에 동조하지 않고 균형을 잡아준다. 상대의 마음이 표준에 맞는지, 어긋나 있는지를 정확하게 알 수 있는 것도 마음의 원리를 알기 때문이다. 이것을 관심법이라고 한다.

마음의 원리에 의한 기준과 표준을 가지고 있으면 관심법이 저절로 내 안에서 작용되기 시작한다. 그래서 상대의 말과 행동과 표정만 봐도 그 사람의 마음을 해석할 수 있는 능력이 생긴다. 관심이라는 것은 말 그대로 그냥 상대의 마음이 보이는 것이다. 이것이 직관이다.

　관심법을 배웠다고 해서 이 사람, 저 사람에게 관심을 가지면 혼란스러워서 살 수가 없다. 온갖 것이 다 보이고, 온갖 것이 다 들린다면 정상적인 삶을 살아갈 수가 없다. 내가 관심이 가는 사람에게만 적용해서 올바른 관계를 이어나가야 스트레스와 상처가 생기지 않는다.

　관심법을 가지고 있는 사람들은 마음이 작용하는 이치를 아는 사람이라고 보면 된다. 마음이 작용하는 원리가 바로 심리다.

　심리에는 인식이 있고, 기억이 있고, 표현이 있다. 인식은 5개 감각 기관을 통해서 들어온다. 인식이 되는 순간 '좋다, 안 좋다'의 반응이 나오는 것이 관심법이다. 그래서 관심법은 직관력이라고도 한다.

　인식은 내 의지와는 상관없이 그냥 들어와서 그냥 흘러가 버린다. 들어오는 것마다 일일이 해석을 한다면 복잡하고, 혼란스러워서 세상을 제대로 살아갈 수가 없다. 그래서 관심법은 무방비로 들어오는 인식을 저절로 해석하게 만들어서 좋은 것은 받아들이고, 나쁜 것은 방어하게 한다. 이것이 바로 마음의 작용이다.

　마음을 중심에 두고 심리가 작용할 때 인식, 기억, 표현이 움직인다. 인식이 기억과 함께 연동될 때 기억 속에 마음의 원리를 일부분 넣어주는 것이 바로 관심법이다. 앞서 말했듯이 관심법은 자신만의 원칙이자 법칙이다.

관심법을 검색해 보면 무조건 궁예의 관심법이 나온다. 궁예는 타고난 힘과 재주로 후고구려를 세워 왕이 된 사람이다. 그는 살아있는 미륵으로 자처했다. 관심법이라는 특유의 술책으로 사람들을 휘어잡았다.

궁예는 자신에게 사람의 마음을 꿰뚫어 보는 관심법이 있다고 하면서 관심법을 미끼로 잔인하고 포악한 성정으로 나라를 다스렸다. 궁예의 관심법은 바로 자신만의 기준으로 세상을 보고, 통치하는 것이다.

궁예는 자신의 아내가 남편의 포악함을 꾸짖었다고 얼토당토않은 관심법으로 부인을 모함해서 뜨거운 쇠꼬챙이로 찔러죽이고, 자신에게 반기를 드는 자식들도 일말의 망설임 없이 죽였다. 말 그대로 자기밖에 모르는 독불장군이다.

궁예는 지나치게 자기중심적이어서 누군가가 자신의 말에 거역하면 스트레스를 견디지를 못해 닥치는 대로 사람들을 찔러 죽였다. 지금의 관점에서 보면 궁예는 심리습관에 문제가 있는 심리장애자였다.

"도솔천의 미륵보살은 석가모니를 이어 중생을 구하러 세상에 올 것이다. 석가모니의 열반 후 사람들을 저 위의 세상으로 데리고 올라갈 때, 그는 미륵불이 되어있다."

세상이 혼란하거나 혼탁해지면 여기저기서 미륵을 자처하며 나타나는 사람들이 있다. 난세에 영웅이 탄생하듯이 세상이 어지러워질 때마다 이상한 사이비 신앙이 만들어지면서 독불장군 같은 사이비 교주가 나타난다.

사이비 교주들은 상대가 무엇을 원하는지를 잘 안다. 자신의 목적을 분명히 알고, 대중의 목적도 분명히 알기 때문에 이런 사람들은 특유의 카리스마로 대중을 사로잡는다.

사이비 교주들은 대중과의 공감능력이 뛰어나서 상대중심으로 살아가는 사람들을 금방 알아본다. 상대중심으로 살아가는 사람들은 자신만의 기준이 없어서 순식간에 사이비 교주의 관심법에 넘어간다.

자신만의 기준이 없는 사람들은 인생을 주체적으로 살지 못해 무조건 의존하는 삶을 산다. 이런 사람들은 하루라도 빨리 올바른 생각기준을 만들어 스스로 확신할 수 있는 마음을 길러야 상대에게 이용당하지 않는다.

관심법을 가지고 나쁜 용도로 쓰면 타인에게 피해를 입히는 것이고, 좋은 용도로 쓰면 많은 사람들을 행복하게 할 수도 있다.

〈관심법의 원리〉

마음을 들여다보려면 마음이 작용하는 원리를 알아야 눈에 보이지 않는 마음을 볼 수가 있다. 이것이 관심법이다.

아침에 눈을 뜨면 주변의 모든 것이 다 보인다. 커튼, 벽지, 천장, 시계 등등. 이런 것도 보는 순간 상태를 알 수가 있다.

'벽지가 누런 걸 보니 도배할 때가 되었구나, 시계가 멈춘 걸 보니 건전지가 다 닳았구나.'라고 생각한다. 굳이 시계의 속을 들여다보지 않아도, 벽지를 만져보지 않아도 보는 순간 어떤 상태인지를 알 수 있다. 이것이 직관력이다. 그러나 내 옆에 자고 있는 남편을 아무리 들여다봐도 그의 마음상태가 어떤지 알 수가 없다.

요즘 들어 부쩍 짜증을 많이 내는 걸 보니 나에 대한 불만이 많은 것 같기도 하고, 갈수록 외모에 신경 쓰는 걸 보니 마음이 다른 곳에 가있는 것은 아닌지 여자는 남편의 속이 궁금할 수밖에 없다. 그러나 상대를 아무리 오래 들여다봐도 상대의 마음이 전혀 투영되지 않아서 여자는 답답함을 느낀다.

여자들은 남자가 자신의 마음을 몰라준다고 화를 내거나 징징거릴 때가 많다. 그러나 마음은 작용만 할 뿐 보이지 않기 때문에 여자도 남자의 마음을 모를 수밖에 없다.

마음은 태어나서 죽을 때까지 변하지 않는다. 대신 남자의 마음과 여자의 마음은 다르다. 이것을 인정하지 않으면 여자는 자신의 마음으로 남자를 보려고 하고, 남자도 자신의 마음으로 여자를 보려고 한다. 이럴 경우 서로의 생각이 달라서 스트레스와 상처가 발생한다.

스트레스와 상처를 유발하지 않으려면 여자의 마음과 남자의 마음이 다르다는 것을 인정해야 한다. 이것만 인정해도 두 사람 사이에 쓸데없는 오해로 인한 갈등이 생기지 않는다.

남자와 여자에게 작용되는 마음은 다르다. 남자의 마음은 스트레스가 들어오면 무조건 제거하기 때문에 돌아서면 현재의 상황을 기억하지 못한다.

반면 여자는 스트레스가 들어오면 무조건 수용해서 상처로 쌓아두기 때문에 현재의 상황이 그대로 기억된다.

이처럼 서로의 마음작용이 다르다는 것을 모르면 여자는 남자의 마음이 변했다고 항변하고, 남자는 마음에 없는 말을 한다고 화를 낸다. 하지만 마음은 언제나 변하지 않고 항상 그 자리에 있다.

상대의 마음이 변했다고 느끼는 것은 마음이 아니라 마음을 중심으로 작용하는 심리 때문이다. 그러나 많은 사람들은 심리를 마음으로 착각하기 때문에 '마음이 떠났다, 마음이 변했다, 마음이 아프다'라는 식으로 표현한다.

남자의 무관심한 행동이 마음에 안 든다고 여자가 상처표현을 하면 남자는 무조건 스트레스로 받아들인다. 그래서 자신도 모르게 버럭 소리를 지른다.

"제발 그만 좀 징징거려. 짜증나!"

"화를 내는 걸 보니 내게서 마음이 떠난 거 맞네. 내가 너 마음 모를 줄 알아?"

남자의 표현만으로 여자는 남자의 마음을 다 알 수 있을까? 남자의 마음을 알려면 무엇보다 인간의 마음을 알아야 한다. 인간의 마음을 알지 못하면 상대의 말과 행동, 표정을 보고 자기 멋대로 생각하고 단정한다. 이렇게 되면 두 사람 사이에 오해가 생겨 갈수록 갈등만 커질 뿐이다.

남자의 표현은 일시적인 기분일 뿐이다. 남자가 여자에게 모진 말이나 험한 말을 했다고 해서 남자의 마음이 변했다고 생각하면 큰 착각이다. 남자는 스트레스가 들어오면 무조건 제거하기 때문에 이때의 말은 기분에 의한 것이지 마음이 작용한 것은 아니다.

상대의 마음을 보려면 상대의 마음을 알고 이해를 해야 비로소 마음이 보이는 것이다. 이것이 관심법의 핵심이다.

"그 사람 마음이 돌아선 지 오래됐어."라고 생각한다면 이것은 내 기준에서 보는 것이다. 아무리 두 사람 사이가 친밀하다고 해도 상대의 마음속에 들어가 보지 않은 이상 상대의 마음이 떠났는지, 아닌지를 알 수가 없다.

설령 상대가 자신의 입으로 "네게서 이미 마음이 떠났어."라고 말했다고 해도 마음이 작용하는 원리를 모르면 진담인지, 아닌지를 알 수 없다. 목적에 따라 마음이 떠나지 않았음에도 떠났다고 할 수 있고, 마음이 떠났음에도 안 떠났다고 말을 할 수 있기 때문이다.

마음이 작용하는 원리를 모르면 상대가 무슨 말을 해도 무조건 자기기준에서 생각하고 단정해 버린다. 하지만 모든 것을 자기기준으로 생각하면 무조건 확신하기 때문에 오해는 불가피하다.

상대의 마음을 볼 줄 모르면 상대의 의도와는 다르게 해석하는 경우가 많다. 남자는 화가 나서 험한 말을 했을 뿐인데 여자는 이것을 확대 해석해서 오해를 하게 된다. 오해는 스스로 상처를 키우는 것이기 때문에 이것은 관심법이 아니다.

인간의 마음에는 남자의 마음, 여자의 마음 두 가지뿐이다. 마음은 젊으나, 늙으나 똑같이 작용한다.

여자의 마음으로 남자의 마음을 들여다보면 상처가 생기고, 남자의 마음으로 여자의 마음을 들여다보면 스트레스가 생긴다. 이것은 서로의 마음이 다르기 때문에 생각하는 기준도 다를 수밖에 없다.

남자의 마음, 여자의 마음이 다르다고 하면 세상을 이분법적으로만 본다고 하는 사람들도 있다. 그러나 남자와 여자의 마음이 같다면 관심법도, 독심술도 필요 없다. 마음이 같으면 굳이 상대의 마음을 들여다볼 필요가 있을까?

남자와 여자의 마음이 다르기 때문에 서로 상대의 마음을 알려고 애를 쓰는 것이다.

관심법은 아주 단순하다. 상대가 남자냐, 여자냐 이분법으로만 재단한다. 즉 남자의 마음, 여자의 마음만 알면 그냥 보인다. 독심술을 쓰는 여자처럼 굳이 기억이나 정보를 끌고 와서 머리 아프게 비교하지 않아도 그 즉시 답이 나오는 것이 남자의 관심법이다.

사람의 마음은 오로지 남자마음, 여자마음 하나로만 작용한다. 그래서 사람의 마음은 오로지 혼자만의 행복과 즐거움을 갈구한다. 그러나 인간의 마음은 남자마음과 여자마음이 하나로 합쳐진 마음이다. 그래서 자아실현을 해나가는 과정에서의 희로애락도 함께 나눈다.

혼자만 즐겁고 행복하면 그만인 사람을 우리는 인간이라고 표현하지 않고 사람이라고 표현한다. 왜? 자신의 마음을 누군가와 나눌 일이 없기 때문이다. 그러나 사람과 사람이 만나서 함께 마음을 나누고 살면 우리는 인간이라고 표현한다.

사람으로 살면 나만 행복하면 그만이다. 굳이 상대의 마음을 알 필요가 없다. 그러나 인간의 마음은 함께 행복해지기 위해서 마음을 합친 것이다. 그래서 여자는 남자의 마음을 알아야 하고, 남자는 여자의 마음을 알아야 한다. 서로의 마음을 알아야 마음을 주고받을 수가 있기 때문이다.

상대의 마음이 어떻게 작용하는지를 모르면 문제가 생겼을 때 해결방법을 찾지 못한다. 해결방법이 없으면 인간은 끊임없는 스트레스와 상처로 고통받는다.

마음은 태어나서 죽을 때까지 절대 변하지 않는다. 그럼에도 많은 사람들은 마음이 쉽게 변한다고 생각하는 것은 마음을 중심에 두고 움직이는 심리 때문이다. 마음은 아무리 고통스럽고 힘들어도 언제나 그 자리에 있다.

상대의 마음을 알기 위해서는 마음의 작용과 심리의 작용을 정확히 알아야 상대의 생각을 자기 멋대로 해석하지 않는다. 상대의 생각을 내 관점에서만 바라보면 오해가 빚어질 수밖에 없다. 오해가 쌓이면 상처가 되고 스트레스가 된다. 상대의 마음을 정확히 알기 위해서는 마음과 심리를 정확하게 분리할 줄 알아야 한다.

사람으로 살 때는 아무도 나에게 충고도, 간섭도, 조언도 하지 않는다. 나와 마음을 나눌 일이 없기 때문이다. 그래서 살아갈수록 내 뜻대로, 내 기분대로 살게 된다. 이렇게 되면 모든 것을 자신의 관점에서만 생각하고 판단하기 때문에 자기 확증편향에 사로잡히게 된다. 그래서 사람들과 어울리지 못하는 반사회적인격장애자가 되어서 사회에 해악을 끼친다.

반면 인간의 마음을 가지고 살면 좋으나, 싫으나 상대와 마음을 주고받아야 한다. 이때 자신의 생각과 상대의 생각이 다르면 스트레스와 상처가 올라와서 마음이 힘들고 답답해진다.

상대의 마음을 알면 대처하기도 쉽고, 해결하기도 쉽다. 그러나 상대의 마음을 모르면 내 멋대로 생각해서 스스로 스트레스와 상처를 키우게 된다. 그렇기 때문에 소중한 사람과 함께 미래행복을 위해 살아가려면 마음이 작용하는 원리를 아는 것이 무엇보다도 중요하다. 마음의 원리를 알아서 내 기준으로 만들어놓으면 부정감정이 들어와도 긍정감정으로 전환하게 된다. 이렇게 되면 인간관계에서 발생하는 스트레스와 상처 역시 제때에 힐링할 수 있어서 심리가 안정된다. 심리가 안정되면 모든 것을 긍정적으로 받아들이기 때문에 마음이 항상 편안하다.

사람은 몸과 마음을 가지고 태어난다. 몸은 마음과 연결되어 있다. 그래서 마음이 아프면 몸도 아프고, 몸이 아프면 마음도 아프다. 인간의 마음이 작용할 때 인식, 기억, 표현의 심리가 만들어지면서 몸도 영향을 받는다.

심리는 마음이 아니다. 그러나 대다수의 사람들은 심리를 마음과 동일시한다. 하지만 마음의 관점에서 볼 때 심리와 마음은 분리되어 있다.

마음은 변하지 않지만 마음을 중심으로 움직이는 심리는 무한대로 작용한다. 무한대로 작용하는 심리를 일일이 해석하기란 불가능하다. 그래서 심리장애를 치료하기가 쉽지가 않다.

심리에는 인식, 기억, 표현 세 가지가 있다. 사람은 인식해서 기억한 것을 말과 행동, 표정을 통해서 표현한다. 사람은 자신의 마음을 외부로 전달하는 방법은 표현밖에 없다.

예를 들어 여자가 남자친구를 만났는데 히피족처럼 옷을 입고 나와서 기분이 상했다. 그래서 여자가 "옷 꼴이 그게 뭐야?" 하면서 인상을 쓴다. 이때 남자는 여자친구의 표정에서 스트레스를 받는다. 그래서 "오랜만에 만났는데 사람 기분 잡치게 만드는 너는 뭐야?" 하면서 벌컥 화를 낸다.

두 사람은 만나자마자 스트레스와 상처로 인해 몹시 불편하고 어색한 사이가 되고 만다. 이런 심리는 바로 사람과 사람이 마음을 나눌 때 작용되는 것이다. 이런 심리의 작용도 모르고 서로 마음이 변했다고 멋대로 생각한다. 이렇게 되면 서로 오해를 키우는 바람에 인간관계에 균열이 생기기 시작한다.

관심법은 마음의 원리를 바탕에 두기 때문에 마음의 기준을 알아야 된다. 남자의 마음은 어떤 기준으로 가는지, 여자의 마음은 어떤 기준으로 가는지를 알아야 상황에 따라 변하는 심리를 해석할 수가 있다.

인식, 기억, 표현의 심리를 해석하려면 심리의 작용을 알아야 한다. 심리의 작용을 알기 위해서는 마음의 원리를 알아야 한다. 심리는 마음을 중심으로 움직이기 때문이다.

마음의 원리를 알면 이 상황에서는 심리가 왜 이렇게 움직이는지 그때그때 이치를 깨달을 수가 있다. 이치를 깨달으면 인식되는 것, 기억되는 것, 표현되는 것 하나하나가 다 해석된다. 이것이 바로 사람의 마음을 읽는 독심술이다.

독심술을 필요로 하는 이유는 뭘까?

기분을 가지고 있는 남자의 마음과 감정을 가지고 있는 여자의 마음은 다르다. 같은 남자의 마음이라 하더라도 남자들마다 지금까지 살아온 경험이 다 다르기 때문에 기억도 다를 수밖에 없다. 그래서 같은 사안을 두고도 거기에 대응하는 남자의 태도는 각양각색일 수밖에 없다.

남자가 뜻하지 않게 외도를 했다면 아내에게 대처하는 방법이 다 다르다. 잘못했다고 무릎을 꿇고 비는 사람이 있는가 하면, 아내에게도 책임이 있다면서 적반하장으로 나오는 사람도 있다. 아니면 아내 보기가 민망해서 집에 들어오지 못하는 사람이 있는가 하면, 아예 이혼하자고 협박하는 남자도 있다.

자신의 외도로 인해 아내에게 표현하는 말과 행동, 표정은 남자마다 다 다르게 나타나지만 남자의 마음이 작용되는 것은 다 똑같다. 남자의 표현은 마음을 중심으로 심리가 움직이기 때문이다.

남자가 자신의 외도에 대해서 깊이 반성한다면서 무릎을 꿇고 빌어도 여자는 남자의 용서를 쉽게 받아줘서는 안 된다. 남자가 진심으로 잘못을 뉘우치는지, 아닌지 남자의 마음속에 들어가 보지 않는 이상 모른다. 남자가 진정으로 잘못을 반성한다고 느끼는 것은 자신만의 판단 기준이기 때문에 오류를 범할 수가 있다.

남자가 아내에게 용서를 비는 것은 진정한 뉘우침이 아니라 지금 느끼는 스트레스에서 벗어나기 위해서이다. 그래서 아내가 자신을 용서하는 순간 남자의 스트레스가 제거되는 것이다. 이런 사람은 돌아서면 또 외도를 한다. 그래서 쉽게 용서를 하지 말라고 하는 것이다.

표현에는 말, 행동, 표정의 외부표현과 생각만 하는 내부표현이 있다. 생각은 인식한 것을 말과 행동으로 표현하지 못하고 혼자 속으로 끙끙 앓기만 하는 것이다. 자신의 생각을 바깥으로 표출하지 못하고 억압만 하면 심리에 문제가 생긴다.

생각은 내 기억을 기초로 한다. 그래서 인식되어 들어오는 것이 좋은 것인지, 나쁜 것인지를 기억과 비교해서 해석하게 된다.

낯선 곳에 가거나, 낯선 사람들을 보면 불안하고 불편한 것은 지금 들어온 인식과 비교할 기억이 없어서다. 그렇기 때문에 경험이 많은 사람들은 그만큼 비교할 기억이 많이 저장되어 있어서 어디를 가든지 적응력이 뛰어나다. 이런 사람들은 인간관계에서 발생하는 스트레스와 상처도 즉각 처리하기 때문에 매사에 긍정적이다.

어린 아이들은 경험이 거의 없다. 그래서 펄펄 끓는 물이 어떤지도 모르고 호기심에서 만진다. 그러나 뜨거운 물에 손을 데인 기억을 가지고 있으면 두 번 다시는 뜨거운 물에 손을 담그지 않는다. 이것이 기억이 주는 교훈이다. 자신만의 법칙인 기준은 이런 교훈을 통해서 옳고, 그름이 만들어지는 것이다.

　사람마다 기억하는 것이 다르면 표현하는 것도 다르다. 인식을 통해서 마음이 작용되는 원리는 같지만 저마다 가지고 있는 기억이 다르기 때문에 표현도 다를 수밖에 없다.

　독심술은 사람마다 표현되는 말과 행동을 하나하나 해석하는 것이다. 전 세계 인구가 50억 명이라면 각 개인별로 5개 감각기관을 통해 들어오는 인식과 기억, 표현이 만들어내는 심리작용은 상상을 초월한다. 이처럼 심리는 무한대로 작용하기 때문에 심리장애치료법이 아직까지 만들어지지 않은 것이다.

　독심술은 인간의 심리가 작용되는 이상 죽을 때까지 다 해석을 하지 못한다. 그러나 마음이 작용되는 원리를 알면 인식, 기억, 표현의 심리를 다 해석할 수가 있다. 이것이 바로 관심법이다.

　관심법의 핵심은 마음이다. 남자들이 스트레스를 받는 것은 나쁜 기분을 기억하지 않기 위해서이다. 그래서 남자들은 스트레스가 들어오면 무조건 제거부터 한다. 스트레스를 제거하면 나쁜 기분이 기억에 남지 않아서 남자들은 기억장애인 우울증을 앓지 않는다.

　반면 여자들은 스트레스를 받으면 무조건 수용해서 상처로 쌓아두기 때문에 기억장애인 우울증을 앓는다.

　여자가 사소한 스트레스에도 쉽게 짜증을 내거나 신경질을 부리는 것은 쌓인 상처가 작용하기 때문이다. 이처럼 상처표현을 하는 것은 자신의 상처를 치료하기 위함이다.

　여자가 상처표현을 할 때는 무조건 스트레스를 받을 것이 아니라 무엇 때문에 상처가 생겼는지 관심을 가지고 위로를 해줘야 여자의 상처가 치료된다. 여자의 상처표현은 빨리 상처를 치료해서 행복해지고 싶다는 마음의 외침이다.

  이런 여자의 관심법을 모르면 스트레스와 상처로 인해서 인간관계에 문제가 생기거나 파괴된다. 마음의 원리로 만들어진 관심법의 기준 몇 개만 알고 있어도 상대와 첨예한 갈등을 겪지 않는다. 그렇기 때문에 상대의 마음을 보기 위해서는 마음의 원리를 아는 것이 우선이다.

〈관심법의 적용〉

  관심법은 마음을 보는 법칙이다. 인식은 들어오는 것을 있는 그대로 보면 되지만 인간의 마음은 보이지 않기 때문에 그 속에 들어가지 않는 이상 알 수가 없다.

  상대의 마음이 떠났다, 변했다, 다른 곳에 가있다고 아무리 떠들어도 이것은 어디까지나 내 기준에서 판단하는 것이다. 그러나 상대의 마음은 내 마음과 다르기 때문에 내 기준으로 함부로 재단해서는 안 된다. 이 과정에서 오해가 생기고, 왜곡이 될 수도 있기 때문이다.

  인간의 마음에는 남자의 마음과 여자의 마음이 있다. 이 두 사람이 인간관계를 맺으면 마음과 마음이 결합되어서 하나가 된다. 관심법이 필요한 이유는 마음을 나누는 상대가 있기 때문이다. 그래서 관심법은 혼자만의 행복을 추구하는 사람에게는 필요 없고, 함께 행복을 추구하는 사람들에게 필요하다.

관심법은 마음을 알아야 마음을 볼 수가 있다. 관심법은 마음을 나누는 상대가 같은 동성끼리에서는 필요가 없다. 마음의 작용이 같기 때문이다. 대신 상대가 남자냐, 여자냐가 중요하다. 그것은 남자의 마음과 여자의 마음이 다르기 때문이다.

인간관계는 주로 네 가지로 이루어진다. 관심은 남자와 여자를 말한다.

첫째, 내가 상대에게 관심이 가는 경우
둘째, 내가 상대에게 관심이 없는 경우
셋째, 상대가 내게 관심을 주는 경우
넷째, 상대가 내게 관심이 없는 경우

관심법의 첫째는 상대와 내가 어떤 관계에 있느냐가 중요하다. 나와 상대의 관계가 친밀한 관계인지, 그렇지 않은 관계인지를 분명히 해야 한다. 선을 긋고, 안 긋고의 차이에 따라서 인간관계가 달라지기 때문이다.

친밀한 관계라면 저절로 마음이 움직이고, 그렇지 않으면 마음이 움직이지 않는다.

관심법의 여자 상대는 남자이기 때문에 아빠, 남동생, 남자친구, 남자선생님 등이 관심의 대상이 된다. 남자의 상대도 여자이기 때문에 엄마, 여동생, 여자친구, 여자선생님 등이 관심의 대상이 된다.

어떤 인간관계인지를 알았다면 마음이 어떻게 작용되는지를 알아야 한다. 마음의 작용을 알지 못하면 상대의 마음이 어떤지를 알 수 없어서 자기기준에서 모든 것을 해석하게 된다. 이때 오해가 생기면서 두 사람 사이에 스트레스와 상처가 발생한다. 그러나 친밀한 관계라면 상대의 말과 행동, 표정만 봐도 그의 심리상태가 어떤지를 알기 때문에 상처표현을 멈춘다.

마음에는 의식과 무의식이 있다. 마음의 핵심은 습관인 무의식이다. 상대의 무의식의 습관만 알아도 상대의 마음이 어떤 상태인지를 쉽게 알아낼 수가 있다.

남자의 무의식의 습관은 5개 감각기관을 통해 들어온 인식이 좋으면 받아들이고, 나쁘면 무의식이 무조건 스트레스를 제거하려고 한다. 남자는 스트레스를 제거하지 못하면 힘들고 답답해서 견딜 수가 없다. 그래서 모든 수단과 방법을 동원해서라도 스트레스를 제거하려고 애쓴다. 스트레스가 제거되면 방금 무슨 일이 일어났는지 기억을 하지 못한다. 이것이 남자의 마음이다.

여자는 스트레스가 들어오면 무조건 수용해서 상처로 쌓아둔다. 그래서 나이가 많으면 많을수록 쌓인 상처가 많다. 그러나 여자들이 상처가 많이 쌓였음에도 인생을 순조롭게 살아갈 수 있는 것은 행복한 감정이 들어오면 그 크기만큼 상처를 치료하기 때문이다. 이것이 여자의 마음이다.

남자의 마음과 여자의 마음이 다르다는 것을 인정하지 않으면 끊임없이 스트레스와 상처로 사는 것이 힘들어진다. 스트레스와 상처가 제거되거나 치료되지 않고 지속되면 심리습관에 문제가 생겨서 심리장애가 온다. 이럴 경우 남자는 인식장애로 인한 노이로제, 여자는 감정기억장애로 인한 우울증이 온다.

남자는 기분을 가지고 있기 때문에 일시적이고 즉흥적이다. 반면 여자는 감정으로 가지고 있어서 지속적이다. 남자와 여자의 이런 차이를 알지 못하면 상대의 말과 행동을 이해하지 못한다.

오늘 아침에 남자는 아이문제로 아내와 사니, 안 사니 하며 대판 싸우고 나왔다. 남자는 차를 몰면서 누군가가 끼어들기를 하거나 앞차가 속도를 내지 못하면 경적을 울리며 갖은 욕을 다 퍼부었다. 이런 식으로 스트레스를 해소한 남자는 기분이 상쾌해져서 사무실로 가는 발걸음이 가볍다.

아침 회의 때 인사상무로부터 승진통보를 받았다. 기분이 UP된 남자는 제일 먼저 아내에게 전화를 걸었다.

"여보, 나 오늘 승진했어. 이만하면 능력 있는 남편이지?"

이때 아내가 한마디 한다.

"아침에 이혼하자고 길길이 날뛰더니, 당신은 속도 없어?"

남자는 아무리 강력한 스트레스를 받아도 기분 좋은 일이 생기면 금방 잊어버린다. 여자의 기준에서 볼 때 이런 남자의 행동이 이해가 되지 않는다.

남자는 지금 이 순간 기분 좋은 일이 생기면 과거의 안 좋았던 일도 다 좋았다고 생각한다. 반대로 기분 나쁜 일이 생기면 과거의 좋았던 일도 안 좋게 생각해서 무조건 스트레스부터 제거하려고 한다. 종로에서 뺨맞고 한강에서 화풀이하는 것은 자신의 스트레스를 제거하기 위해서다.

남자들은 여자들과 싸울 때 스트레스를 받으면 대체적으로 반응을 하지 않는다. 이럴 경우 여자들은 남자가 자신을 무시한다고 생각해서 분노가 치밀어 오른다. 그래서 해서는 안 되는 말까지 하게 된다.

"이렇게 나를 무시할 것 같으면 나랑 왜 살아? 왜 사느냐고!"

남자는 상대가 여자이기 때문에 되도록 스트레스를 참을 때까지 참는다. 그러다가 도저히 참을 수 없는 상태에 이르면 자신도 모르게 무의식적인 습관이 나온다.

무의식의 습관에는 닥치는 대로 물건을 때려 부수는 사람, 상대에게 욕설을 퍼붓는 사람, 폭력을 행사하는 사람, 도망가는 사람 등 천태만상이다. 그러나 행동하는 것은 다르지만 남자의 마음이 작용하는 것은 다 똑같다. 무의식의 습관이 스트레스를 제거하기 때문이다.

남자가 스트레스를 제거할 때 여자는 남자의 말과 행동과 표정에서 상처를 받는다. 이때 받은 상처는 기억에 차곡차곡 쌓아두었다가 자신의 상처를 치료하기 위해서 남자에게 상처표현을 한다. 이때 여자는 자신의 상처에 대해서 정확히 이해하고 있어야 한다.

여자는 상처를 치료할 때는 사랑하는 사람의 관심이 필요하다. 이런 마음은 어린 여자아이든, 할머니든 똑같다. 이것이 여자의 마음이다.

남자의 경우 여자의 마음을 알면 여자가 상처표현을 할 때 무턱대고 스트레스를 받을 것이 아니라 치료가 필요하다는 것을 알아야 한다. 그래서 여자의 상처가 무엇 때문에 생겼는지 관심을 갖고 들여다봐야 한다. 여자의 상처가 이해되면 위로를 해줘야 여자의 상처가 치료되기 시작한다. 여자는 상처가 치료되면 사랑의 감정, 행복의 감정을 만들어낸다. 이것이 마음이 작용하는 원리이다.

친밀한 인간관계에서 마음이 움직일 때 자신도 모르게 무의식의 표현이 튀어나온다. 퇴근을 하고 들어왔는데 아내가 반기기는커녕 보자마자 인상을 쓰면 남자는 당연히 스트레스를 받는다. 그래서 자신도 모르게 무의식의 표현이 나온다.

"집에서 놀고먹는 주제에 힘들게 일하고 들어온 사람을 이 따위로 맞이해?"

남자의 이 말에 감정이 상한 아내는 앞뒤 생각할 겨를 없이 직격탄을 날린다.

"집에서 놀고먹다니? 내가 당신 눈에 식충이로밖에 안 보여? 바깥에서 돈 벌어오는 것이 무슨 대단한 권세라고!"

여자의 이 말에 남자는 강력한 스트레스를 받아서 자신도 모르게 주먹이 날아간다.

무의식의 표현은 친밀한 관계에서만 나온다. 서로 상대에게 목적이 없기 때문에 자신의 기분과 감정을 여과 없이 표현하게 된다. 반면 목적관계에 있는 사람들은 상대를 의식적으로 대하기 때문에 말과 행동, 표정이 항상 계산적이다. 이런 인간관계에서는 스트레스와 상처가 발생하지 않는다.

남자는 5개 감각기관 중에서 시각이 제일 발달되어서 직관력이 뛰어나다. 남자가 자신도 모르게 말을 함부로 내뱉은 것은 아내가 자신을 보자마자 인상을 썼기 때문이다. 즉, 상대의 표정에서 스트레스를 받은 것이다.

반면 여자는 5개 감각기관 중에서 청각이 가장 발달되어서 상대의 말에 민감하게 반응한다. 여자는 남자의 놀고먹는다는 말에 크게 감정이 상해서 자신도 모르게 남자를 비하하는 말이 나오고 말았다.

친밀한 관계에서 나오는 무의식의 표현을 액면 그대로 받아들여서는 안 된다. 상대가 싫어서 이런 말과 행동이 나온 것이 아니라 나쁜 기분과 감정을 제거하기 위한 것이다. 그렇기 때문에 평소 스트레스와 상처가 발생했을 때 자신만의 힐링법을 만들어놓아야 부부관계에 문제가 생기지 않는다.

인간관계에는 가족과 같은 친밀한 관계, 아무 사이도 아닌 타인의 관계, 애매모호한 관계가 있다. 스트레스와 상처는 친밀한 관계일수록 많이 발생된다. 그 이유는 서로에게 관심이 많기 때문이다. 남이라면 관심 없어서 신경 쓸 일이 없다.

혼자 사람으로 사는 사람들은 오로지 자신만 편하고 즐거우면 되기 때문에 타인의 시선 따위는 무시하고 산다. 그래서 잠옷 바람으로 편의점에 물건을 사러가고, 담배가 피우고 싶으면 아무 데서나 흡연을 한다. 지나가는 사람들이 이런 행동에 눈살을 찌푸려도 전혀 개의치 않는다. 나만 편하고 즐거우면 그만이기 때문이다.

반면 소중한 사람들과 함께 미래행복을 위해서 살아가는 사람들은 저런 행동을 하고 싶어도 하지 못한다. 인간적인 삶을 살아가려면 무엇보다도 조화와 질서를 지켜야 된다는 것을 알기 때문이다.

배우자가 자신의 권리만 누리고 자신의 역할에 등한시하면 자연히 스트레스와 상처가 발생할 수밖에 없다. 그렇기 때문에 행복한 삶을 살아가기 위해서는 각자 자신의 역할에 최선을 다해야 인간관계에 문제가 생기지 않는다.

자녀들이 어릴 때는 부모의 관심을 필요로 한다. 이런 아이들이 성장해서 이성친구가 생기면 부모의 관심을 부담스러워한다. 그래서 부모가 자신들에게 관심을 쏟으면 쏟을수록 잔소리로 들려서 반항을 하게 된다. 대신 이성친구의 관심을 받기 위해서 온갖 노력을 한다. 부모는 이런 자녀가 섭섭하기도 하고, 걱정되기도 해서 더욱더 기준 강요를 하는 바람에 부모자식 간의 관계에 문제가 생긴다.

내가 가지는 관심은 내 기준이다. 대신 상대가 누구냐에 따라서 관심이 달라지는 것뿐이다. 이것이 마음의 원리인 관심법의 규칙이다.

마음의 원리에는 기준이 200여 개가 있다. 이 기준에 상대의 마음을 넣어보면 그 사람이 무슨 생각을 하는지, 무슨 의도를 가지고 있는지를 알 수가 있다. 즉, 마음의 원리를 적용해서 상대의 마음을 읽어낼 수가 있다는 것이다.

지금은 남자와 여자, 무의식의 작용이 좋을 때와 나쁠 때 네 가지만 가지고 마음을 해석한다. 가장 기본이 되는 이 네 가지의 원리만 가지고 있어도 인간관계를 맺고 사는 데 있어서 전혀 지장이 없다. 이 기본적인 마음의 원리 네 가지가 뭔지도 모른 채 살다 보니 서로의 마음을 읽지 못해서 사사건건 부딪친다.

인간이 살아가는 데 가장 기초가 되는 관심법은 인간관계, 마음 그리고 표현이다. 이것만 알아도 상대의 마음을 들여다볼 수 있어서 사전에 갈등을 최소화할 수가 있다.

상대가 어떤 사람인지를 알아보려면 말 한마디 툭 던져놓고 상대의 반응을 지켜보면 된다.

여자가 업무상 알게 된 남자와 주말데이트를 하게 되었을 때 인사치레로 "옷 입는 센스가 보통이 아니시네요."라고 가볍게 말을 건넸다. 이때 여자는 남자의 반응을 보고 이 남자가 어떤 인성을 가지고 있는지 금방 파악할 수가 있다.

"명품은 아무렇게나 걸치고 다녀도 개나 소나 다 가치를 알아보네요."

여자는 자신의 기준에 맞지 않는 남자를 더 이상 만나지 않았다.

성인인 경우에는 각자 자기 나름대로의 기준을 가지고 산다. 자신의 기준에 맞으면 마음이 편하고 즐겁다. 그러나 자신의 기준에 맞지 않으면 스트레스와 상처가 발생해서 마음이 불편하고 힘들어 인간관계를 단절하게 된다.

아이들의 경우는 경험이 적기 때문에 자신만의 기준이 별로 없다. 그래서 뜻하지 않는 상황에 처했을 때 어떻게 처신해야 되는지를 몰라서 난감해하는 경우가 많다.

노는 시간에 한 아이가 새로 산 동화책을 읽고 있는데 지나가던 친구가 책을 빼앗아 멀리 던지면서 호기롭게 말한다.

"남자라면 노는 시간에 열심히 놀아야지. 계집애들처럼 앉아서 책만 읽냐?"

이때 아이는 친구의 행동에 어떻게 대응할지 몰라서 한동안 멍한 상태로 있을 수밖에 없다.

아이들은 경험이 없기 때문에 상대의 말과 행동이 옳은지, 그른지를 명쾌하게 해석하지 못한다. 그러나 시행착오를 겪으면서 나름대로 경험을 쌓아가다 보면 자신만의 법칙인 기준이 만들어진다.

성인들이라고 해서 모두 자신만의 기준을 가지고 살아가는 것도 아니다. 경험이 많지 않으면 성인이라고 해도 자신만의 기준이 없어서 옳고, 그름을 금방 파악하지 못한다. 그래서 상대의 말과 행동이 무엇을 뜻하는지 몰라서 오해를 하거나 생각하는 시간이 길어져서 반응이 늦게 나온다. 이런 경우 친구들이 "형광등이냐?"라고 비난한다.

상황파악을 빨리 못하는 것은 경험이 부족해 바로바로 해석을 하지 못해서이다. 그렇기 때문에 자아형성기인 청소년 때 가급적 많은 경험을 해봐야 자아실현을 해나갈 때 도움이 된다.

친구들과 어떤 주제에 대해서 다각도로 이야기를 하고 있는데 주제와 상관없는 엉뚱한 이야기를 꺼내는 사람들이 있다. 이럴 경우 친구들은 "너는 맨 날 혼자서 삼천포로 빠지냐?" 하고 핀잔을 준다. 이런 친구는 인간관계가 많지 않아서 상대의 말에 핵심을 찾아내지 못한다. 그래서 계속 침묵만 하다가 큰맘 먹고 한마디 하는 것이 주제에 비켜가서 친구들의 놀림감이 된다.

　마음의 원리를 가지고 만든 기준이나 표준을 알면 상대의 마음이 어떻게 작용되는지를 알 수가 있다. 그러나 마음의 원리를 모르면 상대가 웃으면서 "형광등이냐?"라고 했을 때 형광등이 무엇을 의미하는지조차 모른다.

　관심법은 상대와의 관계에서 서로 마음을 나눌 때 상대의 말과 행동과 표정만 봐도 그가 무슨 생각을 하는지, 의도가 무엇인지를 알 수 있는 나만의 기준을 만드는 것이다.

　인간관계에서 발생하는 스트레스와 상처로 인해서 대인관계를 의도적으로 피하는 사람들도 있다. 그러나 인간관계를 맺고 함께 행복하게 살아가려면 필히 스트레스와 상처를 극복할 줄 알아야 한다. 그렇지 않으면 혼자만 고립되어서 인간이 아닌, 사람으로 살아가게 된다.

　관심법은 상대의 마음이 어떻게 작용되는지 원리와 이치를 아는 것이다. 독심술처럼 상대의 말과 행동과 표정 하나하나를 해석해서 원리를 찾아가는 것이 아니다. 관심법은 관계, 마음, 표현만 있으면 다 해석이 된다. 이런 능력만 가지고 있어도 인간관계에서 발생하는 스트레스와 상처를 제때에 처리할 수 있다.

〈관심법의 응용〉

1. 사랑하는 사이

인간관계에는 보통 세 가지 유형이 있다. 첫 번째는 친밀한 인간관계인 사랑하는 사이가 있다. 서로에게 관심이 많은 사이라고 보면 된다. 두 번째는 남남인 타인의 관계가 있다. 세 번째는 한쪽만 관심이 있는 애매한 관계가 있다.

관심법을 가지고 제일 먼저 친밀한 인간관계부터 응용해 보자. 사랑하는 인간관계의 가장 기초는 서로에 대한 관심이다. 관심을 갖는다는 것은 그만큼 신경을 많이 쓴다는 말이다.

남자에게 사랑하는 여자가 생기면 남자는 수시로 여자에게 전화를 한다. "왜 전화했어?"라고 여자가 물으면 남자는 "그냥."이라고 한다. 그러나 여자는 '그냥'에 담긴 남자의 마음이 어떤 것인지 안다. 즉, 저절로 해석이 되는 것이다.

사랑하는 사이는 아무런 목적이 없는 관계이다. 그래서 '그냥'이라는 말을 많이 쓰게 된다. '그냥'이라는 말은 아무런 생각이 담겨있지 않은 상태를 말한다. 그래서 목적이 없는 관계를 친밀한 인간관계, 사랑하는 관계라고 말한다.

친밀한 관계는 대개 부모와 자식, 남편과 아내, 형제자매 등이 있다. 워낙 가까운 관계이다 보니 표현도 앞뒤 생각하지 않고 그냥 한다. 목적관계가 아니기 때문에 굳이 생각하고 나서 표현할 일이 없다.

퇴근하고 들어온 남자가 오늘도 양말을 아무 데나 벗어 던지면 여자는 스트레스를 받아서 자신도 모르게 상처표현을 하게 된다.

"내가 양말을 빨래바구니에 넣으라고 몇 번이나 말했어? 내 말이 말 같지 않아?" 하고 신경질을 내면 남자는 기분이 확 나빠진다. 그래서 남자는 자신의 안 좋은 기분을 제거하기 위해서 자신도 모르게 소리를 지른다.

"안 그래도 회사일로 짜증이 나 죽겠는데 집에 와서까지 스트레스를 받아야 되냐고!"

여자가 남자에게 신경질을 내는 것은 남자가 마음에 들지 않아서가 아니라 사소한 스트레스로 인해서 마음속에 쌓여있는 상처가 한꺼번에 작용했기 때문이다. 그러나 여자가 상처표현을 하는 것은 빨리 상처를 치료해서 행복해지고 싶다는 마음의 표현이다. 이런 마음의 원리를 모르면 여자가 상처표현을 할 때마다 스트레스를 받게 된다. 이렇게 되면 부부는 끊임없는 스트레스와 상처의 악순환 속에서 인생을 살아야 된다.

여자의 상처치료는 친밀한 관계인 사랑하는 남자가 해줘야 한다. 여자가 왜 수시로 화를 내는지, 왜 울분을 토하는지 관심을 갖고 문제의 원인이 무엇인지를 알아서 위로해 줘야 한다. 이런 과정을 통해야만 여자의 상처가 치료된다.

여자의 상처는 사랑하는 사람의 관심과 위로로 치료가 된다. 목적을 가진 사람이 아무리 관심을 주고 위로를 해줘도 치료가 되지 않는다. 그 이유는 여자의 상처를 이해하지 못하기 때문이다.

사랑하는 사람의 관심과 위로로 상처가 치료가 되면 여자는 부정감정이 들어와도 사랑의 감정, 행복의 감정을 만들어낸다. 이런 마음의 원리를 모르면 남자는 여자의 상처표현에 무조건 스트레스를 받는다. 이렇게 되면 부부는 스트레스와 상처의 악순환으로 인생의 위기를 맞게 된다.

여자는 남편에게서 상처가 치료되지 않으면 딸에게 상처표현을 한다. 딸의 입장에서 볼 때 자신은 아무런 잘못도 하지 않았는데도 엄마가 자신의 말과 행동에 사사건건 화를 내고 신경질을 부리면 딸 역시 상처를 받는다. 이렇게 되면 부모자식 간의 관계에도 균열이 생긴다.

여자가 상처표현을 한다는 것은 마음속에 쌓인 상처가 너무 많아서다. 그래서 상처가 작용할 때마다 힘들고 답답해서 자신도 모르게 짜증을 내고, 신경질을 내는 것이다.

여자의 상처표현은 상처를 치료하기 위해서 나타나는 행동이다. 여자의 쌓인 상처는 일상생활에서 만들어진 상처이다. 이런 상처는 남편이 치료를 해줘야 한다. 그렇지 않으면 여자는 자신의 상처표현을 아이들에게 한다. 아들인 경우는 스트레스를 받고, 딸은 상처를 받는다.

아들은 엄마가 자신에게 상처표현을 하면 "내가 뭘 잘못했다고 엄마는 맨날 나한테 짜증만 내는 거야? 내 기분도 좀 생각해 줘야지!" 하면서 방문을 힘껏 걷어차고 제 방에 들어간다. 엄마가 걱정돼서 방 안을 들여다보면 아들은 아무 일도 없었다는 듯 열심히 게임에 몰두하고 있다.

아들은 남자이기 때문에 화를 내던, 기물을 부수든 나름대로 자신의 스트레스를 제거한다. 스트레스가 제거되고 나면 조금 전에 있었던 일을 전혀 기억하지 못한다.

반면 딸은 자신의 스트레스를 무조건 수용해서 상처로 쌓아두기 때문에 엄마에 자신에게 화를 내고 신경질을 내면 감정이 쉽게 풀리지 않는다. 엄마가 저녁 밥상을 정성껏 차려놓아도 여전히 감정이 상해서 제 방에서 나오지 않는다.

엄마나 딸은 여자의 마음이 작용하기 때문에 사소한 스트레스에도 상처가 작용한다. 상처가 작용하면 마음이 아프고 답답해서 자신도 모르게 상처표현을 하게 된다. 그래서 딸과 엄마는 한집에 살면서 늘 상처를 주고받는다.

상처치료가 안 된 딸에게 남자친구가 생기면 안 좋은 일이 생길 때마다 남자친구에게 상처표현을 한다. 그러나 남자친구와 아무리 친밀한 관계라고 해도 아무것도 아닌 일에도 신경질을 내고 짜증을 부리면 남자는 스트레스를 받는다. 그래서 만나기만 하면 싸우기 때문에 교제가 오래가지 못한다.

여자들이 자주 짜증을 내고 신경질을 부리는 것은 상처치료가 안 되었기 때문이다. 이처럼 상처표현을 자주 하는 것은 빨리 상처치료를 해서 행복해지고 싶어서이다. 그래서 여자는 자신의 상처가 치료될 때까지 계속해서 상처표현을 하게 된다.

엄마와 딸이 마주칠 때마다 싸움을 한다면 두 사람의 갈등이 해결되지 않았다는 것이다. 즉 상처가 치료되지 않았다는 것이다. 이때의 갈등은 엄마에게 문제가 있는지, 딸에게 문제가 있는지 그 원인을 알아야 한다. 만약 엄마에게 쌓인 상처가 많으면 엄마가 딸에게 상처표현을 할 것이고, 딸에게 쌓인 상처가 많으면 딸이 엄마에게 상처표현을 할 것이다.

누구라고 할 것 없이 상처가 많이 쌓이면 자신의 상처를 치료하고 싶어서 수시로 상처표현을 하게 된다. 그렇게 때문에 엄마와 딸은 필히 상처치료를 해야 상처가 기하급수적으로 쌓이지 않는다.

상처가 치료되면 부정감정이 들어와도 사랑의 감정, 행복의 감정으로 전환할 수 있는 능력이 있기 때문에 모녀의 관계는 돈독해질 수밖에 없다.

여자의 상처는 나이가 많을수록 많이 쌓인다. 그래서 항상 시비를 거는 사람은 엄마들이다.

남자가 스트레스를 제거하기 위해 무의식의 표현을 하는 것처럼 여자 역시도 상처의 작용을 견디지 못해 자신도 모르게 상처표현을 하는 것이다.

엄마가 화를 내고, 소리를 지르는 것은 자녀들이 미워서가 아니다. 아내가 남편에게 짜증을 부리고, 신경질을 내는 것도 남편이 싫어서가 아니다. 상처가 작용하면 아프고, 힘들고, 답답해서 자신도 모르게 상처표현이 나온다. 이런 마음의 작용은 남편의 관심과 위로로 상처를 치료하기 위해서이다. 이것이 여자의 마음이다.

사랑하는 사이는 서로에게 관심이 많다. 관심이 많으면 자연히 상대에게 신경을 많이 쓰게 된다.

여자에게 관심이 많은 남자는 날씨가 쌀쌀한데도 여자가 옷을 얇게 입고 나오면 "감기 걸리면 어떡하려고 옷을 그렇게 입고 나왔어?" 하고 화를 낸다. 남자가 화를 내는 것은 그만큼 여자를 아끼기 때문이다. 그러나 남자의 깊은 마음을 이해하지 못하는 여자는 남자가 화를 내는 데만 초점을 맞추기 때문에 남자의 마음을 오해한다. 남자의 마음을 오해하는 것은 자신의 기준에서 남자를 바라보기 때문이다. 이렇게 되면 남자의 마음과 여자의 마음에 괴리가 생긴다.

남자가 여자에게 관심이 없다면 옷을 얇게 입든, 두껍게 입든 신경 쓰지 않는다. 그러나 관심이 많으면 많을수록 자신의 기준에 맞지 않으면 스트레스가 발생한다.

나와 상대와의 인간관계를 알려면 내가 상대에게 어떻게 표현을 하는지, 상대가 나에게 어떻게 표현을 하는지를 봐야 한다. 두 사람 사이에 스트레스와 상처가 발생했을 때 무의식적인 표현이 나오는지, 의도된 표현이 나오는지를 알면 친밀한 관계인지, 목적관계인지를 알 수가 있다.

친밀한 관계에서 스트레스와 상처를 받으면 자신도 모르게 무의식의 습관이 나온다. 이때 습관이 잘못 형성되었으면 무조건 화를 내거나 욕설을 퍼붓거나 폭력을 행사하게 된다. 이런 무의식의 표현으로 인해 상대는 신체적, 심리적 피해를 입게 된다. 그렇기 때문에 좋은 인간관계를 유지하려면 자신의 잘못된 무의식의 표현을 좋은 표현으로 바꾸기 위해 노력해야 한다.

자신의 말과 행동, 표정을 의식해서 표현하는 관계는 목적관계다. 목적관계에 있는 남자가 아무리 여자의 상처를 이해하고 위로해 준다고 해도 여자의 상처는 치료되지 않는다. 여자의 상처는 순수한 사랑을 하는 사람만이 치료할 수가 있다. 목적관계의 남자는 자신의 목적만 이루면 그만이기 때문에 여자에게 상처만 더 쌓아줄 뿐이다.

여자가 남편한테 늘 화를 내고 신경질을 부리면 아내의 마음이 많이 아프고 힘든 상태라는 것을 알고 이해해야 한다. 여자는 남편이 그 누구보다도 가깝고 친밀하니깐 아무 생각 없이 그냥 상처표현을 하는 것이다.

평상시에는 남편을 친구처럼 대하다가 부부 싸움만 하면 깍듯이 존댓말을 하는 여자들이 있다. 싸울 때만큼은 남편을 친밀한 관계가 아닌, 목적관계로 보는 것이다. 관심법이 중요한 이유는 상대의 행동을 보고 자신의 행동이 해석되기 때문이다.

사랑하는 사이는 격이 없기 때문에 조금만 기분이 나빠도 자신의 감정을 그냥 표현한다. 이런 상처표현은 사랑하는 사람의 관심으로 자신의 상처를 치료받고 싶은 것이다. 이것이 여자의 마음작용이다.

관심법이 중요한 이유는 스트레스와 상처가 들어와도 금방 상황을 이해하기 때문에 후속조치를 할 수가 있다. 이렇게 되면 인간관계에 문제가 생기지 않는다.

관심법의 우선순위는 사랑하는 관계이다. 사랑하는 사이는 서로 상대에게 관심이 많기 때문에 그만큼 스트레스와 상처가 더 많이 발생한다.

친구나 지인이 나에게 상처를 줬다면 안 보면 그만이다. 그러나 사랑하는 사람이 상처를 주면 기억에 고스란히 저장된다. 사랑하는 사람은 서로의 기준이 맞지 않아 매일 상처를 받아도 못 보면 그립다. 그래서 스트레스와 상처를 가장 많이 주고, 가장 많이 받는 사람이 바로 사랑하는 관계에 있는 사람들이다. 애인, 남편, 엄마가 여기에 해당된다.

여기 좋은 감정을 가지고 교제를 하는 젊은 남자와 여자가 있다. 여자는 남자가 자신을 진심으로 사랑하는지, 안 하는지 알 수가 없다. 남자가 여자를 진심으로 사랑한다는 것을 어떻게 증명할 수 있을까?

남자가 입으로 여자에게 사랑한다고 말하는 것은 마음에서 나오는 말이 아니다. 순간적인 기분일 뿐이다.

남자와 여자가 여름휴가에 대한 의견이 달라서 심하게 다퉜다. 서로 자신의 입장만 내세우는 바람에 결론도 내지 못하고 화가 난 채로 헤어졌다. 이때 남자의 행동이 어떻게 나오는지를 보면 남자의 마음을 알 수가 있다.

남자가 여자를 사랑한다면 스트레스가 제거되자마자 여자에게 전화를 한다. 그러나 여자는 이미 남자에게 감정이 상한 상태라 전화를 받지 않는다. 그러나 여자의 마음 한구석에는 남자가 다시 전화해 주기를 기다린다. 이때의 인간관계는 사랑하는 사이가 아니라 사랑을 만들어 가는 과정에 있는 관계이다.

남녀가 연애를 하면 처음에는 서로 고무줄처럼 당겼다가 놓았다가를 반복하면서 사랑의 감정을 만들어간다. 이 과정에서 긍정감정도 느끼고, 부정감정도 느끼면서 두 사람만의 희로애락을 만들어간다.

사랑하는 사이에서 스트레스와 상처를 받으면 남자는 제거를 하려고 무의식의 표현을 하고, 여자는 상처를 치료하려고 상처표현을 한다. 이때 아무런 감정도 없이 그냥 표현하는 것이다. 이것이 바로 관심법의 기초다.

관심법의 기초만 알아도 사랑하는 관계에서 상처와 스트레스가 발생하지 않는다. 물론 기초를 알고 있다고 해서 상처와 스트레스를 안 받는 것은 아니다. 인간은 누구나 할 것 없이 나쁜 것이 들어오면 일단 기분이 상해서 무의식의 표현을 하게 된다. 그러나 관심법을 가지고 있으면 곧바로 무의식의 표현을 하는 것이 아니라 한 템포 쉬었다가 갈 수 있다. 한 템포 쉴 때 자기성찰을 할 수 있기 때문에 "아, 내 말이 좀 지나쳐서 그가 그렇게 화를 냈구나!" 하고 자신의 잘못을 깨닫게 된다. 경험에 의해서 잘못된 것을 깨달으면 자신에게는 하나의 올바른 기준이 만들어진다. 이것이 바로 나만의 관심법이다.

경험에 의해서 새로운 기준이 하나 만들어졌다면 비슷한 스트레스와 상처가 들어왔을 때 곧바로 후속조치를 할 수가 있다. 그래서 관심법은 인간관계에 있어서 마음의 기초자산이 되는 것이다.

2. 남남인 관계

남이란 나와는 관계없는 사람을 말한다. 그래서 관심을 줄 이유도 없고, 신경을 쓸 이유도 없다.

스트레스와 상처는 남남인 관계에서는 발생하지 않는다. 인간관계를 맺고 마음과 마음을 나누는 친밀한 사이에서만 발생한다.

남자는 스트레스를 받으면 무조건 제거를 하고, 여자는 수용해서 쌓아놓았다가 상대의 관심과 위로로 상처를 치료한다. 이때 스트레스의 부정기분과 상처의 부정감정을 없애기 위해 자신도 모르게 표현한다.

남자는 여자가 아무것도 아닌 일에 이유도 없이 짜증내거나 징징거리면 스트레스를 받는다. 그러나 여자의 상처표현은 남자의 관심과 위로로 자신의 상처를 치료하고 싶어서이다. 이런 여자의 마음을 모르는 남자는 지금 당장 들어온 나쁜 기분을 제거하고 싶어서 자신도 모르게 무의식의 표현을 한다.

"제발 그만 좀 징징거려! 그 징징거리는 소리에 정말 돌아버리겠어!"

여자는 자신의 상처를 치료하고 싶어서 상처표현을 하는 것인데 남자는 무턱대고 화를 낸다.

'나를 안 좋아하니깐 저렇게 인상 쓰고 소리를 지르겠지.'

여자는 자신의 기준에서 남자의 마음을 해석한다. 그래서 여자에게는 상처가 또 쌓인다.

남자는 화가 나면 스트레스를 견딜 수가 없어서 앞뒤 생각하지 않고 그냥 표현을 해버린다. 이때 남자의 무의식의 습관이 안 좋으면 욕을 하거나 폭력을 행사해서 자신의 스트레스를 제거한다. 이렇게 되면 상대는 신체적으로, 심리적으로 피해를 입을 수밖에 없다. 그러나 이런 무의식의 표현은 친밀한 관계이기 때문에 일어난다. 남남인 관계에서는 상대의 말과 행동이 마음에 들지 않아도 짜증내고, 화를 낼 이유가 없다. 애초에 관심이 없기 때문에 의식적으로 대하면 된다.

남자들은 여자에게 목적이 있으면 여자가 아무리 상처표현을 해도 다 받아준다. 하지만 남자가 여자에게 목적이 있다고 해도 남자의 마음을 가지고 있는 이상 여자의 상처표현은 스트레스로 작용한다. 그러나 스트레스를 제거하지 않고 참고 견디는 것은 여자에게 목적이 있기 때문이다.

관심법을 가지고 있는 여자는 목적을 가지고 접근하는 남자의 의도를 금방 알아챈다. 음흉하고, 교활한 남자의 마음이 훤히 보이기 때문이다.

관심법을 가지고 있으면 목적을 가진 남자에게 상처받을 일이 없다. 남자의 의도를 알기 때문에 전혀 반응을 보이지 않는다. 그러나 관심법을 모르는 여자들은 남자가 관심을 가지고 호의를 베풀면 좋은 감정이 생겨서 반응을 한다. 여자의 반응은 먹잇감을 찾는 사냥꾼들에게는 절호의 기회가 된다.

남자가 여자에게 호의를 베푸는 것은 자신의 재미와 즐거움을 느끼기 위해서다. 이런 남자들은 자신의 목적을 이루면 뒤도 돌아보지 않고 떠난다. 그러나 남자의 관심이 사랑이라고 여겼던 여자는 남자의 변심에 마음을 다쳐서 상처가 기하급수적으로 쌓인다.

관심법을 가지고 있는 여자는 남자와 대화를 나누는 순간 남자의 관심이 순수한지, 아닌지를 안다. 남자가 지나치게 허세를 부리거나 듣기 좋은 말만 하면 목적이 있다고 생각해서 선을 긋는다. 이런 판단은 자신만의 기준을 갖고 있기 때문에 무엇이 옳고 그른지를 금방 파악할 수가 있어서이다.

남남인 관계에서는 서로 상대의 행동을 해석하려고 든다. 그 이유는 상대가 나를 어떻게 보고, 어떻게 생각하는지 알 수가 없기 때문이다. 그러나 친밀한 관계는 상대가 무슨 말을 하든지, 무슨 행동을 하든지 그냥 해석이 된다. 그래서 편하고 격의가 없어서 무의식의 표현이 나오는 것이다.

직장동료, 직장상사, 거래처 사람은 아는 사이지만 남이다. 오늘 직장상사가 자신의 일을 많이 도와줬다며 저녁을 사겠다고 한다. 이때 상대의 호의에 무턱대고 반응하면 문제가 생긴다. 관심법을 가지고 상대가 왜 나에게 커피를 사려고 하는지에 대해서 해석을 해봐야 한다.

남남의 관계에서 상대가 호의를 베푼다고 해서 기분 좋게 받아들일 것이 아니라 호의의 본질이 무엇인지를 알아야 한다.

직장상사가 나를 위해서 저녁을 산다는 것은 업무를 도와줘서 사는 것이 아니라 자신이 즐거워지기 위해서이다. 즉, 나에게 목적이 있다는 것이다. 직원이면 상사의 일을 도와주는 것이 당연하지 않는가?

목적관계는 상대가 10만큼 마음을 주면 나도 10만큼 마음을 줘야 된다. 남남 사이에는 공짜가 없다. 받은 것이 있으면 주는 것이 있어야 된다. 이런 관계는 거래 관계이다.

최근에 만난 남자가 새로운 옷을 입고 나가거나 헤어스타일을 바꾸면 너무나 잘 어울린다고 폭풍 같은 칭찬을 한다. 관심법을 가지고 있지 않는 여자는 남자의 관심을 받기 위해서 더욱더 외모에 집착하게 된다. 남자의 관심만 쫓는 여자는 남자의 본질을 보지 못하기 때문에 결국에는 혹독한 대가를 치르게 된다.

사랑하는 관계는 남자가 자신에게 소홀히 해도 아무렇지 않다. 회사 일이 바쁘다는 것을 누구보다도 잘 알기에 남자의 무관심을 편안하게 받아들인다.

생일날, 남자친구의 선물이 없어도 함께 있는 것만으로도 여자는 충분히 행복하다. 그러나 남남의 관계에서 남자가 필요 이상 여자에게 좋은 선물을 사주고, 좋은 곳에 데려가면 반드시 대가를 치르게 되어있다. 공짜 점심은 없기 때문이다.

관심법을 가지고 있으면 상대의 이유 없는 호의는 절대 받아들이지 않는다. 이유 없는 호의에는 반드시 상대의 목적이 들어있기 때문이다. 이것이 목적관계인 남남의 관계이다.

남남의 관계는 모든 것이 의도적이다. 상대에게 공감하고 위로를 해주는 것에도 목적이 들어있다. 자신의 마음에서 우러나오는 진실함은 처음부터 없다. 다만 위장된 진실만 있을 뿐이다.

관심법을 가지고 있지 않으면 상대가 하는 현란한 말이 진실인지, 위선인지 알 수가 없다.

목적관계가 오래 지속되면 여자는 남자에게 좋은 감정이 생긴다. 만날 때마다 자신에게 관심을 쏟아주면 마치 자신의 상처가 치료된 듯 편안함을 느낀다. 그래서 여자는 자신도 모르게 남자를 사랑하게 된다. 그러나 남자는 처음부터 여자에게 목적을 가지고 접근했다면 자신의 목적을 이루는 순간 바람처럼 사라진다. 이렇게 되면 여자는 실연의 상처가 쌓여서 자신도 모르게 우울증을 겪게 된다.

모든 관계는 남남에서부터 시작된다. 여자는 처음 보는 남자에게 좋은 인상을 주기 위해 되도록 자신에 관한 이야기를 잘 하지 않는다. 주로 친구 이야기나 주변 이야기를 많이 한다. 그러나 남자를 한 번 만나고, 두 번 만나다 보면 여자는 남자에게서 친밀함을 느낀다. 남자 역시 여자를 만나다 보니 재미와 즐거움이 느껴져서 열정이 생긴다.

　남자에게는 재미와 즐거움이, 여자에게는 좋아하는 감정이 생기면서 사랑을 느낀다. 그래서 남자와 여자는 처음에 남남으로 만났지만 시간이 지나면서 사랑하는 사이로 발전한다.

　사랑하는 사이가 되면 모든 것이 편하다. 목적관계일 때는 상대에게 호감을 사기 위해 말과 행동과 표정을 가려가면서 한다. 그러나 친밀한 관계가 되면 좋고, 싫음의 경계가 허물어져서 자신의 기분과 감정을 있는 그대로 드러낸다. 이때 상대의 말과 행동이 자신의 기준에 맞지 않으면 스트레스와 상처가 발생한다.

　남자는 기분이 나쁘면 스트레스를 제거하기 위해서 자신도 모르게 무의식의 습관이 나온다. 욕을 하거나 폭력적인 행동을 하는 사람도 있고, 침묵으로 일관하는 사람도 있다.

　여자의 경우 감정이 상하면 자신도 모르게 상처표현을 하게 된다. 필요 이상으로 짜증을 내거나 신경질을 부리는 여자가 있는가 하면 징징거리거나 울음을 터트리기도 한다. 남자의 무의식의 습관은 스트레스를 제거하기 위해서이고, 여자의 상처표현은 자신의 상처를 치료하기 위해서이다.

　상처가 많은 여자들은 상처가 작용할 때마다 마음이 아프고 힘들어서 누군가로부터 위로를 받고 싶어 한다. 이때 누군가가 관심을 주면 상처가 작용하지 않아서 상대에게 좋은 감정을 느끼게 된다.

상처가 많은 여자들은 처음 본 남자라 하더라도 자신에게 관심을 가져주면 저절로 마음이 간다. 그래서 자신의 상처이야기를 아무렇지도 않게 한다. 이때 남자가 자신의 상처에 공감하면서 위로를 해면 마음이 편안해져서 자신도 모르게 상처표현을 하게 된다. 이때 남자는 여자의 상처표현을 편안하게 받아준다. 여자는 남자가 폭넓은 이해심을 가졌다고 생각해서 무조건 신뢰하게 된다.

아무리 목적이 있는 남자라 하더라도 여자의 상처표현은 강력한 스트레스로 작용한다. 그러나 자신의 목적을 이루기 위해 스트레스를 억압하면서 참고 견딘다. 상대의 이런 마음을 모르면 여자는 쉽게 남자의 먹잇감이 된다. 그렇기 때문에 불행한 인생을 살아가지 않기 위해서라도 자신만의 관심법을 가지고 있어야 한다.

남남 관계에서 상대의 마음도 모른 채 자신에게 관심을 가져준다는 이유 하나로 쉽게 마음을 열어서는 안 된다. 마음이 아프고 힘들다고 해서 상대에게 자신의 상처를 치료하려고 들면 판단력이 흐려진다. 잘못된 판단은 엄청난 상처를 만들어내기 때문에 항상 자신의 기준을 바로 세우고 살아야 한다.

관심법을 가지고 있어도 내가 힘들고 고통스러울 때 누군가가 다가와서 나를 위로해 주면 마치 상처가 치료된 듯 편안함을 느낀다. 이렇게 되면 상대의 마음이 진실한지, 위선인지 올바로 해석하지 못한다.

남남의 관계는 함부로 인연을 맺는 것이 아니다. 자신에게 잘해준다는 이유 하나로 상대에 대한 어떤 기준도, 이해도 없이 마음을 쉽게 열어버리면 반드시 대가를 치르게 되어있다.

남남 관계에서는 내가 상대에게 필요로 하는 것, 상대가 나한테 필요로 하는 것이 분명이 있다. 그래서 서로의 목적을 이루기 위해서 화낼 일에도 여유로운 웃음을 보이고, 불평불만이 솟구쳐 올라도 관대하게 받아준다. 관심법을 모르면 상대의 의도를 알 수가 없기 때문에 뒤늦게 후회하게 된다.

남자든, 여자든 남남의 관계로 만나면 자신에 대한 안 좋은 이야기는 하지 않고 좋은 이야기만 한다. 남남의 관계에서 상대에게 안 좋은 이야기를 한다는 것은 상대에게 관심이 없다는 뜻이다.

타부서의 남자가 여자에게 커피 한잔을 하자고 했을 때 "제가 왜 댁하고 커피를 마셔야 되는데요?"라고 싸늘한 반응을 보이면 남자는 더 이상 이 여자에게 관심을 두지 않는다. 만만한 상대가 아니기 때문이다. 그래서 목적이 있는 남자들은 언제나 상대중심의 나약한 여자들만 공략한다. 초원의 사자가 자신의 힘을 비축하기 위해서 병들고 나약한 동물만 사냥하는 것과 같다.

사냥꾼의 쉬운 먹잇감이 되지 않으려면 자신만의 관심법을 가지고 있어야 한다. 관심법은 상대의 마음을 볼 수 있기 때문에 나에게 목적이 있는 사람인지, 순수하게 나를 좋아하는 사람인지를 금방 판단할 수가 있다.

3. 애매모호한 관계

사랑하는 관계는 서로에게 관심이 많아서 스트레스와 상처를 많이 받는다. 그래서 화가 나거나 감정이 상하면 상대의 입장을 생각할 겨를 없이 그냥 표현해 버린다. 이런 상대의 무의식적인 표현으로 인해 기분이 상하고, 감정이 상해서 한동안 말도 하지 않고 갈등만 키운다. 그러나 갈등이 해소되면 전보다 더 큰 행복을 느끼는 것이 바로 사랑하는 관계이다. 희로애락의 감정도 바로 친밀한 관계인 사랑하는 관계에서 만들어지는 것이다.

남남 관계는 순수한 관계가 아닌, 목적이 있는 관계이다. 그래서 스트레스를 받고, 상처를 입어도 자신의 목적을 위해서 좋은 표현만 한다. 그러다가 자신의 목적을 이루면 뒤도 돌아보지 않는다. 남녀가 오래 만나면 정이 들어서 쉽게 못 헤어질 거라고 말하는 사람들이 많다. 그러나 목적을 가지고 만나는 사람들은 늘 좋은 감정만 표현하고 살았기 때문에 희로애락의 감정을 공유하지 못했다.

희로애락은 인간의 행복이다. 만남이 오래되었다고 해도 두 사람 사이에 행복의 감정이 만들어지지 않았기 때문에 돌아서면 미련조차도 남지 않는다.

목적의식을 갖고 만나는 남남 관계는 둘 중에 하나로 가게 된다. 시간이 지나면서 사랑하는 관계로 가던가, 아니면 끝까지 애매모호한 관계로 간다.

여자는 지금 만나는 남자가 순수하다고 생각해서 사랑의 감정을 느낀다. 그러나 남자는 처음부터 여자에게 목적을 갖고 있다. 이 둘의 관계는 사랑하는 관계도 아니고, 목적관계도 아닌 애매모호한 관계가 된다.

여자는 남자와의 사이가 사랑하는 관계라고 생각하기 때문에 상처가 작용할 때 무의식적으로 상처표현을 한다. 남자도 여자를 사랑하는 관계라고 생각하면 스트레스를 받았을 때 무의식의 습관이 나온다. 그러나 여자에게 목적이 있는 남자는 스트레스로 인해 화가 부글부글 끓어도 자신의 목적을 위해서 무던히 참고 견딘다. 남자의 이런 의도를 모르는 여자는 친구들에게 남자의 성격이 좋다고 만날 때마다 자랑한다.

"내가 신경질을 내고 투정을 부려도 웃으면서 다 받아줘. 너희들은 죽었다 깨나도 그런 남자 못 만날 걸?"

이런 남자가 어느 날, 갑자기 자취를 감춰버리면 여자는 혼란을 겪는다.

"내가 너무 까칠하게 굴어서 떠났을 거야. 항상 내 입장만 밀어붙였으니 지칠 만도 했겠지."

여자는 남자가 떠난 사실을 자책하면서 친구를 만날 때마다 자신의 상처를 이야기한다. 그러나 상처는 이야기하면 할수록 기하급수적으로 쌓인다.

서로에게 스트레스나 상처를 받았을 때 나오는 표현을 보면 사랑하는 관계인지, 목적을 갖고 있는 관계인지, 애매모호한 관계인지를 알 수가 있다.

여자가 남자에게 강력한 스트레스를 유발했는데도 남자가 웃으면서 받아주면 목적이 있는 사람이다. 반면 남자가 버럭 화를 내거나 그 자리를 피한다면 목적이 없는, 순수한 관계라고 보면 된다.

순수하고, 정상적인 남자는 나쁜 기분을 수용하지 못하기 때문에 스트레스가 들어오면 무조건 제거한다. 그래서 사랑하는 여자가 상처이야기를 하거나 상처표현을 하면 인상부터 쓴다. 이때 여자는 남자의 마음을 알아야 상처받지 않는다.

"내가 상처표현을 하는 바람에 스트레스를 받았구나. 입 다물고 있어야지."

남자의 마음을 아는 여자는 남자의 무의식의 표현을 이해하기 때문에 부정감정을 긍정감정으로 즉시 전환한다. 이렇게 되면 인간관계에 문제가 생기지 않는다.

목적이 있는 남자는 여자가 상처이야기를 아무리 오래해도 다 들어준다. 이야기 중간중간에 여자가 상처표현을 해도 스트레스를 묵묵히 참고 견딘다. 때때로 여자의 이야기에 공감을 하면서 위로까지 해준다.

여자에게 목적이 있는 남자들은 자신의 스트레스를 참고 견딘다. 반면 여자는 자신의 상처이야기를 끝까지 다 들어주는 남자에게 좋은 감정을 느끼기 시작한다. 남자의 관심으로 자신의 상처가 치료된 듯 편안함을 느끼면 이것이 사랑이라고 착각한다. 이런 관계가 애매모호한 관계이다.

여자는 남자와의 관계가 사랑하는 사이라고 생각하는데, 남자는 여자를 목적으로만 생각한다면 이 관계는 이것도 아니고, 저것도 아닌 애매모호한 관계일 수밖에 없다.

두 사람 다 관심을 갖고 있으면 사랑하는 관계이고, 두 사람 다 목적을 갖고 있으면 남남의 관계이다. 남남의 관계를 조금 더 발전시키면 애매모호한 관계가 된다.

여자는 남자를 깊이 사랑하는데 남자가 여자를 오로지 목적관계로만 보면 여자는 남자에게 이용당하기 쉽다. 이런 애매한 관계는 범죄관계로 이어지기 쉽다.

상대에게 눈이 멀면 상대가 목적을 갖고 접근해도 상대가 자신을 사랑한다고 착각한다. 이것이 바로 왜곡된 사랑이다. 남녀 사이에 이런 경우가 비일비재하다.

남들 눈에 남자가 여자를 목적으로만 대하는 것이 보이는데도 본인만 느끼지 못한다. 남자가 여자에게 관심을 두는 것은 오로지 재미와 즐거움인데 여자는 왜곡된 사랑으로 인해 남자에게 모든 것을 갖다 바친다. 이런 여자들은 남자에게 모든 것을 다 잃고 난 다음에야 자신의 사랑이 잘못됐다는 것을 깨닫게 된다.

남자에게 목적을 가진 여자도 마찬가지이다. 남자에게 자신의 간이라도 빼줄 듯 헌신적으로 사랑하는 척하다가 자신의 목적을 달성하면 뒤도 돌아보지 않고 달아나 버린다. 남자 역시 모든 것을 다 잃고 나서야 자신의 관심이 잘못됐다는 것을 알게 된다. 이런 잘못된 인생을 살지 않기 위해서라도 기본적인 관심법을 가지고 있어야 한다.

남자들은 주로 기분으로 움직이기 때문에 기억에 의존하는 여자의 감정을 공감할 수가 없다. 그럼에도 불구하고 여자의 상처이야기에 공감하고 눈물을 흘리는 남자는 거짓과 진실을 교묘하게 포장한다. 공감은 여자에게만 있지, 남자에게는 없다. 여자의 이야기에 공감한다는 남자는 대개 목적이 있는 남자들이다.

목적이 있는 남자는 일단 여자에게 시간을 투자해야 된다. 게다가 재미도 없는 여자의 상처이야기에 공감하는 척 고개를 끄떡거려 주거나 위로까지 해줘야 여자가 마음을 연다. 그러나 이런 일련의 행동들은 남자에게는 강력한 스트레스다. 그러나 목적이 있는 남자는 자신의 목표를 달성하기 위해서 그 어떤 고난과 역경도 마다하지 않는다. 그러나 잘못된 가치를 추구하는 사람은 파멸의 인생을 사는 범죄자다.

사람과 사람이 합쳐지면 인간관계가 된다. 남자와 여자의 인간관계는 마음과 마음이 결합될 때 사랑하는 사이가 된다. 그러나 사람으로 있으면서 인간관계를 맺는 사람들은 상대가 이용할 가치가 있기 때문이다. 돈이 많다든가, 재미와 즐거움을 준다든가, 지위가 높다든가, 유명한 사람이면 뭔가 자신에게 메리트가 있을 것 같으니깐 수단과 방법을 가리지 않고 인간관계를 맺는 것이다.

돈 많은 남자 주변에는 유난히 친구들이 많다. 어딜 가도 술값 걱정, 끼니 걱정할 필요가 없을 뿐더러 택시비까지 두둑이 주기 때문에 언제라도 부르면 달려간다. 이런 관계는 친구라고 해도 목적관계일 뿐이다.

반면 여자들은 돈과는 관계없다. 상대가 자신의 상처에 공감만 해주면 된다. 그러나 상처는 공유하면 할수록 배로 커진다는 것을 알아야 한다.

친구 사이는 남남인 목적관계이다. 자신의 상처이야기만 일방적으로 할 수 없기 때문에 서로 상처를 주고받게 된다. 그래서 목적관계는 거래관계가 된다.

상처가 많은 친구끼리 인간관계를 맺으면 서로의 상처를 이입하기 때문에 어느 순간 상처해리가 온다. 상처해리가 오면 자신들의 상처를 더는 생각하기 싫어서 함께 여행도 가고, 클럽에도 다니면서 재미와 즐거움의 중독에 빠지게 된다.

그러나 한쪽은 아무런 목적 없이 상대가 그저 좋아서 만나는데 다른 한쪽은 어떤 목적을 가지고 인간관계를 맺는다면 두 사람 사이는 애매모호한 관계가 된다.

한쪽이 돈을 목적으로 하거나, 어떤 이권을 목적으로 한다면 다른 한 사람은 피해를 입을 수밖에 없다. 이렇게 되면 범죄관계가 성립된다.

범죄관계는 상대의 상처를 공감하고 위로해 주면서 상대와 감정을 공유하는 척한다. 상대는 자신의 힘든 이야기를 끝까지 들어주는 친구의 관심과 위로를 진심이라고 생각해서 자신이 힘들고 아플 때마다 친구를 불러내 의존하게 된다.

상대가 자신에게 의존한다는 것을 알면 목적을 가진 사람은 상대를 조종해서 돈을 갈취하거나 사기를 친다. 범죄는 이처럼 애매모호한 관계에서 많이 발생된다.

관심법은 철저하게 상대를 보는 것이다. 관심법에 상대를 넣어서 적용해 보면 순수하게 나를 좋아하는지, 의도를 가지고 좋아하는지를 금방 알 수가 있다.

엄마가 딸만 보면 공연히 짜증을 내고, 신경질을 낼 때 관심법을 적용해 보면 답이 금방 나온다.

엄마가 무턱대고 화를 내는 것은 딸이 미워서가 아니라 상처의 작용으로 인해서 자신도 모르게 상처표현을 하는 것이다. 엄마의 상처표현은 상처를 치료해서 행복해지고 싶다는 마음의 작용이다. 이때 아빠가 엄마의 상처에 관심을 가지고 위로를 해주면 상처는 저절로 치료되어서 부정감정이 긍정감정으로 전환된다.

반대로 아빠가 아들만 보면 버럭 화를 내거나 소리를 지른다면 아들이 못마땅해서가 아니라 아빠가 어딘가에서 스트레스를 받고 있다는 이야기이다. 스트레스가 올라오니깐 자신도 모르게 아들에게 해소하는 것이다. 아들에게 무의식의 표현을 해서 스트레스가 해소되면 아빠의 기분이 좋아진다.

관심법을 모르면 엄마가 상처표현을 하면 딸도 기분이 나빠서 같이 상처표현을 한다. 아빠가 아들에게 스트레스를 푼다면 아들도 기분이 나빠서 아빠에게 그냥 스트레스를 푼다. 이렇게 되면 서로 스트레스와 상처를 주고받기 때문에 갈등만 커진다. 갈등이 해소되지 않고 오래 지속되면 몸과 마음은 물론이고 인간관계, 가치추구에 문제가 생겨서 가정에 위기가 온다.

자신들의 상처를, 자신들의 스트레스를 아무 생각 없이 그냥 제거하는 것은 사랑하는 관계이다. 사랑하는 관계라고 해서 언제까지나 스트레스나 상처를 그냥 표현하고 살 수는 없다. 자신의 감정을 있는 대로 표현하고 살면 상대가 피해를 입는다. 그렇기 때문에 스트레스와 상처를 제때에 처리할 수 있는 자신만의 힐링법을 만들어놓아야 모두가 편하고 행복한 삶을 살 수가 있다.

인간관계에서 서로의 생각이 다르면 당연히 스트레스와 상처가 발생한다. 각자의 관심법이 필요한 것은 좋은 관계를 유지하기 위한 하나의 규칙이자 방법론이다.

남남의 관계는 완전히 거래관계인 목적관계이다. 피차 오로지 목적을 위해 맺은 관계이기 때문에 생각이 아주 단순하다. 목적을 위해 흑심을 감추고 행동하면 그만이다. 그러나 애매모호한 관계일 때 문제가 발생한다. 목적을 가진 사람이 순수한 마음을 가진 사람을 이용하기 때문에 문제가 생기는 것이다.

관심법으로 상대를 해석할 수 있는 능력이 있으면 피해를 당하지 않는다. 내가 상대에게 끊임없이 스트레스 주고 있음에도 상대가 제거할 생각은 않고 묵묵히 견딘다면 자신에게 목적을 가지고 있다는 해석을 할 줄 알아야 한다.

내가 남자를 사랑하는 이유는 남자를 만나면 마음이 편해지고 위안을 받아서이다. 그러나 남자는 이런 나를 목적관계로 만난다면 애매모호한 관계가 된다. 그러나 애매모호한 관계가 꼭 나쁜 관계라고 말할 수는 없다. 내가 남자에게서 마음의 평화를 얻는다면 나 역시도 남자가 원하는 것을 보상해 주면 된다. 이렇게 되면 서로 주고받는 거래관계가 되지만 그 이면은 다르다.

남자가 자신의 스트레스를 견디고 상대를 위로했기 때문에 여자로부터 보상을 받아야 된다고 생각하면 애매모호한 관계가 된다. 그래서 애매모호한 관계는 남남 관계, 사랑하는 관계의 중간에서 왔다 갔다 하는 것이다.

애매모호한 관계는 남남의 관계로 못 간다. 둘 중에 하나가 상대에게 관심을 가지기 때문이다. 그렇다고 사랑하는 관계로도 못 들어간다. 사랑하는 관계는 두 사람 다 관심을 가지고 있어야 하기 때문이다. 그래서 남녀가 애매모한한 관계로 들어가면 굉장히 힘들어진다.

남자는 공감하는 능력이 없어서 상대를 위로하기가 대체적으로 어렵다. 이렇게 볼 때 주로 목적을 갖고 접근하는 사람은 대부분 남자들이다.

애매모호한 관계에서 범죄관계로 진행되는 것은 가진 사람과 안 가진 사람의 차이이다. 가진 사람이 아무것도 없는 나에게 호의를 베푼다면 무턱대고 받아들이기보다는 '왜지?' 하고 한 번쯤 생각을 해봐야 된다. 돈으로 나를 살려고 할 수도 있고, 나를 이용해서 뭔가를 꾸밀 수도 있기 때문이다.

사람은 대개 공감하는 사람끼리 인간관계를 맺거나, 같은 부류의 사람끼리 어울린다. 이런 연결고리가 없음에도 접근을 한다면 분명 나에 대한 목적이 있다. 이것을 빨리 파악하지 못하면 목적관계에서 범죄관계로 넘어가게 된다. 일단 범죄관계로 들어가면 쉽게 빠져나오지 못한다. 상대와 인간관계를 맺었기 때문에 관계에서 자유로울 수 없다.

사기는 주로 남남인 관계에서 많이 이루어진다. 평소 그 사람이 나에게 호의를 베푼다고 생각하면 그 사람이 부당한 지시를 해도 그 사람의 말을 거역하기가 쉽지가 않다. 이렇게 되면 범죄의 공범이 되는 것이다.

높은 지위에 있는 상대가 아무것도 내세울 것 없는 나와 인간관계를 맺으면 아무것도 받은 게 없어도 상대가 자신에게 호의를 베푼다고 생각한다. 그래서 상대가 자신을 만나주는 것 자체를 영광으로 생각한다. 어느 날, 상대가 자신에게 목적을 가지고 접근해도 전혀 의심하지 않는다.

"철광석 선물 동향을 보면 지금이 투자할 적기야. 얼마 있어? 내일까지 한 장 만들어 봐. 한 달 안에 두 장은 눈감고 먹을 수가 있어. 내가 너를 아끼니깐 너한테만 기회를 주는 거야."

이렇게 되면 자신만 챙겨주는 상대가 너무나 황송하고 고마워서 아무런 의심도 하지 않고 여기저기서 끌어모은 돈을 송금한다.

무방비로 있는 사람은 총칼을 들은 사람과는 대적이 되지 않는다. 그래서 목적이 없는 사람들이 목적을 가진 사람들에게 항상 당하기만 한다.

목적이 있는 남자의 관심은 재미와 즐거움이다. 이런 왜곡된 남자의 열정이 사랑이라고 착각한 여자는 자신의 모든 것을 다 갖다 바친다. 뒤늦게 자신의 사랑이 잘못됐다고 생각한 여자는 남자들에게 복수를 하기 위해서 스스로 꽃뱀이 되기도 한다.

나와 상대의 관계가 사랑하는 관계도 아니고 남남의 관계도 아니라면 애매모한 관계이다. 나는 순수하게 그 사람을 사랑하는데 상대가 나를 이용한다는 생각이 들면 과감히 관계를 청산할 줄 알아야 한다. 그러나 내가 힘들고 외로울 때 상대의 관심과 위로를 받기 원한다면 내 마음이 편해진 만큼 상대에게 보상을 해줄 수도 있다. 이런 점에서 애매모호한 관계가 나쁘다고만 할 수 없다.

〈질문과 답변〉

〈질문〉 사업하는 사람들이나 정치인들은 주변에 의견을 구하는 멘토가 늘 있다. 멘토가 제대로 된 판단을 못할 때 의견을 구하는 사람들은 큰 피해를 입는다. 관심법을 가지고 있으면 그 사람의 오류가 보이나?

〈답변〉 인간은 자아실현을 위해서 가치와 의미를 추구한다. 사업이나 일 등의 가치를 추구를 할 때 인간관계가 많으면 많을수록 유리하다. 특히 서로에게 윈윈이 되는 관계라면 더할 나위 없다. 그러나 내가 더 유리한 고점을 차지하기 위해 상대를 희생시킨다면 문제가 심각해진다.

　인간이 가치를 추구해 나갈 때 목표가 굉장히 중요하다. 그러나 목표로 가는 길은 쉽지 않다. 낯선 길이어서 어디에 함정이 있는지, 어디에 난관이 있는지 모른다. 그래서 그 길을 가본 경험이 있는 사람들의 말이나 의견에 많이 의존을 하게 된다.

　자신의 곁에 신뢰할 만한 좋은 멘토가 있으면 낯선 길을 가는 것이 두렵지 않지만 신뢰할 만한 멘토가 없을 때는 어떻게 가야 할지 몰라 목적을 가지고 접근하는 멘토에게 사기를 당할 확률이 높다. 그러나 관심법을 가지고 있으면 상대의 의도가 무엇인지 알 수 있기 때문에 사기를 당할 일은 없다.

의미의 관계, 가족관계가 아닌, 다양한 인간관계에서의 관심법은 매우 중요하다. 특히 자신의 멘토가 어떤 마음을 갖고 있는지 정확하게 해석하는 능력이 있어야 적인지, 아군인지를 알 수가 있다. 이것이 관심법의 중요성이다.

〈질문〉 관심법을 가지고 있어도 자신의 마음이 안 좋은 상태에서 상대의 마음을 들여다본다면 생각보다 감정이 앞서서 정확한 실체를 못 볼 것 같다.

〈답변〉 관심법을 정확하게 알면 상대의 마음이 진심인지, 거짓인지 다 해석이 되기 때문에 오해를 할 일이 없다. 반면 관심법을 가지고 있지 않으면 자신의 기분과 감정에 휩쓸려서 상대의 마음을 멋대로 해석하게 된다. 이렇게 되면 상대의 실체를 보지 못하고 자기합리화를 하기 때문에 오해가 생긴다.

관심법은 객관적인 기준이기 때문에 자신의 감정이나 기분이 들어갈 여지가 없다.

관심법의 기본은 상대가 남자이면 나쁜 기분이 들어왔을 때 무조건 스트레스를 제거한다는 것을 알고, 여자이면 무조건 스트레스를 상처로 만들어 놓는다는 것만 알면 된다. 그리고 나서 상대의 말과 행동, 표정을 보고 나와 사랑하는 관계인지, 목적관계인지를 판단하면 된다.

관심법은 철저하게 나를 배제시켜 놓고 상대의 마음만 봐야 된다. 관심법에 나를 대입시키면 상대를 객관적으로 보지 못하기 때문에 자기합리화를 하게 된다. 이렇게 되면 관심법이 아니다.

관심법은 철저하게 상대가 기준이 되어야 한다. 상대의 말과 행동, 표정의 표현만 봐도 상대의 마음이 진심인지, 거짓인지 금방 알 수가 있다. 관심법은 오로지 상대만 보는 것이다.

〈질문〉 봉사활동의 대상은 나와 아무 상관없는 남남의 관계이다. 남을 위해 희생하는 의인의 경우 남남이지만 의미 있는 일을 한다고 생각한다. 이럴 경우 의미관계라고 말할 수 있나?

〈답변〉 남을 돕는 봉사활동은 궁극적으로 상대를 위한 것이 아니라 상대를 도움으로써 인생의 보람을 느끼기 위해서이다. 그렇기 때문에 봉사활동은 행복을 위한 자아실현이다.

봉사활동을 하면 상대는 나의 도움을 받고, 나는 상대로 인해 보람을 느낀다. 이런 관계는 서로 행복을 주고받기 때문에 거래관계라고 할 수 있다.

반면 의인은 상대가 다급한 위험에 처했을 때 자신도 모르게 뛰어가서 구조 활동을 한다. 이때 자신이 죽을지도 모른다는 생각은 안중에도 없다. 오로지 사람의 목숨을 구하는 것이 우선이다.

의인은 아무나 할 수 있는 영역이 아니다. 인간 생명 존중이 뿌리 깊게 박힌 사람이기 때문에 위험을 두려워하지 않는다. 이런 것을 볼 때 애매한 관계라고 말할 수 있다. 그래서 의인의 행동은 목적이 있는 봉사활동과는 차원이 다르다.

.

〈질문〉 목적관계로 시작했다가 사랑의 관계로 발전될 수도 있나?

〈답변〉 남녀가 만날 때 서로 자신의 재미와 즐거움을 위해서 만난다. 즉, 목적관계로 만나는 것이다. 그러다가 여자의 경우 남자에 대한 좋은 감정이 생기면서 사랑을 느낀다. 이럴 경우 여자의 입장에서 사랑하는 관계가 된다. 그러나 남자의 경우 여전히 재미와 즐거움을 추구하는 목적관계를 유지한다면 이 두 사람의 관계는 애매한 관계가 된다. 애매한 관계는 남남의 관계로 돌아갈 수도 없고, 사랑하는 관계로도 될 수가 없다.

목적관계에 있던 사람들이 사랑의 관계로 가는 것은 불가능하다. 재미와 즐거움이 목적이던 남자에게는 사랑이 만들어지지 않는다. 반면 여자는 남자를 목적으로 만났다가 남자가 자신의 상처에 공감을 해주면 상처가 치료된 것 같아서 사랑의 감정을 느끼게 된다. 그래서 이도저도 아닌 애매한 관계를 유지하게 된다.

여자들은 남자의 공감을 사랑으로 착각하는 경우가 많다. 그러나 남자가 하는 공감은 오로지 목적을 위한 제스처일 뿐이다.

〈질문〉 재혼인 경우는 목적관계인가?

〈답변〉 정말 사랑해서 재혼하는 경우도 있고, 상대의 재산, 외모, 능력을 보고 재혼하는 경우도 있다. 목적을 가지고 재혼을 했다면 그 결혼은 오래가지 못한다.

목적관계로 만나서 재혼을 하는 경우 여자는 자신의 이야기에 공감해 주고, 위로해 주는 남자에게 사랑의 감정을 느꼈기 때문이다. 반면 남자는 처음부터 목적을 가지고 여자에게 접근했기 때문에 여자와 재혼을 함으로써 자신의 목적을 달성했다고도 볼 수 있다.

남자가 여자를 사랑하는지, 아닌지를 보려면 남자의 스트레스 표현을 보면 된다. 기분이 나쁠 때 무의식적으로 그냥 표현을 하는지, 의식적으로 표현을 하는지를 보면 사랑하는 관계인지, 애매한 관계인지를 알 수가 있다.

여자가 재혼을 했는데, 남자가 여자를 사랑하지 않는다면 사랑을 받으려고 애쓸 필요는 없다. 남자가 자신을 목적관계로 본다면 여자도 남자를 목적관계로 대하면 된다.

재혼을 했다고 해서 반드시 사랑하는 관계로 전환되는 것은 아니다. 상대가 나를 목적관계로 대하면 그냥 남남관계로 살아가면 된다. 굳이 남자를 사랑하는 관계로 만들려고 애쓰다 보면 더 큰 문제가 생긴다.

나는 남자를 사랑하는데 남자는 나를 사랑하지 않아서 상처를 받는다면 이것 또한 내 기준이다. 관심법은 내 기준에 상대를 집어넣으면 자기합리화를 하기 때문에 상대의 마음을 오해하는 것이다. 상대의 마음을 오해하면 상처만 만들어낼 뿐이다.

관심법은 상대만 보는 것이다. 내 기준에 상대를 집어넣지 않고 상대만 보고 상대의 표현을 해석할 줄 알아야 스트레스와 상처가 발생되지 않는다. 관심법은 나를 배제하고 오로지 상대만 바라봐야 정확하게 상대의 마음을 해석할 수가 있다.

⟨질문⟩ 순수한 사랑은 현실적으로 존재하는 가?

⟨답변⟩ 남남인 남녀가 사랑을 하려면 일단 만나야 된다. 남남이 만나면 사랑하는 사이로 가거나 목적관계로 간다.

남녀가 사랑을 하면 무조건 즐겁고, 행복하다고만 생각한다. 그러나 이런 사랑은 비현실적인 사랑이다.

사랑에는 긍정감정과 부정감정이 항상 순환한다. 상대가 관심을 가져주면 기분이 좋고, 관심을 가져주지 않으면 기분이 나쁘다. 이런 희로애락의 감정이 만들어져야 진정한 행복을 느낀다.

아름답고, 즐겁고, 재미있는 것이 사랑이라면 이런 요소들이 사라지면 둘 사이에 더 이상 사랑이 존재하지 않는다. 지루하고, 재미가 없다고 해서 상대가 싫어진다면 처음부터 사랑하는 관계가 아닌, 목적관계라고 말할 수 있다. 사랑은 힘든 고통까지도 함께 나눌 수 있는 순수한 관계여야 오래간다.

2.
대화의 비밀

　인간관계에서 서로의 마음을 알기 위해서는 대화를 나누어야 된다. 어떤 사안을 두고 내가 가진 생각과 상대가 가진 생각이 어떻게 다른지 알려면 대화를 나누어야 된다. 대화를 나누는 과정에서 상대가 생각하는 것과, 내가 생각하는 것의 차이점을 알 수가 있다. 특히 내 생각을 상대에게 전달을 하기 위해서는 대화가 필수적이다.
　상사나 거래처 사람들과 대화를 할 때는 자신의 목적을 위해서 사전에 대화할 내용을 치밀하게 준비해야 하지만 친밀한 관계에서는 그럴 필요가 없다. 아무 목적이 없기 때문에 그때그때 생각나는 대로 대화를 나누면 된다.
　친밀한 인간관계에서 유난히 스트레스와 상처를 많이 받는 것은 상대의 입장은 전혀 고려하지 않고 각자 기분 내키는 대로 말을 하기 때문이다.
　대화를 나누다가 상대가 나에게 스트레스와 상처를 주면 일단 기분이 나빠진다. 그래서 자신도 모르게 목소리의 톤이 높아지고, 감정이 격앙되기도 한다. 이런 일련의 행동들은 나쁜 기분에서 벗어나고자 하는 자신만의 표현법이다.

사람들은 대화라고 하면 보통 소통을 생각하지만 아니다. 소통은 상대에게 자신이 전달하고 싶은 말만 전달하면 끝이다. 거기에는 의미, 목적이 들어있지 않다.

사람은 상대가 뭔가를 잘못하면 인상부터 쓴다. 이때 상대와 대화를 나누지 않아도 표정을 보고 '내가 한 일이 마음에 들지 않는구나.' 하고 얼른 알아챈다. 이처럼 인간의 말과 행동과 표정은 일종의 소통이라고 보면 된다. 즉, 상대의 표현만 보고도 상대가 기분이 나쁜지, 기분이 좋은지를 알 수가 있다. 이런 점에서 인간의 표현은 기분과 감정의 신호체계라고 보면 된다.

자동차와 사람은 서로 말을 하지 않아도 신호등의 색깔을 보고 의사소통을 한다. 사람에게 신호등의 역할을 하는 것이 바로 말과 행동, 표정의 표현이다. 상대와 굳이 말하지 않아도 서로의 표현만 보고 화가 났는지, 기분이 좋은지를 알 수 있다. 이처럼 소통은 상대가 보내는 신호를 그냥 관습적으로 받아들이는 역할만 할 뿐이다.

반면 대화는 방향에 대한 목적을 갖고 있다. 이처럼 목적이 있어서 서로 주고받는 말은 대화이고, 상대의 표현으로 상대의 기분을 알아내는 것이 소통이다. 이런 의미에서 소통과 대화는 엄격히 다르다. 대화는 목적을 전제로 하고, 소통은 목적이 없다.

인간관계에서 대화가 잘되지 않으면 남자는 스트레스를 받고, 여자는 상처를 받는다. 이런 상태에서 계속 대화를 이어나가면 갈등의 골이 깊어져 결국에는 싸우게 된다.

여자가 이번 여름휴가 때 일본으로 여행가자고 했는데 남자는 가타부타 말이 없다. 여자가 다시 물었을 때 아무런 말없이 인상만 썼다.

이때 여자는 남자의 표정을 보고 일본으로 여행가는 것을 좋아하지 않는다고 생각한다. 일본으로 여행가기가 싫으면 얼마든지 자신의 생각을 대화로 풀어내면 되는데 굳이 인상을 쓰면서 침묵하는 것을 보고 여자는 감정이 상한다. 그래서 여자가 남자에게 "대화 좀 하자."라고 말하면 그 순간 남자는 스트레스를 받는다.

여자가 남자에게 목적을 가지고 대화를 하면 대화가 제대로 진행되지 않는다. 반대로 여자가 아무 목적 없이 그냥 대화를 나누는데 상대가 목적을 갖고 대화에 동참해도 둘 사이에 대화가 통하지 않는다.

여자나 남자나 뜬금없이 "우리 대화 좀 하자."라고 하면 거기에는 반드시 목적이 있다. 이때 여자의 목적은 여름휴가 건이지만 남자는 목적이 없다. 그래서 여름휴가와는 상관없이 일단 대화라는 단어 때문에 남자는 스트레스를 받는다.

보통 여자가 남자에게 대화를 좀 하자고 하면 남자는 '그냥 말을 하면 되지, 굳이 대화를 하자고? 내가 뭘 잘못했나?'라는 생각으로 머릿속이 복잡해진다. 생각이 많다는 것은 스트레스를 받고 있다는 것이다. 그래서 대화를 나누기도 전에 부정기분이 먼저 만들어진다.

대화나 소통을 하려면 반드시 상대가 있어야 한다. 그래서 대화와 소통은 인간관계에서만 필요하다.

반면 사람으로 살면 모든 것을 자신의 뜻대로 하기 때문에 누군가와 타협할 필요가 없다. 그래서 이런 사람은 애초부터 대화와 소통이 되지 않는다.

친구와 오랜만에 만나서 대화를 나누는데 친구가 갑자기 "이 자리에 없는 사람 이야기하는 거 별로 좋아하지 않으니 그만 이야기하자."라면서 일방적으로 자리에서 일어난다. 이럴 경우 무엇이 문제인가?

친구가 일방적으로 대화를 끊고 자리에서 일어난 것은 나와 소통이 안 되기 때문이다. 즉, 내가 상대의 신호체계를 감지하지 못했기 때문에 이런 불상사가 일어난 것이다.

대화 도중 상대가 내말에 인상을 쓰거나 집중하지 않으면 얼른 대화의 소재를 바꿔야 한다. 그렇지 않고 계속해서 대화를 이어나가면 상대는 스트레스와 상처를 받게 된다.

대화는 서로 주고받아야 되는데 일방적으로 자리에 없는 사람의 험담을 끊임없이 하는 바람에 친구가 스트레스를 참지 못하고 나에게 한마디 한 것이다.

친구는 나에게 분명 표정으로 그만하라고 경고를 보냈는데 없는 사람의 험담에 집중하다 보니 친구가 보내는 신호를 미처 보지 못한 것이다.

소통을 하려면 상대방의 신호체계를 정확히 알아야 한다. 내가 열심히 이야기를 하는데 상대가 얼굴을 찡그리면 지금 하는 내 이야기가 불편하다는 것이다. 얼굴을 찡그리지 않아도 뭔가 민망한 미소를 짓는 것도 대화가 불편하다는 신호를 보내는 것이다. 이런 시그널을 읽지 못하고 계속해서 자신의 말만 하면 상대는 대화가 끝날 때까지 스트레스와 상처를 견뎌야 한다.

대화를 하는 도중이라도 상대가 하는 말과 행동, 표정을 유심히 관찰해야 상대의 마음을 알 수가 있다. 상대에게서 불편함이 느껴지면 얼른 이야기의 방향을 바꿔야 한다.

대화는 목적을 가져야 된다. 상대와 대화가 안 된다는 것은 목적이 없어서이다. 대화에는 반드시 목적이 있어야 소통이 된다.

인간은 소중한 사람들과 함께 미래행복을 위해서 자아실현을 한다. 이 과정에서 만들어지는 희로애락이 행복의 감정을 만들어낸다. 그래서 인간의 자아실현은 행복이다.

반면 사람일 때는 자기행복만을 추구한다. 이럴 경우 자신만 재미있고 즐거우면 되기 때문에 소통도 필요 없고, 대화도 필요 없다. 타인과 소통을 하지 않아도, 대화를 나누지 않아도 나만 행복하면 그만이기 때문이다.

여자는 대부분 의미를 추구하고, 남자는 대부분 가치를 추구한다. 마음과 마음이 합친다는 말은 여자의 의미와 남자의 가치가 결합되는 것을 뜻한다. 결국 마음이 하나가 되는 것은 함께 자아실현을 추구해서 행복해지기 위해서이다.

함께 행복해지기 위해서는 나의 의미와 나의 가치에 자아실현이 맞춰져 있어야 한다. 그렇기 때문에 상대와 대화를 나눌 때도 내 목적에 맞게 이야기를 하게 된다. 상대도 마찬가지다.

상대와 대화가 통하려면 나의 기준과 상대의 기준이 맞아야 된다. 내가 하는 말이 상대의 기준에 맞지 않으면 상대는 당연히 스트레스와 상처를 받게 된다. 나 역시도 상대의 말이 내 기준에 맞지 않으면 스트레스와 상처를 받게 된다.

이런 점에서 볼 때 대화는 목적에 대한 거래이다. 거래를 할 때는 주고받는 것이 인지상정이다. 상대가 나에게 뭔가를 주면 나도 상대에게 뭔가를 줘야 공평하다.

대화가 안 통한다는 것은 상대가 자신의 일방적 기준에 맞춰주지 않기 때문이다. 말하자면 주기는 싫고 받고만 싶다는 욕망이 앞서기 때문에 대화가 어긋나는 것이다.

대화가 안 된다는 것은 거래의 원칙에 문제가 생겼다고 봐야 한다. 거래의 원칙은 말 그대로 'Give and take'다. 누구는 계속 주기만 하고, 누구는 계속 받기만 하면 거래의 원칙에 위배되어서 문제가 생기는 것이다.

인간은 자아실현을 하기 위해서 의미와 가치를 추구한다. 의미를 가진 사람에게 가치를 주면 되고, 가치를 가진 사람에게 의미를 주면 공평하다. 그러나 거래의 원칙을 지키지 않으면 갈등이 일어나고 불화가 생길 수밖에 없다.

기준은 많은 시행착오 끝에 그 사람만의 경험에 의해서 만들어진다. 그래서 사람들은 자신의 기준이 항상 올바르고 정확하다고 생각하기 때문에 상대에게 자신의 기준을 강요하게 된다.

대화를 하면서도 서로 자신의 기준만 강요하면 스트레스와 상처가 발생할 수밖에 없다. 이렇게 되면 더 이상 대화를 나누고 싶지 않아서 침묵을 하거나, 아예 자리를 피해버리거나, 말싸움을 하게 된다. 이렇게 되면 인간관계에 문제가 생길 수밖에 없다.

대화는 그냥 하는 것이 아니다. 서로 목적을 가지고 거래를 해야만이 의사가 전달된다. 거래관계라고 해서 무조건 나쁘게만 생각하면 안 된다. 함께 자아실현을 해나가기 때문에 상대와의 거래는 반드시 필요하다. 거래는 함께 자아실현을 하기 위한 일종의 소통이다.

인간관계를 맺고 함께 자아실현을 하기 위해서는 서로에게 필요한 것을 항상 주고받아야 된다. 주고받으려면 목적관계가 형성되어야 한다.

목적관계에 결정적인 역할을 하는 것이 바로 대화이다. 대화 역시 소통이라는 신호체계 안에서 서로 원하는 목적을 말하고, 들으면서 함께 가장 좋은 것을 도출해 내는 것이다. 대화 도중 서로의 목적에 위배되면 설득을 하거나, 상대의 설득을 받아들이면서 차근차근 함께 자아실현을 이루어내야 한다.

거래가 일방적이면 스트레스와 상처를 받기 때문에 갈등이 생긴다. 거래원칙에 위배되지 않으면 갈등이 생길 이유가 없다. 갈등이 없는 거래는 항상 좋은 결과를 만들어낸다.

상대가 나의 목적에 부합하기 위해서 자신의 입장을 철회하면 나도 때에 따라서 내 입장을 양보하면 된다. 상대의 기준과 나의 기준이 맞지 않으면 서로 양보해서 서로의 눈높이에 기준을 맞추면 된다. 이렇게 하기 위해서는 대화가 필수적이다.

대화를 나눌 때 갈등이 발생하지 않게 하기 위해서는 내가 원하는 목적이 무엇인지를 알고 있어야 한다. 그런 다음에 상대가 원하는 것이 무엇인지를 알아야 대화가 순조롭게 이어진다. 서로 원하는 것이 무엇인지도 모르는 상태에서 대화를 시작하면 무조건 갈등이 생긴다.

나와 상대가 아무런 목적도 가지지 않고 대화를 하면 대화가 중구난방이 되어서 중심을 잡지 못한다. 그래서 대화를 시작하기 전에 자신의 목적이 무엇인지를 분명히 알고 임해야 한다.

거래관계는 내가 의식적으로 생각해서 결과를 도출해 내는 것이다. 그러나 그냥 하는 대화는 의식의 영역이 아닌, 마음이 원해서 하는 대화이다. 이렇게 되면 상대를 의식하지 않기 때문에 내 기분대로, 내 뜻대로만 말해서 상대에게 스트레스와 상처를 유발시킨다.

인간관계에서 자아실현을 해나갈 때 남자는 대부분 가치를 추구하고 여자는 의미를 추구한다.

남자가 열심히 직장에 다니고 있는데 여자가 "당신 월급이 너무 적어서 살기가 힘들어."라고 징징거리면 남자는 즉각 스트레스를 받는다.

남자가 퇴근해서 집에 왔는데 여자는 종일 아픈 아이를 돌본다고 온몸이 파김치가 되었다. 그래서 남편을 맞이하는 여자의 표정이 시큰둥하다. 그때 남편이 버럭 소리를 지른다.

"힘들게 일하고 들어온 사람을 그딴 식으로 맞이하나?"

"누구는 집에서 노는 줄 알아?"

피차 입장이 다르기 때문에 스트레스와 상처가 발생한다. 이런 상태에서는 대화를 할 수가 없다. 서로에게서 받은 스트레스와 상처를 제거한다고 자신의 입장만 항변하기 때문이다.

대화를 할 때 내가 원하는 것이 무엇인지, 상대가 원하는 것이 무엇인지 사전에 알아야 대화를 쉽게 풀어나갈 수 있다. 서로가 원하는 목적만 알아도 대화는 순조롭게 진행된다.

남편이 열심히 가치추구를 하면 옆에서 조언을 해주거나, 격려의 말만 해줘도 남편에게 큰 도움이 된다.

아내가 열심히 의미를 추구하면 관심을 가지고 따뜻한 위로의 말만 건네도 여자는 행복을 느낀다. 말 한마디가 주는 힘은 격려가 되기도 하지만 송곳처럼 아프기도 하다. 그렇기 때문에 말을 할 때 되도록 상대의 기분을 거슬리지 않게 하는 것이 중요하다.

대화에 목적을 가지라고 하면 대부분의 사람들은 난색을 표한다. 대화만큼은 순수해야 된다고 생각하기 때문이다. 그러나 대화는 혼자 하는 것이 아니어서 대화를 주고받으려면 목적관계, 거래관계가 되어야 한다.

주고받는 거래가 불공평하면 누구나 할 것 없이 상처와 스트레스를 받는다. 그렇기 때문에 대화는 내 마음과 상대의 마음이 일치되어야 순탄하게 이어진다.

인간관계를 맺고 살아간다는 것은 서로 마음을 주고받는다는 것이다. 내가 상대에게 뭔가를 계속 베푸는데 상대는 받기만 하고 줄 생각을 하지 않으면 화가 난다. 이것이 바로 인간의 마음이다.

남편이 아내와 아이들 고생시키지 않으려고 야근을 하면서까지 경제적 가치를 추구하는데 아내는 이런 남편의 마음도 모르고 월급이 적다고 징징거리면 남편은 더 이상 가치추구를 하기가 싫어진다.

아내가 온몸이 파김치가 되어도 아이들의 양육을 위해 최선을 다하는데도 남편이 어질러진 집 안이 못마땅하다고 화를 내면 아내는 더 이상 의미추구를 하고 싶지가 않다.

소중한 사람과 함께하는 자아실현은 행복이 목적이다. 행복하기 위해서는 서로를 대하는 태도가 무엇보다 중요하다. 그 태도에는 서로를 존중할 줄 아는 대화도 포함된다.

남편을 격려하고, 아내를 위로하는 것도 따지고 보면 거래관계이다. 내가 베푼 것만큼 받고 싶어 하는 것이 인간의 본질적인 욕망이다.

대화는 철저하게 목적을 갖고 임해야 한다. 인간은 서로 마음을 나누는 관계이기 때문에 목적이 없으면 대화할 생각을 안 한다.

대화는 내 마음이 목적을 갖고 있을 때 가능하다. 그러나 특이하게도 대화의 목적을 갖고 있어도 상대에게 자신의 마음을 먼저 내보이지 않는다. 일단 상대의 마음을 먼저 받고 나서 자신의 마음을 주려고 하기 때문에 대화가 쉽게 풀리지 않는다.

사랑하는 관계에서는 상대에게 마음을 줄 생각을 가지고 있으면서도 상대가 먼저 마음을 줄 때까지 기다린다. 이렇게 되면 상대의 마음을 받을 때까지 자신의 속내를 드러내지 않아서 대화가 변죽만 울리다가 끝나게 된다.

대화를 나눌 때 내가 먼저 마음을 열면 상대도 쉽게 자신의 마음을 열게 된다. 대화는 어려운 것이 아니다. 인간으로서 목적관계를 갖고 대화를 하면 된다. 이것이 바로 대화의 비밀이다.

목적관계이면 거래의 법칙에 따라 마음을 서로 주고받으면 된다. 이것을 모르면 '왜 맨날 나만 마음을 줘야 되지?' 하고 혼자 갈등하게 된다. 내가 상대에게 마음을 줬는데 상대가 나에게 마음을 주지 않는다면 거래관계에 문제가 생긴 것이다. 이때 상대가 나에게 마음을 줄 때까지 마음을 닫고 있어야 된다. 왜? 주고받아야 하니깐.

남녀가 처음 만났는데 "대화가 참 잘 통하네요." 하는 사람들이 있다. 이런 사람들을 유심히 관찰해 보면 자신의 마음을 숨기기보다는 먼저 내주는 사람들이다.

대화도 상대적이다. 내가 먼저 마음을 보여주면 상대도 따라서 자신의 마음을 보여준다. 마음을 주고받다 보면 대화도 잘되고 소통도 잘되어서 만남 자체가 기분이 좋아진다.

새로운 인간관계든, 사랑하는 인간관계든 좋은 관계를 갖고 싶으면 제일 우선 먼저 마음을 베푸는 것이다. 이런 마음을 가지고 대화를 시작하면 대화는 아주 쉽게 풀린다. 그러나 이런 원리를 알고 있으면서도 실행하기가 쉽지 않다. 본능적으로 내가 먼저 받으려고 하기 때문이다. 이렇게 되면 상대도 본능적으로 안 주려고 한다.

대화법의 비밀은 내가 먼저 마음을 여는 것이다. 내가 먼저 마음을 열어야 상대의 마음을 얻을 수가 있다.

내가 먼저 마음을 열면 자존심이 상한다는 사람들도 많다. 이런 생각을 하는 사람들은 열등감에 사로잡혀 있는 사람들이다. 내 가치는 남이 정해주는 것이 아니라 내가 정하는 것이다. 내가 대화를 나누기 위해 먼저 마음을 열면 상대는 침묵 속에서도 내 마음을 느끼게 되어있다. 이것이 바로 대화의 비밀이다.

사람들은 대화를 나눌 때 되도록 마음을 숨기고 드러내지 말라고 한다. 속마음을 숨겨야 상대의 마음을 알 수가 있다고 하는데 아니다. 마음은 한쪽이 먼저 열어야 나머지도 열리게 되어있다. 이것이 바로 대화의 비밀이다.

대화의 비밀은 목적을 가지고 있어야 한다. 목적이라고 해서 나쁘게만 보면 안 된다. 인간의 마음이 작용하는 목적은 원래 내가 가지고 있는 인간의 본능이다.

대화를 잘하기 위해서는 나를 먼저 알아야 한다. 그러나 나를 잘 알지도 못한 채 상대에게만 의존하면 삶은 내 중심으로 움직이는 것이 아니라 상대중심으로 움직인다.

상대중심은 결국 내가 없다는 말이다. 내가 빠진 삶은 나의 삶이 아니라 내가 의존하는 타인의 삶이다. 그래서 내가 원하는 것이 무엇인지도 모르고 상대의 말 한마디에 일희일비하는 것이다.

상대가 서운한 말을 하면 "더 이상 나를 사랑하지 않나봐!" 하면서 멋대로 생각하고, 멋대로 단정한다. 이렇게 되면 오해해서 스스로 가짜 상처를 만들어낸다.

여자를 사랑하지 않는 사람은 서운한 말조차도 하지 않는다. 이런 상대의 마음도 모르고 스스로 상처를 만드는 것은 자신의 마음을 모르기 때문이다.

상대의 마음을 알기 위해서는 내 마음을 먼저 알아야 한다. 내 마음이 아프고 답답하다고 해서 상대의 서운한 말에만 집착할 것이 아니라 상처의 본질을 알아야 한다. 상처의 본질을 알면 해결책은 저절로 나온다.

상대중심으로 가는 사람들의 특징은 이미 나를 잃어버렸기 때문에 상대에 대해서만 알고 싶어 한다. 그래서 모든 것이 상대중심으로 움직인다.

상대가 화를 내면 나를 싫어한다고 생각하고, 상대가 무관심하게 대하면 마음이 떠났다고 생각한다. 이처럼 상대의 말 한마디, 행동 하나하나에 일희일비하는 것은 나를 모르기 때문이다. 나를 알면 상대의 말 한마디에서도 깊은 의중을 찾아낸다.

반대로 나를 중심으로 가는 사람을 보면 완전히 자신밖에 모르는 독불장군이다. 그래서 상대가 있어도 상대가 없다고 생각하기 때문에 아예 대화 자체가 되지 않는다.

자신이 하는 말에 상대가 상처를 받거나 고통을 받아도 내 기분만 좋으면 그만이다. 그래서 내 중심으로 가는 사람들은 상대와 공감하지 못한다.

사이코패스, 소시오패스는 상대와 교감을 할 줄 모르기 때문에 대화 자체가 안 된다. 이런 사람들은 자신의 욕망이 우선이기 때문에 상대와 주고받는 것을 모른다.

상대와 교감을 할 줄 모르는 사람들 대부분이 관계적응기 때 주변사람들의 보살핌을 받지 못해서 고립되거나 방치된 경우가 태반이다. 이럴 경우 열악한 환경에서 살아남기 위해서 누군가와 마음을 주고받기보다 자신의 마음만 지키려고 애쓴다. 이런 심리습관이 만들어지면 타인은 안중에도 없고 자기중심으로만 간다. 이런 사람들은 어릴 때부터 마음을 주고받은 적이 없어서 성인이 되어서도 타인과 교감하는 능력이 없다. 그래서 주변에 누군가가 아파 고통을 호소해도 자신의 고통이 아니면 신경도 쓰지 않는다. 한집에 살던 아저씨가 교통사고로 죽어도 먼 나라 이야기로 생각한다. 이처럼 상대와 공감을 하지 못하는 사람은 주위의 보살핌 없이 혼자 오랫동안 내버려진 사람이라고 보면 된다.

반대로 상대중심으로 가는 사람은 나 자신을 찾는 것이 아니라 나 자신을 잃어버린 사람이다. 그래서 나를 찾기 위해 상대의 마음을 파고드는 것이다.

인간이 살아가는 방식은 두 가지뿐이다. 상대중심 아니면 내 중심으로 살아간다. 상대중심으로 가면 내가 고통을 받고, 내 중심으로 가면 상대가 고통을 받는다.

인간관계에서 대화법을 알면 자기중심도 아니고 상대중심도 아닌, 서로의 입장을 존중하면서 살아간다.

엄마의 삶은 그냥 아이에게 헌신하는 삶이다. 표면적으로 볼 때 엄마가 무조건 아이에게 마음을 주는 것 같지만 아이도 엄마에게 주는 것이 많다. 즉, 부모자식 간의 관계도 주고받는 거래관계이다.

엄마가 우는 아이를 밤새도록 달래다가도 아이가 어느 순간 울음을 그치고 새근새근 잠에 들면 엄마는 아이의 편안한 표정에서 무한한 행복을 느낀다.

엄마가 만들어준 음식을 아이가 맛있게 잘 먹으면 엄마는 커다란 행복을 느낀다. 아이들은 무조건 엄마에게 받기만 하는 것 같아도 엄마가 사랑을 줄 때마다 반응을 보여서 엄마를 기쁘게 한다. 이때 아이가 보이는 반응은 엄마가 아니면 아무도 알지도, 느끼지도 못한다. 이처럼 마음의 원리는 사람과 사람이 마음을 서로 주고받는 것이 목적이다. 이런 목적은 바로 인간의 행복에 있다.

대화는 인간관계에 가장 필수적인 것이다. 그러나 인간관계를 맺고 살면서 대화 자체가 없는 사람들도 있다. 인간관계에서 대화가 없으면 사람으로 사는 것이다.

게임에 미친 아들이 제 방에서 종일토록 나오지 않는다. 화장실에 가기 위해 방문을 열고 나오다가 엄마와 눈이 마주쳐도 본체만체한다. 엄마는 이런 아들의 태도가 마음에 들지 않지만 자신의 기준을 강요하면 할수록 아들은 더욱 반항적으로 나오기 때문에 엄마도 아들을 모른 체한다. 그러나 날이 갈수록 엄마는 아들로 인해서 상처가 쌓인다.

아들이 물을 마시다가 제 누나와 눈이 마주쳤다. 누나가 웃으면서 "괜찮니?" 하고 물어본다. 아들은 아무 반응도 하지 않은 채 제 방으로 들어가 버린다.

가족들과 스스로 벽을 쌓고 사는 아들은 갈수록 고립될 수밖에 없다. 가족들이 아들에게 다가가기 위해 볼 때마다 따뜻한 말 한마디를 건네도 전혀 반응하지 않아서 더 이상 말을 걸지 않는다.

남자는 표면적으로 가족관계로 묶여있지만 인간관계를 맺지 못한 채 사람으로 산다. 이런 사람에게는 대화가 없어도 사는 데 전혀 불편함을 못 느낀다. 그러나 이런 생활이 지속될수록 타인과 교감할 줄 몰라서 자신도 모르게 반사회적인격장애를 갖게 된다.

상대의 마음에 반응하는 것은 마음의 작용이다. 엄마가 아이의 기저귀를 갈아주면 아이는 기분이 좋아서 팔다리를 마구 흔들어댄다. 엄마가 아이를 향해 손동작을 하면 아이는 재미있다는 듯 생글생글 웃는다. 엄마는 아이의 이런 반응에 무한한 행복을 느낀다.

아이나 연로하신 부모님은 나에게 아무것도 주지 않아도 존재 자체만으로도 충분히 행복하다. 무형의 보상은 이렇게 사방에 널려있다.

힘들게 땀 흘리면서 산의 정상에 올랐을 때 탁 트인 풍경이 나를 즐겁게 하고, 불어오는 시원한 바람이 나를 행복하게 한다. 내가 애쓴 만큼 반드시 무형의 보상이 따르는 것이 자연의 이치이다. 그럼에도 사람들은 항상 눈에 보이는 것, 손에 잡히는 유형의 보상만을 생각한다.

대화는 눈에 보이는 것, 보이지 않는 것 모두 필수 요소이다. 대화의 비밀은 서로가 무엇을 원하는지 알아야 대화가 잘 풀려 나간다. 한쪽만 목적이 있고, 다른 한쪽은 목적이 없다면 대화는 순조롭게 흘러가지 않는다. 대화는 서로 목적을 가지고 있을 때 막힘없이 소통이 잘된다.

두 사람 사이에 대화가 없으면 목적이 없다고 봐야 한다. 서로 장시간 마주보고 앉아 있으면서도 침묵으로 일관하면 상대가 내게 해줄 것이 없고, 나 역시도 상대에게 해줄 것이 없다. 상대에게 원하는 것이 없으면 목적이 없어서 대화를 나누지 않는다. 줄 것도 없고, 받을 것도 없는 관계라면 굳이 대화가 필요 없다.

대화에서 가장 핵심은 목적이 있어야 한다. 그리고 내가 먼저 마음을 줘야 상대도 자연스럽게 마음을 준다.

대화는 사람일 때는 전혀 의미가 없다. 의사소통은 마음과 마음이 결합될 때 이루어진다.

대화의 비밀은 서로 목적을 가지는 것이다. 내가 원하는 것이 무엇인지, 상대가 원하는 것이 무엇인지를 정확히 아는 것이 바로 대화의 비밀이다. 대화의 비밀을 정확히 알고 대화를 나누면 내 마음도 열리고, 상대의 마음도 열린다.

아무런 목적 없이 상대와 기분 좋게 대화를 나누다가도 서로 생각하는 기준이 다르면 스트레스와 상처가 발생한다. 이때 상처와 스트레스를 힐링하지 않으면 인간관계가 균열되기 시작한다.

대화를 잘하려면 일단 내가 먼저 마음을 열어야 한다. 상대의 마음이 열릴 때까지 기다리다 보면 시간만 가고 오해만 양산한다.

대화는 마음과 마음을 나누는 것이기 때문에 내가 먼저 마음을 열어야 상대도 마음을 연다. 이것이 대화의 비밀이자 마음의 작용이다. 주고받는 마음의 작용이 바로 대화의 비밀임을 알아야 한다.

〈대화의 신〉

대화는 인간에게 반드시 필요한 덕목이다. 인간관계 속에서 자아실현을 해나가려면 반드시 대화가 필요하다.

대화를 하려면 목적이 있어야 한다. 그런 다음 내가 먼저 마음을 열어야 상대도 마음을 연다. 서로 마음을 열고 대화를 나누면 대화는 즐겁고 편안해진다.

상대에게 마음을 준다는 것은 협력관계를 맺는다는 것이다. 인간이 가진 가장 기본적인 욕구는 소속감이다. 즉, 혼자 고립되는 것을 싫어하는 것이 인간이기 때문에 누구나 함께 가기를 원한다.

인간에게 있어서 고립은 사회적 죽음을 의미한다. 공동체를 만들어서 인간관계를 맺고 살아가는 것도 고립되지 않으려고 하는 것이다. 그래서 인간은 사회적 동물이 될 수밖에 없다.

함께 살아간다는 것은 인간의 생물학적 약점을 보완하기 위해서이다. 인간으로 살지 않고 혼자 사람으로 살게 되면 병들고 늙었을 때 기댈 곳이 없다. 이것이 사람으로 살 때의 가장 큰 인생 과제이다.

인간으로 살면 기쁨도 함께하고, 슬픔도 함께한다. 그래서 함께 만들어가는 희로애락이야말로 인간의 행복이자 보람이다.

인간관계를 맺고 함께 자아실현을 해나갈 때 가장 중요한 것이 대화이다. 함께 가치와 의미를 추구하다가 뭔가 잘못되었을 때 대화로 문제를 풀어나갈 수가 있다. 서로 마음속 깊은 대화를 나누다 보면 미처 생각하지 못했던 자신의 잘못에 대해서 알게 되고, 내 멋대로 생각한 상대의 마음에 대한 오해도 풀리게 된다. 이처럼 대화는 상대로 인해서 자신의 삶을 또렷이 바라볼 수가 있다. 그러나 대화를 스트레스라고 생각해서 피하기만 하면 오해가 오해를 낳기 때문에 갈수록 문제가 커질 수밖에 없다.

인간관계에서 생기는 모든 문제는 대화로 풀어야 한다. 대화는 서로 대등한 관계에서 시작해야 한다. 있는 그대로의 나를 드러내면 상대 역시 있는 그대로의 자신을 드러낸다. 어떤 편견도 없이 상대에게 다가갈 수 있는 것이 대화이다.

대화는 목적을 가지고 내가 먼저 다가가서 마음을 여는 것이다. 이것이 바로 인간관계의 첫걸음이다.

대화의 신이라고 불리는 사람들이 있다. 대화를 할 때 자유자재로 상대를 컨트롤하는 능력이 있는 사람을 일컫는다. 이런 사람은 대화를 통해 자신이 목적한 것을 훌륭하게 달성하는 사람이다. 이때 자신의 목적은 물론이고 상대의 목적까지 달성하게 해주면 대화의 신이라고 불러도 지나침이 없다.

남자가 모임에서 만난 여자를 유혹하려고 한다. 이때 필요한 것이 대화의 기술이다. 자기 목적에도 맞고, 상대의 목적에도 맞는 대화를 끄집어내야 모든 것이 순조롭게 진행된다.

여자도 마찬가지이다. 누군가를 유혹하려면 대화가 필수다. 이때 내가 필요로 하는 것이 무엇인지, 상대가 필요로 하는 것이 무엇인지를 정확하게 간파해서 대화를 유도한다. 서로의 목적이 맞으면 대화는 급물살을 탄다. 그러나 상대의 목적을 정확히 꿰뚫어보지 못하면 대화는 시작부터 난관에 봉착한다.

사업을 확장하고 싶은데 돈이 없다. 그래서 아는 사람한테 가서 사업 취지를 설명하고 투자를 받으려고 한다. 이때 가장 중요한 것이 대화이다. 대화를 통해 내 사업에 투자하게끔 상대의 마음을 사로잡아야 한다. 사업이 아니더라도 지인한테 취직을 부탁할 때도, 누군가를 사귀고 싶을 때도 첫 관문이 대화이다.

내가 원하는 것을 얻기 위해서는 상대의 마음을 움직여야 한다. 상대의 마음을 움직이기 위한 가장 좋은 방법이 바로 대화이다.

인간관계를 맺고 살아가려면 반드시 대화가 필요하다. 내가 원하는 것을 달성하면서도 상대가 원하는 것도 달성하게 해주는 것이 바로 대화이다.

대화에 성공하기 위해서는 대화의 비밀을 알아야 한다. 그런 다음 내 목적도 이루고, 상대의 목적도 이루게 해줘야 한다. 두 가지 목적을 다 이루었다면 나는 과히 대화로 신의 경지에 올랐다고 볼 수가 있다. 그러나 내가 원하는 것을 이루기 위해서 상대에게 피해를 입히는 대화를 나눈다면 나는 사기꾼이나 다름없다. 그럴듯한 말로 상대의 환심을 사서 상대의 돈을 착취한다면 이것은 범죄다. 남자가 여자를 탐하기 위해 달콤한 말로 여자의 마음을 사로잡았다면 이것 역시도 범죄이다.

대화의 비밀은 서로 목적을 가지고 먼저 마음을 여는 것이다. 대화의 신은 서로 목적을 달성해서 서로가 행복을 느끼게 해주는 경지에 있는 사람이다.

나누는 대화가 나 자신을 위하고, 상대를 위한다면 둘 다 행복해질 수 있다. 이런 대화를 나눌 수 있는 사람이야말로 대화의 신이라고 할 수가 있다.

대화는 상호 목적을 가져야 한다. 대화에 목적을 갖기 위해서는 무엇보다 나를 먼저 알아야 되고, 그다음 상대를 알아야 된다.

상대와 대화를 나눌 때 목적을 가지는 것은 내 생각이 아니라 내 마음이 시키는 것이다. 그래서 내 마음의 작용을 알아야 상대의 마음도 알게 된다. 이 말은 마음의 원리를 알아야 나를 알고, 상대를 알 수가 있다는 것이다.

흔히 "그때 내가 왜 그 사람과 그런 대화를 나누었는지 모르겠어." 하는 경우가 있다. 자신의 마음을 모르면 상대의 마음도 알 수가 없다. 이렇게 되면 대화의 목적을 이끌어낼 수가 없어 실패를 한다.

사람의 마음에는 여자의 마음과 남자의 마음 두 개뿐이다. 이 마음은 태어나서 죽을 때까지 변하지 않는다. 사람에게 여자의 마음과 남자의 마음이 있다는 것만 알아도 대화가 막히지 않는다.

여자라고 해도 남자의 마음을 사로잡으려면 남자의 마음을 알아야 한다. 여자인 내가 남자의 마음을 모르는 상태에서 대화에 임하면 백전 백패한다.

백화점 판매원이 "저 고객은 남자니깐 남자의 마음으로 공략을 하자." 이런 목적을 가지고 대화를 시작하면 고객의 마음이 생각보다 빨리 움직인다. 내가 여자라고 해서 여자의 마음으로 남자를 공략하면 무조건 실패한다. 남자는 모든 것이 기분에 좌우되기 때문에 여자의 감정을 가지고 접근했다가는 스트레스만 준다.

남자는 가치를 추구한다. 경제적 가치를 추구하는 남자는 돈을 버는 데만 혈안이 되지, 돈을 쓰는 데에 있어서는 인색하다. 그런 남자가 우연히 서울역을 지나가다가 추위와 굶주림에 떠는 노숙인들을 보고 그 즉시 노숙인 쉼터에 큰돈을 기부했다. 지금까지 살아오면서도 어딘가에 기부하겠다는 생각은 한 번도 해본 적이 없었다. 그런데도 앞뒤 생각할 여유도 없이 거금을 기부했다면 이것은 바로 마음이 시킨 것이다.

인생을 살아가면서 나의 생각과는 무관하게 마음이 시키는 대로 하는 것이 많다. 평소 고양이를 싫어하는 여자가 길을 가다가 추위에 오들오들 떨고 있는 새끼고양이를 보았다. 자신의 생각과는 달리 본능적으로 새끼고양이를 품에 안았다면 마음이 시킨 행동이다.

마음이 이런 행동을 시키는 것에는 분명한 이유가 있다. 행복을 느끼라고 이런 행동을 지시하는 것이다.

노숙자 쉼터에 큰돈을 기부한 사람은 베푸는 삶에서 생각지도 않은 큰 행복을 느꼈을 것이다.

새끼길고양이를 데리고 온 여자는 나약한 존재를 돌봄으로써 크나큰 행복을 느꼈을 것이다. 마음의 작용이 항상 행복을 위해서 움직이는 것은 행복은 인간이 살아가는 원동력이기 때문이다.

대화를 나눌 때 나의 의지와는 달리 그냥 내 마음을 보여줄 때가 있다. 이것 역시도 마음이 시킨 것이다. 즉, 자신도 모르게 상대와 마음을 나누면서 행복을 느끼는 것이다.

내가 먼저 마음을 열면 상대 역시 마음을 연다. 대화는 목적을 가지고 내가 먼저 마음을 줘야 대화가 술술 풀려나간다. 그 이유는 내가 먼저 마음을 줬기 때문에 상대도 주는 것이다. 대화는 어디까지나 목적관계, 거래관계임을 잊어서는 안 된다.

인간의 마음은 행복에 초점이 맞춰져 있다. 사람과 사람이 만나 함께 자아실현을 해나가는 것도 행복해지기 위해서이다. 마음의 작용은 바로 여기서부터 출발하는 것이다.

남자의 마음이 가치를 추구하고, 여자의 마음이 의미를 추구하는 것도 행복해지 위한 자아실현이다. 그래서 인간관계에서 가장 기본은 자기행복을 추구하는 것이다.

남자는 좋은 기분인 재미와 즐거움, 열정을 추구하고, 여자는 좋은 감정인 행복, 사랑을 추구한다. 대화를 할 때 여자의 마음과 남자의 마음이 다르다는 것을 인정하고 들어가야 대화가 막히거나 끊어지지 않는다.

남자가 추구하는 것은 좋은 기분이고, 여자가 추구하는 것은 좋은 감정이라는 것만 알아도 대화에는 실패가 없다.

남자는 기분을 가지고 살지만 여자는 기분과 감정을 다 가지고 산다. 그래서 여자가 사랑과 행복을 추구할 때 상대가 꼭 남자일 필요는 없다. 여자는 마음이 맞는 여자 친구가 있어도 얼마든지 행복을 느낄 수 있고 자신이 좋아하는 취미활동을 할 때도 행복을 느낀다.

탁 트인 바다만 봐도 여자는 행복을 느끼고, 맛있는 음식을 먹을 때도 행복을 느끼는 것이 여자이다. 이런 행복은 긍정감정이 만들어내기 때문에 몸과 마음은 물론이고 인간관계도 좋을 수밖에 없다.

여자가 누군가를 만나 대화를 하고 싶어 하는 것은 자신도 모르게 마음에서 좋은 감정이 일어나고 있다는 증거이다. 말하자면 마음의 작용에 목적이 있는 것이다.

대화는 자신도 모르게 마음에서 필요로 하는 것이라면 기분으로 사는 남자는 왜 대화를 필요로 할까?

남자는 기분이기 때문에 일상에 재미와 즐거움이 있어야 열정이 만들어진다. 우연히 한 여자를 만났는데 여자와 있는 시간이 그냥 즐겁다. 그래서 더 즐거워지고 싶어서 여자를 향한 열정이 만들어진다. 남자의 이런 마음의 작용은 여자를 위한 것이 아니라 자신의 행복을 위한 것이다.

대화는 마음이 필요로 하는 것이다. 상대의 말과 행동에 집중하지 말고 상대의 움직이는 마음을 읽어야 진정한 대화이다.

남자가 대화를 하는 이유는 자신이 느끼는 재미와 즐거움의 열정을 마음으로 충족하고 싶어서이다.

여자도 대화를 하는 이유는 사랑하는 감정, 행복의 감정을 마음으로 충족하고 싶어서이다. 그래서 서로의 목적이 맞아떨어진 남녀는 자신이 행복해지기 위해 끊임없이 대화를 나누는 것이다.

시중에 나와 있는 대화법 코칭책을 보면 상대가 힘들다고 말할 땐 이렇게 해라, 저렇게 해라는 지침을 알려준다. 그러나 이런 코칭은 올바른 대화법이 아니다. 대화법에는 어떤 규격이나 법칙이 없기 때문이다.

대화의 상대가 여자냐 남자냐에 따라서 달라지고, 대화의 목적에 따라서도 달라지기 때문에 정해진 기준이 없다. 대화는 생각이 아닌, 마음의 작용에 의해서 이루어지기 때문에 정형화된 대화의 지침은 아무 소용이 없다. 대화의 코칭법은 큰 틀에서만 참조하면 된다.

친구를 오랜만에 만났을 때 그동안의 안부를 물으면 어떤 친구는 힘들었다고 말을 하고, 어떤 친구는 침묵으로 일관한다. 아니면 "맨날 그렇지 뭐. 우리 뭐 먹을까?" 하면서 화제를 엉뚱한 곳으로 돌리는 친구도 있다. 이런 경우 자신의 이야기는 하고 싶지 않다는 뜻이다. 이런 친구의 마음을 알지 못하고 자꾸 친구의 근황을 묻는다면 대화는 빗나가기 일쑤이다.

하나의 물음에 사람마다 표현방식이 다 다르다. 이런 다양한 표현방식에 일일이 코칭을 한다는 것은 장님이 코끼리를 만지는 것과도 같다. 코칭법보다 상대의 마음을 먼저 읽는 것이 무엇보다 중요하다.

오랜만에 만난 여자친구가 힘들었다는 말을 했을 때 상대의 입장에서 생각을 해봐야 한다. 일단 여자이기 때문에 의미에 문제가 생겼다고 봐야 한다.

의미란 사랑의 감정, 행복의 감정이다. 이 감정에 문제가 생겼다면 좋은 감정을 넣어주면 된다. 이 친구의 마음이 원하는 것은 바로 행복해지고 싶다는 마음의 표현이다.

오랜만에 만난 남자친구가 힘들었다고 말을 했을 때는 여자의 입장과는 현저히 다르다. 남자들이 힘들다고 말하는 것은 가치추구에 문제가 있었다는 말이다. 가치추구를 하는데 재미도 없고, 열정도 생기지 않아서 사는 것 자체가 힘들다는 의미이다.

　이런 마음을 가진 여자와 남자를 친구가 연결시켜 줬다면 만나는 순간 서로 마음이 작용하기 시작한다. 왜? 서로 먼저 마음을 내줬기 때문이다. 그래서 남자는 '이 여자에게는 지금 사랑의 감정이 필요하구나.' 하고 생각하면서 대화의 물꼬를 튼다.

　반면 여자는 '지금 이 남자는 만나는 여자가 없어서 열정이 시들해졌구나.'라는 생각으로 대화에 임한다. 이미 서로 마음을 열어뒀기 때문에 대화가 의외로 잘 통한다. 이렇게 되면 대화를 통해 두 사람 다 목적을 이루는 것이다.

　반면 서로의 상황을 전혀 모르는 상태에서 남녀가 우연히 만났는데 생각지도 않게 대화가 너무 잘 통한다면 목적을 가진 남자가 여자를 이용하고 있는 것이다. 자신의 목적을 위해서 기분 좋은 말만 쏟아내는 남자는 일단 경계를 해야 한다.

　자신의 목적을 위해 달콤한 말로 상대의 마음을 사로잡는 것은 범죄다. 굳이 범죄가 아니라 하더라도 판매를 목적으로 거짓정보를 흘리거나 상대의 마음을 이용해서 물건을 파는 경우가 많다.

　한 여자가 양품점에 스카프를 사러왔다. 판매원이 여자의 외모와 옷차림에 대해 입이 닳도록 칭찬을 한다. 그러고 나서 자신의 목적을 추구한다.

　"엊그제 이태리에서 직수입해 온 스카프가 있는데 평범한 사람들은 감히 소화를 못 시켜요. 손님 정도가 돼야 훌륭하게 소화시킬 거예요."

판매원의 상술에 넘어간 고객이 비싼 스카프를 구입했다면 그녀는 고객의 마음을 이용해서 비싼 물건을 판 것이다. 그러나 판매원이 권유한 스카프가 고객의 마음에 쏙 들었다면 서로 목적을 이룬 것이다. 이렇게 되면 판매원은 바로 대화의 신이 된다.

가족 간에도 마찬가지이다. 딸이 용돈을 타기 위해서 아빠의 마음을 이용하는 경우도 많다.

"아빠! 어젯밤에 술 많이 드신 것 같은데 제가 꿀물 한잔 타 드릴까요?" 하면 아빠는 기분이 좋아서 "갖고 싶은 거 있으면 말해봐, 아빠가 다 사줄게." 말한다. 이처럼 대화는 사람의 마음을 움직이는 데 있어서 필요한 요인이다.

대화는 인간관계를 형성해 나가는 데 있어서 무엇보다 중요하다. 대화가 없다는 것은 함께 나눌 마음이 없다는 것과 마찬가지이다. 그래서 인간의 마음이 어떻게 움직이는 것만 알아도 나의 목적과 상대의 목적을 대화를 통해 달성할 수가 있다.

수줍음이 많은 사람들은 말을 잘 못한다. 대화를 할 때 필요 이상 생각이 많은 사람들도 말을 잘 못한다. 무슨 말을 먼저 해야 할지를 모르기 때문이다.

말을 잘하는 사람과 말은 잘 못하는 사람의 차이는 말하는 방식이 달라서이다. 말을 잘 못하는 사람은 평소 혼자 생각을 많이 하는 사람이다. 해야 할 말을 혼자 생각만 하기 때문에 말을 하는 데 익숙하지가 않다. 막상 말을 해도 말을 많이 해본 경험이 없어서 두서없이 하게 된다. 이런 사람은 말을 하고 나면 항상 후회하는 일이 생겨서 가급적 타인과 말을 섞으려고 하지 않는다. 이런 상태가 지속되면 대인기피증이 생긴다.

이런 사람에게는 말은 생각으로 하는 것이 아니라 입으로 하는 것임을 알려줘야 한다. 서투른 말이라도 자꾸 하다 보면 노련해진다.

내가 살아온 방식대로 살아가는 것은 나만의 개성이다. 그러나 인간관계를 맺고 함께 살아가려면 조화와 질서를 이루는 합리적인 방식으로 살아가야 한다. 그렇지 않으면 인간적인 삶을 살지 못 한다.

인간관계를 맺고 싶을 때 자신에게 부족한 것이 있으면 노력해서 채워넣고, 잘못된 것이 있으면 보완이나 수정을 해서 바로 잡아야 문제가 생기지 않는다. 특히 타인과 말하는 것이 불편하고 어색하다고 해서 피하게 되면 혼자 고립될 수밖에 없다. 고립되지 않으려면 말하는 것이 불편하고 힘들어도 노력해서 극복해야 한다. 노력이 모이고 모이면 자신에게도 말 잘하는 능력이 만들어진다. 그러나 노력하는 것이 싫어서 피하거나 편한 것만 찾게 되면 어쩔 수없이 자신의 방식대로 살아갈 수밖에 없다. 이런 삶은 고립을 자초한다.

인간으로 살기 위해서는 지금까지 쌓아온 기억데이터와 경험을 바탕으로 나만이 할 수 있는 고유의 말로 상대와 소통해야 대화가 된다.

말에도 품격이 있다. 말의 높낮이, 어휘력, 어투, 리듬감에 따라서 그 사람의 성격이 급한지, 다혈질인지, 점잖은지, 지적인지를 알 수가 있다. 대화를 나눌 때 상대의 품격에 따라 적절히 대응하면 된다.

상대의 말에서 상대가 무엇을 원하는지 빨리 감지해서 내가 원하는 것과 결합하면 상대의 목적과 나의 목적을 모두 다 이루어낼 수가 있다. 이런 능력이 바로 대화의 신이다.

상대가 끊임없이 내뱉는 말에서 마음이 작용하는 것을 빨리 필터링 할 줄 알아야 상대의 목적을 알 수가 있다. 그래서 대화법은 많은 행간에서 상대의 마음을 뽑아낼 수 있는 기술이 있어야 목적을 달성할 수가 있는 것이다.

가족 간의 대화, 친구와의 대화, 동료와의 대화, 연인과의 대화에서 대부분의 사람들은 말이 만들어내는 기분만 느낀다. 그러나 말 속에 들어있는 마음의 작용을 안다면 상대의 목적이 무엇인지도 알게 된다. 그래서 나의 목적과 상대의 목적을 알면 대화는 성공이다.

대화가 잘 안 되는 이유는 서로 자신에게 필요한 말만 하기 때문이다. 내 목적에 맞는 대화면 대화가 잘 통하고, 내 목적에 맞지 않는 대화면 스트레스와 상처를 받게 된다.

내 목적에 맞지 않는데도 대화가 잘 통한다면 내가 상대에게 이용을 당하고 있거나 내가 상대를 이용하고 있다는 뜻이다. 말하자면 서로가 서로를 이용한다는 것이다.

대화의 기본을 알면 저 사람이 하는 말에 무슨 의도가 들어있는지를 간파할 수가 있다. 내가 상대에게 10의 마음을 줬다면 상대도 나에게 10의 마음을 줘야 대화가 잘 통한다. 이처럼 대화가 잘 통하려면 주고받는 것이 명확해야 한다. 그래서 대화는 일종의 거래관계이고 목적관계이다.

대화의 신이 되는 방법은 대화의 비밀인 마음의 원리를 아는 것이다. 마음의 원리를 알면 마음의 작용을 알기 때문에 상대의 마음을 훤히 읽을 수가 있다. 상대의 마음을 알면 상대가 무엇을 원하는지 알기 때문에 나도 대화의 신이 될 수 있다.

3.
상대의 마음을 사로잡는 법

인간관계가 복잡해지면서 빠른 시간 안에 사람의 마음을 사로잡는 방법이 없을까 하는 생각을 많이 하게 된다. 사람의 마음을 사로잡으려면 먼저 상대의 마음을 볼 줄 아는 혜안이 있어야 한다.

인간의 마음은 태어나서 죽을 때까지 변하지 않는다. 마음은 하나지만 여기에는 남자의 마음, 여자의 마음이 있다.

남자의 마음과 여자의 마음이 분리되어서 움직이면 사람의 마음이고, 여자의 마음과 남자의 마음이 합쳐져서 움직이면 인간의 마음이 된다.

여자는 남자의 마음을 가지고 있지 않기 때문에 남자의 마음을 볼 줄 안다고 해도 남자의 마음을 해석할 수가 없다. 어린아이가 글자를 읽을 줄은 알아도 뜻을 해석할 수 없는 것과 마찬가지이다.

남자 역시 여자의 마음을 가지고 있지 않기 때문에 여자의 마음을 볼 줄은 알아도 해석을 할 수가 없다. 이처럼 상대의 마음을 해석할 줄 모르면 서로의 기준이 달라서 평생을 스트레스와 상처 속에서 살다가 죽는다.

마음의 원리를 알면 인간의 마음을 알고 이해할 수가 있다. 마음의 이치만 알아도 스트레스와 상처는 만들어지지 않아 삶이 긍정적이다.

마음은 의식과 무의식으로 나누어져 있다. 의식은 직접 느끼는 것이고, 무의식은 의식이 자각해서 느낄 수 있도록 만들어주는 역할을 한다.

무의식의 역할에는 두 가지가 있다. 하나는 습관으로, 어떤 기준 안에서 저절로 자각하도록 만들어져 있고, 또 하나는 습관이 의식으로 느껴지기 위해 마음에너지를 만들어내는 것이다. 마음에너지가 의식에 전달되지 않으면 아무것도 느끼지 못한다.

강물이 바다로 흘러가기 위해서는 에너지가 있어야 된다. 에너지가 만들어지려면 물은 높은 곳에서 낮은 곳으로 흘러가야 한다. 즉, 끌어당기는 에너지가 없으면 강물은 흐르지 못하고 고이게 된다.

강물이나 혈액, 사람의 기(氣)도 순환되지 않으면 고여서 썩게 된다. 그렇기 때문에 모든 것은 순환되어야만 활기찬 활동을 할 수가 있다.

순환하기 위해서는 에너지가 필요하다. 마음을 의식으로 자각할 수 있도록 무의식의 습관이 마음에너지를 전달한다. 마음에너지가 없으면 마음이 작용하지 않아서 아무것도 느끼지 못한다.

남자와 여자의 마음에너지는 다르다. 남자는 기분을 가지고 있기 때문에 마음에너지가 즉흥적이고, 일시적이다. 기분은 5개 감각기관으로 들어온 인식이 자극되어야만 느껴진다. 아무리 재미있고 즐거운 기분이라 하더라도 자극이 멈추면 기분은 연기처럼 사라진다. 그래서 남자는 기분을 기억하지 못하는 것이다.

여자는 감정을 가지고 있기 때문에 마음에너지가 지속적이어서 오래간다. 이런 점에서 볼 때 마음에너지는 여자가 훨씬 크다. 그래서 여자는 자극이 멈추어도 느낌이 지속되기 때문에 감정을 오래 가져갈 수 있다.

기분이 1개라면 수천 개의 기분이 모여 만들어진 것이 감정이다. 그래서 자극이 없더라도 감정을 느낄 수가 있는 것이다.

남자는 좋은 기분과 나쁜 기분을 가지고 있고, 여자는 좋은 감정과 나쁜 감정을 가지고 있다. 남자의 기분이 좋다는 것은 의식에서 재미와 즐거움을 자각한다는 것이다.

남자는 재미와 즐거움이 자각되면 더욱 좋은 기분에 몰입하게 된다. 이때 긍정에너지인 열정이 만들어진다. 결국 남자의 열정은 재미와 즐거움을 추진하는 힘이라고 보면 된다.

열정의 반대가 스트레스이다. 5개 감각기관을 통해 나쁜 기분이 들어오면 무조건 차단하려고 무의식이 작용한다. 무의식은 나쁜 기분인 스트레스가 들어오면 그 즉시 제거해야 하기 때문에 부정에너지가 작용한다. 이때 무의식의 표현이 나오는 것이다.

여자는 좋은 감정과 나쁜 감정을 다 느낀다. 좋은 감정일 때는 자신도 모르게 긍정감정이 오래 지속된다. 5개 감각기관으로 들어온 좋은 자극이 없음에도 불구하고 좋은 감정을 느끼는 것은 여자의 감정이 한결같기 때문이다.

여자가 어떤 사람을 좋아하게 됐다. 만나면 좋지만, 만나지 않아도 그냥 좋다. 그 사람을 생각만 해도 행복해진다면 여자는 이미 상대에게 사랑의 감정을 느끼는 것이다.

사랑이라고 해서 남녀 간에 애정만을 이야기하는 것이 아니다. 무의식에서 좋은 감정을 지속적으로 느낀다면 이것은 바로 사랑의 감정, 행복의 감정이다.

여자에게 사랑의 감정이 필요한 이유는 자신이 행복해지려고 하는 것이다. 남자가 좋은 기분에 몰입하는 열정 역시도 자신이 행복해지기 위해서이다.

여자가 말하는 행복과 남자가 말하는 행복이 다르다. 남자는 5개 감각기관을 통해 좋은 기분이 들어오면 행복하다. 반면 여자는 5개 감각기관을 통해 들어오는 좋은 기분보다 마음속에서 만들어지는 좋은 감정에서 행복감을 느낀다.

문제는 나쁜 기분과 나쁜 감정이다. 남자는 나쁜 기분인 스트레스가 발생하면 무의식이 무조건 제거하려고 한다. 반면 여자는 나쁜 기분인 스트레스가 발생하면 무조건 수용해서 상처로 쌓아둔다. 이것이 바로 여자의 상처감정이다.

상처감정이 작용하려면 반드시 5개 감각기관을 통해 이것과 연관된 스트레스가 발생해야 상처의 기억감정이 올라온다.

여자들은 스트레스가 들어오면 상대가 누구든지 간에 무조건 받아들여서 쌓아둔다. 쌓아둔 스트레스를 무의식이 해석하기 시작하면서 상처를 만든다. 이것이 감정이다.

여자들은 마음에너지가 상처의 감정을 생성하도록 만들어져 있다. 이것이 바로 여자의 마음이다. 그래서 여자들은 상처가 작용하면 힘들고 고통스러워서 자신도 모르게 상처표현을 하는 것이다.

남자는 무의식이 상처를 기억하지 못하게 무조건 스트레스를 제거하지만, 여자는 스트레스를 상처의 감정으로 전환해서 치료하려고 한다. 치료를 해야 나쁜 감정인 상처의 감정이 사라지면서 그 자리에 행복의 감정이 만들어진다.

여자는 상처를 치료해야 사랑의 감정과 행복의 감정을 느낄 수가 있다. 상처를 치료하지 않으면 감정은 사라지고 기분만 남기 때문에 중독증에 빠진 확률이 높다.

남자는 스트레스를 제거해야 열정을 만들 수가 있다. 스트레스를 제거하지 않은 채 지속되면 노이로제가 발생한다. 만약 남자가 아예 스트레스를 받지 않는다면 어떻게 될까? 열정 자체가 만들어지지 않는다.

스트레스는 인간관계에서 만들어지는 나쁜 기분이다. 남자가 스트레스를 받지 않으려면 혼자 산속에 들어가서 살아야 한다. 산속에 들어가서 살면 스트레스가 생길 일이 없기 때문에 열정도 만들어지지 않는다. 남자의 열정은 스트레스를 제거할 때 만들어지는 에너지이기 때문이다.

반면 여자들은 사랑의 감정이 만들어지고 행복의 감정이 만들어지려면 반드시 필요한 것이 상처의 감정이다. 여자가 행복과 사랑을 느끼기 위해서는 상처의 감정이 필요하다. 그래서 심리는 항상 대칭을 이룬다.

태어나서 죽을 때까지 마음은 안 바뀐다. 태어날 때 남자의 마음을 갖고 태어났다면 죽을 때까지 남자의 마음이 작용한다. 이것을 중용에서 명(命)이라고 한다.

운명은 여자로 태어났느냐, 남자로 태어났느냐 그것으로 끝이다. 여자로 태어났다면 죽는 날까지 여자의 마음으로 살아가는 것이 여자의 운명이고, 남자로 태어났다면 죽는 날까지 남자의 마음으로 살아가는 것이 남자의 운명이다. 그럼에도 운명에 역행하는 사람도 있다. 여자가 남자로 성전환하거나, 남자가 여자로 성전환해서 운명 자체를 바꾸려고 하지만 외모가 바뀌어도 운명은 바꿀 수가 없다. 태어나는 순간 변하지 않는 것이 마음이기 때문이다.

태어나서 사람으로 사는 사람도 있고, 인간으로 사는 사람도 있다. 사람으로 살아갈 때는 남자와 여자로 구분한다. 사람으로 살면 자신의 행복만 추구하기 때문이다. 그러나 인간으로 살면 남자와 여자의 마음이 합쳐져서 하나가 된다. 마음이 하나가 되면 서로를 믿고 신뢰하면서 함께 사는 것이다. 이것이 바로 사람과 인간의 삶이 구분되는 지점이다.

남자가 사람일 때 상대가 고통을 느끼든지, 말든지 자기만 재미있으면 된다. 자신이 하는 것에 재미가 붙으면 남자는 열정이 생긴다. 그래서 더욱 재미와 즐거움에 몰입하게 된다.

남자가 이혼해 혼자 살면 도박과 술, 여자에게 미쳐서 살아간다. 인간이 아닌 사람으로 살기 때문에 자신만 행복하면 그만이다. 그래서 누구의 간섭도 없이 자신의 기분대로, 자신의 뜻대로 살기 때문에 결국에는 파멸의 인생을 살게 된다.

혼자 사람으로 살면서 가지고 있던 돈을 다 탕진하면 자신의 재미와 즐거움을 이어나가기 위해서 범죄까지 저지른다. 재미와 즐거움이 인생의 가치라고 생각하기 때문에 그것을 위해서 무슨 짓이든 하게 된다. 이런 열정은 자신의 인생을 나락에 빠트리는 부정에너지이다.

여자는 행복하려면 좋은 감정인 사랑의 감정만 있으면 된다. 사랑의 감정을 느끼려면 무엇보다 상대의 관심을 받아야 된다. 그래서 남자를 위해 필요 이상으로 화장을 하고 치장을 한다. 오로지 남자의 관심인 사랑을 받아야만 자신이 행복해지기 때문이다.

결국 여자로 사는 사람은 내가 행복해지기 위해 사랑을 받아야 되고, 남자로 사는 사람은 내가 행복해지기 위해 열정적이어야 된다.

남자가 연애할 때 여자한테 잘해주는 것은 여자를 위한 것이 아니다. 자신이 즐겁고 행복하기 때문이다. 그러나 대개의 여자들은 남자들이 자신을 사랑해서 잘해준다고 착각한다.

남자의 왜곡된 열정과 여자의 왜곡된 사랑은 심리장애인 관계중독의 전형이다.

남자와 여자가 인간관계를 맺게 되면 남자의 마음과 여자의 마음이 하나로 합쳐진다. 즉 마음을 나누는 사이가 되는 것이다.
인간관계는 사람과 사람이 만나 함께 공동의 목표로 향해서 행복을 추구하는 것이다. 이것이 결혼이다.
결혼을 하면 각자의 행복추구에서 함께 행복추구를 하게 된다. 이것이 바로 결혼한 사람들의 자아실현이다.
두 사람이 함께 행복을 추구하게 될 때 남자의 열정은 가치로 바뀌고, 여자의 사랑은 의미로 바뀐다.
가치추구는 내가 원하는 목표를 위해 계획을 세우고, 실행해 나갈 때 힘들고 어려워도 포기하지 않고 역경을 헤쳐나가는 것을 말한다. 즉, 자신의 의지에 따라 가치추구를 이루고, 못 이루고 하기 때문에 무엇보다 계획을 실행하는 습관이 필요하다.
여자의 자아실현은 특정한 대상이 아닌, 인간관계에서 오는 의미를 추구한다. 즉 삶에서 의미를 찾는 것이다.
결혼을 해서 남자의 가치와 여자의 의미가 필요한 것은 행복을 공동 목표로 둔 자아실현이기 때문이다.
지금 내가 현재 여자로서 한 남자에게 사랑을 느끼면 자신도 모르게 마음을 나누고 싶다는 생각이 든다. 남자 역시도 한 여자에게서 열정을 느끼면 마음을 나누고 싶다는 생각이 든다. 이때 남자와 여자가 서로 마음을 나누게 되면 믿음과 신뢰가 생기면서 자연스럽게 인간관계가 맺어진다.

중요한 것은 나는 인간관계로 살아가기를 원하는데 상대가 사람으로 살아가는 것을 원할 때 괴리감이 생긴다. 이때 여자는 남자와 인간관계를 맺고 싶으면 수단과 방법을 써서 유혹하면 된다. 그러나 유혹은 상대의 눈에 훤히 보이기 때문에 역효과가 나기 쉽다. 그래서 상대가 스스로 내 쪽으로 끌려오게 할 수 있는 방법을 찾아야 한다. 이것이 매력이다.

매력은 유혹과 정반대의 의미를 가지고 있다. 유혹은 인위적으로 그 사람을 사로잡기 위해 의도적으로 연출하는 것이다.

반면 매력은 내가 상대에게 잘 보이려고 애쓰지도 않았는데도 상대가 나를 좋아하는 것이다.

상대를 사로잡는 방법에는 유혹을 하는 방법이 있고, 스스로 매력을 만드는 방법이 있다. 인간관계에서 마음을 사로잡을 때 남자와 여자, 여자와 여자, 남자와 남자일 때가 다 다르다.

남자가 남자를 사로잡으려면 재미와 즐거움을 느끼게 해주면 된다. 상대 남자가 결혼을 했다면 가치를 추구한다. 나의 재미와 즐거움이 그 남자의 열정에 플러스되느냐, 가치에 플러스되느냐에 따라 그 남자의 마음이 달라진다.

남자의 마음이 재미와 즐거움을 추구하는 것은 다 똑같다. 그렇기 때문에 상대 남자에게 재미와 즐거움을 만들어주면 된다. 이렇게 되면 상대 남자는 유독 나에게 마음이 많이 쏠린다. 왜? 자신을 재미있게 해주기 때문에 남자는 늘 나를 만나고 싶어 한다.

살면서 상대가 나에게 잘해주는 것도 없는데 마음이 가는 사람이 있고, 엄청 잘해주는데도 마음이 안 가는 사람이 있다. 이것은 매력이 있고 없고의 차이이다.

상대가 돈도 많고, 능력도 뛰어난데도 만나면 지루하고 재미가 없으면 만나기가 싫다.

반면 가진 것도, 능력도 없는데 그 사람만 만나면 시간 가는 줄 모른다면 자주 만나고 싶어 한다. 남자와 남자 사이에는 일보다 재미와 즐거움의 매력이 더 중요하다.

내가 재미있고 즐겁게 해주는 능력이 있는 사람이면 많은 남자들이 나를 찾는다. 굳이 그들에게 내가 신경을 쓰지 않아도 그들 스스로 나를 찾는다. 이것이 바로 매력이다.

남자와 남자로 갈 때는 재미와 가치추구가 공존하면 상대는 무조건 나를 찾게 된다. 경영자 모임에서 만난 남자는 추구하는 가치가 같다. 그래서 사업 비전에 대해서 많은 이야기를 나누거나 서로 조언과 충고를 아끼지 않는다. 그런데 이 남자는 테니스광이다. 나 역시도 테니스광이라면 두 사람은 무조건 단단하게 묶인다. 추구하는 가치도 같고, 추구하는 재미와 즐거움도 같기 때문에 서로가 서로를 찾는다. 이것이 남자들의 기분공감능력이다.

상대가 나를 곁에 두고 싶어 하는 것은 유혹이 아닌, 매력이다. 이 남자를 만남으로써 생각지도 못하는 재미와 즐거움과 가치를 함께 만들어가기 때문이다. 즉, 가치와 기분공감능력이 같다고 보면 된다.

내가 굳이 상대의 마음에 들기 위해 의도적으로 행동하지 않아도 된다. 매력은 그냥 느끼는 것이다. 만약 억지로 매력을 어필하게 되면 상대방이 더 빨리 나의 목적을 알아챈다. 의도적인 것은 유혹이지 매력이 아니기 때문이다.

모든 것은 물 흐르듯 자연스럽게 흘러갈 때 그 가치가 더욱 빛나는 법이다. 유유히 흘러가던 물이 갑자기 역류하면 충격이 온다. 인간관계도 마찬가지이다. 기분이 서로 잘 맞고 편안해서 만나는데 뭔가 나를 이용한다는 생각이 들면 호흡이 잘 맞던 테니스도 흥미를 잃는다. 이렇게 되면 가치추구에도 문제가 생기면서 인간관계도 단절된다.

  친구는 목적관계라고 했다. 그래서 그냥 기분 좋을 때만 친구이다. 남자에게는 내일이 없다. 어제 아무리 친하게 지냈어도 오늘 싸웠다면 적이 된다. 그러다가 또 기분이 좋아지면 다시 친구가 된다.
  남자는 기분으로 모든 것을 해석하기 때문에 기분이 안 좋으면 모두 적이다. 아무리 친한 친구라 하더라도 직언을 하면 적이 되고, 듣기 좋은 말을 하면 아군이 된다.
  남자는 모든 것이 기분에 좌지우지되기 때문에 아무리 싸웠다고 해도 술 한잔하면서 화해하면 금방 기분이 좋아진다. 이것이 남자의 마음이다.
  남자에게 직언을 하는 친구가 있어서 좋겠다고 말한다면 착각이다. 남자에게는 직언하는 사람은 친구가 될 수 없다. 직언 자체가 스트레스이기 때문에 직언하는 친구를 견디지 못한다. 그래서 주먹을 날리거나 욕설을 퍼붓게 된다. 이런 무의식의 표현으로 스트레스가 제거되면 남자는 무엇 때문에 자신이 화가 났는지 기억하지 못한다. 그래서 남자들은 그 자리에서 한바탕 소동을 피우고 다시 예전의 관계로 돌아간다.
  남자와 남자로 갈 때는 일단은 재미와 가치를 함께 공유해야 서로 곁에 두고 싶어 한다. 즉, 한 인간에게 사로잡히는 것이다. 이것이 남자의 매력이다.
  남자의 기분은 즉흥적이고 일시적이다. 그래서 남자들은 재미있고 즐거운 기분을 유지하기 위해서 끊임없이 마음에 드는 친구를 불러내거나 목소리라도 들어야 한다.

"요즘 어떻게 지내?"

"나야 맨날 그렇지."

"언제 소주 한잔하자!"

"오케이."

남자들은 오늘 당장 소주를 안 마셔도 된다. 중요한 것은 비록 짧은 대화지만 친구로 인해 좋은 기분만 들어오면 된다. 그래서 심심하면 그냥 안부를 묻고, 오래 못 봤다 싶으면 전화를 해서 불러낸다. 이런 친구와는 재미와 즐거움이 공존하는 관계라서 자주 만나지 않아도 전화 한 통으로도 그 기분을 공유할 수 있다.

남자가 여자의 마음을 사로잡으려면 어떻게 해야 될까?

여자는 남자를 만나면 사랑의 감정을 갖고 함께 의미를 추구해 나가려고 한다. 그래서 여자는 남자가 관심을 보이면 보일수록 더욱 남자에 대한 의미가 깊어진다.

남자는 여자를 만날 때 지속적인 관심을 줘야 여자와의 관계에서 스트레스가 안 생긴다. 여자는 조금만 관심을 줘도 행복의 감정을 느끼기 때문에 자주 여자의 마음을 들여다보면서 관심을 줘야 한다. 그렇지 않으면 수시로 상처표현을 하기 때문에 피곤해진다.

여자를 만났는데 여느 날과는 달리 표정이 어둡거나 말이 없다면 무조건 관심을 쏟아야 한다.

"낯빛이 안 좋은 걸 보니 무슨 일 있었어?"

여자가 선뜻 말하지 않아도 남자가 지속적인 관심을 주면 여자는 자신이 받은 상처에 대해 말하기 시작한다. 이때 남자는 공감한다는 듯 고개를 끄덕이면서 "굉장히 힘들었겠구나. 그때 내가 옆에 있었으면 마음이 덜 아팠을 텐데." 하며 공감과 위로를 해주면 여자는 상처가 치료된다.

상처가 치료되면 마음이 편안해져서 남자를 더욱 사랑하게 된다. 그러나 대다수의 남자들은 여자가 상처표현을 하면 기분이 나빠져서 스트레스부터 받는다. 이렇게 되면 여자는 더욱 상처를 받아 상처표현이 과격해진다. 이렇게 되면 두 사람의 사이에 균열이 갈 수밖에 없다.

남자들은 기분으로 살기 때문에 감정공감을 할 줄 모른다. 그래서 여자의 감정이 무엇 때문에 상했는지 전혀 알지 못한 채 오로지 재미있는 기분과 가치추구에 마음이 끌릴 뿐이다.

상처가 많은 여자들은 남자들이 자신에게 관심을 주고 위로를 해주면 자신도 모르게 무장해제를 한다. 이런 마음의 작용은 자신의 힘들고 아픈 상처를 남자의 관심과 위로로 치료하고 싶어서이다. 목적이 있는 남자들은 상처가 많은 여자들만 노린다. 초원의 사자가 자신의 에너지를 아끼기 위해서 병들고 나약한 먹잇감만 뒤쫓는 것과 같은 이치이다.

건강식품 영업사원들이 복지관이나 노인정을 돌면서 공짜 여행을 시켜준다고 할머니, 할아버지들을 끌어모은다. 그래서 봄만 되면 노인네들을 잔뜩 태운 관광버스가 바닷가로, 유원지로 정신없이 돌아다니는 것을 많이 목격하게 된다.

좋은 풍경을 보여준 뒤 맛있는 점심을 대접하고 나서는 건강식품 회사의 강당으로 노인네들을 모시고 간다. 거기서 노인네들의 건강에 대해 알려주는데 이것은 건강지식을 습득하는 것이 아니라 노인네들로 하여금 건강에 대한 불안감을 증폭시키는 촉매제 역할을 한다.

"어쩐지 팔다리가 자주 저리다고 했는데 내 혈관에 문제가 있었네."

"어르신 혈관상태가 이 정도로 안 좋은데도 자식들이 혈관약을 안 사줬어요? 자식들이 불효를 했네."

영업사원들은 노인들 편에 서서 며느리, 아들, 딸, 사위들의 무관심과 무정함을 상기시킨다. 이때 서러워서 우는 노인들도 있고, 자식들의 무관심에 분노를 발산하는 노인들도 있다. 영업사원이 할아버지의 건강을 걱정하는 척하면서 혈관약을 권하면 무조건 산다.

할머니들은 살아온 세월만큼 상처가 많이 쌓여있다. 영업사원들은 할머니들의 상처를 자극해서 힘들고, 아프고, 고통스러운 감정을 끌어낸 다음 상처에 관심을 보이면서 위로해 주고 배려를 해준다. 그런 다음 건강을 생각해 주는 척하면서 건강식품을 들이밀면 할머니들은 이미 영업사원에게 좋은 감정이 생겼기 때문에 아무리 비싸더라도 건강식품을 사게 된다.

노인들이 공짜 관광을 갖다온 뒤 비싼 건강식품을 구매해서 가족들과 불화를 일으키는 경우가 허다하다. 늙어서 판단력이 흐려진 노인들을 상대로 하는 영업사원들의 상술은 치명적이다. 이것은 매력이 아닌 유혹이다. 유혹에는 언제나 함정이 들어있다는 것을 잊으면 안 된다.

연애할 때 남자는 자신의 성향과 관계없이 마음에 드는 여자가 있으면 공감하는 척 유혹부터 한다. 여자가 등산을 좋아하면 자신도 등산을 좋아한다고 하고, 여자가 뮤지컬을 좋아하면 한술 더 떠서 해마다 뉴욕 브로드웨이에서 신작 뮤지컬 한 편을 보고 온다고 허세를 떤다. 이런 남자는 오로지 여자를 유혹하기 위해 모든 수단과 방법을 다 동원한다. 이런 남자에게 넘어가는 여자들은 남자를 보는 자신만의 기준이 없는 것이다. 그래서 뒤늦은 후회를 하게 된다.

여자와 자연스럽게 교감하는 남자는 굳이 자신을 내세우지 않아도 매력을 발한다. 자신의 취향과 여자의 취향이 맞으면 즐겁고 재미있는 대화가 자연스럽게 이어지기 때문이다.

평소 유혹과 매력을 구분할 줄 알면 상대의 의중을 정확히 꿰뚫어 볼 수가 있다.

술집에서 어떤 남자가 여자에게 관심을 주고 위로를 해주면 남자들은 여자를 유혹하는 행동이라는 것을 한눈에 안다. 그러나 여자는 남자의 목적도 모르고 자신에게 관심 있는 줄 알고 쉽게 반응한다.

목적이 있는 남자들은 예쁜 여자보다는 반응하는 여자를 더 좋아한다. 반응이 없으면 아무리 양귀비 외모를 가졌더라도 더 이상 관심을 보이지 않는다.

여자는 상처가 많을수록 정신적 자립, 심리적 자립이 필요하다는 것을 깨달아야 한다. 그래야만 맹수의 공격으로부터 비켜나갈 수 있다.

사회가 남자 중심으로 갈 때는 재미와 즐거움 그리고 가치를 추구한다. 사회가 여자 중심으로 갈 때는 관심과 위로가 되는 의미를 추구한다.

인간관계를 맺을 때 마음과 마음을 나누는 순수함은 없고, 자신의 필요목적에 의해서 관계를 맺는다면 그 사람은 인간관계가 아닌, 사람으로 사는 것이다. 그래서 인간의 진정한 매력이 아닌, 유혹을 목적으로 사람에게 접근하는 것이다.

목적관계는 자신의 목적을 위해 상대가 스트레스와 상처를 줘도 제거하지 않고 참고 견딘다. 이런 사람들은 목적을 달성하기 위해서는 자신의 목숨까지도 내놓는다. 그러나 목적을 이루면 뒤도 돌아보지 않고 사라진다.

이렇게 되기 위해서는 철저하게 자신의 발톱을 숨겨야 한다. 목적관계는 철저하게 자신이 추구하는 목표만 존재할 뿐이다.

여자는 이런 남자를 진심으로 사랑한다. 그러나 왜곡된 사랑의 결과는 언제나 참담한 결과를 맞을 수밖에 없다.

여자는 남자의 관심을 중심으로 사랑의 감정, 행복의 감정을 만들어 가면서 의미를 추구한다. 남자가 여자의 마음을 사로잡으려면 관심과 위로가 필요하다. 남자가 여자에게 관심을 주고 위로를 해주면 여자들은 반응하게 되어있다. 남자들은 이런 여자의 반응에서 재미와 즐거움을 느낀다. 이것은 사랑의 열정이 아니라 재미와 즐거움의 쾌락일 뿐이다. 즉 왜곡된 열정으로 여자에게 접근한 것이다.

여자가 같은 여자에게 관심과 위로를 주는 경우도 많다. 자신도 상처가 많기 때문에 관심과 위로가 이 여자에게 어떤 역할을 하는지를 안다. 그래서 여자의 상처이야기에 귀를 기울이고 관심을 가진다. 여자가 상처이야기를 하다 힘들어하면 위로를 하거나 공감을 해준다. 그래서 이런 여자들은 상처가 많은 여자들에게 매력으로 작용한다. 동병상련의 관계이기 때문이다.

여자들은 서로의 상처이야기를 들어주고, 공감하면서 위로를 주고받다 보면 그 순간은 상처가 치료된 듯 마음이 아주 편해지고 후련해진다. 그러나 돌아서고 나면 이상하게도 마음이 전보다 더 무겁게 느껴진다. 그 이유는 상대와 상처를 공유했기 때문에 상처의 무게가 더 늘어나서이다.

여자친구라 하더라도 자신에게 관심과 위로를 주면 당연히 매력을 느끼게 되어있다. 타인의 관심을 필요로 하는 여자들은 상처가 많다는 증거이다. 상처가 작용할 때마다 자신도 모르게 아프고, 힘들고, 답답하기 때문에 누군가로부터 관심을 끌어내려고 애를 쓴다. 이럴 경우 타인의 관심이 자신의 상처를 덮어주기 때문이다.

이런 여자들은 매일 친구들을 만나서 자신의 아픈 이야기를 해야 한다. 그렇지 않으면 불안해서 혼자 있지 못한다.

남자가 아무리 목적을 가지고 여자에게 관심과 위로를 준다고 해도 여자들만큼 주지 못한다. 여자의 마음은 여자들이 더 잘 알기 때문이다.

여자의 마음을 사로잡고 싶을 때 관심과 위로가 필요하다는 것을 알아도 순수한 남자들은 어떻게 시작할지를 몰라 시행착오를 많이 저지르기도 한다. 그래서 오해를 사거나 불편을 줘서 여자 스스로 떠나게 만든다.

남자들은 단세포이기 때문에 친구들과 기분 좋게 술을 마시다가도 누가 기분 상하는 말을 하면 피투성이가 되도록 싸우기도 한다. 그러다가 스트레스가 제거되면 다시 술잔을 주거니 받거니 하면 방금 싸운 사실조차 기억하지 못한다.

남자는 자극을 받으면 제 성질을 이기지 못해서 감전된 물고기처럼 솟구쳐 올랐다가도 자극이 멈추면 순한 양이 된다. 이것이 즉흥적이고 일시적인 남자의 기분이다.

여자들은 감정의 동물이기 때문에 한 번 싸우고 나면 안 좋은 감정이 오래 지속된다. 서로 화해를 하고 나서 아무렇지 않게 수다를 떨거나 친하게 지내도 안 좋은 감정은 그대로이다. 그래서 여자들은 친구와 한 번 싸우고 나면 예전의 관계로 돌아가지 못한다. 아무리 화해를 했다하더라도 친구와 싸웠던 스트레스를 상처로 쌓아놓았기 때문에 조금만 기분이 언짢아도 상처의 감정이 올라온다.

상처가 많은 친구에게 관심과 위로를 지속적으로 해주면 친구는 내게 의존하게 되어있다. 이것이 바로 여자가 여자의 마음을 사로잡는 방법이다. 그러나 여자들은 이것을 알면서도 피한다. 바쁜 세상에 내 시간이 소중하기 때문에 굳이 친구의 상처이야기를 듣고 위로해 줄 여유가 없다. 그만큼 여자는 이기적이다.

상처의 작용으로 힘들고 답답해진 친구가 나에게 만나자고 여러 번 전화를 해와도 약속이 있다고 거절하거나 아예 전화를 받지 않는다. 그러나 남자는 다르다.

친구와 만나서 재미만 있으면 시간에 대한 개념도 없다. 오늘이 부모님 생신이라 하더라도 재미와 즐거움에 빠지면 가족들과의 생신 약속도 잊어버린다.

여자가 남자를 사로잡기 위해 지나친 관심을 보이면 남자는 거북하고 불편해서 스트레스를 받는다. 즉, 여자가 자신을 유혹한다고 생각하면 여자에 대한 호기심이 그 즉시 사라져버린다.

여자가 남자에게 매력적으로 보이기 위해서는 남자가 하는 말에 자주 웃어주면 된다. 남자가 농담을 할 때 재치 있게 받아넘기거나 대화를 나눌 때 유머감각이 있으면 남자는 여자와 함께 있는 것이 그냥 즐겁다. 이런 여자가 바로 남자에게 매력적인 여자가 된다.

남자는 5개 감각기관 중에서 제일 많이 자극을 받는 것이 시각이다. 그래서 남자들은 자신이 하는 말과 행동에 웃는 표정을 짓는 여자들을 아주 좋아한다.

여자의 외모가 아무리 뛰어나더라도 잘 웃지 않거나, 늘 인상을 쓰는 여자는 아예 만나지 않는다. 여자의 굳은 표정이 남자에게 스트레스로 작용하기 때문이다.

남자들은 재미와 즐거움을 추구하기 때문에 늘 호기심이 많다. 그래서 여자가 남자를 사로잡는 방법은 재미있는 것에 호기심을 유발시켜야 된다. 그다음이 가치이다.

상대를 사로잡는 방법을 알기 위해서는 먼저 여자의 마음과 남자의 마음을 알아야 한다. 서로의 마음을 알면 스트레스와 상처가 발생하지 않아서 만남 자체가 즐겁다.

〈질문과 답변〉

〈질문〉 상대의 마음을 사로잡을 때 대상이 동성이냐, 이성이냐에 따라서 표현이 달라질 것 같다. 특히 정치인이나 종교인처럼 대중을 상대할 때의 마음작용도 달라질 것 같다.

〈답변〉 상대의 마음을 사로잡으려면 상대의 마음을 알아야 자신의 목적을 이룰 수가 있다. 상대의 마음을 알지 못하면 상대가 원하는 것이 무엇인지, 상대의 표현이 무엇을 의미하는지를 몰라 스트레스와 상처를 유발하게 된다.

여자는 대부분 의미를 추구한다. 의미를 추구하려면 사랑의 감정, 행복의 감정이 필요하다.

여자들은 상처가 작용하면 마음이 힘들고 답답해서 친구를 만나서 수다를 많이 떤다. 일종의 기분전환이다. 그래서 상처가 많은 여자들은 자신과 상처를 공유할 친구들을 곁에 많이 둔다. 하지만 상처는 공유하면 할수록 기하급수적으로 커진다는 것을 알아야 한다.

유독 많은 남자들을 사귀는 여자들이 있다. 이런 여자들 대부분은 쌓인 상처가 워낙 많아서이다.

상처가 작용하면 아프고 힘들다. 그래서 남자의 관심과 위로로 삶의 의미를 찾으려고 한다. 만난 남자가 자신의 상처를 공감해 주고 위로해 주면 마치 상처가 치료된 듯 편안함을 느껴서 쉽게 사랑에 빠지게 된다. 그러나 왜곡된 사랑은 언제나 상처만 안겨주기 때문에 전보다 마음이 더 아프고 고통스러워진다.

동성친구에게서 느끼는 감정과 이성친구에게서 느끼는 감정은 다르다. 동성친구의 경우 남자는 재미와 가치가 같으면 서로를 찾게 된다. 여자는 무조건 상처를 공유하면 친해진다. 대중의 마음을 사로잡으려면 가치와 의미를 동시에 추구해야 믿고 따르게 된다.

여자에게는 남자의 관심이 없으면 사랑의 감정도 만들어지지 않는다. 이처럼 여자에게 가장 무서운 것이 남자의 무관심이다.

남자에게는 재미와 즐거움이 없으면 열정이 만들어지지 않는다. 그렇기 때문에 남자는 상대가 재미없고 지루하면 매력을 잃어버린다.

상대의 마음을 사로잡으려면 내가 공략할 상대의 마음을 알아야 나의 목적을 이룰 수가 있다. 상대의 마음을 모르면 내 멋대로 생각하기 때문에 서로 스트레스와 상처를 받게 된다.

〈질문〉 학교에서 인기 있는 선생님도 있고, 인기 없는 선생님도 있다. 인기 없는 선생님은 아이들을 사로잡는 매력이 없어서인가?

〈답변〉 학생들에게 인기가 없는 선생님은 대중을 사로잡는 방법을 모르기 때문이다. 여자선생님의 경우 여학생들을 엄격하고 냉정하게 대하면 당연히 인기가 없다.

선생님과 여학생은 같은 여자의 마음을 갖고 있기 때문에 관심을 주고 위로를 해줘야 선생님을 좋아한다. 즉, 선생님이 감정공감능력을 가지고 있어야 인기가 있다.

반대로 남자선생님이 여자처럼 섬세하고 꼼꼼하면 남학생들이 싫어한다. 같은 남자의 마음을 갖고 있기 때문에 통 크게 행동하는 것을 좋아한다. 즉, 기분공감능력을 가지고 있어야 인기가 있다.

상대가 남자인지, 여자인지, 대중인지를 잘 파악해서 대응해야 상대의 마음을 사로잡을 수가 있다.

〈질문〉 여자들이 모여있는 강연장에 남자강사가 나오면 여자강사가 강연을 할 때보다 더 집중을 잘하는 것 같다. 같은 마음이 아니라서 그런가?

〈답변〉 강연자가 남자냐, 여자냐에 따라서 대중의 심리도 달라진다. 마초처럼 보이는 남자가 강한 톤으로 강연을 하면 청중들은 남자의 카리스마에 끌려 그의 말과 행동에 집중하게 된다. 그러나 외모는 마초처럼 보이지만 하는 말과 행동이 여성스러우면 청중들은 그에게서 매력을 느끼지 못한다.

남자인 경우에는 카리스마가 있으면 상대를 사로잡는 효과가 크다. 이럴 경우 청중이 여자든, 남자든 중요하지 않다. 남성적인 매력 하나로 모든 사람을 사로잡기 때문이다.

반면 여자는 좀 다르다. 강연자가 여자임에도 짧은 머리에 양복차림이면 대중들은 강사를 남자로 인식해 버린다. 이때 강사의 목소리가 우렁차고 결연하면 대중들은 여자의 남성적인 매력에 끌리게 된다.

반대로 여성강연자의 외모는 남성적인데 말과 행동이 여성스러우면 대중들은 여자로 인식한다. 그래서 청중들은 자꾸 뭔가를 배려해 주려고 한다. 일종의 보호본능이다. 이런 차이로 볼 때 강연자의 매력에 의해 맹목적으로 끌려가는 것과 보호본능에 의해서 뭔가를 배려해 주고 싶은 것 중 어떤 것이 더 효과적일까?

대중이 여성인데 여자강연자가 나약해 보이면 같은 여자로서 그녀를 도와주고 싶어 하고, 반대로 여성강연자가 남성 같은 외모에 카리스마가 있으면 그녀를 통해 대리만족을 느낀다.

같은 여자라 하더라도 보이는 이미지에 따라 대중들에게 주어지는 영향력은 전혀 다르다.

〈질문〉 남자가 남자를 사로잡을 때와 남자가 여자를 사로잡을 때가 다르다고 했다. 상대가 남자일 때는 가치와 재미를 가지고 가야 하고, 여자일 때는 열정을 가지고 가야 한다고 했다. 그러나 보통의 여자들은 재미와 즐거움보다 가치추구를 하는 남자를 더 좋아한다.

〈답변〉 남자는 기분이 작용할 때 열정이 먼저 만들어지고 난 다음에 가치가 만들어진다. 여자는 감정이 작용할 때 사랑이 먼저 만들어지고 난 다음에 의미가 만들어진다.

남자가 남자로 갈 때 가치였으면 여자가 여자로 갈 때 의미가 되어야 한다고 생각하기 쉽다. 그러나 남자의 마음과 여자의 마음은 다르다. 여자의 마음이 남자의 마음과 정반대로 작용하기 때문에 여자의 의미는 남자가 된다.

남자와 여자가 결혼을 해서 함께 산다는 것은 남자와 여자의 마음이 합쳐져서 하나로 작용하는 것을 말한다. 그러나 사람인 남자와 여자의 마음은 기분에서 작용하는 것과 감정에서 작용하는 것이 정반대이다. 그래서 남자의 열정은 여자가 되고, 여자의 사랑은 남자가 된다.

가치추구를 좋아하는 여자들은 이미 결혼한 여자들이다. 남자의 가치추구에 자신의 의미추구가 함께 따라가기 때문이다.

〈질문〉 남성중심에도 여성대중이 있고, 여성중심에도 남성대중이 있다. 자신과 반대되는데도 거기에 속하는 것은 문화적인 이유 때문인가?

〈답변〉 대중이 여성들이고 문화 자체가 여성중심인데도 남성들이 속한 경우는 여성중심의 문화에 관심이 있어서이다. 혼자라면 여성중심문화에 속하기가 쉽지가 않다. 그러나 남성들 여럿이 모이면 아무렇지 않다. 이것이 대중이 만들어내는 군중심리이다.

군중심리는 재미와 즐거움 때문에 만들어지거나, 의도하는 것이 같을 때 만들어지기도 한다.

성폭력 근절시위나 직장갑질 규탄대회는 여성중심의 시위문화였다. 그러나 여성이 시위현장에 남자친구나 남편을 데리고 오면서 남자들의 호응도와 참여도가 높아진 것은 사실이다.

남자라도 여성들이 벌이는 이슈에 동참하는 순간 동병상련의 마음이 하나가 되면서 얼굴도 모르는 사람들과 끈끈한 유대감을 느끼게 된다. 그러나 시위현장에서 벗어나면 예전의 남자인 나로 돌아온다.

여자중심의 군중심리는 공감중심이기 때문에 오래 지속된다. 그래서 여자들은 한 번 공감하면 끝까지 가기 때문에 매번 현장에 나가지 않아도 시민단체를 열렬하게 지지한다.

반면 남자중심의 군중심리는 그 순간에만 만들어지고 돌아서면 끝이기 때문에 매번 시위현장에 나가야 지지할 수 있는 투쟁력이 만들어진다.

〈질문〉 노이로제와 중독증이 있는 남자와 우울증과 중독증이 있는 여자가 강연을 하면 그들의 심리가 청중들에게 영향을 미치는가?

〈답변〉 노이로제가 있는 남자는 인식장애로 인해 강연을 못한다. 우울증이 있는 여자는 인식장애가 없기 때문에 강연은 할 수 있지만 무기력해서 강연을 할 힘이 없다. 그래서 노이로제와 우울증에 있는 사람들은 아무리 능력이 탁월해도 강연을 하지 못한다.

강연은 남녀를 불문하고 중독증에 있는 사람들이 잘한다. 스스로 강연하는 재미와 즐거움에 빠져 열정적으로 하기 때문에 청중들이 열광한다. 이렇게 되면 청중들도 중독에 들어간다.

남자 강연자의 중독은 순기능의 중독이고, 여자 강연자의 중독은 역기능의 중독이다. 남자의 순기능이란 일, 운동, 취미 등 생산적인 곳에 중독되는 것을 말한다. 그래서 자신이 하는 일에서, 운동에서 자신의 능력을 최고치로 끄집어내기 때문에 놀라운 성과를 내기도 한다.

여자의 역기능은 말 그대로 생산적이지 못하고 소모만 하는 것이다. 중독에 있는 여자 강연자의 강의가 너무나 재미있고 즐거우면 여자청중들은 자신도 모르게 여자의 강연장만 쫓아다닌다. 유명 가수의 여성 극성팬들도 바로 이런 재미와 즐거움 때문에 거기서 벗어나지 못하는 것이다.

여자가 재미와 즐거움의 중독에 빠지면 감정은 사라지고 기분만 살아있다. 그래서 여자의 중독은 역기능에 가깝다.

〈질문〉 여자는 상처가 작용할 때마다 자신의 상처에 공감하는 친구들에게만 연락해서 위로를 받는다. 이런 행동이 반복된다면 중독에 빠졌다고 봐야 되나?

〈답변〉 남자 중독의 근원은 스트레스 때문이고, 여자 중독의 근원은 상처의 감정이다. 스트레스는 가치를 추구하는 데 필요하고, 감정의 상처는 행복을 추구하는 데 필요하다. 그래서 여자는 관심을 필요로 하고, 남자는 상대의 반응을 필요로 한다.

상처가 많은 사람들은 친구들을 만나서 상처를 공유하면 안 된다. 상처를 공유하는 것만큼 상처가 더 많이 쌓이기 때문이다.

특히 강연하는 사람이 청중을 상대로 자신의 상처를 이야기하면 청중들은 강사의 상처에 공감하게 된다. 그래서 그 순간만큼은 자신의 상처가 치료된 듯 편안함과 안정감을 느낀다. 그러나 집에 돌아오면 자신의 상처가 전보다 더 커져있음을 알게 된다. 이렇게 되면 여자의 상처표현은 더욱 빈번해지고 강력해져서 주변사람들이 피해를 입게 된다.

여자강연자는 반드시 자기 상처를 힐링할 수 있는 시스템을 갖고 있어야 한다. 그렇지 않으면 청중들의 심리를 힐링해 주는 것이 아니라 킬링하는 것임을 알아야 한다.

〈질문〉 요즘 연예인이나 운동선수들이 학교폭력의 가해자로 지목되어서 출연 중인 프로에서 하차하거나 선수생활에서 은퇴하는 경우도 있다. 오래전에 일어난 일에 대해서 피해자에게 진정으로 사과하고 뉘우쳐도 대중의 반응은 싸늘하다. 당사자가 유명인이 아니고 일반인이라면 쉽게 사과를 받아들였을 것 같다. 유명인에게 이렇게 엄격한 잣대를 들이대는 것이 대중심리 때문인가?

〈답변〉 가해자의 상대가 대중이냐, 여자냐, 남자냐에 따라 받아들이는 것이 다르다. 만약 폭력피해자가 한 사람이면 가해자는 그 사람에게만 자신의 잘못을 진심으로 사과하고 인정받으면 끝난다. 그러나 문제는 대중이다. 대중은 함께 끌고 가야 된다.

카리스마가 있는 남자 연예인이나, 운동선수가 피해자에게 무릎을 꿇고 "그때 일을 진심으로 뉘우친다. 부디 날 용서해 주길 바란다."라고 말하면 열렬하게 따라다니던 대중은 떠난다. 대중이 원하던 이미지가 아니기 때문이다. 그래서 남자 유명인들은 자신의 이미지 실추를 막기 위해 끝까지 오리발을 내밀거나 잠수를 탄다.

여자 유명인의 경우 속죄하는 심정으로 모든 활동을 중단하겠다고 하면 오히려 대중은 연민을 느낀다. '너무 가혹하지 않아?' 하는 생각이 여자의 감정이다.

학교폭력의 증거가 나오고, 목격자가 나와도 절대 자신은 그런 적이 없다고 끝까지 자기합리화를 하는 유명인도 있다. 인정하는 순간 자신의 모든 것이 다 무너진다는 생각 때문에 자신의 진실을 말하지 못하는 것이다.

〈질문〉 여자들이 곳곳에서 남자와의 평등을 외친다. 아무리 여자들이 페미니즘을 외쳐도 아직도 우리 사회에는 불평등의 사각지대가 많다. 경찰서장이 회식자리에서 여자경관에게 술을 따르게 하거나, 병원 이사장이 자신의 생일에 여직원들을 기쁨조로 활용해서 물의를 일으킨 적도 있다. 이것은 서열의 문제가 아니라 마음의 문제인 것 같다.

〈답변〉 남자의 열정적인 기분과 사랑을 느끼는 여자의 감정이 같다고 생각하는 사람들이 많다. 그러나 이것은 상대의 마음이 자신의 마음과 동일한 것이라는 착각일 뿐이다. 여성들이 부르짖는 진정한 페미니즘은 서로를 인정해 주는 것이다.

인간은 누구나 사람으로 살아갈 권리도 있고, 인간으로 살아갈 권리도 있다. 인간으로 살겠다고 마음먹었다면 사람과 사람이 함께 살아가기 위해 조화와 질서에 동참해야 한다. 이것은 인간으로 살기 위한 일종의 의무이다. 이 의무에는 남녀구분이 없다. 이것이 남녀 간의 절대적인 평등이다.

남자가 여자를 재미와 즐거움의 대상으로 본다는 것은 자신과의 평등을 인정하지 않는 것이다. 이런 남자들은 인간이 아니라 자신만의 재미와 즐거움을 추구하는 사람들이다.

남자의 마음은 기분을 느끼고, 여자의 마음은 감정을 느끼게 되어있다. 남자의 기분을 위해 여자를 술자리나, 기쁨조에 활용했다면 인간사회에서의 조화와 질서에 위배된 것이다.

윗사람이라고 해서 자신의 권리를 억압한다면 여성들이 부르짖는 페미니즘에 반하게 된다. 아무리 윗사람이라 하더라도 자신의 행복할 권리를 짓밟으면 죗값을 단단히 치르게 해야 한다. 이런 용기가 사회를 정화시킨다.

4.
진상고객 대응법

서비스업에는 항상 진상손님, 진상고객이 있다. 진상이란 무엇인가?

진상은 본래 진귀한 물품이나 지방의 특산물을 윗사람에게 바치는 행위를 말한다. 그러나 진상이 갈수록 백성들에게 뇌물로 부각되면서 긍정적인 의미보다는 부정적인 의미를 갖게 되었다. 이것이 바로 진상의 폐단이다.

오늘날, 진상의 의미는 지나치게 거드름을 피우거나 꼴불견 행동을 하는 사람에게 갖다 붙이는 단어가 되었다.

모임에서 누군가가 잘난 척을 하면 "진상 떨고 있네." 하면서 힐난한다. 자신이 보기에는 별로 내세울 것도 없는데 많은 것을 가진 것처럼 거드름을 피우는 꼴을 더 이상 봐줄 수가 없다는 것이다.

영업사원이 친구들과 술을 마시면서 "오늘 진상고객 때문에 죽는 줄 알았어." 하고 말하면 친구들은 이구동성으로 "너 오늘 스트레스 무지 받았겠구나!"라면서 위로의 술잔을 연신 건넨다.

진상고객은 영업직원에게 있어서 강력한 스트레스와 상처를 주는 존재이다. 하지만 이런 사람들이 영업장의 매상을 많이 올려주기 때문에 함부로 대응할 수가 없다.

아침마다 회사는 영업사원들에게 '고객은 왕이다'라는 인식을 반복적으로 세뇌시킨다. 하지만 진상을 떠는 고객이 많으면 많을수록 영업사원의 마음은 피폐해지고 황폐해질 수밖에 없다.

콜센터나 백화점 판매사원, 대리기사, 식당종업원 등은 매일같이 진상고객으로 인해서 스트레스와 상처를 받는다.

스트레스와 상처를 제때 처리하지 못하면 마음이 힘들고 답답해져서 심리에 문제가 생긴다. 이런 상태가 지속되면 남자는 노이로제에 시달리고, 여자는 우울증에 시달린다.

진상고객들은 은행, 우체국, 주민센터, 구청 등에서도 자신의 갑질을 유감없이 발휘한다. 직원이 조금만 불친절해도 자신을 홀대한다고 생각해 난동을 부리기도 한다. 이때 자존심이 상한다고 진상고객에게 무턱대고 대응하면 문제가 더 커지기 때문에 일단 한 발자국 떨어져서 상황을 바라봐야 한다.

진상고객이 남자냐, 여자냐에 따라 대응하는 것이 다르다. 진상고객이 종로에서 뺨을 맞고 왔는지, 열등감 때문인지, 되지도 않은 허세를 부리는 건지 상황을 빠르게 파악해서 거기에 맞게 대응해야 큰 문제로 이어지지 않는다.

아무것도 아닌 일에 지나치게 예민하게 구는 고객이 있으면 판매직원은 상처와 스트레스를 받을 수밖에 없다. 이때 자신만의 스트레스와 상처의 힐링법이 없으면 견디기가 힘들어서 공황장애나 번아웃이 온다.

스트레스는 나쁜 기분이다. 고객이 매장에 와서 아무것도 아닌 일에 화를 내고 불평불만을 터트린다면 매장에 오기 전에 발생된 스트레스를 처리하지 못했거나, 매장에서 스트레스가 발생했거나 둘 중의 하나다. 다른 데서 나쁜 기분을 끌고 왔다면 여기는 고객의 화풀이 장소가 되는 것이다. 그래서 고객은 물건을 고르면서도 자신의 스트레스와 상처를 풀기 위해 사사건건 트집을 잡는다. 이때 판매원이 짜증 난다고 해서 고객을 홀대하면 이것이 기폭제가 되어 고객의 분노는 그대로 폭발한다. 이럴 경우 진상고객이 원하는 것이 무엇인지를 빨리 알아채고 그 목적에 맞게 마음을 맞춰주면 된다.

"명품이라고 걸어놓은 게 시장바닥에서 파는 옷보다 더 촌스럽고 조악하네."

진상고객은 옷걸이에 걸어둔 옷을 눈으로 한 번 휙 훑고는 아무 데나 던져놓는다. 여직원은 웃는 얼굴로 뒤따르면서 공손한 태도로 응대한다.

"취향이 굉장히 까다로우신가 봐요. 저 소파에 앉아 계시면 아직 진열하지 않은 신상품 카탈로그를 보여드릴게요. 마음에 드는 옷이 있는지 천천히 한번 훑어보세요."

여자는 판매직원의 친절한 태도에 미소를 지으면서 반응을 해준다.

남자는 스트레스가 들어오면 무조건 제거하고, 여자는 스트레스가 들어오면 무조건 수용해서 상처를 쌓아두는 것이 여자와 남자의 차이점이다.

스트레스를 제거하는 것은 나쁜 기분을 기억에 쌓아두지 않게 하려는 마음의 작용이다. 그래서 남자에게는 상처기억이 없다.

반면 여자는 쌓아둔 상처를 좋은 기분이 들어올 때마다 치료해서 없앤다. 그래서 여자에게는 좋은 기억이 별로 없다.

여자가 짜증을 내고 신경질을 부리는 것은 자신의 상처를 치료해 달라는 마음의 작용이다. 이때 여자에게 관심을 가지고 좋은 기분을 만들어주면 여자의 불편하고 답답했던 마음이 편안해진다. 이처럼 마음이 작용하는 원리를 알면 진상고객을 응대하기가 훨씬 쉬워진다.

  진상고객이 자신의 스트레스를 제거하기 위해 남자직원에게 화를 내거나, 무례한 말을 하게 되면 남자직원 역시도 스트레스를 받는다. 이때 남자직원이 스트레스를 슬기롭게 처리하지 못하면 진상고객과 다툼이 일어난다. 그래서 서비스업에 종사하는 직원들 대부분은 스트레스와 상처를 제때에 힐링할 수 있는 자신만의 힐링시스템을 가지고 있다. 힐링시스템이 없으면 스트레스와 상처가 누적되어서 자신도 모르게 공황장애, 번아웃이 온다.

  자신만의 힐링시스템을 가지고 있는 사람들은 진상고객이 터무니없이 화를 내거나 트집을 잡아도 '저 인간 어디에서 스트레스를 잔뜩 받고 왔군.' 하면서 아무렇지 않게 받아넘긴다.

  자신만의 힐링법을 가지고 있으면 무의식의 습관이 부정기분을 긍정기분으로 알아서 전환해 주기 때문에 고객의 짜증이나 불평에도 편안히 대응할 수가 있다. 그러나 자신만의 힐링법을 가지고 있지 않으면 자신도 모르게 무의식의 표현이 나와서 상황을 복잡하게 만든다.

  남자의 무의식의 표현은 다양하다. 스트레스를 받는 순간 무조건 주먹을 날리거나, 함부로 욕설을 내뱉거나, 자리를 피하거나, 아니면 눈에 보이는 모든 것을 쓸어버린다. 진상고객이 자신에게 강력한 스트레스를 준다고 해서 이런 식으로 자신의 안 좋은 기분을 표현해 버리면 남자는 그날로 직장에서 해고 된다. 그렇기 때문에 고객을 상대해야 되는 서비스업 종사자들은 필히 스트레스와 상처를 힐링할 줄 알아야 가치추구를 해나가는 데 있어서 아무런 문제가 생기지 않는다.

자신에게 스트레스와 상처를 힐링할 능력이 없으면 빨리 직종을 바꿔야 된다. 그렇지 않으면 갈수록 스트레스와 상처가 누적되어서 자신도 모르게 마음이 무너져 버린다.

진상 고객은 모든 것이 자기기준에 맞아야 한다. 자기기준에 맞지 않으면 스트레스와 상처로 인해서 견디지를 못한다. 이때 영업사원이 진상고객에게 대응을 잘하지 못하면 남자는 분노장애를 겪게 되고, 여자는 히스테리를 일으킨다.

여자 진상고객에게 히스테리가 발생하는 이유는 기억 속에 상처를 너무 많이 쌓아두었기 때문이다. 이런 여자들은 사소한 스트레스에도 상처가 작용하기 때문에 대처를 잘해야 된다.

상대의 마음을 알면 무엇을 원하는지를 알기 때문에 대응하기가 수월하다. 그러나 상대의 마음을 알지 못하면 고객에게 히스테리가 있는지, 분노장애가 있는지 알지 못한다. 그렇기 때문에 영업사원은 항상 고객의 말과 행동, 표정을 수시로 관찰해서 적절한 대응을 해야 문제가 생기지 않는다.

상처가 많은 여자들은 상처가 작용하면 너무나 아프고 고통스러워서 자신도 모르게 상처표현을 한다. 이런 진상고객을 남자직원이 응대하게 되면 어떤 상황이 벌어질까?

스트레스를 힐링할 수 있는 능력이 없는 남자는 여자고객이 사사건건 상처표현을 하면 강력한 스트레스를 받는다. 그렇다고 고객 앞에서 자신의 스트레스를 제거할 수도 없어 올라오는 성질을 죽이고 또 죽이다 보면 남자의 심리에 문제가 생기게 된다.

남자는 들어오는 스트레스를 그때그때 제거해야 된다. 제때 스트레스를 제거하지 못하고 계속 가지고 가면 자신도 모르게 노이로제에 걸린다.

노이로제는 인식장애이다. 진상고객 앞에서 스트레스를 제거하지 못하고 억압만 한 남자는 여자만 봐도 스트레스를 견딜 수 없어서 불안장애나 공황장애를 겪게 된다. 이런 증상이 지속되면 인식되는 모든 것이 스트레스로 작용하기 때문에 사는 것 자체가 지옥이다.

남자직원이 제대로 직장생활을 하려면 스스로 스트레스를 힐링할 줄 알아야 심리에 문제가 생기지 않는다. 스트레스를 힐링하는 방법은 본인 스스로 만들어야 된다.

만약 진상고객으로 인해서 강력한 스트레스를 받았다면 고객이 가고 난 뒤 백화점 비상계단을 빠른 속도로 오르내리거나, 이어폰을 끼고 자신이 좋아하는 음악을 듣거나, 매장 한쪽 공간에서 맨손체조라도 하면서 나름대로 스트레스를 제거해야 한다. 스트레스가 제거되면 부정적인 인식이 긍정적으로 바뀌면서 마음이 편안해진다.

스트레스를 제때에 처리하지 못하면 마음이 갈수록 힘들어지고 답답해진다. 이런 마음상태로 계속해서 고객을 응대하면 자신도 모르게 심리가 무너져서 번아웃이 오기도 한다.

진상고객을 응대하는 직원이 여자라면 상처를 많이 받는다. 이때 받은 상처를 제때 힐링하지 못하면 심리가 불안정해져서 인간관계에 문제가 생긴다.

진상고객이 가고 나면 상한 감정을 억누르지 말고 옆 매장 직원과 진상고객에 대해서 한바탕 수다를 떨면 불안하던 마음이 편안해진다.

수다 떠는 것이 여의치가 않으면 백화점 매장을 한 바퀴 도는 것도 상처를 힐링하는 데 도움이 된다.

상처의 힐링법은 환경과 상황을 봐가면서 스스로 만들어야 한다. 어떤 식으로라도 부정감정을 표현해 주지 않으면 마음이 힘들고 답답해서 제대로 일을 할 수가 없다.

인식한 스트레스를 제때 표현하지 못하면 인식이 과다해져서 자신도 모르게 심리에 장애가 생긴다. 그렇기 때문에 자신이 인식한 것만큼 표현을 해줘야 인식, 기억, 표현의 심리가 균형을 잡는다.

서비스업은 하루 종일 고객을 응대해야 하기 때문에 일반직보다 스트레스와 상처가 많이 발생한다. 그렇기 때문에 스스로 스트레스와 상처를 극복할 수 있는 자신만의 힐링법을 만들어놓아야 편안하고 즐겁게 가치추구를 해나갈 수가 있다. 그렇지 않으면 몸과 마음, 인간관계, 가치추구에 문제가 생겨 인간적인 삶을 영위하기가 힘들어진다.

여자는 자신의 상처를 힐링하지 못하면 갈수록 상처만 쌓인다. 상처가 많이 쌓이면 마음이 힘들고 답답해서 자신도 모르게 편두통이나 복통, 불면증에 생리불순까지 겪게 된다. 이 모든 것은 스트레스와 상처로 인한 신체화증상이다. 이런 상태가 지속되면 자신도 모르게 우울증이 온다.

상처가 만들어졌을 때 남자들이 스트레스를 제거하듯이 상처를 치료해서 없애야 한다. 그렇다면 상처는 어떻게 치료를 해야 할까?

자신의 상처가 무엇 때문에 생겼는지 거기에 대한 이해와 관심이 필요하다. 자신이 받은 상처가 이해되었다면 사랑하는 사람이 상처에 대해서 관심을 갖고 위로를 해주면 상처는 저절로 치료된다. 상처가 치료되면 부정감정은 사라지고 사랑의 감정, 행복의 감정이 만들어져서 모든 것을 긍정적으로 받아들인다.

자신의 상처에 관심을 갖고 위로해 주는 사람이 없으면 본인 스스로 자신의 상처에 관심을 갖고 위로해 줘도 상처가 치료된다.

자신의 상처를 치료하고 싶다면 무엇보다도 상처의 본질을 알고 이해하는 것이 중요하다. 자신의 상처를 이해하지 못하면 사랑하는 사람이 아무리 관심을 주고 위로를 해줘도 소용이 없다. 상처를 이해한다는 것은 마음의 이치를 깨닫는 것이기 때문이다.

상처가 작용하면 아프고, 힘들고, 답답해서 자신도 모르게 짜증을 내거나, 신경질을 부리거나, 징징거리게 된다. 이것이 바로 여자의 상처 표현이다.

상처의 작용을 견뎌내지 못하면 자신도 모르게 상처해리가 온다. 상처해리는 상처를 잊어버리는 것이다. 상처해리가 온 여자들은 상처를 잊어버리려고 항상 재미와 즐거움을 쫓게 된다. 이런 생활이 반복되면 재미와 즐거움의 중독에 빠져 감정은 사라지고 기분만 남는다.

진상고객이 주는 스트레스와 상처를 힐링하지 못해 상처해리가 왔다면 여자는 재미와 즐거움을 누리기 위해 퇴근 후에 술집이나 나이트클럽, 게임방을 들락거리게 된다. 이런 생활에 익숙해지면 자신을 괴롭히던 신체화증상도 말끔히 사라져서 살맛이 난다. 결국 여자는 자신의 상처를 잊기 위해 스스로 태풍의 눈이 된 것이다.

상처가 많은 여자들은 가급적 타인의 관심을 받으려고 애를 많이 쓴다. 타인의 관심으로 상처를 치료받기 위해서이다. 특히 여자가 아닌, 남자한테 관심을 받기 위해 무던히도 노력한다. 이 모든 것은 상처의 작용 때문이다.

술집에서 마음에 드는 남자가 있으면 자신도 모르게 자꾸 그 남자에게 눈길이 간다. 남자는 이런 여자의 마음을 훤히 알고 있다는 듯이 "괜찮다면 합석해도 될까요?" 하면서 접근한다. 여자는 남자의 관심에 웃음으로 반응한다. 그래서 두 사람은 서로의 목적이 맞아떨어져서 교제를 하기 시작한다.

여자는 남자가 관심을 줄 때마다 자신의 모든 것을 다 내어준다. 왜? 관심을 받을 때마다 상처가 치료된 듯 사랑의 감정, 행복의 감정을 느끼기 때문이다.

여자의 상처치료는 목적이 없는 순수한 사랑이어야 한다. 목적을 가진 남자가 아무리 관심을 갖고 위로를 해준다고 해도 이것은 재미와 즐거움의 열정일 뿐 사랑이 아니다. 그래서 여자는 상처는 치료가 되기는커녕 오히려 커지기만 한다.

상처가 치료되지 않은 여자의 사랑은 왜곡된 사랑이다. 이것도 모르는 여자는 남자를 위해 무엇이든 다 해주려고 한다. 그러나 모든 것을 다 해준 대가가 실연의 상처뿐이다.

남자와 헤어진 여자는 전보다 더 많은 상처를 기억 속에 쌓아두게 된다. 이런 여자는 사소한 스트레스에도 쌓인 상처가 한꺼번에 작용하기 때문에 자신도 모르게 히스테리가 나온다.

판매직 여자들은 낮에는 영업장의 진상고객에게 시달리고, 퇴근 후는 자신이 진상고객이 되는 이중적인 삶을 산다.

호스트바의 주요 고객은 바로 영업장에서 일하는 여자들이 태반이다. 자신이 받은 상처를 호스트바의 남자에게서 위로받고자 하는 욕망이 있기 때문이다. 이것이 바로 상처해리가 온 여자들의 삶이다.

진상고객의 대부분은 심리장애를 가지고 있다. 심리장애는 모든 것을 거꾸로 보고, 거꾸로 생각하기 때문에 일반인의 말과 행동이 통하지 않는다. 그들의 비정상적인 말과 행동을 논리정연하게 설명하고 설득해도 답이 안 나온다. 왜? 정상적이지 않기 때문에 정상인의 말을 이해하지 못해서이다.

남자 진상고객이 오면 일단은 웃어야 된다. 그리고 비정상적인 말과 행동을 해도 직원은 그 사람을 인정해 줘야 된다. 물론 마음으로는 인정하는 않는다.

진상고객이 비정상적인 요구를 해도 알았다고 인정부터 해야 한다. 그런 다음 손님의 요구가 잘못되었다는 것을 웃으면서 친절히 설명해 주면 남자고객은 기분이 좋아져서 직원이 권하는 물건을 사게 된다.

남자 진상고객이 오면 무조건 웃으면서 말해야 한다. 남자는 시각이 발달했기 때문에 웃으면서 말해야 스트레스로 받아들이지 않는다. 그런 다음 고객의 요구가 터무니없다고 하더라도 인정부터 해줘야 남자의 기분을 자극하지 않는다.

여자 진상고객은 남자와는 사뭇 다르다. 사소한 스트레스에도 쌓인 상처가 한꺼번에 작용하기 때문에 갑자기 분노가 폭발해서 주변을 초토화시킨다. 이런 진상고객은 상처해리로 인한 히스테리증상이 있는 여자다. 히스테리는 그 순간 이성을 잃어버리기 때문에 무조건 피하는 것이 상책이다.

기분이 별로 좋지 않는 여자 진상고객이 매장에 들어오면 판매원은 습관적으로 웃으면서 맞이한다. 그러나 진상고객은 판매원의 웃음에 감정이 상해서 "웃지 마!"라고 버럭 소리를 지른다. 이럴 경우 판매원이 당황할 수밖에 없다.

남자 진상고객은 무조건 웃고 인정을 해주라고 했다. 그러나 여자 진상고객에게 이런 응대법을 적용하면 불난 집에 부채질하는 꼴이 된다. 이럴 경우 여자의 히스테리가 저절로 사라질 때까지 아무 말 없이 가만히 있어야 한다. 히스테리는 정신병증이기 때문에 반응을 하면 할수록 더욱 난리를 피워서 스스로 화가 가라앉을 때까지 기다리는 것이 상책이다.

히스테리를 부리는 여자들은 상처를 많이 가지고 있는 여자들이다. 이런 여자들은 아프고 힘든 상처를 잊어버리려고 늘 재미와 즐거움에 빠져 산다.

이런 여자들은 항상 기분이 좋아야 살맛이 난다. 그러나 생각지도 않은 스트레스가 들어오면 그 순간을 견디지 못해 순간적으로 이성을 잃어버린다.

히스테리증상이 나타날 때는 아무도 통제할 수가 없다. 통제하면 할수록 더 미쳐 날뛰기 때문이다. 이때는 제풀에 지쳐 정신이 돌아올 때까지 기다려야 된다. 인내심을 가지고 기다리면 저절로 제정신으로 돌아온다.

히스테리를 부리는 여자는 그 순간 상처가 작용을 했다고 봐야 한다. 상처가 많은 여자들이 가장 원하는 것이 바로 관심이다.

여자고객이 제정신으로 돌아왔을 때 판매직원은 관심을 가지고 친절하게 대해주면 된다. 이때 고객이 말도 안 되는 소리를 해도 무조건 인정해 주고 공감해 주면 여자 진상고객은 판매 직원에게 친밀함을 느끼게 된다.

여자 진상고객에게는 무엇보다 공감이 중요하다. 그래서 여자의 말에 공감을 해주고 위로를 해주면 여자는 스스로 상처가 힐링되어서 편안한 상태가 된다. 편안한 상태가 되면 판매 직원과 여자는 친밀한 관계가 되어 여자는 직원에게 충성고객이 되어준다.

고객을 응대하는 직업을 가진 사람은 스트레스와 상처에 대한 힐링시스템을 먼저 만들어놓지 않으면 힘들어서 단 하루도 근무할 수가 없다. 힐링시스템 없이 자신의 감정을 억압하게 되면 자신도 모르게 마음이 무너져버린다.

고객을 응대하는 영업사원이 되었다면 나름대로의 힐링 시스템을 먼저 만들어놓고 공감능력을 키우면 된다. 공감능력을 키우는 것은 각자의 몫이다. 어떤 사람은 위로가 되는 말로 공감을 잘해주고, 어떤 사람은 편안한 표정만으로도 상대의 말에 공감을 잘해준다. 또 어떤 사람은 상대가 힘든 말을 할 때마다 등을 쓰다듬어주거나 손을 잡아주는 사람도 있다. 이런 말과 태도는 사람마다 다 다르다. 상황에 따라 그때그때 마음이 이끄는 대로 표현해 주면 된다.

남자에게 있어 공감능력이란 기분에 의해서 좌지우지된다. 그래서 남자직원에게는 고객을 응대하는 것 자체가 다 스트레스이다. 그러나 남자직원의 경우 돌아서면 스트레스받은 것을 다 잊어버린다. 그래서 판매직은 여자보다 남자가 근무하기에 더 편하다.

남자에게는 공감능력이 없다. 지금 기분이 좋으면 모든 것이 긍정적으로 보이고, 지금 기분이 안 좋으면 모든 것이 부정적으로 보인다.

진상고객이 와서 강력한 스트레스를 준다고 해서 무조건 스트레스를 제거하게 되면 진상고객과 다툼이 일어난다. 고객과의 다툼은 바로 해고로 연결되기 때문에 감정노동자인 판매직원들은 무엇보다 자신만의 힐링시스템을 만들어놓아야 스트레스를 받지 않고 오래 근무할 수 있다.

인간관계에서 가장 중요한 것은 상대와 갈등 없이 지내는 것이다. 갈등을 일으키지 않고 살려면 스트레스와 상처를 힐링할 줄 알아야 한다. 그런 다음 공감능력을 가지면 상대와 소통이 잘된다. 이런 마인드만 가지고 있어도 감정노동자들은 자신의 일을 보람 있게 해나갈 수가 있다.

진상고객은 심리장애라고 했다. 모든 것을 거꾸로 생각하는 사람이기 때문에 아무도 그를 인정해 주지 않는다. 그러나 매장 직원은 자신을 이해하고 인정까지 해주기 때문에 진상고객은 스스로 마음을 열고 기꺼이 충성고객이 되어준다.

충성고객이 많아지면 당연히 매장매출도 많이 올라간다. 이렇게 되면 매장직원도 행복해지고, 고객은 자신을 진심으로 대해주는 매장직원으로 인해 행복해진다.

좋은 인간관계는 서로 마음을 나눌 줄 아는 관계이다. 직원과 고객의 관계는 분명히 목적관계, 거래관계이다. 하지만 서로의 목적이 달성되면 서로 행복해진다. 그러나 단순히 자신의 목적을 위해서 무턱대고 고객을 칭찬하거나 듣기 좋은 말만 하게 되면 이것은 자아실현을 하는 것이 아니라 아부를 하는 것이다. 아부는 자신을 속이는 행위이다. 진심으로 마음을 나누어야 건강한 목적관계, 거래관계가 형성된다.

백화점, 콜센터에서 유명한 CS(Customer Satisfaction)강사를 초청해서 직원들에게 고객 대응법과 공감능력에 관한 강의를 많이 듣게 한다. 하지만 아무리 이론으로 무장을 해도 그때그때 일어나는 마음의 작용을 스스로 컨트롤하기가 쉽지 않다. 오히려 이런 강의를 많이 듣고 현장에서 적용하다 보면 문제만 더 발생하게 된다.

어린아이 때부터 조기 성교육을 시키면 오히려 성문제가 더 많이 발생하는 것처럼 CS교육을 많이 받으면 받을수록 현장에서의 트러블은 더 많이 생긴다.

지식은 스트레스이다. 그래서 생각을 하는 것 자체가 스트레스와 상처를 야기하기 때문에 마음의 원리를 알아야 마음의 작용을 이용해서 지식을 적재적소에 활용할 수 있다.

공감능력은 마음의 작용을 알면 아주 쉽게 가질 수 있다. 스트레스와 상처를 저절로 힐링할 수 있는 능력을 만들어놓고 공감능력을 가질 수 있다면 고객과의 관계도 얼마든지 친밀하게 가질 수가 있다. 이렇게 되면 아무리 목적관계라 하더라도 자신의 목적도 달성하고, 고객의 목적도 달성하기 때문에 서로 행복해진다.

판매직원과 진상고객이 서로의 목적에 부합되면 고객은 충성도가 높은 고객으로 전환되고, 판매직원은 회사의 매출을 극대화시킬 수 있다. 이렇게 되면 목적관계라 하더라도 서로에게 도움이 된다.

진상고객이 여자인 경우 남자직원이라면 여자의 마음을 먼저 이해해야 한다. '아, 이 여자가 지금 진상을 떠는 것은 상처가 올라와서 그렇구나.' 하고 이해를 하면 대응하기가 수월해진다.

이때 남자는 자기관리를 잘해야 된다. 진상고객은 자신을 이해해 주는 남자직원이 자신에게 관심이 있다고 착각하기 쉽다.

여자 진상고객이 필요 이상의 반응을 보여도 적당히 선을 지켜야 한다. 여자가 백화점에 올 때마다 공감을 해주면 여자는 마치 상처가 치료된 것처럼 느껴져서 남자직원에게 좋은 감정이 만들어진다. 이때 남자직원은 분명하게 선을 긋고 처신을 잘해야 된다. 그렇지 않으면 여자가 많은 것을 남자직원에게 의존하게 된다.

남자가 분명한 태도를 보이면서 친절하게 대해주면 여자의 좋은 감정은 자연히 백화점으로 향한다. 백화점에만 오면 좋은 감정을 느끼기 때문에 그만큼 백화점 이용이 잦아진다. 하지만 남자직원이 목적을 가지고 여자를 대하면 여자는 남자의 관심에 금방 반응하게 된다. 이런 반응을 남자가 즐기게 되면 여자는 남자의 관심이 사랑이라고 착각까지 하게 된다. 여자의 이런 심리를 알고 이용하면 남자직원은 범죄자가 된다. 그렇기 때문에 매장직원은 고객과의 경계를 분명히 지켜야 건강한 목적관계가 된다.

진상고객이 커플인 경우도 있다. 부부인지, 내연의 관계인지 알 수는 없지만 쌍으로 진상 짓을 떨면 여자와 남자 중에 누가 우위를 점하고 있는지를 빨리 알아야 된다.

진상커플은 기분으로 죽고 사는 존재들이기 때문에 사소한 스트레스만 받아도 그 즉시 분노조절을 하지 못해서 남자는 기분 내키는 표현을 하고, 여자는 히스테리로 인해 정신 줄을 놓아버린다.

커플이 진상을 떨 때 직원은 빨리 상황을 간파해서 남자가 우위에 있으면 남자만 응대하면 된다. 여자는 남자가 꽉 잡고 있기 때문에 여자에게 신경 쓸 필요는 없다.

반대로 여자가 우위에 있으면 여자만 응대하면 된다. 대개 히스테리가 있는 여자의 남자들은 순한 양이다.

어쨌든 남자가 우위면 무조건 남자를 인정해 주고, 여자가 우위이면 상처에 공감만 해주면 된다. 스트레스와 상처는 바로 마음의 작용이기 때문에 필히 마음의 원리를 알고 있어야 한다.

감정노동자들이 진상고객을 응대할 때 가장 기본적인 것은 자신만의 힐링시스템을 가지고 있어야 한다. 그다음 공감을 하고 상대의 말과 행동을 인정을 해줘야 소통과 대화가 된다.

진상고객들은 스트레스와 상처를 많이 가진 사람들이다. 그래서 사소한 스트레스에도 민감하게 반응한다. 누가 웃어도 비웃는 것 같고, 누가 말을 걸어도 시비를 거는 것처럼 느낀다. 즉 바라보고 느끼는 모든 것이 부정적이기 때문에 그들의 말과 행동에서 스트레스와 상처를 받지 말고 무엇보다 그들을 인정해 주는 것이 중요하다. 대신 부정감정을 긍정감정으로 전환할 수 있는 자신만의 힐링법을 꼭 가지고 있어야 건강한 심리를 유지할 수가 있다.

5.
성공하는 사람들의 습관

성공이란 자신이 목표한 것을 이루는 것이다. 성공하는 사람들의 자서전을 읽어보면 공통적인 것이 있다. 성공의 습관을 가지고 있다는 사실이다.

남자는 인간관계 속에서 경제적 가치, 관계적 가치, 사회적 가치를 추구하면서 자아실현을 한다. 여자도 인간관계 속에서 의미를 추구한다. 예전의 여자들은 삶의 의미에 비중을 두었지만 지금은 의미와 가치를 함께 가지고 가는 경우도 많다. 어쨌거나 의미든 가치든 자신이 원하던 목표를 이루면 성공한 것이다.

남자는 인간관계 속에서 자신이 어느 특정 지위까지 올라갈 것이라고 목표를 정하는 것이 관계적 가치이다. 그러나 목표를 이루기 위해서는 수많은 시련과 역경을 견뎌내야 한다. 이런 힘든 난관을 극복하지 못하면 내가 원하는 목표에 도달할 수가 없다.

남자의 꿈은 대학총장이었다. 자신의 꿈을 이루기 위한 일차 목표는 석사학위를 따는 것이었다. 석사학위를 딴 뒤 남자는 사방팔방 뛰어다니면서 간신히 지방대학에 시간강사 자리를 얻었다. 남자는 교통비도 안 나오는 강사료를 받으면서 일주일에 두 번 지방대학에서 강의를 할 수 있었던 것은 전임강사라는 목표가 있었기 때문이다. 그래서 남자는 전임강사를 목표로 열심히 가치를 추구했다. 수년 동안 열심히 강의준비와 교재를 만들어온 남자는 드디어 전임강사가 되었다. 남자는 자신이 목표한 자아실현을 이루어냈음에도 불구하고 이번에는 교수직을 목표로 가치추구를 하기 시작했다. 이런 식으로 한 단계 한 단계 자아실현을 해온 남자는 학과장을 거쳐 드디어 대학총장이 되었다.

남자가 처음부터 목표를 대학총장으로 정했다면 목표로 가는 길이 너무 멀고 힘들어서 중간에 포기했을 것이다.

목표는 자신의 능력을 감안해서 설정해야 한다. 능력은 1밖에 안 되는데 목표를 이상적으로 정하면 가치추구를 해나가는 과정이 조금만 힘들고 어려워도 쉽게 의지가 꺾인다. 그렇기 때문에 목표는 자신의 능력으로 극복할 수 있을 정도로 설정해야 성공할 수가 있다. 일단 성공했다면 전보다 조금 더 높게 목표를 설정해서 다시 출발하면 된다. 이런 식으로 가치를 추구해 나가면 문제해결능력이 향상되어서 성공으로 가는 길은 그만큼 빠르고 탄탄해진다.

경제적 가치를 추구하는 남자는 목표가 100억이다. 남들 잘 때 일하고, 남들 여행 다닐 때 현장을 누비고, 남들 잘 먹고 잘 입을 때 절약해서 지금까지 50억을 모았다. 앞으로 50억을 더 채우려면 지금보다 더 많은 열정을 쏟아야 한다. 그래서 남자는 새로운 각오로 일에 정진한다.

친구들은 이런 남자를 이해하지 못한다. 빈손으로 출발해서 50억이나 모았는데 거기에 만족을 못하고 일을 벌이는 남자를 친구들은 돈에 환장했다고 비난한다.

"우리처럼 골프도 치고, 해외여행도 좀 다녀라. 죽을 때 재산 갖고 갈 것도 아닌데 즐기면서 살아!"

일이 바빠서 친구들과 잘 어울리지 않는 남자가 딱해 보여서인지 친구들이 돌아가면서 한마디씩 한다. 이때마다 남자는 더욱 이를 악물고 일에 전념한다. 아직까지 갈 길이 멀기 때문이다.

내가 가치를 추구할 때 남들의 비난에 흔들릴 필요가 없다. 성공의 기준은 남이 아니라 나 자신이기 때문이다.

누구나 다 아는 재벌 기업의 CEO가 있다. 트럭을 몰다가 앞으로 물류 쪽이 대세일 것 같아서 그쪽으로 역량을 모아 성공한 사람이다. 많은 사람들은 자수성가한 기업총수를 부러워하고 존경한다. 그러나 기업총수는 아직까지 자신이 성공했다는 생각을 하지 않는다. 자신의 목표는 재계10위가 아니라 1위이기 때문이다. 그래서 전보다 더 열심히 현장을 누비고 세계경제의 흐름에 대해서 공부한다. 이것이 바로 자아실현이다. 자아실현은 이루는 것이 아니라 목표를 향해 추구해 나가는 것이다.

사람들은 재벌총수를 바라볼 때 '아, 저 사람은 바닥에서 출발해서 대단한 것을 이루어냈구나.' 하고 생각한다. 그러나 재벌총수의 입장에서 볼 때는 아직까지 넘어야 할 산이 많이 남아 긴장의 끈을 놓지 않는다.

자기가 성공을 했느냐, 안 했느냐는 본인만의 기준이다. 그러나 사람들은 저마다 자신의 기준에서 그 사람을 평가하기 때문에 성공했다고 확신을 한다.

어릴 때부터 산에 오르는 것이 좋았던 남자는 자신의 인생 방향을 산악인으로 정했다. 그래서 시간만 나면 산에 올랐다. 500m급 산을 정복하면 그다음에는 1,000m 산을 목표로 자신의 기량을 갈고닦았다. 자신의 목표가 이루어지면 성취감에 1,500m급의 산을 공략하고 싶은 열정이 생긴다. 이것이 자신의 자아실현이자 가치추구다. 가치추구는 이루는 것이 아니라 이루어내려고 하는 과정이다. 이 과정에서 뜻하지 않는 시련과 역경을 겪기도 하고, 자신의 능력으로는 감당할 수 없을 정도의 난관을 만나기도 한다. 그러나 포기하지 않고 끝까지 노력해서 역경과 난관을 극복해 내면 성취감에 무한한 행복을 느끼게 된다. 이것이 바로 자아실현이 만들어내는 행복이다.

자신의 목표를 향해서 꾸준히 노력하는 사람들은 이미 성공의 습관이 만들어졌다고 봐야 한다. 성공의 습관은 문제해결능력을 키우는 것이다.

한 단계, 한 단계 자신의 능력을 향상시켜 온 산악인의 최종목표는 에베레스트산에 오르는 것이다. 그래서 전보다 더 열심히 체력을 단련하고, 폐활량을 키우고, 악천후에 대비한 훈련도 게을리하지 않는다. 이 산악인은 에베레스트산을 5번 도전한 끝에 드디어 자신의 꿈을 실현했다. 이때의 감동은 말로 표현할 수 없을 정도로 벅차서 자신도 모르게 감격의 눈물을 흘렸다.

목표를 향한 5번의 도전과정에서 눈사태로 원정대원들을 잃기도 했고, 크레바스에 빠져 생과 사의 갈림길에서 아슬아슬하게 살아남은 적도 있다. 동상에 걸려 이미 잘라낸 손가락, 발가락만 해도 여러 개가 되었다.

산악인은 숱한 고비 끝에 자신의 목표를 이루었기 때문에 가족들은 물론이고 주변사람들조차 더 이상 산을 타지 않을 거라고 생각했다. 평생을 산에서 살다시피 했기 때문에 이제는 가족들과 함께 편안하고 여유로운 삶을 살 거라고 믿었다. 여기에 부응하듯이 성공한 산악인을 모시려고 하는 기업과 단체, 대학이 서로 경쟁을 했다. 그러나 이 산악인은 모든 사람들의 기대를 저버리고 남극탐험이라는 모험에 도전하기로 했다. 모험과 도전은 산악인에게 있어서 진정한 자아실현이기 때문이다.

　자아실현은 이루는 것이 아니라 이루어내는 과정이다. 수년 동안 자신이 좋아하는 일을 열심히 했는데도 성과가 나지 않으면 자신의 능력이 모자라거나 환경을 탓하는 사람들이 많다. 그래서 더 이상 노력해봤자 어차피 성공할 수 없다는 생각에 스스로 포기한다. 그러나 포기하는 순간 실패자가 된다.
　성과가 나지 않더라도 자신의 역할에 최선을 다하는 사람은 이미 성공했다고 봐야 한다. 인간의 자아실현은 이루는 것이 아니라 추구하는 것이기 때문에 추구하는 것 자체가 성공이다.
　자동차 회사를 은퇴한 남자는 새로운 가치를 추구하기 위해서 다각도로 정보를 수집하고, 세계경제의 흐름을 읽기 위해서 지식포럼에도 빠지지 않고 참석했다. 결국 남자는 지구온난화로 인해서 앞으로 내연자동차가 사라질 거라고 생각해 배터리에 들어가는 소재회사를 차렸다. 남자는 그 누구보다도 미래에 대한 확신이 있었기 때문에 퇴직금과 집까지 팔아서 사업을 시작했다. 그러나 전기차 보급이 생각보다 늦어지면서 투자액을 다 까먹고도 빚이 수십억이나 되었다. 그러나 남자는 소재를 개발하면 할수록 연구 성과가 났기 때문에 빚이 늘어나도 전혀 불안하지 않았다.
　남자는 자신이 잘할 수 있는 분야의 진입장벽을 높이기 위해 더욱 연구에 매달렸다. 생활비는 물론이고 연구비조차 없어 하루하루를 힘들게 버티면서도 연구에 대한 열정에너지는 오히려 커져만 갔다. 힘든 역경과 시련을 극복한 덕에 남자는 결국 나노소재 개발에 성공했다. 사방에서 투자자들이 몰려들었다. 이처럼 성공과 실패는 역경을 만났을 때 주저앉느냐, 일어서느냐의 차이이다. 가치추구는 멈추거나 중단하면 실패자가 된다.

사람들은 성공과 실패를 자신의 기준으로 보지 않고 제3자의 기준으로 본다. 친구는 이미 사법고시에 패스해서 판사가 되었는데 나는 아직도 고시공부를 하고 있다면 제3자의 관점에서 볼 때 나는 실패한 인생이 된다. 그러나 마음의 관점에서 바라보면 나는 아직도 관계적 가치를 추구하고 있기 때문에 실패한 인생이 아닌, 성공한 인생을 살아가는 것이다.

자아실현을 하기 위해 누구나 가치와 의미를 추구한다. 오랫동안 한눈팔지 않고 열심히 노력해서 자신의 목표를 이루었다면 성공한 것이다. 그러나 대부분 성공하면 성공한 삶을 누리고 싶어서 자아실현을 멈춘다. 그러나 자아실현을 멈춘 삶은 정상에서 추락할 일만 남았다고 봐야 한다.

인간의 행복은 자아실현에 있다. 목표를 달성했다면 거기에 안주하지 말고 또 다른 가치를 찾아나서야 성공한 삶, 행복한 삶을 영위해 나갈 수가 있다. 살아간다.

인간은 행복을 지향한다. 그렇기 때문에 인간의 자아실현은 죽을 때까지 진행된다. 성공했다고 해서 가치추구를 멈추면 마음의 관점에서 볼 때 실패한 인생과 마찬가지이다. 스스로 행복을 포기했기 때문이다.

열심히 노력했는데도 지금까지 아무것도 이룬 것이 없다고 해서 좌절하거나 절망할 필요가 없다. 목표를 향해 최선을 다해서 가치추구를 했다면 이미 성공한 인생이다. 인생의 행복은 결과가 아니라 과정에 있기 때문이다.

여자의 경우 대부분 의미를 추구한다. 여자에게 의미란 바로 행복을 느끼는 것이다. 그래서 여자는 지금까지 살아오면서 행복감정과 사랑의 감정을 소중히 여겼다. 여자는 이런 감정을 바탕으로 가치를 추구한다. 성공한 여자들 대부분은 현재 내가 행복을 느껴야만 자신의 자아실현이 이루어졌다고 생각한다.

여자는 가치를 추구할 때 바탕에 의미가 깔려있다. 그래서 의미가 가치의 원동력이 된다. 대신 의미가 무너지면 가치도 무너지기 때문에 서로 균형을 잘 잡아야 문제가 생기지 않는다.

남자는 바탕에 의미가 없다. 그래서 가치추구에만 몰두할 수 있어서 남자가 성공할 확률이 여자보다 훨씬 높다.

여자나 남자나 자신이 설정한 목표를 향해서 의미와 가치를 추구해 나가는 것이 바로 성공한 삶이다. 그러나 대부분 자아실현이 이루어지면 또 다른 가치나 의미를 찾을 생각은 하지 않고 그냥 안주한다. 지금 이룬 것만으로도 충분히 만족하기 때문이다. 하지만 자아실현을 이룬 뒤 새로운 가치로 전환하지 못하고 멈추면 절반의 성공이다.

산 정상까지 무사히 올라가기 위해서는 공략할 코스와 기후, 체력단련 등 많은 준비를 해야 한다. 이처럼 자아실현을 이루는 데까지 많은 노력과 시간이 걸린다. 그러나 성공했다고 해서 한 눈을 팔면 순식간에 추락한다. 그렇기 때문에 성공을 했다면 추락하지 않기 위해서라도 곧바로 새로운 가치를 추구해야 한다. 그렇지 않으면 성공한 삶만 누리려고 해서 자신도 모르게 재미와 즐거움에 빠지게 된다.

사람은 자신의 행복을 기초에 두고 목표를 설정한다. 그러나 자신의 능력이상으로 목표를 높게 설정하면 갈 길이 멀다는 생각에서 쉽게 주저앉게 된다.

하프마라톤을 하던 사람이 욕심이 과해서 풀코스에 도전하면 자신의 한계치를 넘어서자마자 주저앉는다. 에너지는 다 소진되었는데 가야 할 목표가 너무나 까마득해서 스스로 성공할 수 없다는 판단을 내렸기 때문이다. 이럴 경우 30km를 목표에 두고 에너지가 다 소진되어도 조금만 더 참고 견디면 목표에 이룰 수 있다고 스스로 자신을 설득하게 된다. 이렇게 되면 난관을 극복하려는 의지가 생기면서 결국에는 목표를 이루게 된다.

목표도 한 단계 한 단계 높이면서 올라가야 포기하지 않고 정상에 이를 수가 있다. 자신의 능력은 10인데 빨리 성공하고 싶어서 목표를 100으로 설정하면 쉽게 지치고 쉽게 포기한다.

성공하기 위해서는 욕심은 금물이다. 지치지 않게 조금씩 꾸준히 걸어가는 것이 성공의 지름길이다.

성공은 이루는 것이 중요한 것이 아니라 이루어나가는 과정이 중요하다. 그러나 이루어나가는 과정에서 자신의 마음을 다스리지 못하면 욕심으로 인해 자신의 가치를 상실하는 경우도 많다. 가치를 상실하면 실패한 사람이 된다.

성공한 사람이 되려면 무엇보다도 습관이 중요하다. 습관은 무의식의 작용이다. 즉, 무의식은 마음이다.

마음에는 의식과 무의식이 있는데 인간관계에서 스트레스가 들어왔을 때 나쁜 기분을 무조건 제거하는 것이 무의식의 작용이다.

나쁜 기분이 들어왔을 때 무의식이 스트레스를 어떻게 처리하는지, 또는 좋은 기분이 들어왔을 때 무의식이 이것을 어떻게 처리하는지는 마음이 알아서 한다.

스트레스가 들어오면 무의식이 무조건 제거하지만 좋은 기분이 들어오면 무의식은 성공을 향한 에너지로 쓴다. 이 에너지가 바로 습관이다.

목표를 이루기 위해서 가장 필요한 것이 성공의 습관이다. 성공하기 위해서는 인간관계에서 받는 스트레스와 상처를 스스로 힐링할 수 있어야 한다. 그렇지 않으면 갈등의 골이 깊어져서 목표를 이루는 데 많은 문제가 생기게 된다.

가치를 추구하는 데 갈등과 대립이 지속되면 심리가 불안정해진다. 심리가 불안정해지면 사람들은 올바른 판단을 하지 못하고 자신의 이익만 챙기는 데 혈안이 된다.

자신의 이익을 위해 올바른 길로 가지 않고 수단과 방법을 동원하는 것은 욕심이다. 사람은 욕심으로 인해 자신의 마음을 다스리지 못하면 반드시 실패하게 되어있다.

가치추구는 욕심이 아니라 자아실현이다. 자아실현은 반드시 인간관계에서 추구하는 것이다. 인간으로 살지 않고 사람으로 살면 함께 행복하게 살아야 될 목표가 없기 때문에 자아실현이 필요 없다. 그래서 자아실현은 인간관계에서 필요한 것이다.

인간관계에서는 조화와 질서가 요구된다. 건강하고 안정적인 사회를 만들기 위해서는 서로 자신의 권리와 자유를 조금씩 양보해야 된다.

인간으로 살지 않고 사람으로 살면 내 멋대로, 내 기분대로 살기 때문에 사회는 범죄와 무질서가 판을 친다. 인간관계 속에서 조화와 질서를 지키는 것은 함께 미래행복을 지향하기 때문이다.

성공을 사람의 관점에서 바라보면 끝이 없다. 어떤 특정한 가치와 비교를 하기 때문이다. 그러나 인간의 관점에서 바라보게 되면 자아실현 자체가 성공이자 행복이다.

인간은 살아가는 데 조화와 질서만 지킬 줄 알아도 성공의 길에 들어선 것이다. 자신의 권리와 자유의 일정부분을 내려놓는 것도 이미 좋은 습관이 만들어졌기 때문이다. 그러나 자신의 행복만을 위해서 욕심을 부리는 사람은 조화와 질서에 위배하는 짓만 해서 타인들에게 피해를 준다.

인간의 가장 기본적인 조화와 질서를 파기하면서까지 가치를 추구하는 사람들은 인간으로서 실패한 사람들이다.

마약으로 떼돈을 번 사람을 경제적 가치를 이룬 사람이라고 말할 수는 없다. 에베레스트산 정상에 헬기를 타고 갔다고 해서 정상에 올랐다고 말할 수 없는 것처럼 처음부터 올바른 가치를 추구하지 않으면 그 자체가 실패다.

기본에 충실하지 못하면 성공할 수가 없다. 수단과 방법을 동원해서 경제적 가치, 사회적 가치, 관계적 가치를 이루었다면 모든 사람들에게 자신은 암적인 존재가 된다. 즉, 성공하지 않아야 될 사람들이 성공한 것이다. 이런 사람들은 자신의 성공을 내세워 더 큰 이권에 개입하여 사회질서를 어지럽힌다.

성공은 이루는 것이 아니라, 해나가는 것이다. 인간관계 속에서 자아실현을 해나가는 과정이 바로 성공한 삶이다.

아무리 노력해도 이룬 것이 없다고 해도 노력 그 자체만으로도 성공한 것이다. 뭔가를 이루려고 하는 마음의 작용이 바로 행복이기 때문이다.

여성이라면 의미를 기초에다 두고 자신의 가치를 추구하면 된다. 가치추구는 아주 사소한 것부터 시작해도 상관없다.

취미로 종이접기를 배우던 여자가 자신에게 손재주가 있다는 것을 뒤늦게 알았다. 그래서 살림을 하면서 종이접기 유튜브를 개설해 자신의 가치를 추구해 나간다. 의미를 바탕에 두고 뭔가를 해나갈 때 여자들은 성취감과 편안함을 동시에 느낀다. 이렇게 되면 여자의 삶은 성공한 것이다.

남자에게는 의미가 바탕에 깔려있지 않기 때문에 가치추구에 대한 몰입도가 높다. 한눈팔지 않고 인간관계에서 조화와 질서를 지켜가면서 자신이 하는 일에 열정을 가지면 남자는 무엇을 해도 성공하게 되어있다.

성공의 가장 중요한 습관은 조화와 질서이다. 작은 것 하나하나를 이루기 위해서 좋은 습관을 만들어나가면 자아실현을 하는 데 많은 도움이 된다.

아침에 눈 뜨자마자 배변하는 습관은 좋은 습관이다. 아침밥 먹기 전에 집 앞 학교 운동장을 열 바퀴 도는 습관도 가치추구를 하는 데 있어서 좋은 에너지를 공급해 준다. 회사에 출근하자마자 오늘 할 일을 미리 메모해 두는 습관도 일의 능률을 올려준다. 이런 좋은 습관이 모이면 모일수록 목표를 향해 나아갈 때 많은 도움이 된다.

후진국일수록 먹고살기 바빠서 공중도덕에 대한 인식이 많이 부족하다. 우리나라도 먹고살기 힘들 때 공중도덕이나 공중질서에 대한 인식이 없었다.

공중질서를 해치는 가장 큰 원인은 새치기였다. 기차역이나 버스 터미널, 극장 매표소 앞은 언제나 새치기하는 사람과 새치기를 당하지 않으려는 사람과의 싸움이 끊이질 않았다. 그러나 선진국이 된 지금은 옛날의 그런 풍경도 먼 추억이 되어버렸다.

담배도 공중질서를 해치는 원인 중의 하나였다. 버스에서도, 식당에서도, 심지어 어린이 놀이터에서도 태연하게 담배를 피우는 사람들이 많았다. 심지어 복잡한 길거리를 걸어가면서 담배를 피우는 사람들 때문에 옷이나 팔에 담뱃불 세례를 받는 일이 다반사였다.

껌도 공중질서를 해치는 중요한 대상이었다. 거리를 걷다 보면 사람들이 함부로 내뱉은 껌으로 인해 하얀 보도블록은 물론이고 육교 바닥에도 마치 까만 자갈을 깔아놓은 듯 껌이 다닥다닥 붙어있었다. 환경미화원들이 이틀이 멀다 하고 스크레이퍼로 껌딱지를 떼어내는 풍경은 아예 일상이 될 정도였다. 환경미화원이 힘들게 껌딱지를 떼기 무섭게 다음 날이 되면 또다시 껌딱지가 보도블록에 덕지덕지 붙어있었다.

먹고살기가 힘든 나라일수록 조화와 질서를 지키는 일이 쉽지 않다. 오래전의 대한민국도 마찬가지였다. 그 당시에 함부로 버린 담배꽁초와 무심코 뱉은 껌 때문에 길가의 벽마다 '담배꽁초를 함부로 버리지 마세요.', '씹은 껌은 반드시 종이에 싸서 버려주세요.'라는 구호가 붙어있었다. 그러나 이런 충고를 아무리 외쳐도 습관은 하루아침에 고쳐지지 않는다.

나쁜 습관을 좋은 습관으로 전환하는 데는 오랜 시간이 걸린다. 그러나 시간이 아무리 오래 걸려도 나쁜 습관을 고치려는 의지만 있으면 결국 고쳐진다.

요즘 아스팔트 위에 붙어있는 껌 자국을 보는 일은 거의 전무하다. 줄이 아무리 길어도 새치기하는 사람이 없다. 지정된 장소가 아닌 데서 담배를 피우는 사람도 찾기 어렵다. 이런 작은 약속들이 모여서 인간사회의 조화와 질서를 만들어내는 것이다.

습관은 하루아침에 만들어지지 않는다. 좋은 습관을 만들려면 꾸준히, 지속적으로 반복해서 실행해야만이 내 것이 된다.

성공이라는 것은 이루어가는 과정이다. 성공을 했다 하더라도 바로 다른 가치를 추구해야 성공이 진행형이 된다. 성공했다고 가치를 멈추거나 중단해 버리면 실패한 삶이다.

인간의 자아실현은 행복을 만들어가는 과정이다. 그 과정에서 스트레스와 상처를 받으면 좌절하지 않고, 스스로 힐링을 해서 스트레스와 상처를 극복해 나가야 한다. 이 과정에서 만들어지는 인간의 희로애락은 자아실현이 만들어내는 행복이다.

상처가 없으면 행복을 느끼지 못하고, 스트레스가 없으면 열정을 만들어내지 못한다. 인간관계에서 당연히 일어나는 스트레스와 상처를 열정과 행복으로 전환하기 위해서는 무의식에 좋은 습관을 만들어놓아야 한다.

무의식의 좋은 습관은 자아실현을 해나갈 때 난관이 닥쳐도 포기하지 않고 극복할 수 있게 해준다. 스트레스를 극복하면 성취감에 열정에너지가 만들어진다. 그렇기 때문에 성공하기 위해서는 스트레스를 극복할 수 있는 문제해결능력을 키워야 한다. 문제해결능력이 바로 성공의 습관이다. 성공의 습관이 만들어지면 위기도 기회로 바꿀 수 있다.